Cornelia Schweppe (Hrsg.)
Soziale Altenarbeit

Cornelia Schweppe (Hrsg.)

Soziale Altenarbeit

Pädagogische Arbeitsansätze und die Gestaltung von Lebensentwürfen im Alter

Juventa Verlag Weinheim und München 1996

Die Deutsche Bibliothek - CIP-Einheitsaufnahme

Soziale Altenarbeit : pädagogische Arbeitsansätze und die Gestaltung von Lebensentwürfen im Alter / Cornelia Schweppe (Hrsg.). - Weinheim ; München : Juventa-Verl., 1996
ISBN 3-7799-0880-8
NE: Schweppe, Cornelia [Hrsg.]

Umschlaggestaltung: Atelier Warminski, 63654 Büdingen
Printed in Germany

ISBN 3-7799-0880-8

Vorwort

Die Altersphase verliert immer mehr an Selbstverständlichkeiten, traditionelle Lebensmuster und -entwürfe werden obsolet. Gerade alte Menschen sind massiven Freisetzungsprozessen ausgesetzt, die einerseits neue Gestaltungsmöglichkeiten, andererseits aber auch Zwänge mit sich bringen, durch die alte Menschen die nachberufliche/nachelterliche Phase zunehmend selbst gestalten müssen. Die Altersphase ist bunt geworden; sie umfaßt ein breites Spektrum von Lebenslagen, -entwürfen, -stilen, Bedürfnissen, Interessen und Problemen. Dieses Buch entwickelt Diskussionsgrundlagen und Perspektiven, die sich aus den Anforderungen einer modernen und pluralisierten Altersphase für die soziale Altenarbeit ergeben. Der Schwerpunkt liegt dabei auf der Arbeit mit älteren Menschen, die ihre Lebensführung weitgehend selbständig bewältigen können und nicht in Pflegeverhältnissen leben.

Das Buch gliedert sich in drei Teile. Gegenstand des ersten Teils sind theoretische Grundlagen zur Erfassung der veränderten Altersphase und einer sozialen Altenarbeit im Umbruch. Der Beitrag von *Schweppe* analysiert die Veränderungen der Altersphase auf der Folie von Individualisierungsprozessen. *Zeman* durchleuchtet vorherrschende Altersbilder und ihre Bedeutung in der sozialen Arbeit mit älteren Menschen und hebt die Notwendigkeit der Reflexivität im Alter hervor. *Otto/Schweppe* runden diesen Teil mit einer ersten Annäherung an die theoretischen Grundlagen einer zeitgemäßen sozialen Altenarbeit ab.

Im zweiten Teil werden Projektentwürfe in der sozialen Altenarbeit dargestellt, analysiert und ihre Möglichkeiten und Grenzen verdeutlicht. Zunächst geht es um das Berliner Modellprojekt 'Erfahrungswissen älterer Menschen nutzen', dessen Gesamtkonzeption von *Müller* dargestellt wird. Seine Umsetzung wird anhand von zwei Projekten verdeutlicht: das Erzählcafé *(Gieschler)* und das Werkhaus Anti-Rost *(Schmidt)*. Der zweite Anschnitt beschäftigt sich mit gemeinschaftlichen Wohnprojekten im Alter. *Otto* analysiert ein Wohnprojekt, das im Rahmen des Modellprojektes 'Seniorengenossenschaften' in Baden-Württemberg entstanden ist. *Klünder/Sinclair* wenden sich dem Mehrgenerationenhaus der Grauen Panther in Hamburg zu, in dem Menschen unterschiedlichen Alters neue Formen generationsübergreifenden Zusammenlebens entwikkeln. Im dritten Abschnitt geht es um Projekte für VorruheständlerInnen. *Klehm* beschreibt das Projekt 'Zwischen Arbeit und Ruhestand' (ZWAR) in Nordrhein-Westfalen, das durch die Unterstützung von Gruppennetzwerken zur Bewältigung des Übergangs in den Vorruhestand beitragen will. *Knopf* wendet sich dem Projektspektrum für VorruheständlerInnen in den neuen Bundesländern zu. Abschließend stellt *Boettner* zwei Duisburger Altenbüros vor, die neue Wege der Beratung von alten Menschen im Stadtteil gehen.

Im dritten Teil werden ausgehend von den in den ersten beiden Teilen aufgezeigten Perspektiven zusammenfassende Ausblicke auf die Theorie und Praxis der sozialen Altenarbeit gegeben. *Schweppe* weist in diesem Zusammenhang auf die Bedeutung der Kategorie 'Biographie' hin.

An dieser Stelle möchte ich mich bei all denjenigen bedanken, die dieses Buch durch wichtige Hinweise und Anregungen unterstützt haben. Besonderer Dank gilt Ursula Velten, Steffen Reiser und Nicole Volkmar, die mit viel Geduld und Sorgfalt versucht haben, die grammatikalischen, orthographischen und bibliographischen Fehler aus den Manuskripten zu tilgen.

Marburg, im Herbst 1995
Cornelia Schweppe

Inhalt

Teil I:

Die Altersphase und soziale Altenarbeit im Umbruch - Theoretische Annäherungen

Cornelia Schweppe

Alter(n) im Strukturwandel der Moderne

1. Die Entwicklung des Alters als eigenständige Lebensphase

Alte Menschen gab es schon immer. Daß sich Alter aber zu einer eigenständigen Lebensphase entwickelt hat, ist ein relativ neues Phänomen. Diese Entwicklung muß im Zusammenhang mit den von Kohli (1985) dargestellten Veränderungen des Lebenslaufregimes gesehen werden. Er zeigt, wie in Folge der Freisetzung der Individuen aus früheren äußeren Kontrollmechanismen, z.B. ständische und lokale Bindungen, die Institutionalisierung des Lebenslaufs Teil eines Vergesellschaftungsprogramms wird, über die das Leben neu geregelt wird. Die Institutionalisierung des Lebenslaufs bedeutet, daß das Lebensalter zu einem zentralen Strukturprinzip des Ablaufs der Lebenszeit geworden ist (Verzeitlichung) und daß diese Verzeitlichung am chronologischen Lebensalter orientiert ist (Chronologisierung) (ebd., 2). Die Chronologisierung wird durch die Einführung von Systemen öffentlicher Rechte und Pflichten, die an das chronologische Alter geknüpft sind, vorangetrieben und hat die Konstituierung relativ klar definierter Altersgrenzen zur Folge. Als Beispiel sei die Einführung der allgemeinen Schulpflicht genannt, durch die die Schulausbildung an ein bestimmtes Alter gekoppelt wird (ebd., 8f.). Kohli geht davon aus, daß der Lebenslauf in modernen Gesellschaften im wesentlichen um das Erwerbssystem herum organisiert sei und sich in drei voneinander unterscheidbare Phasen gliedere: in eine Vorbereitungs- (Kindheit und Jugend), eine Aktivitäts- (Erwachsenenalter) und eine Ruhephase (Alter) (vgl. ebd., 3). Das Konzept der Institutionalisierung des Lebenslaufs geht von einer relativen Standardisierung von Lebensverläufen und einer durch bestimmte Altersgrenzen festgelegten Abfolge von Lebensabschnitten aus. Kohli (1988) räumt dabei ein, daß dieser Prozeß vor allem bis in die sechziger Jahre dieses Jahrhunderts zutrifft und es seitdem Anzeichen eines umgekehrten Prozesses, nämlich dem der Deinstitutionalisierung, d.h. einer Aufweichung stark standardisierter Lebensverläufe, gebe. Nicht zu übersehen seien vor allem Veränderungen im Bereich der Familie. Durch die Entwicklung einer Vielzahl von Familienkonstellationen und -verlaufsformen weiche das historisch relativ einheitlich entwickelte Muster eines mehr oder weniger standardisierten Familienzyklusses zunehmend auf. Auch ließe sich eine Pluralisierung der Verlaufsmuster von Erwerbsbiographien und die Flexibilisierung des zeitlichen Rahmens der Erwerbsarbeit nachweisen. Nach Kohli (1988) wird aber durch diese Entwicklungen die Dreiteilung des Lebenslaufes nicht radikal tangiert (43).

Die Herausbildung der Altersphase war im Rahmen der Institutionalisierung des Lebenslaufes wesentlich durch die Entwicklung von Pensionssystemen und vor allem durch die Festlegung von starren Berechtigungsaltern (vgl. Borscheid 1992, 55f.) in den verschiedenen Pensionssystemen bedingt. Durch die Kopplung der Pensions- bzw. Rentenzahlungen an ein bestimmtes Alter, etablierte sich ein Ruhestandsalter, das von nun an als Eintritt in die Altersphase galt. Die so konstituierte Altersphase war eine „chronologisch definierte, arbeitsfreie und sozialpolitisch abgesicherte Lebensphase" (Conrad 1984, 152). Durch die Einführung staatlicher Rentensysteme wurde also die wirtschaftliche Grundlage eines neuen, zeitlich bestimmten Lebensabschnitts gebildet (vgl. ebd). „'Alter' war synonym mit 'Ruhestand' geworden: mit einer Lebensphase, die strukturell vom Erwerbsleben abgesetzt ist (...)" (Kohli 1992, 239).

Diese Begründung zur Herausbildung der Altersphase bliebe jedoch unvollständig - zumal nicht zu übersehen ist, daß sie stark an der männlichen Erwerbsbiographie orientiert ist - fielen die genannten Entwicklungen nicht mit anderen gesellschaftlichen Veränderungsprozessen zusammen. Eine wesentliche Bedeutung kommt dabei den demographischen Veränderungen zu. Während der Tod in vormodernen Gesellschaften ein Ereignis war, das allgegenwärtig und an kein bestimmtes Alter gebunden war, ist es im Laufe des historischen Wandels durch ökonomische, medizinische und soziale Verbesserungen (vgl. Voges 1994², 9) zu einem Ereignis geworden, dem die Unvorhersehbarkeit genommen und zunehmend in das höhere Alter verlagert worden ist. Die Lebensdauer hat sich rapide verlängert. In seiner Analyse der demographischen Veränderungen der letzten 300 Jahre spricht Imhof (1981) in diesem Zusammenhang von den 'gewonnenen Jahren'.

Einige Zahlen verdeutlichen diesen Trend anschaulich. Bis zur Jahrhundertwende war das höhere Alter marginal (vgl. Kohli 1992, 238). Während zwischen 1881 und 1890 nur 19,7% der Männer das damalige Rentenalter von 70 Jahren erreichten, waren es 1983 73,1%, die das seit 1918 gültige Rentenalter von 65 Jahren überschritten (vgl. Borscheid 1992, 59). In den letzten 100 Jahren hat sich die Lebenserwartung fast verdoppelt (vgl. Voges 1994², 10). Die mittlere Lebenserwartung erhöhte sich in diesem Zeitraum für Männer um 40%, für Frauen sogar um 70% (vgl. ebd., 11). Die Verlängerung der Lebenszeit und die hierdurch bedingte Möglichkeit, daß ein wachsender Bevölkerungsteil das festgesetzte Ruhestandsalter überhaupt erreichen und ein Leben nach der Erwerbsarbeit erleben konnte, war eine wesentliche Voraussetzung für die Verallgemeinerung des Alters als eigenständige Lebensphase (vgl. Kohli 1992, 238f.).

Die Institutionalisierung des Lebenslaufes und die demographischen Veränderungen haben Rückwirkungen auf den Familienbereich. Vormoderne Familien waren gekennzeichnet durch ein breites Spektrum von Verwandtschafts- und

Alterskonstellationen und eine hohe Fluktuation zwischen den Familienmitgliedern (vgl. Kohli 1985, 6). Einen Familienzyklus als „chronologische Standardisierung der familienrelevanten Ereignisse im Lebenslauf“ (ebd.) gab es nicht. Durch eine verlängerte Lebenserwartung, ein gesunkenes Heiratsalter, weniger Geburten und die Konzentration der Geburten auf eine frühe Zeitspanne im Lebenslauf standardisierte sich jedoch der Ablauf des Familienlebens. Der Familienzyklus bildete sich als Phänomen der Moderne heraus (vgl. Kohli 1986). Er gliedert sich in die Phase der Eheschließung, die Familienphase und in die bis dahin praktisch unbekannte Phase des ‘leeren Nests’ (vgl. Beck-Gernsheim 1993, 161), d.h. die Zeit, nachdem die Kinder das Elternhaus verlassen haben und ein Leben wieder allein oder mit der PartnerIn gestaltet werden muß. Die Arbeiten von Imhof (1981) machen deutlich, daß diese Phase als erwartbare Lebensphase für eine große Zahl von Eltern eine relativ junge Erscheinung ist. Durch die traditionelle geschlechtsspezifische Arbeitsteilung und die Zuweisung von Frauen in die Bereiche Familie und Haushalt hat dies insbesondere Veränderungen der weiblichen Lebenslaufgliederung zur Folge. In vormodernen Gesellschaften war die Lebensspanne von verheirateten Frauen im wesentlichen für die Geburt einer gesellschaftlich ‘benötigten’ Anzahl von Kindern bestimmt; ihr eigenes Leben ging mit dem Heranwachsen des letzten Kindes zu Ende (vgl. Imhof 1981, 180f., zit. nach Beck-Gernsheim 1993, 161). Heute dagegen hat sie einen immer größer werdenden Lebensabschnitt nach Beendigung der Erziehungsphase noch vor sich. Während um 1900 Eltern mit ihren Kindern fast die gesamte Ehedauer zusammenwohnten, so daß Ehe mit Familie weitgehend identisch war, beträgt heute die durchschnittliche Zeit, die Eltern und Kinder zusammenwohnen, lediglich ein Drittel der Ehe. Nach Auszug der Kinder aus dem Elternhaus beträgt die Dauer der Ehe noch durchschnittlich 20 Jahre (vgl. Beck-Gernsheim 1993, 159). Und wenn Frauen noch vor einhundert Jahren kaum erlebten, daß ihr jüngstes Kind erwachsen wurde, haben sie heute noch knapp 40% ihres Lebens vor sich, wenn das jüngste Kind 20 Jahre alt ist (vgl. Imhof 1981, zit. nach Langehenning 1987, 147). Die Elternschaft als ‘lifelong career’ verliert also wesentlich an Bedeutung (vgl. Conrad 1982, 77).

Die obige Skizzierung macht deutlich, daß die Konstituierung des Alters als eigenständige nachelterliche/nachberufliche Lebensphase eng an die Entwicklung moderner Gesellschaften gekoppelt ist. Sie ist letztendlich ein Konstrukt der Moderne. Wendet man sich den Strukturen, Merkmalen und Entwicklungsprozessen dieses Lebensabschnitts zu, können sie deshalb nur im Zusammenhang mit den Entwicklungen moderner Gesellschaften, die auch alternde Gesellschaften sind (vgl. Naegele/Tews 1993a), nachgezeichnet werden. Eine solche Perspektive ist relativ neu. In theoretischen Überlegungen zur Modernisierung der Gesellschaft findet Alter als Strukturmerkmal wenig Beachtung (vgl. ebd.); umgekehrt ist Alter bisher kaum unter Berücksichtigung modernisierungstheoretischer Fragestellungen und Theoriekonstrukten thematisiert worden. Die nachfolgenden Überlegungen sind ein Versuch in diese Richtung. Die Altersphase soll vor allem im Rahmen der gesellschaftlichen Entwicklungen der Nachkriegszeit erfaßt werden.

2. Die Verlängerung der Altersphase

Die Entwicklungen der Nachkriegszeit haben zu einem Strukturwandel der Altersphase geführt, den Tews (1987, 1993) mit den Begriffen Verjüngung, Entberuflichung, Feminisierung, Singularisierung und Hochaltrigkeit beschrieben hat und welcher zu einer enormen Ausweitung der Altersphase geführt hat. Auf der einen Seite setzt sich der bereits oben angesprochene Trend zur Konzentration des Todes in ein immer höheres Lebensalter fort. Die Lebenserwartung steigt weiter an, was einen wachsenden Anteil sehr alter Menschen an der Gesamtbevölkerung zur Folge hat (Hochaltrigkeit). So machten in den alten Bundesländern 1970 die über 80jährigen 2,4% der Gesamtbevölkerung aus, während es 1987 schon 4,8% waren (vgl. Statistisches Landesamt 1989, zit. nach Tews 1993, 17). Schaut man sich die prozentualen Steigerungsraten an, wird der Trend zur Hochaltrigkeit besonders deutlich. In den Altbundesländern erhöhten sich die 75-80jährigen zwischen 1950 und 1985 um 154%, die 85-90jährigen um 405% und die 95jährigen und älteren um 2140% (vgl. Rückert 1989, zit. nach Tews 1993, 17). Diesem Trend des immer späteren Endpunktes der Altersphase steht auf der anderen Seite ein früherer Beginn durch die eher eintretenden Entpflichtungen in der Arbeitswelt und der Familie gegenüber. Menschen scheiden immer früher aus dem Erwerbsleben aus, sei es durch die Einführung flexibler Arbeitsgrenzen, die Absenkung des durchschnittlichen Alters des erstmaligen Bezuges von Berufs- und Erwerbsunfähigkeitsrenten, die Einführung und den Ausbau betrieblicher Instrumentarien zur Lösung von Personalproblemen (z.B. Tarifrenten, Sozialpläne), die Zunahme von Langzeitarbeitslosen jenseits des 45. oder 50. Lebensjahres, die keine Aussicht auf einen neuen Arbeitsplatz haben (vgl. Dieck/Naegele/Schmidt 1988, 70; Klehm in diesem Band) oder durch die wirtschaftlichen Umstellungen in den neuen Bundesländern, durch die ArbeitnehmerInnen bereits vom 50. Lebensjahr an massenhaft vom vorzeitigen Ausscheiden aus dem Berufsleben betroffen sind (vgl. Knopf in diesem Band). Gleichzeitig verstärkt sich auch weiterhin der Trend des eher eintretenden Abschlusses der Erziehungsphase und damit eine eher eintretende 'empty nest'-Phase im Familienzyklus. Tews (1993, 25) vermutet, daß diese Veränderung im Familienzyklus vor allem Prozesse der Verjüngung des Alters von Frauen zur Folge haben kann, weil dadurch Alterserfahrungen früher und nachhaltiger verursacht werden, und zwar insbesondere dann, wenn Frauen versuchen, sich in den Arbeitsmarkt (wieder) einzugliedern, der Arbeitsmarkt sich dagegen aber sperrt (vgl. Tews 1993, 25).

Die Vorverlegung des Beginns und die spätere Beendigung der Altersphase haben dazu geführt, daß sie mittlerweile die Gruppe der 45/50-100jährigen (vgl. Dieck/Naegele/Schmidt 1988, 68f.) umfaßt und damit eine mit anderen Lebensphasen bei weitem nicht zu vergleichende Lebensspanne umschließt, so daß sich die Frage stellt, inwieweit es überhaupt noch sinnvoll ist, einen solch ausgeweiteten Lebensabschnitt unter eine Altersphase zu subsumieren.

3. Individualisierung als Lebensführung auch im Alter

Es wäre zu kurz gegriffen, bliebe man bei der Beschreibung der strukturellen Veränderungen der Altersphase stehen. Veränderungen werden insbesondere auch dann deutlich, wenn man Altern im Rahmen jener gesellschaftlichen Prozesse betrachtet, die die BRD vor allem seit den sechziger Jahren prägen und welche mit dem Begriff der Individualisierung zusammengefaßt werden. Die hiermit beschriebenen Entwicklungen enthalten mehrere Komponenten. Zum einen meint Individualisierung, daß Menschen aus traditionellen Bindungen und Zwängen entlassen werden, sich nicht mehr auf vorgezeichnete Lebenswege und -formen verlassen können und traditionelle Lebensverläufe obsolet werden. Dies bezieht sich sowohl auf den Verlauf von Gesamtbiographien, so daß Normalbiographien immer mehr den Charakter von Wahl- oder Bastelbiographien (vgl. Hitzler 1988) annehmen ebenso wie auf einzelne Lebensphasen, was bisher vor allem für die Jugendphase nachgezeichnet wurde (vgl. z.B. Fuchs 1983, Baethge 1986, Heitmeyer/Olk 1990). Theoretische Überlegungen und empirische Untersuchungen zu Freisetzungsprozessen innerhalb der Altersphase fehlen weitgehend[1]. Erste Überlegungen deuten jedoch darauf hin, daß diese Prozesse nicht vor der Altersphase haltgemacht haben.

3.1 Traditionelle Orientierungen im Alter werden brüchig

Es wurde bereits darauf hingewiesen, daß sich die moderne Altersphase strukturell vom Erwerbsleben absetzt und Arbeit in dieser Phase an Orientierungskraft verloren hat und weiter verliert. Der Trend zur Entberuflichung setzt sich auch heute immer weiter fort. Nach Angaben des Mikrozensus von April 1988 waren von den über 27 Mio. Erwerbstätigen in Westdeutschland nur 1% über 65 Jahre, 2,5% zwischen 60 und 65 Jahre und 10% zwischen 55 und 65 Jahre alt (vgl. Tews 1993, 26). Und auch dort, wo oft mit romantisierenden Blicken lebenslange Arbeitsmöglichkeiten vermutet werden, z.B. in ländlichen Regionen durch die Beteiligung alter Menschen in landwirtschaftlichen Betrieben, ist dies durch den drastischen Rückgang der Landwirtschaft nach dem zweiten Weltkrieg ebenso wie durch die schnellen technologischen Entwicklungen, durch die die Fertigkeiten und Qualifikationen der alten Generation veralten und der jüngeren Generation oft genug im Weg stehen, immer weniger gegeben (vgl. Schweppe 1994a)[2].

---

[1] Eine Ausnahme bildet Kade (Hg.) (1994a).

[2] Bröschen (1983) ermittelt in drei Landkreisen, daß 1980 nur 7% der über 65jährigen noch selbst einen Betrieb bewirtschafteten, 14% halfen im Betrieb anderer, meist der Kinder (144). Bei 90% sind es landwirtschaftliche Betriebe, wo die Alten arbeiten

Ebenfalls wurde bereits angedeutet, daß auch die Familie an Orientierungskraft für alte Menschen verloren hat. Daß das Alter z.T. allein, d.h. ohne LebenspartnerIn verbracht wird, ist keine neue Entwicklung. Verwitwung ebenso wie generationsbedingte, zahlenmäßige Ungleichverhältnisse durch Krieg brachten schon immer eine „erzwungene Singularisierung“ (Tews 1993, 31) im Alter mit sich.

Diese familienzyklisch und generationenspezifisch bedingten Einflußnahmen auf Familienkonstellationen im Alter sind jedoch von jenen Entwicklungen zu unterscheiden, die die Familie als Institution brüchig werden lassen, ihre Grundfesten angreifen, die sie von der Notgemeinschaft zur Wahlverwandtschaft bzw. zur 'postfamilialen Lebensform' (vgl. Beck-Gernsheim 1994) werden lassen und welche immer deutlicher Einfluß auf die Altersphase nehmen.

Für die jetzige Altengeneration kann noch davon ausgegangen werden, daß ein Großteil selbst eine Familie gegründet hat[3]. Die Durchsetzung des modernen Familienzyklus hat dazu geführt, daß Alter in die mittlerweile längste, nämlich in die nachelterliche Phase fällt, die zumindest von zwei Tendenzen beeinflußt wird. Zum einen ist bei weitem nicht gesagt, daß diese Zeit auch von beiden EhepartnerInnen, soweit ein Eheverhältnis vorliegt und die EhepartnerInnen noch leben, gemeinsam verbracht wird. Die Scheidungsrate auch bei scheinbar stabilen Ehen, d.h. bei Paaren, die 15 Jahre und länger verheiratet sind, steigt in den letzten Jahren merklich an (vgl. Wingen 1985, Stat. Bundesamt 1991, beide zit. nach Beck-Gernsheim 1993, 160). Teilweise werden neue PartnerInnenschaften geknüpft, teilweise verstärkt sich hierdurch jedoch der ohnehin schon ausgeprägte Trend zur Singularisierung im Alter. Für die zukünftige Altengeneration ist zu vermuten, daß aufgrund des heutigen Trends zur 'Ehe auf Zeit' und zeitlich eher begrenzten Formen von PartnerInnenschaft auch alte Menschen vermehrt die Altersphase 'familien- bzw. partnerInnenlos' beginnen und durchleben werden bzw. von einer Pluralisierung von Haushaltsformen im Alter ausgegangen werden kann.

Zum anderen ist die nachelterliche Phase auch durch veränderte Generationenbeziehungen geprägt. Der Rekurs auf die Kindergeneration zu Zwecken der Gesellung, Integration, Sinnstiftung und Hilfe ist brüchig geworden. So hat die Rolle, die mit der nachelterlichen Phase traditionell verbunden war, nämlich die Großelternrolle, wesentliche Veränderungen erfahren; in Ansätzen ist sie obsolet geworden. Obwohl aufgrund der verlängerten Lebenserwartung die Wahr-

---

oder helfen. Auch die in einer im Landkreis Kassel angesiedelten Untersuchungsregion - eine Region, die nach dem Raumordnungsbericht der Bundesregierung (BMBAU 1986) einer ländlichen Region mit Verdichtungsansätzen entspricht - durchgeführten Studie belegt, daß lediglich 9% der Männer und 2% der Frauen, die in der Landwirtschaft tätig waren, auch im hohen Alter noch in den Betrieben mitarbeiteten (23).

3 In einer in Schleswig-Holstein durchgeführten Studie wurde zum Beispiel ermittelt, daß 87% der 60-65jährigen Menschen Kinder haben (vgl. Schütz/Tews 1991, zit. nach Tews 1993, 24).

scheinlichkeit einerseits groß geworden ist, daß älterwerdende Menschen die Geburt ihrer EnkelInnen miterleben können, ist andererseits die Geburtenzahl rapide zurückgegangen, so daß durch das „Zusammentreffen beider Entwicklungen (...) ein historisch neues Knappheitsverhältnis (entsteht)" (Beck-Gernsheim 1993, 163). Allerdings führt auch die Geburt von Enkelkindern nicht automatisch zu Möglichkeiten der Übernahme von Rollen der Großelternschaft. Geographische Mobilität ist ein Grund des mangelnden bzw. unregelmäßigen Alltagskontaktes zwischen den Generationen. Allerdings ist der enge Kontakt bzw. eine enge emotionale Beziehung zwischen den Großeltern und EnkelInnen auch oft aus anderen Gründen nicht möglich bzw. auch gar nicht immer gewünscht. Obwohl Großeltern auch heute noch immer bei fehlender Kinderbetreuung, Krankheits- und anderen Krisensituationen (oft auch bei finanziellen Schwierigkeiten) als Entlastung eingesetzt werden, scheint der Trend eher rückläufig zu sein. Eltern greifen vor allem zur Kinderbetreuung zunehmend auf sozialstaatlich angebotene Institutionen, wie Kindergärten oder Tagesmütter, zurück oder organisieren innerhalb des FreundInnen- oder Bekanntenkreises, d.h. innerhalb der eigenen Generation, entsprechende Möglichkeiten (vgl. Thiersch 1991, 166). Dabei darf nicht übersehen werden, daß die Übernahme von Großelternrollen nicht unabhängig vom Geschlecht und vom 'Eheglück' der Kinder ist (vgl. Beck-Gernsheim 1993, 163). Dieser vielleicht zunächst überraschende Zusammenhang erklärt sich aus den hohen Scheidungsraten der mittleren Generation (d.h. der Kinder der heutigen Alten) und der Tatsache, daß in diesen Fällen die Kinder in der Regel bei der Mutter bleiben. Die vielfältigen Belastungen von alleinerziehenden Müttern sind bekannt. Eine Möglichkeit, Entlastung zu suchen, ist der Rückgriff auf Hilfe der Großelterngeneration und zwar mehrheitlich der Großelterngeneration mütterlicherseits. Die Beziehung zu den Großeltern väterlicherseits wird dagegen häufig distanzierter; manchmal wird sie ganz abgebrochen. Die unstabilen Ehe- bzw. PartnerInnenbeziehungen bringen somit neue Risiken und Chancen für die Großelternrolle mit sich (ebd.).

Allerdings wäre es falsch von einem bedingungslosen Wunsch auf seiten der Großeltern auszugehen, Rollen und Aufgaben der Großelternschaft übernehmen und ausführen zu wollen. Angesichts des Trends zur frühen Heirat und zu wenigen Kindern fällt die Großelternschaft in einen Lebensabschnitt, in dem sich die Großeltern u.U. selbst auf ihr eigenes, von Kinderaufgaben oder Zwängen der Erwerbsarbeit entpflichtetem Leben orientieren wollen. Die Übernahme von Aufgaben der Großelternrolle stände ihrer Lebensführung und ihren Lebensplänen eher im Weg und wäre für die Entwicklung möglicher neuer Lebensentwürfe eher hinderlich. So ist Thiersch (1992) zuzustimmen, wenn er sagt: „Großelternschaft wird eine Möglichkeit, die sich vielleicht ergibt, die aber, wo sie ergriffen wird, im Lebenskonzept der Beteiligten weniger zentral ist (...)" (167)

Aber auch die Familien- bzw. Generationenbeziehungen in quasi umgekehrter Richtung haben wesentliche Veränderungen mit weitgehenden Konsequenzen für die Altengeneration erfahren. Das veränderte Hilfepotential der jüngeren gegenüber der älteren Generation ist ein Beispiel dafür. Obwohl der Hilfebedarf von alten Menschen zum größten Teil immer noch innerfamiliär, im wesentlichen von Frauen, abgedeckt wird, sind diese Hilfenetze brüchig geworden, mit vielen Belastungen behaftet, führen zu Überforderung, gar zu Gewalt auf seiten der Helfenden (vgl. z.B. Sperber 1989) und haben nicht selten unangemessene Hilfeleistungen zur Folge. Die Umbrüche in der weiblichen Normalbiographie, durch die sich Frauen zumindest ein Stück weit aus den ihnen zugewiesenen Bindungen im Privat- und Familienbereich lösen und sich auch auf eigene Wünsche, Bedürfnisse und Lebensentwürfe konzentrieren können, haben dazu geführt, daß viele für sich ein ausschließliches 'Dasein für andere' nicht mehr akzeptieren. Sie versuchen, Familie und Beruf zu verbinden oder entscheiden sich auch gegen familiäre Bindungen. Die Realisierung solcher Lebenswege ist nicht immer einfach. Gerade die Verbindung von Beruf und Familie ist häufig mit einem zermürbenden täglichen Kleinkrieg verbunden, der nicht selten zu Überforderung führt (vgl. Beck-Gernsheim 1993, 166). Auf diesem Hintergrund werden die oben angedeuteten Schwierigkeiten der innerfamiliären Hilfe für Alte erklärbar, und es ist fraglich, inwieweit sich „das (...)'Dasein für Alte' (überhaupt noch) in die weibliche Normalbiographie einfügen läßt" (ebd. 167). Es ist also keineswegs der Zerfall weiblicher Moral, der die Hilfeleistungen für alte Menschen verändert hat. Diese Veränderungen sind vielmehr „...*Ergebnis* (Hervorhebung im Original, C.S.) des Zerfalls und der Erosion von gewachsenen Lebenszusammenhängen, (...) von verwandtschaftlichen Beziehungsnetzen, ... kurz: ein Produkt des relativen Bedeutungsverlustes der naturwüchsig-informellen Formen des Helfens, also der primären, lebensweltlichen sozialen Bedarfsausgleichssysteme" (Rauschenbach 1992, 47).

Aber es sind nicht nur Veränderungen in Familie und Arbeitswelt, die Freisetzungsprozesse im Alter auslösen. Einhergehend mit diesen Entwicklungen sind auch traditionelle Leitbilder für die Altersphase brüchig geworden. Weder der Ruhestand als Feierabend noch der Müßiggang des wohlverdienten Lebensabends (vgl. Schmidt/Zeman 1988) können umfassende Orientierungsmuster zur Gestaltung der Altersphase liefern. Altern wird auch nicht mehr nur mit 'Nicht-Tätigsein' assoziiert (vgl. Langehenning 1990). Die Gründe hierfür sind vielfältig. Zum einen bieten verbesserte soziale, gesundheitliche und materielle Ressourcen Gestaltungsmöglichkeiten für die Altersphase und die Entwicklung von Gegenentwürfen zu Lebensperspektiven des Rückzugs und des Nichtstuns (s.u.). Zum zweiten fallen das chronologische Alter und die Selbsteinschätzung als alt häufig auseinander. Die Selbsteinschätzung als alt wird in immer höhere Lebensalter verlegt. Eine in Schleswig-Holstein durchgeführte repräsentative Studie ermittelte, daß nur 26 % der 70-75jährigen sich als alt einschätzten (vgl. Schütz/Tews 1991, zit. nach Tews 1993, 24) und sich mit den für die Altersphase entwickelten traditionellen Bildern identifizieren können. Drittens trägt auch die Ausweitung und Verlängerung dieser Lebensphase dazu bei, sich diesem auch quantitativ nicht mehr unbedeutenden Lebensabschnitt einfach tatenlos hinzugeben. Nicht zuletzt spielen dabei auch die, vor allem medial vermittelten neuen Altersbilder, nach denen Alte nicht mehr krank, verwirrt oder behindert sind, sondern fit, gesund, lebensfroh und unternehmungslustig, eine nicht zu unterschätzende Rolle.

Hiermit im Zusammenhang stehend, können auch strikte Altersnormen keine verläßliche Orientierung mehr für die Altersphase bieten. Kohli (1985, 1986) zeigt, wie im Zuge der tendenziellen Aufweichung eines am chronologischen Lebensalter orientierten Ablaufschemas des Lebenslaufes auch strikte Altersnormen ihre Geltung verlieren (ebd.). Dies trifft auch für die Altersphase zu. Alter ist nicht mehr mit eindeutigen Verhaltensregeln etwa hinsichtlich Kleidung, zwischenmenschlichen Beziehungsmustern, Tätigkeiten etc. verbunden. Weder alte Menschen im Jogginganzug noch diejenigen, die in den Kursen der VHS oder im Hörsaal bei einer Veranstaltung des SeniorInnenstudiums teilnehmen noch diejenigen, die in farbloser Kleidung und mit Hilfe eines Stockes täglich den gleichen Spaziergang machen, überraschen.

Alter ist zu einer Lebensphase geworden, die viel an Selbstverständlichkeiten verloren hat. Dieser Verlust an Selbstverständlichkeiten macht sich insbesondere auch in der alltäglichen Lebensführung deutlich. Wenn Beck/Beck-Gernsheim (1994, 17) von der Entroutinisierung des Alltags als zentrales Kennzeichen moderner Gesellschaften sprechen, ist dies genau ein Element, das auch die Altersphase entscheidend prägt. Weder das Wohnen, soziale Beziehungen, Sinnfragen, der Umgang mit Krankheit und Gesundheit, noch die Freizeitgestaltung, Verhaltensweisen und Lebensinhalte sind im Alter gesichert oder verläßlichen Standards und Routinen unterworfen. Die durch Routine und Routinisierung gegebenen Entlastungen und Sicherheiten gehen zumindest teilweise verloren. Vertraute und tradierte Verhaltens- und Lebensgewohnheiten müssen u.U. geändert, zumindest überprüft werden. Auch der Rückgriff auf alt bewährte Wissens- und Erfahrungsbestände zur Gestaltung von Gegenwart und Zukunft wird häufig unangemessen und untauglich (vgl. Becker 1994).

3.2 Verbesserte Ressourcen auch im Alter

Die Aufweichung traditioneller Orientierungen und vorgezeichneter Lebensformen und -wege ist jedoch nur eine Seite von Individualisierung. Sie geht mit der Erweiterung von individuellen Gestaltungsmöglichkeiten des Lebens einher. Dies trifft auch für die Altersphase zu. Die dargestellte Aufweichung von äußeren Zwängen ist eine wesentliche Voraussetzung für diese erweiterten Gestaltungsmöglichkeiten; sie allein wäre aber nicht ausreichend. Hinzu kommen allgemeine Verbesserungen der Lebensqualität, durch die Optionen zur Lebensgestaltung bereitgestellt und individuelle Lebensentwürfe möglich(er) gemacht werden. So nehmen auch alte Menschen an der Steigerung des materiellen Lebensniveaus teil (vgl. Amann 1993). Ihre materiellen Ressourcen haben sich verbessert (vgl. BMFuS 1993, 17). Diese Verbesserung ist einerseits auf den Anstieg der durchschnittlichen Renten zurückzuführen, aus denen die Mehrheit alter Menschen ihren Lebensunterhalt bestreitet (vgl. ebd., 13). Andererseits darf die Vervielfältigung ihrer Einkommensquellen durch Vermögensbildung, Lebensversicherungen, betriebliche Altersversorgung oder Zusatzversorgungen im öffentlichen Dienst und in der Beamtenversorgung nicht übersehen werden, die die Rentenzahlungen für eine nicht zu übersehende Anzahl älterer Menschen ergänzen. So läßt sich zum Beispiel eine zwar sehr ungleich verteilte, aber erhebliche 'Vermögensbildung' in Rentenhaushalten nachweisen, die vor 20 Jahren kaum vorhanden war (vgl. Amann 1993, 111). Das 'Vermögenseinkommen' in Renten- und Pensionärshaushalten betrug 1990 rd. 40 Mrd. DM. Das entspricht einem Anteil von 30% am gesamten Vermögenseinkommen in der BRD (vgl. Dt. Inst. für Wirtschaftsforschung 1991, zit. nach Dieck/ Naegele 1993, 43). Die verbesserten finanziellen Ressourcen bieten die Grundlage von verbesserten Konsummöglichkeiten und erhöhten Lebensstandards, die z.B. in einer verbesserten Wohnqualität, einer größeren Mobilität, etwa durch das Vorhandensein von Pkws, und besseren Kommunikationsmöglichkeiten zum Ausdruck kommen. Allerdings darf durch diese allgemeinen materiellen Verbesserungen das zwar zurückgegangene, aber nicht zu unterschätzende Problem der Altersarmut (vgl. Backes 1994), gerade unter alten Frauen, nicht übersehen werden ebensowenig wie die sich vertiefenden und neu hinzukommenden Ungleichheitsrelationen innerhalb der Altenpopulation (vgl. Dieck/ Naegele 1993, 52). Die Abstände zwischen den reichen Alten und den armen Alten haben sich eher vergrößert; an der geschlechtsspezifischen Ungleichheit hat sich nichts Prinzipielles verändert (vgl. Amann 1993, 111). Wo die wesentliche Einkommensgrundlage im Alter an die Erwerbsbiographie gebunden ist, werden sich Benachteiligungen während der Erwerbsphase im Alter fortsetzen bzw. verschärfen. Solange das Rentensystem auf der Zahl der Versicherungsjahre, der Höhe des Erwerbseinkommens und der ihm impliziten Leitfigur des gesunden qualifizierten männlichen Erwerbstätigen mit langer Versicherungsdauer und kontinuierlichem oder steigendem Einkommensverlauf bis zum Erreichen der gesetzlichen Altersgrenze zugrunde liegt, wirken sich Abweichungen von diesen Leitbildern, d.h. eine kürzere Versicherungsdauer, stagnierende oder gar fallende Einkommensverläufe, Gesundheitseinbrüche bzw. zersplitterte Bemessungszeiträume, rentenvermindernd aus (vgl. ebd., 110). Aufgrund der Veränderungen auf dem Arbeitsmarkt ist für die Zukunft zu vermuten, daß neben den 'klassischen Armutsgruppen im Alter', wie verwitwete, ledige und geschiedene alte Frauen, insbesondere aus benachteiligten Sozialschichten, Pflegebedürftige in Heimen, alleinlebende alte Menschen in infrastrukturell schlecht versorgten Regionen und Wohnumgebungen, neue Risikogruppen entstehen werden: älterwerdende ArbeitsmigrantInnen (vgl. Schweppe 1994b) und Angehörige verschiedener Berufsgruppen, auch AkademikerInnen, mit diskontinuierlichen, unterqualifizierten Erwerbsverläufen (vgl. Backes 1994, 127f.).

Neben den allgemeinen Verbesserungen des Einkommensniveaus ist auch der Gesundheitszustand der heutigen Altengeneration für eine Mehrheit nicht schlecht und ist zu einem wesentlichen Fundament geworden, das die Gestaltbarkeit der Altersphase möglich macht. Entgegen des immer noch verbreiteten Bildes der kranken und gebrechlichen Alten, weisen subjektive Gesundheitseinschätzungen eher auf das Gegenteil hin. Fast jede(r) zweite über 60jährige ist mit seiner/ihrer Gesundheit 'eher zufrieden' (vgl. BMFuS 1993, 105), 40% der 60-69jährigen und 22% der über 70jährigen bezeichnen ihren Gesundheitszustand sogar mit 'sehr gut'. 45% der über 60jährigen schätzten sich 1985 als nicht von chronischen Krankheiten und Beschwerden betroffen ein (vgl. ebd., 106). Aber auch nach objektiven, medizinischen Kriterien sind die heutigen Alten gesünder als vorhergehende Kohorten (vgl. Bäcker u.a. 1989, 93f., zit. nach Schmidt 1994, 60). Für einen relativ guten Gesundheitszustand spricht auch die Tatsache, daß mehr als 80% der über 60jährigen nicht von fremder Hilfe abhängig sind (vgl. Infratest Sozialforschung 1991, zit. nach Dieck/ Naegele 1993, 44). Allerdings darf auch hier nicht übersehen werden, daß mit zunehmendem Alter der Gesundheitszustand sich verschlechtert und gerade bei den Hochaltrigen mit schweren gesundheitlichen Belastungen zu rechnen sein kann. Dennoch kann Alter nicht mehr automatisch mit Verlusten an körperlicher und/oder psychischer Leistungsfähigkeit und Produktivität gleichgesetzt werden (vgl. Kohli 1992, 241). Gesundheitliche Einschränkungen verlagern sich zunehmend ins hohe Lebensalter (vgl. Schmidt 1994).

Die verbesserte Lebensqualität geht mit erweiterten Handlungs- und Aktivitätsfeldern einher. Vielfältige Reiseangebote, die auf die besonderen Bedürfnisse von alten Menschen Rücksicht nehmen, Bildungsmöglichkeiten, Sportangebote, eine verbesserte Infrastruktur und Vergünstigungen bei Bahn und Bus, die die Alten mobiler machen, und vieles mehr, stellen ein immer breiteres Aktivitätenspektrum und neue Tätigkeitsmöglichkeiten für alte Menschen bereit.

3.3 Die Gestaltbarkeit der Altersphase und ihre Schwierigkeiten

Es wäre zu kurz gegriffen, würde man diese verbesserten materiellen und sozialen Ressourcen als etwas begreifen, aus denen sich neue, aus traditionellen Zwängen befreite Lebensentwürfe ergeben bzw. - im Sinne einer frei gewählten Option - entworfen, geplant, gestaltet werden *können.* Weder ergeben sie sich, noch wird alten Menschen freigestellt, sie zu gestalten oder nicht. In weiten Teilen *müssen* sie gestaltet werden, und die verbesserten Ressourcen sind wichtige Grundlagen und können Hilfeleistungen geben. Sie *müssen* deshalb entwickelt werden, weil das Verharren in Lebensentwürfen, die an traditionellen Leitbildern orientiert sind, oft konfliktreich, risikoreich, krisenhaft und häufig gar nicht mehr realisierbar ist. Man denke nur an vollkommen auf Erwerbsarbeit fixierte FrührentnerInnen, die keine alternativen Orientierungen in der neuen Lebensphase finden, oder an die vielen Alten, die immer noch auf die Familie zur Durchführung von Pflegeleistungen setzen und deren Ablehnung nur als Undankbarkeit und Böswilligkeit deuten oder einfach als Enttäuschung erleben können. Die Altersphase ist nicht mehr nur eine Restzeit, die es irgendwie zu durchleben gilt und deren Lebensinhalte sich irgendwie, unter neuen Vorzeichen, ergeben. Sie ist vielmehr zu einer Lebensphase geworden, die sich nach neuen Kriterien ordnet (vgl. Kohli 1990) und nach neuen Lebensentwürfen verlangt. Wie können die sich verändernden Familienbeziehungen durch das Knüpfen anderer sozialer Netzwerke ersetzt werden? Welchen Beschäftigungen kann/will ich nachgehen? Welche Wohnformen kommen für mich in Frage? Wie soll Pflege organisiert werden, wenn diese notwendig wird? Was sollen die Lebensinhalte im Alter sein? Wie kann ich im Alter wegfallende Tätigkeiten und Rollen ersetzen? Worin besteht Sinn für mich im Alter? Gerade die Sinnsuche wird in der nachberuflichen Phase um so drängender, denn „wenn die Passage ins Rentenalter selbst nicht mehr begründet werden muß, ja ein Verrentungsalter bei der immer hervorgehobenen wunderbaren Leistungsfähigkeit älterer Menschen selbst unplausibel erscheint, dann wird der Legitimationsdruck, die Sinnsuche für die nachberufliche Lebensphase um so drängender" (Göckenjan 1989, 1103).

Neue Leitbilder oder verläßliche Entwürfe als Gegenmodell zu traditionellen Lebensmustern, an denen sich alte Menschen zur Bewältigung dieser Aufgabe orientieren können, stehen kaum bereit. Die sich auflösenden alten Orientierungen werden kaum durch neue ersetzt.

Weiter oben wurde dargestellt, daß tradierte Altersnormen und Altersbilder oft keine subjektiven Orientierungen mehr zur Verfügung stellen können und alte Menschen eine Vielfalt von Stilen und Lebenssituationen entwickeln. Die Vielfalt der Lebensstile von alten Menschen schlägt sich jedoch bisher nicht in ebenso vielfältigen gesellschaftlichen Altersbildern nieder. „Ein übergreifendes kulturelles Konzept für das Altwerden und für die Altersphase, welches der Vielfalt der Alterssituationen und der Teilpopulationen der älteren Menschen besser gerecht werden, existiert nicht" (Zeman 1992, 36). Die zur Verfügung stehenden gesellschaftlichen Altersbilder orientieren sich im wesentlichen immer noch an zwei Extremen. Auf der einen Seite steht ein Altersbild, das Alter ausschließlich als Verlust und Abbau geistiger, psychischer, physischer und sozialer Kräfte versteht und es ausschließlich unter einer Defizitperspektive wahrnimmt. Nach diesem Bild sind Alte in ihren Fähigkeiten und Fertigkeiten eingeschränkt und dementsprechend krank, desorientiert, dement, pflegebedürftig, hilfsbedürftig, gebrechlich. Demnach müssen sie betreut, versorgt, behandelt, gepflegt werden.[4]

Auf der anderen Seite ist das Gegenbild des 'neuen Alters' entworfen worden. Hier soll 'negatives Altern' durch positives ersetzt werden (vgl. Zeman in diesem Band). Das Grundelement dieses Gegenentwurfes ist Jugendlichkeit, das allerdings keineswegs mit Jugend gleichgesetzt werden darf. Denn in dem von Jugendlichkeit bestimmten neuen Altersbild sind die Ambivalenzen, die Sinn-

---

[4] Erstaunlicherweise konzentriert sich auch ein wesentlicher Schwerpunkt der sozialen Altenarbeit immer noch auf diesen Bereich. In einer Analyse von vier Fachzeitschriften und den Publikationen von vier Fachverlagen der sozialen Arbeit aus der Zeit von 1989 bis Frühjahr 1994 wurde nachgewiesen, daß sich 63% der Veröffentlichungen zur Altenarbeit auf die Bereiche Krankheit und Pflege konzentrieren (vgl. Schweppe 1995).

krisen und Problemlagen, die Jugend zunehmend prägen, nicht enthalten (vgl. Schachtner 1994, 87f.). Nach dem von Jugendlichkeit geprägten Altersbild sind Alte fit, sportlich, aktiv, engagiert, produktiv, voll von Lebensfreude, sorgenlos, vital, gesund, unternehmungslustig, begeisterungsfähig, frohgesinnt, lustorientiert. Sie joggen, reisen, kaufen, lachen, bilden sich, lieben Sex und Abenteuer und orientieren sich ganz am Turnschuhsyndrom. Sie gehen einem breiten Spektrum neuer, gesellschaftlich nützlicher Tätigkeiten und Arbeitsfelder nach und holen bisher nicht verwirklichte Träume nach. Altersspezifische Problemlagen und Belastungen treten in diesem Bild nicht auf.

Beide Altersbilder sind nivellierende Stereotypen, in denen ausgeschaltet wird, was nicht hineinpaßt. Sie haben ausgrenzenden Charakter und „stigmatisier(en) das definitorisch nicht zu beseitigende Alter noch mehr (...)“ (Göckenjan 1989, 1100).

Aber es sind nicht nur neue Altersbilder, die zur Orientierung und Gestaltung der Altersphase fehlen. Zu fragen ist auch, inwieweit die gesellschaftlichen Strukturen, d.h. unsere Betreuungs-, Verwaltungs- und politischen Institutionen, die Gestaltung der Altersphase und neue Lebensentwürfe im Alter überhaupt zulassen. Werden alte Menschen durch die gegenwärtigen Institutionen und gesellschaftlichen Strukturen nicht eher auf ein an traditionellen Lebenswegen orientiertes Altern festgelegt? Weiter oben wurde auf die erweiterten Handlungs- und Aktivitätsmöglichkeiten für alte Menschen hingewiesen, die sicherlich Ansätze und Möglichkeiten zur Umorientierung der Altersphase bieten. Es fragt sich jedoch, inwieweit es nicht häufig eher auf punktuelle Bedürfnisse und Interessen zielende Aktivitäten sind und welche Möglichkeiten sie tatsächlich zur Bewältigung der vielfältigen neuen Anforderungen bieten. Wie viele sinnstiftende Tätigkeitsfelder gibt es tatsächlich für alte Menschen, so daß sie auch Rückwirkungen im Alltag haben? Handelt es sich bei den neuen Aktivitätsfeldern nicht häufig um kleine Inseln im Alltag und begrenzte Episoden neuer Gestaltungsmöglichkeiten? So stellen die mittlerweile weitgefächerten Reisemöglichkeiten für alte Menschen sicherlich neue Gelegenheitsstrukturen dar, aber welche Bedeutung kommt ihnen im Rahmen der Veränderungen der Altersphase eigentlich zu? Eine Reise kann zwar eine guttuende Abwechslung im Alltag darstellen, sie hilft aber wenig, Monotonie und Einsamkeit entgegenzuwirken, geschweige denn Sinnstiftung zu vermitteln. Gilt auch für den Altenbereich das, was Beck (1986, 215) im Rahmen der gegenwärtigen Gesellschaftsdiagnose beschreibt, nämlich „daß einer sich aus den Achsen der industriegesellschaftlichen Lebensführung (...) herausentwickelnden Gesellschaft (...) ein System von Betreuungs-, Verwaltungs- und Politik-Institutionen gegenüber (steht), die nun mehr und mehr eine Art Statthalterfunktion der ausklingenden Industrieepoche übernehmen?“ (vgl. Beck 1992, 193) Stehen Institutionen nicht mehr und mehr im Widerspruch zu der sozialen Wirklichkeit im Alter? Beispiele dafür gibt es genug. Man denke nur an den Wohnbereich. Zwischen Alleinleben, den gefürchteten Sonderformen, z.B. Altenheime, und den wenigen, nicht selten ghettoähnlichen Formen des betreuten Wohnens und Altenwohnanlagen gibt es oft genug keine Alternativen. Wohnformen, die Möglichkeiten zum Knüpfen sozialer Netzwerke oder neuer Hilfebeziehungen fördern, fehlen weitgehend (vgl. Klünder/Sinclair und Otto in diesem Band). Ebenso sieht es im Pflegebereich aus. Alte pflegebedürftige Menschen, die familiale Hilfeleistungen begrenzen wollen oder müssen und trotzdem in der eigenen Wohnung bleiben wollen, können zwar als Alternative z.T. auf ambulante Hilfsmaßnahmen zurückgreifen, häufig genug sind diese jedoch nicht in der Lage, den benötigten Hilfebedarf abzudecken. Es entsteht ein Versorgungsloch, das in solchen Fällen nicht selten mit einer Heimeinweisung gestopft wird.

Ebenfalls muß im Rahmen der Gestaltungsanforderungen in der Altersphase darauf hingewiesen werden, daß alte Menschen kaum auf etwa Jugendkulturen vergleichbare kulturelle Kontexte zur Orientierung zurückgreifen können (vgl. Mader 1994, 95f.).

Hinzu kommt die Verarbeitung der sich fortwährend ausdifferenzierenden und nicht selten widersprüchlichen Verhaltensanforderungen und Informationen, die auch alte Menschen förmlich bombardieren. Als Beispiel sei auf den Gesundheits- und Ernährungsbereich verwiesen. Man schaue sich diesbezüglich nur das tägliche Werbefernsehen an oder schlage eine der vielfältigen Seniorenratgeber auf: Ein bißchen Sport treiben, aber nicht zuviel; bei einigen Krankheitsbildern ist es vielleicht besser, ganz darauf zu verzichten; fettarmes Essen wird empfohlen, das aber nicht zu fettarm sein soll; das immer mehr ausdifferenzierte Angebot pharmazeutischer Mittel läßt mittlerweile fast keinen Körperteil und keine Körperfunktion alter Menschen unentdeckt. Welch absurde Formen diese Ausdifferenzierung von Informationen und Verhaltensanforderungen annehmen können, machen folgende Empfehlungen aus dem Seniorenratgeber der Apotheken von März 1995 deutlich. Es geht um Verhaltensempfehlungen für das frühjährliche Sonnenbad:

> „Im Frühling hat die Haut noch keine Gelegenheit, (...) Schutz wieder aufzubauen. Sie ist den UV-Strahlen ziemlich schutzlos ausgeliefert (...). Darum sollten Sie sich das Vergnügen zunächst nur kurze Zeit gönnen. Maximal 20 Minuten. Im Gebirge und an der See nicht mehr als 10 Minuten. Zusätzlich sollten Sie die der Sonne ausgesetzten Körperpartien mit einem Sonnenschutzmittel einreiben. In erster Linie also das Gesicht, eventuell auch Arme und Beine.
>
> Achten Sie bei der Auswahl auf den Lichtschutzfaktor (LSF) (...).Wenn Sie zum Beispiel eine lichtüberempfindliche Haut haben, was sich vor allem in einer Rötung an den Armen und am Dekolleté zeigt, sollten Sie ein reizarmes Sonnengel ohne Fett und ohne Emulgatoren (Hilfsstoffe zur Stabilisierung von Emulsionen) verwenden.
>
> Denken Sie vor allem auch an die Lippen. Für sie gibt es spezielle Stifte oder Fettcremes (...). Sie eignen sich für Wangen, Kinn und Nase. Die empfindli-

che Haut der Augenlider sowie die Augen selbst schützen Sie am besten mit einer Sonnenbrille.

Cremen Sie sich eine halbe Stunde, bevor Sie in die Sonne gehen, ein (...). Die Frühjahrssonne kann (...) Herpes-Bläschen im Bereich um den Mund auslösen (...). Die Haut um den Mund fängt an zu kribbeln und zu spannen. Es bilden sich stecknadelkopfgroße juckende Bläschen. Die Flüssigkeit in den Bläschen trübt sich langsam ein. In dieser Zeit besteht große Ansteckungsgefahr" (10f.).

Abgesehen davon, daß den LeserInnen unterstellt wird, nicht zu wissen, wie man sich vor Sonne schützen kann, könnte man meinen - wüßte man nicht, woher diese Empfehlungen stammen - sie seien eine Parodie auf die derzeitige Gesundheitsmanie. Sie veranschaulichen sehr deutlich, wie selbst Kleinigkeiten der alltäglichen Lebensführung - wie das Sonnenbaden - nicht nur mit der Verarbeitung vielfältiger Informationen verbunden ist, sondern auch, wie abgewogen werden muß zwischen Alternativen, wie Verunsicherungen produziert werden - Ist das Sonnenbaden vielleicht nicht doch zu gefährlich? - und wie auch alte Menschen zunehmend die multiplen Anforderungen, Unsicherheiten, Informationen etc. in eine für sie akzeptable Weise ordnen und strukturieren müssen.

Alte Menschen werden zur Gestaltung ihrer Lebenswege zunehmend auf sich zurückgeworfen (vgl. Karl 1993). Sie können und müssen sie durch eigenes Handeln zunehmend gestalten (vgl. Kohli 1990) und die Qualität ihrer Umwelt selbst mit herstellen (vgl. Karl 1993). Vorgaben dafür sind kaum vorhanden. Auch die Altersphase wird immer mehr biographisiert. Das individuelle Lebensschicksal wird zunehmend dem einzelnen aufgebürdet (vgl. Nittel 1991) und muß zunehmend durch Eigenleistungen hergestellt werden.

3.4 Die Subjektseite ist gefragt

Eine aus traditionellen Orientierungen freigesetzte Lebensführung bringt hohe Anforderungen an die Subjektseite mit sich, will sie nicht scheitern und sollen die riskanten Chancen der gegenwärtigen Lebenssituation produktiv genutzt werden (vgl. Keupp 1992, 1994). Keupp nennt insbesondere folgende:

– Individualisierung ermöglicht und fordert gleichzeitig ein hohes Maß an Gestaltungskompetenz. Damit sind die vom Subjekt vermehrten Leistungen zur „eigenwilligen Verknüpfung und Kombination multipler Realitäten" (Keupp 1994, 345) gemeint. Eine aktive Eigenleistung ist gefordert; Fähigkeiten wie Initiative, Flexibilität, Planung, Entscheidungsfindung und Frustrationstoleranz sind notwendig. Die Gestaltbarkeit von Lebensräumen bedeutet stets die Wahl zwischen Optionen. Aus den vielen Einzelteilen, für die optiert wird, muß dann wiederum, als wesentliche Bedingungen für psychische und körperliche Gesundheit (vgl. Keupp 1992, 177), ein subjektiv als kohärent erlebtes Ganzes zusammengebastelt (vgl. Hitzler/Honer 1994) werden. Jede Entscheidung bringt

Unsicherheiten über ihre meist nicht kalkulierbaren Folgen mit sich und birgt das Risiko und die Unsicherheit in sich, eine falsche Entscheidung zu treffen. Unsicherheit ist ein wesentliches Merkmal individualisierter Gesellschaften, und der Umgang mit ihr wird zur zivilisatorischen Schlüsselqualifikation erhoben (vgl. Beck 1992, 194). Dies erfordert auch, Ambivalenzen aushalten zu können, nicht alles nur als schlecht oder nur als gut einzustufen, einen 'Eindeutigkeitszwang' zu überwinden und sich auf Situationen und Menschen offen einzulassen (vgl. Keupp 1994, 346).

– Ebenso notwendig sind soziale Ressourcen zum Knüpfen und Aufrechterhalten von sozialen Beziehungen. Da der Bestand schon vorhandener sozialer Bezüge sich ändert und immer größere Teile des sozialen Beziehungsnetzes neu- bzw. selbstgeschaffen und aufrechterhalten werden müssen, sind Beziehungsfähigkeiten gefragt.

– Die im Alltag immer brüchiger werdenden Normen und Regeln und die mangelnden Möglichkeiten des Rückgriffs auf Stabilitäten und die Übernahme von fertigen und vorgezeichneten Lebensformen und -wegen erfordern darüber hinaus Fähigkeiten, die es ermöglichen, Regeln, Ziele, Normen und Wege immer wieder aufs neue auszuhandeln. Dies schließt ein hohes Maß an Konfliktfähigkeit ein.

– Die Verwissenschaftlichung des Alltags ebenso wie die schnelle technologische Entwicklung erfordern darüber hinaus ein ständiges Sich-Informieren und erzwingen nicht nur das Weiterlernen im Erwachsenenalter, sondern auch das Verlernen von Wissen, das sich zwischenzeitlich als nutzlos erwiesen hat (vgl. Kohli 1984).

Dies sind Anforderungen, die allen Mitgliedern einer individualisierten Gesellschaft abverlangt werden. Und obwohl sich bei allen Generationen die Frage stellt, inwieweit sie darauf vorbereitet sind und über das nötige 'Rüstzeug' verfügen, ihnen gerecht zu werden, stellt sich diese Frage bei alten Menschen mit besonderem Nachdruck. Die heutigen Alten sind zwischen 1900 und 1935 geboren, d.h. sie sind in der Weimarer Republik, manche(r) sogar im Kaiserreich geboren, manche haben den 1. Weltkrieg, die Nachkriegs- und Inflationszeit und die Zeit hoher Arbeitslosigkeit miterlebt, alle haben das Dritte Reich, den 2. Weltkrieg, die Zeit der Demokratie und des wirtschaftlichen Aufschwungs erlebt. Sie sind in Zeiten aufgewachsen, die in materieller und finanzieller Hinsicht vielfältige Einschränkungen mit sich brachten. Eine Mehrzahl der heutigen Alten verfügt über relativ niedrige formale Qualifikationen, d.h. kurze Schulzeiten, in der Regel den Besuch der Volksschule. Ein Teil, und insbesondere Frauen, verfügt über keine Berufsausbildung (vgl. Dieck 1984, 150).

Es wäre fahrlässig, die heutigen Alten als eine einheitliche Kohorte zu betrachten und aus einem gemeinsamen Sozialisationshintergrund Prognosen über die Bewältigung der Altersphase aufzustellen. Dennoch läßt sich ein mit aller Vorsicht zu interpretierender Trend gemeinsamer Bedingungen des Aufwachsens nachzeichnen: Die heutigen Alten sind in einer Zeit groß geworden und haben einen Teil ihres Erwachsenenalters, teilweise sogar ihres hohen Erwachsenenalters in einer Zeit gelebt, deren Spielräume zur aktiven Gestaltung von Biographien und Lebensräumen für eine Mehrheit eher begrenzt waren. Materielle, finanzielle, geschlechtsspezifische und bildungsbezogene Zwänge ließen Optionen zur Gestaltung von Lebensweisen höchstens begrenzt zu. Keupp (1992) meint, daß eine „Entgrenzung des Ichs" z.T. für gar gefährlich gehalten wurde (168). Der individuelle Bewegungsspielraum sollte eingeschränkt werden, dem eigenwilligen Subjekt mißtraut werden. Zu diesem Schluß kommt er in einer Analyse von 'Sachbüchern' und 'Ratgebern' in Sachen Lebenshilfe aus der Zeit von 1920 bis 1950. So schreibt Müller-Freienfeld in seinem 1925 in hoher Auflage erschienenen Buch 'Die Seele des Alltags. Eine Psychologie für Jedermann', wohin es innerhalb der Familie führen muß, wenn die einzelnen Familienmitglieder einen Anspruch auf individuelle Persönlichkeitsentfaltung hätten: „Es ist ein Kennzeichen der Zersetzung der sozialen Urform, wenn die einzelnen Glieder der Familie auf ihre Individualität pochen, wenn die Noras und Hedda Gablers in erster Linie ihr eigenes Leben 'ausleben' wollen, wenn gar die Kinder ihr Recht auf Persönlichkeit fordern" (336, zit. nach Keupp 1992, 169). Auch der Spruch 'Kinder, die was wollen, die kriegen was auf die Bollen' gibt vielleicht ein Stück der 'Erziehungsphilosophie' eines Teiles der heutigen Altengeneration wieder[5]. Veränderungen hinsichtlich der Gestaltbarkeit von Biographien erfolgten durch den Individualisierungsschub seit den sechziger Jahren, das heißt zu einem Zeitpunkt, zu dem die heutigen Alten das Erwachsenenalter bzw. schon das hohe Erwachsenenalter erreicht hatten. Es stellt sich die Frage, inwieweit alte Menschen diese Umorientierungen mit vollzogen haben. Inwieweit gelingt eine Umorientierung der Biographien, die stark von normalbiographischen Elementen geprägt waren, auf Biographien mit wahlbiographischen Anforderungen? Inwieweit lassen die innere Verfaßtheit alter Menschen und die inneren Ressourcen die Nutzung der neuen Gestaltungs- und Handlungsspielräume zu? Inwieweit korrespondieren die verbesserten Handlungsspielräume mit den subjektiven Handlungsmustern; inwieweit sind sie konträr zueinander? Inwieweit stellen geschlechtsspezifische Zwänge, durch die vor allem Frauen lange Zeit ihres Lebens nur für *andere* da waren, und bildungsbezogene Einschränkungen Hindernisse dar, den Individualisierungsanforderungen im Alter zu genügen (vgl. Kade 1994, 31)? Sind die benötigten Fähigkeiten bei bestimmten Altenpopulationen besser ausgeprägt als bei anderen, so daß sich auf diese Weise neue und u.U. sich vertiefende Ungleichheitsverhältnisse herausbilden? Wenn Keupp (1992, 177) Recht hat, daß ein offenes Lebensprojekt und die Bewältigung der Anforderungen individualisierter Gesellschaften materielle Ressourcen benötigen, stellt sich außerdem die Frage, inwieweit nicht gerade solche alte Menschen, die bisher nur wenig von der all-

---

[5] Auf diesen Spruch wies L. Veelken während seines Vortrages zum Thema 'Lebenslauf und Lebensziel - Sinnsuche im Alter und ihre Bedeutung für die Altenarbeit' am 30.1.1995 an der Philipps-Universität Marburg hin.

gemeinen Wohlstandsverbesserung profitiert haben, nicht nur von vornherein benachteiligt sind, sondern sich auch hierdurch Ungleichheitsverhältnisse eher verstärken. Gibt es u.U. sogar eine Korrelation zwischen mangelnden materiellen und ungenügenden sozialen Ressourcen? Oder ist es vielleicht so, daß viele alte Menschen, die aufgrund von Hunger, Armut oder Krieg zur Lebensbewältigung schon immer ein hohes Maß an Improvisationsfähigkeiten, Kreativität und Phantasie entwickeln mußten, besonders den heutigen Anforderungen gewachsen sind? Diese Fragen können derzeit kaum beantwortet werden und weisen auf einen enormen Forschungsbedarf hin, um die Chancen und Risiken von Alternsprozessen im Rahmen von Freisetzungs- und Individualisierungsprozessen nachzuzeichnen.

4. Die Altersphase als 'riskante Freiheit'

Dennoch läßt sich so viel sagen, daß die Altersphase zu einer Lebensphase geworden ist, die sich nur noch schwer mit eindeutigen Kategorien, Etiketten oder Charakteristiken beschreiben läßt. Sie hat sich aus den bisherigen Leitbildern und Konzeptionen herausgelöst, ohne daß gleichzeitig neue allgemeine Modelle entstanden sind. Die Altersphase ist bunt und plural geworden. Die jungen und fitten Alten stehen den pflegebedürftigen Hochaltrigen gegenüber, arme RentnerInnen vermögenden PensionärInnen, die Alleinstehenden solchen, die mit anderen Alten in eine Wohngemeinschaft gezogen sind, diejenigen, die die Altersphase als neue Freiheit erleben und unerfüllte Wünsche versuchen zu realisieren, solchen, die das Alter als Falle erleben und durch die Berufsaufgabe oder Beendigung der Familienphase sich langweilen und nutzlos fühlen, die Beschäftigten, die einer Reihe von ehrenamtlichen Aufgaben nachgehen oder im Haushalt der Kinder mithelfen, solchen, die vereinsamt sind, Reisefreudige, die an den vielen Kaffeefahrten für alte Menschen oder mehrmals jährlich an Seniorenreisen teilnehmen, solchen, die zum Überleben der Mehrgenerationenfamilie in der Landwirtschaft mitarbeiten müssen.

Alter ist zu einer Lebensphase geworden, die sich nicht mehr ergibt, sondern *gestaltet* werden und aus vielen Mosaiksteinchen zusammengebastelt[6] werden muß. Dieser Bastelprozeß enthält all die positiven und chancenreichen Elemente, die Basteln mit sich bringt. Jede(r), der/die schon mal gebastelt hat, weiß aber auch, daß dies ein nicht immer einfaches Unterfangen ist und gar zum Mißerfolg führen kann, beispielsweise dann, wenn man zwei linke Hände hat, d.h. die notwendigen Fähigkeiten und Fertigkeiten nicht mitbringt, wenn man falsches oder zu wenig Material hat oder wenn das Endprodukt einfach schlecht oder mißraten ist. Daß auch die Chancen des Alters zu Risiken werden können, ist offensichtlich. Die potentiellen 'neuen Risiken' der Altersphase können die klassischen Altersprobleme, wie Einsamkeit, Armut, Pflegebedürftigkeit, um

---

[6] In Anlehnung an Hitzler/Honer (1994).

neue Dimensionen erweitern. Zu fragen ist dabei natürlich nach den Ursachen und Bedingungen, die die Chancen zu Risiken werden lassen.

Die Altersphase kann nur in der Ambivalenz und der Gleichzeitigkeit von Chancen und Risiken erfaßt werden. Neue Chancen werden durch alte Restriktionen gebrochen, alte Restriktionen durch neue Chancen aufgeweicht. Auch Alter ist zu einer Gradwanderung geworden, bei der die neuen Chancen schnell zu neuen Risiken, aber gleichzeitig die Risiken zu neuen Chancen werden können. Aus den früheren Zwängen können neue Freiheiten entstehen; die Auflösung früherer Sicherheiten können aber auch Angst, Unsicherheit, Unfreiheit bedeuten. Und auch auf der biographischen Ebene können Alternsprozesse wohl am besten aus der Gleichzeitigkeit von Verfall und Wachstum, Gewinnen und Verlusten beschrieben werden. Daß auch die Altersphase zur 'riskanten Freiheit' (Beck/Beck-Gernsheim 1994) geworden ist, mag ein Gedanke sein, der vielleicht noch gewöhnungsbedürftig ist.

Literatur

Amann, A.: Soziale Ungleichheit im Gewande des Alters - Die Suche nach Konzepten und Befunden, in: Naegele, G; Tews, H.-P. (Hg.:): Lebenslagen im Strukturwandel des Alters, Opladen 1993, S. 100-115

Backes, G.: Armut im Alter - (k)ein Thema mehr(?)!, in: Neue Praxis 24 (1994) 2, S. 119-131

Baethge, M.: Individualisierung als Hoffnung und als Verhängnis, in: Lindner, R.; Wiebe, H.-H. (Hg.): Verborgen im Licht. Neues zur Jugendfrage, Frankfurt/M. 1986, S. 98-123

Beck, U.: Risikogesellschaft. Auf dem Weg in eine andere Moderne, Frankfurt/M. 1986

Beck, U.: Der Konflikt der zwei Modernen. Vom ökologischen und sozialen Umbau der Risikogesellschaft, in: Rauschenbach, Th.; Gängler, H. (Hg.): Soziale Arbeit und Erziehung in der Risikogesellschaft, Neuwied 1992, S. 85-202

Beck-Gernsheim, E.: Familie und Alter: Neue Herausforderungen, Chancen, Konflikte, in: Naegele, G.; Tews, H.-P. (Hg.): Lebenslagen im Strukturwandel des Alters, Opladen 1993, S. 158-169

Beck-Gernsheim, E.: Auf dem Weg in die postfamiliale Familie - Von der Notgemeinschaft zur Wahlverwandtschaft, in: Beck, U.; Beck-Gernsheim, E. (Hg.): Riskante Freiheiten, Frankfurt/M. 1994, S. 115-138

Beck, U.; Beck-Gernsheim, E.: Individualisierung in modernen Gesellschaften - Perspektiven und Kontroversen einer subjektorientierten Soziologie, in: Beck, U.; Beck-Gernsheim, E. (Hg.): Riskante Freiheiten, Frankfurt/M. 1994, S. 10-39

Becker, P.: Offene Zukunft und riskante Entscheidungen, in: Neue Praxis 24 (1994) 3, S. 203-216

Borscheid, P.: Der alte Mensch in der Vergangenheit, in: Akademie der Wissenschaften zu Berlin (Hg.): Zukunft des Alterns und gesellschaftliche Entwicklung, Berlin 1992, S. 35-61

Bröschen, E.: Die Lebenslage älterer Menschen im ländlichen Raum, Stuttgart 1983
Bundesminister für Raumordnung, Bauwesen und Städtebau (Hg.): Raumordnungsbericht 1986. Sonderheft der Schriftenreihe Raumordnung des Bundesministers für Raumordnung, Bauwesen und Städtebau, Bonn 1986
Bundesministerium für Familie und Senioren (BMFuS): Erster Altenbericht. Die Lebenssituation älterer Menschen in Deutschland, Bonn 1993
Conrad, Ch.: Altwerden und Altsein in historischer Perspektive. Zur neueren Literatur, in: Zeitschrift für Sozialisationsforschung und Erziehungssoziologie 2 (1982) 1, S. 73-90
Conrad, Ch.: Geschichte des Alterns: Lebensverhältnisse und sozialpolitische Regulierung, in: Zeitschrift für Sozialisationsforschung und Erziehungssoziologie 4 (1984) 1, S. 143-156
Dieck, M.: Zur Lebenssituation älterer Frauen - Problemfelder und sozialer Handlungsbedarf, in: Sozialer Fortschritt 34 (1984) 7, S. 150-154
Dieck, M., Naegele, G.: 'Neue Alte' und alte soziale Ungleichheiten - vernachlässigte Dimensionen in der Diskussion des Altersstrukturwandels, in: Naegele, G.; Tews, H.P. (Hg.:): Lebenslagen im Strukturwandel des Alters, Opladen 1993, 43-60
Dieck, M.; Naegele, G.; Schmidt, R.: Freigesetzte Arbeitnehmer im 6. Lebensjahrzehnt - Eine neue Ruhestandsgeneration?, in: Hottelet, H.; Schmidt, R. (Hg.): Handlungsfelder für ältere Menschen in der Gesellschaft I, Institut für Sozialarbeit und Sozialpädagogik, Frankfurt/M. 1988, S. 68 - 80
Fuchs, W.: Jugendliche Statuspassage oder individualisierte Jugendbiographie, in: Soziale Welt 34 (191983) 2, S. 341 - 371
Göckenjan, G.: Zwischen Alterskult und Altenlast. Die definitorische Bewältigung des Alters, in: Frankfurter Hefte 12/1989, S. 1098-1104
Heitmeyer, W.; Olk, Th. (Hg.): Individualisierung von Jugend, Weinheim 1990
Hitzler, R.: Kleine Lebenswelten - Ein Beitrag zum Verstehen von Kultur, Opladen 1988
Hitzler, R.; Honer, A.: Bastelexistenzen. Über subjektive Konsequenzen der Individualisierung, in: Beck, U.; Beck-Gernsheim, E. (Hg.): Riskante Freiheiten, Frankfurt/M. 1994, S. 307 - 315
Imhof, A.: Die gewonnenen Jahre, München 1981
Kade, S. (Hg.): Individualisierung und Älterwerden, Bad Heilbrunn 1994a
Kade, S. (1994): Individualisierung und Älterwerden - der paradoxe Weg in die Moderne, in: Kade, S. (Hg.): Individualisierung und Älterwerden, Bad Heilbrunn 1994a, S. 17-44
Karl, F.: Strukturwandel des Alterns und Handlungspotentiale, in: Naegele, G.; Tews, H. P. (Hg.): Lebenslagen im Strukturwandel des Alters, Opladen 1993, S. 259-270
Keupp, H.: Verunsicherungen. Risiken und Chancen des Subjekts in der Postmoderne, in: Rauschenbach, Th., Gängler; H. (Hg.): Soziale Arbeit und Erziehung in der Risikogesellschaft, Neuwied 1992, S. 165-183
Keupp, H.: Ambivalenzen postmoderner Identität, in: Beck, U.; Beck-Gernsheim, E. (Hg.): Riskante Freiheiten, Frankfurt/M. 1994, S. 336-350
Kohli, M.: Die Institutionalisierung des Lebenslaufs, in: Kölner Zeitschrift für Soziologie und Sozialpsychologie 37 (1985) 1, S. 3-29

Kohli, M.: Gesellschaftszeit und Lebenszeit. Der Lebenslauf im Strukturwandel der Moderne, in: Soziale Welt, Sonderband 4, 1986, S. 183-208
Kohli, M.: Normalbiographie und Individualität: Zur institutionellen Dynamik des gegenwärtigen Lebenslaufregimes, in: Brose, H.-G.; Hildenbrand, B. (Hg.): Vom Ende des Individuums zur Individualität ohne Ende, Opladen 1988, S. 33-53
Kohli, M.: Das Alter als Herausforderung für die Theorie sozialer Ungleichheit, in: Soziale Welt, Sonderband 7, 1990, S. 387-406
Kohli, M.: Altern in soziologischer Perspektive, in: Akademie der Wissenschaften zu Berlin (Hg.): Zukunft des Alterns und gesellschaftliche Entwicklung, Berlin 1992, S. 231-259
Langehenning, M.: Die Seniorenphase im Lebenslauf. Zur Konstruktion eines neuen Lebensalters, Augsburg 1987
Langehenning, M.; Kohli, M.: Nachberufliche Tätigkeitsfelder - Empirie und Perspektiven, in: Knopf, D.; Schäffter, O.; Schmidt, R. (Hg.): Produktivität des Alters, Deutsches Zentrum für Altersfragen, Berlin 1990, S. 208-222
Mader, W.: Emotionalität und Individualität im Alter - Biographische Aspekte des Alterns, in: Kade, S. (Hg.): Individualisierung und Älterwerden, Bad Heilbrunn 1994, S. 95-114
Naegele, G.; Tews, H.-P. (1993a): Theorieansätze und -kritik zur Altersentwicklung - Neue und alte sozialpolitische Orientierungen, in: Naegele, G; Tews, H.-P. (Hg.): Lebenslagen im Strukturwandel des Alters, Opladen 1993, S. 329-367
Naegele, G.; Tews, H.-P. (Hg.): Lebenslagen im Strukturwandel des Alters, Opladen 1993
Nittel, D.: Report: Biographieforschung, Frankfurt/M. 1991
Rauschenbach, Th.: Soziale Arbeit und soziales Risiko, in: ders.; Gängler, H. (Hg.): Soziale Arbeit und Erziehung in der Risikogesellschaft, Neuwied 1992, S. 25-60
Schachtner, Chr.: Vom Verschwinden des Alters, in: Kade, S. (Hg.): Individualisierung und Älterwerden, Bad Heilbrunn 1994, S. 85-94
Schmidt, R.: Alter zwischen Individualisierung und Abhängigkeit, in: Kade, S. (Hg.): Individualisierung und Älterwerden, Bad Heilbrunn 1994, S. 59-73
Schmidt, R., Zeman, P.: Die Altersstruktur in der Altenhilfe: Rückzugsnische, Aktivprogramm, neues Alter?, in: Göckenjan, G; v. Kondratowitz, H.-J.: Alter und Alltag, Frankfurt 1988, S. 270-299
Schweppe, C.(1994a): Altern auf dem Land. Über das soziale Märchen eines harmonischen Lebensabends, in: Neue Praxis, 24 (1994) 2, S. 143-154
Schweppe, C.(1994b): Die Lebenssituation von alten ArbeitsmigrantInnen, in: Sozialmagazin, 19 (1994) 12, S. 16-25
Schweppe, C.: Über den Anachronismus der sozialen Altenarbeit, in: Sozialwissenschaftliche Literaturrundschau 30, 18 (1995), S. 79-97
Sperber, K.: Gewalt gegen alte Menschen in der Familie, in: Sozialmagazin 14 (1989) 6, S. 14-18
Seniorenratgeber, hg. von R. Becker und dem Deutschen Grünen Kreuz, Baierbrunn, März 1995
Tews, H.-P.: „Neue Alte"? Veränderungen des Altersbildes und des Altersverhaltens, in: Universitas, September 1987, S. 868 - 879

Tews, H.-P.: Neue und alte Aspekte des Strukturwandels des Alters, in: Naegele, G.; Tews, H.-P. (Hg.): Lebenslagen im Strukturwandel des Alters, Opladen 1993, S. 15-42

Thiersch, H.: Lebensweltorientierte soziale Arbeit, Weinheim 1992

Voges, W.: Soziologie des höheren Lebensalters. Eine Einführung in die Alterssoziologie und Altenhilfe, Augsburg 1994 (2.Auflage)

Zeman, P.: Innovative Seniorenkulturarbeit, in: Glaser, H.; Röpke, Th. (Hg.): Dem Alter einen Sinn geben, Heidelberg 1992, S. 30 - 42

Peter Zeman

Altersbilder, soziale Arbeit und die Reflexivität des Alters

1. 'Die Lebenszeit'

In einem Volksmärchen der Gebrüder Grimm wird geschildert, wie 'der Herrgott, nachdem er die Welt geschaffen hat, allen Kreaturen ihre Lebenszeit zuteilt'. Esel, Hund, Affe und Mensch sind erschienen; jeder soll dreißig Jahre Lebenszeit erhalten. Doch, so gerecht das sein mag: sie sind alle nicht einverstanden. Den Tieren sind die dreißig Jahre viel zu lang, dem Menschen zu kurz. Daraufhin erläßt Gott den Tieren vierzig Jahre und verlängert die Lebenszeit des Menschen um eben diese vierzig Jahre. Wozu das führt, resümiert das Märchen wie folgt: „Also lebt der Mensch siebenzig Jahr. Die ersten dreißig sind seine menschlichen Jahre, die gehen schnell dahin; da ist er gesund, heiter, arbeitet mit Lust und freut sich seines Daseins. Hierauf folgen achtzehn Jahre des Esels, da wird ihm eine Last nach der anderen auferlegt. Dann kommen zwölf Jahre des Hundes, da liegt er in den Ecken, knurrt und hat keine Zähne mehr zum Beißen. Und wenn diese Zeit vorüber ist, so machen die zehn Jahre des Affen den Beschluß. Da ist der Mensch schwachköpfig und närrisch, treibt alberne Dinge und wird ein Spott der Kinder" (Gebrüder Grimm 1974, 147).

Die 'gewonnenen Jahre' (Imhof 1981) werden zur Strafe, wenn Humanität an die uneingeschränkte Verfügbarkeit von Schaffenskraft und Schaffensfreude gebunden wird. Schon mit dreißig setzen Diskriminierungen als 'älterer Arbeitnehmer'[1] ein, und wenn bereits mit achtundvierzig die Arbeitskraft verschlissen ist, folgt der erzwungene 'Ruhestand', voller Nutzlosigkeit und ohne die Macht, sozialen Zumutungen etwas entgegenzusetzen. Wer beachtet schon das Knurren, wenn die Zähne zum Beißen fehlen. Mit sechzig schließt sich die letzte Phase an, in der sich der Mensch, senil und dement geworden, zum Affen macht. Vor dem Hintergrund einer durch irreversible Abbauprozesse im Alter nicht mehr erfüllbaren Leistungsethik wird ein krasses Defizitmodell des Altwerdens ausgemalt.

[1] Wenn an dieser Stelle und im folgenden für die Bezeichnung von Personengruppen die männliche Form verwendet wird, so dient dies ausschließlich der besseren Lesbarkeit durch Vermeidung sprachlicher Umständlichkeiten und darf nicht als Ausdruck heimlicher Diskriminierung mißverstanden werden.

Die meisten Volkserzählungen, die aus dem 18. u. 19. Jh. stammen, mentalitätengeschichtlich also aus einer für uns noch sehr jungen Vergangenheit, teilen diese negative Alterssicht[2], und die Volkskunde interpretiert solche negativen Altersdarstellungen als in vielen Zügen realistische Einschätzungen der Lebensqualität im Bereich ländlicher Unterschichten, die aus dem 'Munde des Volkes' stammen könnten. Positive Altersleitbilder dagegen, wie der alte Ratgeber, die Warnerin, die helfende Fee, haben angesichts des heute bekannten sozialgeschichtlichen Hintergrunds wahrscheinlich eher dem Wunschdenken der Armenbevölkerung entsprochen oder wurden - volkspädagogisch - von Oberschichtsangehörigen entworfen, um sozialen Frieden zu stiften.

Bemerkenswert sind auch Motive, die mit den real gegebenen Lebensläufen so gar nicht in Einklang stehen, etwa die, im 16. Jh. auftauchende Alterstreppe, mit ihren von 0-50 Jahren aufsteigenden Zehnerstufen und dem darauf folgenden Abstieg bis 100 Jahre. Die mittlere Lebenserwartung lag damals aber zwischen 40 und 50 Jahren, und auf dem 'Höhepunkt' der Lebenstreppe war die Arbeitskraft faktisch längst abgewirtschaftet. Das Dezimalsystem und der symmetrische Bildaufbau scheinen die Darstellung in solche Phantasie-Dimensionen hineingezwungen zu haben (vgl. Schenda 1983, 66).

An solchen volkskundlich historischen Beispielen wird bewußt, wie sehr sich heutige Wirklichkeit und Interpretation des Lebenslaufs dagegen absetzen. Schicksalhaftigkeit und Schematisierung von Lebensläufen und Alterssituationen stellt der aufgeklärte Zeitgeist in Frage. Wir begreifen, bei medizinisch verlängerter Zeitperspektive, auch die Qualität des Älterwerdens weitgehend als subjektiv beeinflußbar und in ihren Rahmenbedingungen als 'gesellschaftlich gemacht'. Die Gestaltbarkeit der Lebensphase Alter wird als Möglichkeit und Notwendigkeit heutiger Existenz betrachtet (vgl. Schweppe: Alter(n) im Strukturwandel der Moderne, in diesem Band). Dennoch legt der ideologiekritische historische Vergleich die Frage nahe, ob die Modernisierung der Alter(n)skonzepte mit der Modernisierung der Gesellschaft und der Veränderung ihrer Altersstruktur tatsächlich Schritt gehalten hat. Wenn dies so wäre, verfügten wir wahrscheinlich über ein kulturelles Konzept, das - frei von inhaltlicher Standardisierung - das Älterwerden 'an sich' als gestaltungswert und gestaltungsfähig widerspiegeln könnte.

Zu fragen ist im Zusammenhang dieses Buches natürlich vor allem, ob die fachlich und in einer breiteren Öffentlichkeit in Umlauf befindlichen Altersvorstellungen den sozialprofessionellen Bewußtseinshorizont einengen oder erweitern, wenn es um die Förderung der heute möglichen Altersgestaltung gehen soll. Welche Rolle spielen normativ fixierte Altersgrenzen und Muster altersgerechten Verhaltens heute, an welchen Alterskonzepten kann sich fachliches Handeln ausrichten? Ist z.B. 'Age-ism' ein Kernproblem der älterwerdenden Gesellschaft, oder verbirgt sich hinter scheinbarer Altersfeindlichkeit nicht

[2] Ich beziehe mich hier und im folgenden vor allem auf Schenda (1983).

häufig eher Desinteresse, Ratlosigkeit, eine auf das Alter bezogene Wahrnehmungshemmung und Reflexionsunlust sowie die aus Trägheit und Vermeidung gemischte Phantasielosigkeit im Umgang mit eigenem und fremdem Älterwerden?

2. Auf dem Weg in eine Gesellschaft ohne Altersgrenzen?

Zwei einander widersprechende Vorstellungen geraten häufig in eine, die Wahrnehmung realer Alterssituationen trübende Mixtur: erstens die These von der zunehmenden Unwichtigkeit der Altersgrenzen und zweitens die Annahme einer für unsere Gesellschaft typischen Altersangst und Altersfeindlichkeit, die durch die allgegenwärtige Vorherrschaft negativer Altersvorurteile ausgelöst werde.

Das Märchen von der Lebenszeit beschreibt, realistisch oder nicht, rigide Altersgrenzen, die die Lebensphasen als harte, chronologisch genau fixierte Einschnitte voneinander abtrennen. Lösen sich die Altersgrenzen heute auf, und bewegen wir uns in diesem Sinne auf eine 'alterslose' Gesellschaft zu je älter diese Gesellschaft insgesamt wird? Die amerikanische Gerontologin Bernice Neugarten hat dies bereits vor über zehn Jahren vertreten, und viele haben ihr zugestimmt. In einem Interview sagt sie: „Die Übergänge von einem Lebensabschnitt zum anderen sind fließender geworden. Es gibt keine festen Regeln mehr dafür, wann ein Mensch zu heiraten hat, in einen Beruf eintritt, zur Schule geht oder Kinder bekommt. Die 'Uhr', die uns die 'rechte' Zeit vorgibt, (...) ist nicht mehr so mächtig und zwingend, wie sie es einmal war" (Neugarten 1981, 156). Dies läge vor allem am 'Wandel der Altersstruktur', am 'Ergrauen der Gesellschaft' und insbesondere an einer steigenden Zahl nachrückender Älterer, die über gute Gesundheit, materiellen Wohlstand und Bildung verfügen, die sogenannten 'neuen Alten'.

Die Begriffe 'Altersstrukturwandel' und 'ergrauende Gesellschaft' sind heute bei uns in aller Munde, und die 'neuen Alten' werden seit langem immer wieder als die Vorreiter einer Gesellschaft bezeichnet, in der Altersnormen an Bedeutung verlieren. Am besten, so plädierte schon Neugarten (ebd.), solle man den Begriff 'alt' ganz abschaffen, denn er sei einerseits negativ besetzt und unterstelle andererseits eine Homogenität der 'älteren Generation', die faktisch nicht existiere. Statt dessen würden die Unterschiede zwischen den Menschen größer je länger sie lebten. Um allerdings die große Zahl der gesunden und vitalen Alten von den Kranken und Gebrechlichen abzugrenzen, werden sie in diesem Diskussionszusammenhang als 'junge Alte' bezeichnet. Womit - obwohl doch Altersgrenzen angeblich keine Rolle mehr spielen - eine sehr harte Altersgrenze gezogen wird: die Grenze zwischen 'jungen Alten' und 'alten Alten' nämlich, die in dem Moment überschritten ist, wenn Gesundheit und Vitalität deutlich und irreversibel beeinträchtigt sind. Zwar wird - anders als in der Demographie

- nicht schematisch nach den Lebensjahren getrennt, sondern betont, dies sei nicht eine Frage des kalendarischen Alters, es gäbe ja durchaus 80jährige 'junge Alte', aber als Erfahrungswert wird doch zugestanden, daß sich die Grenze zum 'alten Alter' so um die 80 herauskristallisiert.

Die einzige in nahezu alle Lebensläufe eingreifende, kalendarisch exakt definierte unmittelbar altersbezogene Grenze bildet der Übergang in den Ruhestand - obwohl auch sie durch Sonderregelungen und viele Formen vorzeitiger 'Freisetzung' aufgeweicht ist (vgl. Klehm und Knopf in diesem Band). Die gegenwärtige Datierung dieser Grenze steht überdies zur Disposition. Allerdings wird sie faktisch stabilisiert, solange der Druck auf Verschiebung nach oben und nach unten gleich groß ist. Mit Blick auf die Sicherung der Renten soll die Lebensarbeitszeit verlängert werden; die Arbeitsmarktlage für ältere Arbeitnehmer und Arbeitsnehmerinnen jedoch bewirkt das Gegenteil: immer früheres Ausscheiden aus dem Erwerbsleben. Den meisten älteren Arbeitnehmern und Arbeitnehmerinnen ist das, ausreichendes Einkommen vorausgesetzt, sehr willkommen. Nicht willkommen ist ihnen der damit definitorisch verbundene Beginn des 'höheren Lebensalters'. Und in der Tat hat sich der sogenannte 'Ruhestand' im Lebenslauf so weit nach vorn geschoben und gleichzeitig durch die gestiegene Lebenserwartung so sehr verlängert, daß angesichts der Aspirationen der 'Ruheständler', aber auch ihrer Ressourcen und Potentiale, bereits das Wort nicht mehr zeitgemäß erscheint. Alternative Wortschöpfungen, wirken bislang allerdings auch nicht gerade überzeugend, etwa: Seniorium, Freetime, Owntime, Lebensfreizeit... oder ähnliches (vgl. Aktion Gemeinsinn 1987).

Empirische Untersuchungen (vgl. Zepelin/Sils/Heath 1987) unterstützen einerseits die Prognose, daß die Altersnormen an Schärfe verlieren werden, stellen aber andererseits eine nach wie vor breite Übereinstimmung fest, wie die soziale Uhr für den Lebenslauf am besten zu stellen sei, wann beispielsweise der richtige Zeitpunkt für Beendigung der Schule, Heirat, Elternschaft und Beginn einer Berufslaufbahn gekommen sei. Dabei macht es einen Unterschied, ob der eigene Lebensplan thematisiert wird oder das Verhalten anderer zur Diskussion steht. Die manchmal mit Bewunderung, manchmal mit Gleichgültigkeit einhergehende Toleranz gegenüber dem 'altersunangemessenen' Verhalten anderer scheint größer zu sein, als das eigene Bedürfnis, vielleicht auch der Mut und die Fähigkeit, es ihnen gleich zu tun. Die immer wieder angeführten Beispiele des '30 Jahre alten Universitätspräsidenten', der '35-jährigen Großmutter' und der '80-jährigen Studentin' zeigen vor allem, daß bei *diesen* Individuen das Alter für ihre Rollen akzeptabel ist. Sie bestätigen aber eher als Ausnahmen die Regel, und ein radikaler Wandel der Altersnormen ist daraus noch nicht zu schließen. Wie viele 70jährige Studenten und Studentinnen gibt es wirklich? Wie viele 35 Jahre alte Großmütter sind nicht Ergebnis einer ungewollten Schwangerschaft zum falschen Zeitpunkt?

Der Lebenszyklus hat eine entwicklungsmäßige Grundordnung, in der nicht der zweite vor dem ersten Schritt getan werden kann, biologisch nicht und auch nicht sozial, und die damit den Grad der Unabhängigkeit von vorgegebenen Zeitplänen und Altersnormen begrenzt. Auf einer ganz anderen Ebene bewegt sich die Hoffnung auf eine in dem Sinne altersneutrale Gesellschaft, daß niemand aufgrund seines Alters diskriminiert und in seinen Möglichkeiten eingeschränkt wird (vgl. Zepelin/Sils/Heath 1987).

Als Gegenposition zur These der Auflösung der Altersnormen wurde in den letzten Jahren zunehmend diskutiert, ob sich Altersgrenzen als Abgrenzung der Generationen in der ergrauten Gesellschaft womöglich verschärfen. Das Schlagwort vom drohenden 'Krieg der Generationen' machte die Runde. Damit ist vor allem die Befürchtung angesprochen, die (zahlenmäßig weniger werdenden) Jüngeren würden über kurz oder lang die von ihnen im Rahmen des Generationenvertrags zu tragende sogenannte Alterslast abzuschütteln versuchen und gegen ihre Rollen als Einzahler im Renten- und Gesundheitssystem und als Pfleger der wachsenden Zahl hilfebedürftiger Hochbetagter revoltieren. Auch der mögliche Konflikt zwischen materiell schlecht gestellten Jüngeren und jenen Älteren ist gemeint, die - wirtschaftlich sehr viel besser abgesichert als frühere Alterskohorten und, wie man hinzufügen muß, auch als die Mehrzahl ihrer Altersgenossen - über Möglichkeiten verfügen, sich in anstehenden Verteilungskämpfen ein größeres Stück aus dem Kuchen zu schneiden als alle anderen - auch die Jüngeren. Wenn Gronemeyer (1989a, 123ff.) von 'gierigen Greisen' spricht, legt er mit bewußter Polemik den Finger auf diesen Punkt. In diesem Zusammenhang wird auch von Versuchen in den USA berichtet, nicht nur die Privilegien der Älteren zurückzuschneiden, sondern auch die medizinische Versorgung im hohen Lebensalter drastisch zu limitieren. Überlegungen zu einem 'Krieg der Generationen' scheinen eher abwegig, die Diskussion über den notwendigen gerechten Interessenausgleich zwischen den Generationen sicher nicht.[3]

Die 'alters-grenzen-lose' Gesellschaft ist eine Fiktion, denn Alter(n) ist, auch bei scheinbar zunehmender Altersirrelevanz, immer in hohem Maße sozial definiert. Trotz wachsender individueller Gestaltungsspielräume bestimmen soziale Umwelt und Gesellschaft mit, 'wie *alt'* ein Mensch ist und '*wie* er alt ist'. In unserer insgesamt so deutlich älterwerdenden Gesellschaft bedeutet dies übrigens häufig, daß die Altersdifferenzierung und -abgrenzung weniger zwischen 'jung' und 'alt' zunimmt, als unter den Älteren selbst. Gruppen, die aus der Außenperspektive jüngerer Menschen, auch jüngerer Sozialarbeiter, durchgängig als 'alt' erscheinen, sind es in ihren Selbstdefinitionen keineswegs; sie haben eine sehr genaue Altersstruktur und häufig auch -hierarchie. Dennoch erweisen sich Alterszuordnungen als situationsgebunden und durch Interaktion veränderbar. Natürlich beeinflußt das Aushandeln von Altersnormen die Möglichkeiten der Altersgestaltung massiv, und es kann zur Aufgabe sozialer Arbeit werden,

---

[3] Cole (1992, 236f.) sieht die Gefahr, daß sich bei immer noch bestehenden Benachteiligungen älterer Menschen, die Forderung von „generational equity" in den sich verschärfenden gesellschaftlichen Verteilungskämpfen vor allem zu deren Lasten geht.

hierbei klärend und unterstützend einzugreifen. Allerdings geht das nur, wenn man nicht in den euphemistischen Chor derer einstimmt, die das Vorhandensein von Altersgrenzen und -normen leugnen, sondern ihr Vorhandensein zunächst erkennt und anerkennt, um dann den Betroffenen zu helfen, den konkreten Sinn altersbezogener Normierungen zu hinterfragen und die Situation dadurch eventuell für die Entwicklung neuer Perspektiven zu öffnen. Altersgrenzen sollte entgegengewirkt werden, wenn sie das Individuum in seinen Entwicklungspotentialen unnötigerweise behindern. Aber es muß auch erkannt werden, wenn die vermeindliche Limitierung geringer wiegt als die damit verbundene Möglichkeit sinnvoller Um- und Neuorientierung. So kann es beispielsweise eine wichtige Aufgabe sozialer Arbeit sein, die *Reduktion* von Aktivitäten zu unterstützen. Dann nämlich, wenn mit Blick auf das Alter, die Quantität zugunsten der Qualität bewußt vermindert wird. Die 'alters-grenzen-lose' Gesellschaft ist also nicht nur Fiktion, sie kann auch als Idee kontraproduktiv werden. Selbsttäuschung und Beschönigung hinsichtlich der diversen, mit dem Älterwerden nun einmal verbundenen Reduktionen - insbesondere der Reduktion an verfügbarer Lebenszeit - halten das Altern nicht auf, sie entfremden uns eher zusätzlich von natürlichen Zyklen, von denen die meisten ohnehin zivilisatorisch weit entfernt sind. Wenn die 'Gewinne des Alters' aber mehr sein sollen als nur eine euphemistische Phrase, muß das Alter in ganzer Konsequenz bewußt gelebt werden. Soziale Arbeit kann auch aus dieser Überlegung einen Handlungsauftrag entwickeln.

Sollen der Eigenwert des Alters und seine spezifischen Potentiale mit Hilfe sozialer Arbeit entdeckt und realisiert werden, macht es auch keinen Sinn, die Unterschiede zwischen den Generationen zu kaschieren. In diesem Zusammenhang bekommt die seit Jahren andauernde Debatte, ob nun altershomogene oder altersheterogene Angebote für ältere Menschen von größerem Wert seien (vgl. z.B. Lowy 1987; Tobin/Gustafson 1987), neue Bedeutung. Es mutet zwar paradox an, das Ziel der Integration der Älteren zu verfolgen und sie dabei gleichzeitig durch 'Sonderangebote für Senioren' künstlich zu segregieren (vgl. Gronemeyer 1989b). Andererseits gibt es starke Gemeinsamkeiten der Lebensweise und kulturellen Erfahrung, die die Generationen untereinander verbinden und voneinander trennen.[4] Unterschiedliche Erziehungsstile, Sozialisationsbedingungen, 'Zeitgeisteffekte', denen die verschiedenen Altersgruppen in ihren Lebensläufen ausgesetzt waren, haben Spuren hinterlassen, die auch aktuelle Bedürfnisse und Erlebnisweisen in einer Weise beeinflussen, daß es sich lohnen kann, hier den Ausgangspunkt für soziale Arbeit zu suchen. Intention sozialer Arbeit kann natürlich nicht die Segregation der Älteren sein, aber auch nicht die Einebnung von Altersgruppenunterschieden. Beides widerspräche dem Gedanken lebenslanger Entwicklung, der das Bekenntnis zum bereits gelebten Leben umfaßt und in die Zukunft verlängert, ohne daraus jedoch ein Wertgefälle gegenüber anderen Altersgruppen zu konstruieren. Die Entwicklung eines 'Alters-

---

[4] Williams (1983) beschreibt dies als unterschiedliche 'Gefühlsstruktruren'.

gruppenbewußtseins' (Rose 1965) kann Voraussetzung sein, um die Entdekkung und Profilierung der unterschiedlichen Erfahrungshintergründe, Wahrnehmungen und Handlungsmöglichkeiten verschiedener Generationen zu fördern. Bei dennoch bestehender und zu vertiefender Gemeinsamkeit machen gerade die Unterschiede den Austausch zwischen den Generationen reizvoll und für beide Seiten lohnend. Als Voraussetzung solcher 'Alterspolyphonie' und 'gelungenen Kommunikation zwischen den Generationen' benennt Rosenmayr die „Fähigkeit der Verarbeitung gelebten Lebens und der Beziehung des Gestern auf das Heute. Durch das befreiende Sprechen der Alten und deren Möglichkeit, Trauer und Schwäche zu artikulieren und damit eine Gesinnung der Rücknahme zu zeigen, können die Alten verschiedener Lebensphasen und Lebensstile zu einer alterspolyphonen Kultur beitragen" (Rosenmayr 1990, 158).

3. Einstellungen, Wahrnehmungen und Stereotype über Alter

Immer wieder wird behauptet, man müsse dem angeblich in der Gesellschaft vorherrschenden, die Älteren pauschal diskriminierenden und in ihren Möglichkeiten einschränkenden 'negativen Altersbild' ein 'positives Altersbild' entgegensetzen, und insbesondere wer mit älteren Menschen arbeiten oder ihnen helfen wolle, habe sich zunächst vor allem darum zu bemühen.

Altersfeindliche Einstellungen und das sie begleitende diskriminierende Verhalten wurden mit dem Begriff 'Age-ism' (Butler 1969) belegt. Als Anzeichen für 'Age-ism' wurde beispielsweise interpretiert, daß die Sprache mehr negative Ausdrücke zur Beschreibung älterer Menschen enthalte als positive (vgl. Nuessel 1982). Dies sei symptomatisch für die tief verwurzelte Natur individueller und institutioneller Altersfeindlichkeit in einer Gesellschaft. Dennoch zeigen die meisten Forschungsüberblicke zum Thema 'Einstellungen gegenüber dem Altern und den Älteren', daß weitverbreitete negative Altersstereotype wider Erwarten nicht existieren (vgl. Green 1981; Kogan 1979; Lutsky 1980). Mit dem Begriff 'Age-ism' (vergleichbar mit Rassismus) wurde offenbar mehr ein wertgeladenes Schlagwort zur Mobilisierung politischer Interessenvertretung für die Älteren geprägt, als ein Konzept, welches die soziale Wirklichkeit präzise widerzuspiegeln versucht (vgl. Schonfield 1982). Es ist zwar nicht zu bezweifeln, daß sich Altersfeindlichkeit historisch, ökonomisch und kulturell belegen läßt, auch mit individuellen Wahrnehmungen der Älteren selbst. Ein eklatantes Beispiel ist die Diskriminierung Älterer am Arbeitsplatz. Hier kann das Alter 'an sich' zum entscheidenden Handikap werden. Zu bezweifeln ist jedoch, daß eine solche institutionelle Diskriminierung Älterer notwendigerweise die negative Vorurteilsbildung einzelner Individuen zu Lasten der Älteren einschließt, wie dies bei Rassismus der Fall ist. Für ein solch pauschales Altersvorurteil lassen sich in der Forschungsliteratur wenig Hinweise finden (vgl. z.B. Thürkow 1985; Tews 1991; BMFuS 1993, 81ff.).

Ein deutlicher Unterschied in der Qualität der Altersbilder zeigt sich, je nach dem, ob man nach der Wahrnehmung der Älteren im allgemeinen fragt, also nach der Gesamtgruppe, oder nach Älteren als Individuen. 'Die' Älteren werden negativer gesehen als Jüngere oder Erwachsene im mittleren Alter (obwohl Beurteilungen der Älteren selten am negativen Ende der Skala liegen). Spezifische ältere Individuen jedoch werden mindestens so positiv wahrgenommen wie jüngere Erwachsene und manchmal positiver (vgl. Crockett/Hummert 1987). Viele Untersuchungen bestätigen die untergeordnete Rolle, die das Alter bei der Wahrnehmung von Individuen spielt; sie zeigen aber auch, daß - egal ob positiv oder negativ - angesichts des Alters durchaus Stereotypen entwickelt werden (ebd.). Hierfür sind verschiedene Erklärungen versucht worden, die sich gegenseitig ergänzen.

Eine dieser Theorien vermutet, daß Alter als eine Art Stigma wahrgenommen werde, wenn auch nicht so gravierend wie z.B. auffallende physische Behinderungen (vgl. Braithwaite 1986). Dies führe dazu, daß zwar negative Altersstereotype verbreitet sind, aber - da man die Älteren nicht diskriminieren will und sie gerade wegen der vermuteten Stigmatisierung mit Sympathie betrachtet - unterdrückt werden, oder - bezogen auf die Gesamtgruppe der Älteren - sogar ein positives Vorurteil zum Ausdruck gebracht wird, was allerdings nicht unbedingt auch heißt, daß man mit Älteren wirklich näher zusammen sein möchte. Bei Befragungen, die sich auf spezifische Ältere beziehen, neutralisieren sich diese widerstreitenden Motive, so daß überhaupt kein ausgeprägtes Altersbild erscheint.

Eine andere These, die der Attribuierung (z.B. Shaver 1978), geht zwar erneut von der Existenz eines - von anderen Forschern und Forscherinnen bezweifelten - summarischen Altersbildes aus, welches die realen Probleme des Alters und die Anzahl problembeladener Älterer überschätze, kommt jedoch zu einer interessanten Schlußfolgerung. Wird man nämlich - so die Argumentation - mit leibhaftigen Älteren konfrontiert, so mißt man sie am negativen Altersbild. Trifft man älter werdenden Menschen, die dem Bild entsprechen, so wird ihre Situation dem Alter zugeschrieben. Begegnet man jedoch Menschen, die dem Bild nicht entsprechen, so schreibt man dies ihren einzigartigen individuellen Qualitäten zu. Man nimmt sie positiv wahr, erklärt sie aber gleichzeitig für 'altersuntypisch' - und hält damit am negativen Stereotyp der 'typischen' alten Personen fest. Erlebt man dagegen eine ältere Person z.B. als inaktiv und kränklich, so schreibt man dies ihrem Alter zu und ergänzt die Wahrnehmung durch andere Bestandteile des negativen Altersbildes, etwa träge, ängstlich, einsam. Das heißt nun nicht, daß die Beurteilung von inaktiven jungen Menschen positiver ausfiele, nur weil sich das Altersstereotyp auf ihn oder sie schlecht anwenden läßt. Das Gegenteil mag der Fall sein, weil sie nämlich gegen Erwartungen verstößt, die in einem positiven Stereotyp gespeichert sind - dem der Jugendlichkeit.

Eine dritte Erklärung: „Multiple Kategorisierung" (Brewer/Dull/Lui 1981) geht von der These aus, soziale Kategorien wie Alter und Geschlecht seien zu umfassend und amorph, um sinnvolle Wahrnehmungen zu ermöglichen. Die Menschen unterteilten solche generellen Einordnungen daher in bedeutungsvollere Unterkategorien. Diese Untergruppen seien dann der Bezugspunkt für Erwartungen hinsichtlich der Eigenschaften und Handlungen bestimmter Individuen. So existierten gar keine detaillierten Altersbilder, die sich übergreifend auf die Gesamtgruppe der Älteren beziehen ließen, sondern unterschiedliche Erwartungsmuster für unterschiedliche Typen älterer Menschen. Die Alterszuordnung bildet nach dieser Auffassung nur einen ganz allgemeinen Rahmen; sie beschränkt sich auf wenige Gemeinsamkeiten, wie Falten, graue Haare, die Zahl der Jahre. Wichtiger sei ein Raster von Prototypen des Alters wie z.B. 'ein Konservativer vom Schlage des alten John Wayne' (man sieht, die zugrunde liegende empirische Untersuchung von Schmidt/Boland (1986) stammt aus den USA, aber auch bei uns lassen sich entsprechende Beispiele finden), 'ein liberaler Patriarch oder eine Matriarchin', 'die perfekten Großeltern', 'ein Weiser' - womit die positiv bewerteten genannt sind; nun die negativen: - 'abhängig', 'leicht eingeschränkt', 'schwer behindert' (die beiden letztgenannten werden als zwei unterschiedliche Alterstypen gesehen), 'hilflos und verletzlich', 'Einsiedler', 'zänkisches Weib und Griesgram', 'neugieriger Nachbar' sowie 'Baglady' (in Berlin gibt es eine mit Plastiktüten überladene Stadtstreicherin, die allgemein als 'Tüten-Paula' bekannt ist) und ihr männliches Pendant.

Auch aus der Alltagserfahrung scheint viel für die Plausibilität all dieser Erklärungen zu sprechen, und die Vorstellung eines angeblich 'die' Älteren insgesamt berührenden Defizit-Stereotyps mutet vor diesem Hintergrund reichlich naiv an.[5] Die notwendige fachliche Reflexivität der sozialen Arbeit muß sich daher offenbar weniger auf die Entzauberung des angeblich so wirksamen Negativbildes konzentrieren als auf die an ihm entwickelten positiv und aufklärerisch gemeinten Gegenstereotype. Denn auch sie behindern die Wahrnehmung realer Alterssituationen, gelten aber als moralisch gerechtfertigt und sind daher häufig gegen kritisches Nachfragen immun. Sie vor allem sind in der sozialen Altenarbeit unter die Lupe zu nehmen: Wie ist es um ihre konzeptionelle Tragfähigkeit bestellt? Wie weit entsprechen sie der Realität heutigen Alter(n)s, wie offen und anregend sind sie für die angestrebte Gestaltung von Alterssituationen nach Kriterien der subjektiven Sinngebung? Regen sie die erforderliche (Selbst-) Reflexivität an und fördern sie die Kommunikation mit den Betroffenen, oder blockieren sie diese Prozesse?

---

[5] Häufig wird im gleichen Atemzug die Existenz des negativen gesellschaftlichen Altersbildes beklagt und den Medien die Hauptverantwortung dafür angelastet. Bosch (1986) hat nachgewiesen, daß die Behauptung, in unterhaltenden Fernsehprogrammen würde überwiegend ein negatives Altersvorurteil vermittelt, selbst ein Vorurteil ist.

4. Die Altersleitbilder der sozialen Arbeit

Das in der sozialen Altenarbeit sicherlich noch immer am häufigsten propagierte und auch ganz unreflektiert die Orientierung am stärksten beeinflussende Altersleitbild läßt sich mit dem Begriff 'aktiver Senior' zusammenfassen. In einem sogenannten 'Seniorenlied' wird es volkstümlich und humoristisch auf den Nenner gebracht:

'Nun spitzet doch mal Eure Ohren,
Ihr hört jetzt das Lied der Senioren:
Refr.: Wer heut' noch an sein Alter denkt,
der ist ein armer Wicht.
Wer nur noch sein Zuhause kennt,
kennt uns Senioren nicht.
Ob wandern, basteln, tanzen,
wir machen alles mit.
So leben heut' Senioren
und bleiben ewig fit."
(Das Senioren-Lied. Text und Musik von Albert Merten)

Das Leitbild des 'aktiven Seniors' soll die resignativ und passiv auf sich selbst und ihre 'indoor-Aktivitäten' zurückgezogenen, viel zu oft über Altersbeschwerden grübelnden 'Alten' zu neuem Tätigsein motivieren. Nicht mehr Betreuung wird als Ziel professioneller Zuwendung zu den älteren Menschen verstanden, sondern Aktivierung.

Mit einiger Zeitverzögerung griff die Altenpolitik und Altenarbeit damit eine gerontologische Diskussion vom Beginn der sechziger Jahre auf. Damals ging es um die Frage, was 'Zufriedenheit im Alter' bedeute und wie ein in diesem Sinne 'erfolgreicher' Alternsprozeß aussähe. Zwei Antworten wurden gefunden, die in ihrer Gegensätzlichkeit lange die Gemüter erhitzt haben. Die sogenannte 'Disengagement'-These (Cumming/Henry 1961) vertrat einen bewußten und freiwilligen Rückzug aus Rollen, Aufgaben und sozialer Kontaktdichte des mittleren Lebensalters und das Sich-Wieder-Einrichten in einem begrenzteren Radius. Der daraufhin von unterschiedlichen Autoren (vor allem Havighurst 1968) erhobene Widerspruch ging als 'Aktivitätsthese' in die Gerontologie ein. Ihr Kernpunkt ist der Zweifel an der Freiwilligkeit des empirisch beobachtbaren Rückzugs - insbesondere aus dem Erwerbsleben - und die Auffassung, daß 'erfolgreiches Altern' nur gelingen kann, wenn eine größtmögliche Zahl von Rollen und Aktivitäten aus den mittleren Jahren weitergeführt, zumindest optimal kompensiert wird.

Im Leitbild des 'aktiven Seniors' stellt sich der Versuch eines Kompromisses dar. Aktivität wird propagiert, findet jedoch in einem Rückzugsraum belangloser, sozial und gesellschaftlich irrelevanter Tätigkeiten und Rollen statt. Integration wird angestrebt - aber auf einer eigens dafür abgesteckten und durch die offene Altenhilfe sozialstaatlich flankierten Spielwiese. Der als nicht mehr zeitgemäß kritisierte, individuelle Rückzug und die individuelle Selbstgenügsamkeit 'der Alten' werden in entsprechenden Veranstaltungen und Einrichtungen in kollektive Rückzugsnischen und kollektive Selbstgenügsamkeit überführt. Den Älteren, die von nun an 'Senioren' heißen, soll mit altershomogenen Angeboten der Horizont eröffnet werden, um ihre viele Freizeit als 'Chance des Ruhestands' sinnvoll zu nutzen, wie es schon im Berliner Seniorenplan von 1974 hieß. Das bedeutet vor allem, sich zur Teilnahme an der bunten Palette der Seniorenangebote zu entschließen. 'Lassen Sie sich durch die Vielzahl der Angebote einfangen, damit auch im Ruhestand das Wort 'Müßiggang' ein Fremdwort bleibt.' Hier fühlen wir uns an das Grimm'sche Märchen erinnert, in dem es dem Menschen ebenfalls verwehrt war, angesichts der Früchte seiner Arbeit 'einfach so' seines Lebens froh zu werden. Wie sich an vielen Beispielen nachweisen ließe, wird in den diversen freizeitkulturellen Angeboten für 'aktive Senioren' (in der offenen Altenhilfe aber auch auf dem freien Markt) insgesamt auf die kollektive Ablenkung von der Reflexion des 'Alt- und Älterwerdens' gesetzt. Das 'Seniorenalter' als Freizeitveranstaltung im Kreise Gleichgesinnter unterschlägt die Ernsthaftigkeit und Mühe, die eine wirklich 'eingreifende' Alter(n)sgestaltung abverlangen würde. Die 'gottgewollten' 30 Jahre des Menschen (Grimm) werden nur scheinbar ins Alter verlängert, da der Produktivitätsbegriff fehlt; Ansätze zu Produktivität werden 'verbastelt'. Die alltägliche Realität bleibt ebenso ausgeklammert wie über den Tag hinausweisende Konzepte der Selbstverwirklichung. Mit der Mühsal der 'gewonnenen Jahre' (Imhof 1981) und den Zweifeln an der 'späten Freiheit' (Rosenmayr 1983), gar in der Auseinandersetzung mit seiner Endlichkeit bleiben die aktiven Senioren und Seniorinnen auf sich verwiesen (vgl. dazu auch Knopf 1983).

Von solch ziellosem Aktivismus und von den geselligen Schonräumen der offenen Altenhilfe, aber auch von den sich damit identifizierenden Teilgruppen der Älteren setzt sich die Orientierung auf ein 'produktives Alter' sehr bewußt ab. Professionelle Unterstützung kommt aus der sich ebenfalls in den siebziger Jahren etablierenden Altenbildung und dann, etwa zehn Jahre später, von den sich vielerorts regenden Ansätzen der sozialkulturellen Arbeit mit Älteren. In enger Wechselwirkung dieser Aktionsfelder mit den sich entwickelnden autonomen Bereichen der Eigeninitiative und Selbsthilfe älterer Menschen beginnt sich ein neues, noch vages Altersleitbild zu formen. Als Modelle gelten: 'Senior-Experten', wie sich ältere Angehörige qualifizierter Berufe definieren, die ihr fachliches Know-How im Rahmen der Entwicklungshilfe oder von Beratungsdiensten nachberuflich anwenden; 'Senior-Studenten', die universitäre Lehrveranstaltungen oder nachberufliche Studiengänge belegen und damit anspruchsvolle Bildungsinteressen dokumentieren oder 'dritte Karrieren' außerhalb des Erwerbssystems anstreben; 'Seniorenbeiräte', die trotz begrenzter Mitwirkungsrechte im Rahmen kommunaler Verfassungen den Anspruch erheben, in Belangen, die Ältere tangieren, Gehör zu finden; 'Altenselbsthilfegruppen', die als Beleg für die Problemlösungskompetenz Älterer verstanden werden oder sich zum Teil auch in diesem Verständnis nach außen präsentieren (vgl. Schmidt/ Zeman 1988).

Eine Grenze auch dieser Orientierung wird sichtbar, wenn die Produktivität im Alter ausschließlich nach Kriterien des Erwerbslebens definiert wird oder in ihrer Bedeutung auf die unentgeltlich instrumentalisierbare Nützlichkeit älterer Menschen reduziert wird (vgl. auch Müller in diesem Band). Derart eingeengt, entspricht der Produktivitätsbegriff bei weitem nicht den Bedürfnissen und Möglichkeiten einer bewußten Alter(n)sgestaltung. Denn die selbstreflexive Einflußnahme auf das Altwerden kann sich ganz andere Ziele setzen. Das Wiederentdecken, Wiederaufgreifen und späte Weiterentwickeln von scheinbar unnützen Aspirationen, die unter dem jahrzehntelangen Zwang, seine Nützlichkeit gegen Entlohnung zu beweisen, vielleicht ganz verkümmert erscheinen - gerade hieran kann sich das sinnvolle Älterwerden ausrichten.

Mit der Idee gesellschaftlicher Nutzbarmachung wird häufig auch das Bild des 'neuen Alters' verquickt. Die sozialpolitisch gesteuerten Versuche der modellhaften 'Engagementförderung' zeigen allerdings, daß das von beruflichen Verpflichtungen entbundene Alter keineswegs mit fliegenden Fahnen auf neue von außen herangetragene Verpflichtungen zustrebt.[6]

'Neues Alter' ist ein aus dem Altersstrukturwandel abgeleitetes gerontologisches Konstrukt, das als nahezu identisch mit der Kategorie 'junge Alte' gilt. Wenn 'neues Alter' jedoch als Leitbild dienen soll, ist zu beachten, daß in all seinen Nuancierungen bislang der prospektive Vorgriff auf eine nächste Altersphase eher vermieden wird. Damit wird das 'alte Alter' zu einem als persönliche Perspektive ausgeblendeten aber faktisch von den (schon) 'wirklich Alten' verkörperten düsteren Hintergrund, vor dem sich der Glanz des 'neuen Alters' (noch) abheben kann (vgl. Zeman 1992, 34ff.). Die implizite Altersgrenze, die man damit gleichzeitig zieht und von sich wegschiebt, markiert nun nicht mehr nur den Abstieg in Krankheit und Gebrechlichkeit, sondern auch ins nicht mehr Zeitgemäße und Antiquierte. In Marketing-Analysen, in denen mit den sogenannten 'Leader-Zielgruppen' Aspekte des neuen Alters repräsentiert werden, kommt der Begriff 'alt' oder auch nur 'älter' gar nicht mehr vor: Die '45- bis 59jährigen Perspektivensucher', von denen da die Rede ist, die '55- bis 64jährigen Nachkarrieristen', die 'jugendlichen Sechziger' und auch die 'aktiven Siebziger aus gehobenen Berufen' werden als kontaktfreudig, mit vielerlei Interessen und dem Anspruch beschrieben, ihr Geld lieber in eigene Lebensqualität zu investieren, als es den Enkeln zu vererben (vgl. Dr. Höfner & Partner Management Beratung o.J.). Was ihnen und allen aktuellen Altersleitbildern völlig fehlt, ist das Element einer die Betroffenen keineswegs ständig, aber eben

---

[6] Die Erfahrungen des Modellprogramms 'Seniorenbüro' (BMFSFJ 1994, 1995) sind mittlerweile in acht Materialbänden gut dokumentiert. Zum Modell 'Seniorengenossenschaften' (siehe z.B. MAGS/Baden-Württemberg (1994) und Otto in diesem Band).

doch immer wieder tangierenden Notwendigkeit der 'Selbstvergewisserung im Älterwerden', die den gesamten Lebenslauf ins Auge faßt und so auch die sich kontinuierlich präzisierende Phase des Alters im 'eigentlichen Sinn'. Diese altersbezogene Nachdenklichkeit wird vermieden, da sie Zukunftsperspektiven berührt, die mehr von Befürchtungen als von hoffnungsvollen Erwartungen begleitet sind.

Mit dem der Kunstgeschichte entnommenen Begriff des 'Pentimento' läßt sich die selbstreflexive Nachdenklichkeit beschreiben, deren Fehlen den Anachronismus unserer Altersleitbilder am meisten verdeutlicht. Ich zitiere - in freier Übersetzung - aus dem gleichnamigen Buch von Lilian Helmer:

„Alte Farbe auf Leinwand wird - indem sie altert - manchmal transparent. Wenn das geschieht, ist es möglich, auf manchen Bildern die ursprünglichen Linien zu sehen. Ein Baum zeigt sich durch das Kleid einer Frau hindurch, ein Kind gibt einem Hund den Weg frei, ein großes Schiff ist nicht länger auf offener See. Man nennt dies 'pentimento' ('Reue'), weil der Maler 'bereut' hat, seinen Sinn gewandelt hat...Vielleicht könnte man aber genau so gut sagen, das Ersetzen des alten Entwurfs durch eine spätere Entscheidung sei ein Weg des Sehens und Wieder-Sehens (...). Die Farbe ist nun alt geworden, und ich wollte sehen, was da einst war für mich - und was jetzt für mich da ist" (Helmer 1974, 164).

5. Selbstreflexivität des Alters und Reflexivität der sozialen Altersarbeit

Die symbolische Struktur unserer Gesellschaft gleiche einem 'zersprungenen Spiegel' stellt der Berliner Soziologe und Gestalttherapeut Hans Peter Dreitzel fest, denn „wir sehen unsere vielen Identitätsfragmente exakt reflektiert, ohne uns jedoch als Ganzheit erkennen zu können" (Dreitzel 1992, 30). Reflexivität wird zu einer unverzichtbaren kulturellen Basisqualifikation, um die auseinanderdriftenden Realitätsbereiche im Bewußtsein integrieren zu können. Nur durch Selbst-Reflexivität, die nach Dreitzel über die rein kognitive Wahrnehmung hinausgehen und die sinnliche Wahrnehmung und die Gefühle einbeziehen muß, stellt sich jene Gewißheit ein, die auch als Ich-Identität bezeichnet wird.

In anderen theoretischen Überlegungen wird der fortschreitende gesellschaftliche Prozeß der Individualisierung hervorgehoben und sein Doppelcharakter betont. Einerseits - so der von vielen Seiten gestützte Befund - ist das Individuum heute von einengenden traditionellen Bindungen befreit, andererseits steht es dadurch unter dem Druck, passende Orientierungen eigenständig zu entwickeln, sein Handeln selbst zu verantworten, mehr Entscheidungen zu treffen, mehr Informationen zu verarbeiten und mehr Wandel zu bewältigen als zu früheren Zeiten.

Auch das Altwerden unter heutigen Bedingungen des Alterstrukturwandels und des gesellschaftlichen Modernisierungsprozesses ist mit vielen Entscheidungsmöglichkeiten und -zwängen verbunden (vgl. Schweppe: Alter(n) im Strukturwandel der Moderne, in diesem Band). Der Alternsprozeß verläuft auf vielen Ebenen (Körper, Seele, sozialer Kontext) ungleichzeitig und wird je nach den Umständen der konkreten Situation höchst unterschiedlich erlebt. Die individuelle Verortung auf einer überall vorhandenen unsichtbaren 'Altersskala' ist eine nicht nur das höhere Lebensalter konstant begleitende Reflexionsaufgabe. Sie findet am Morgen allein im Badezimmer ebenso wie im Gedränge des (wie einem scheint, immer abrupter anfahrenden und abbremsenden) öffentlichen Autobusses statt. Charakteristisch für das höhere Lebensalter ist, daß zunehmend die Erinnerung herangezogen wird, um sich im biographischen Vergleich mit sich selbst (in jüngeren Jahren) als der, der man nun ist, genauer erkennen zu können. Gerade die Erfahrung des Alters gleicht dem Blick in jenen 'zersprungenen Spiegel' (Dreitzel 1992), dessen viele Facetten nur reflexiv in ein Gesamtbild integriert werden können. Nachlassende Vitalität und gesundheitliche Beeinträchtigungen erinnern daran, daß man vieles nicht mehr so zu leisten vermag wie früher oder wie Jüngere. Gleichzeitig erschließen sich im Geistig-Seelischen auf der Basis des gelebten und verarbeiteten Lebens immer wieder neue sinnhafte Bezüge, und sie vermitteln das Gefühl des noch lange nicht beendeten Persönlichkeitswachstums. Die Gleichzeitigkeit von Abbau und Entfaltung ist allerdings nur durch Selbstreflexion in den Griff zu bekommen und als realistischer Ausgangspunkt einer bewußten Alter(n)sgestaltung fruchtbar zu machen. Um die sich verändernden Gestaltungsmöglichkeiten aufgreifen zu können, müssen Ansprüche, Bedürfnisse, Ressourcen und Kompetenzen mit größtmöglicher Sensibilität wahrgenommen und zueinander ins Verhältnis gesetzt werden. Im Alter fehlt dabei das Feedback der Berufswelt, und auch der Kreis der flankierenden Bezugspersonen verkleinert sich meist drastisch. Um so mehr wird Selbstreflexivität zu einer das Alltagsleben begleitenden Aufgabe. Wenn diese 'Altersreflexivität' 'stecken bleibt' und bei schwindender Bereitschaft und Fähigkeit zur Auseinandersetzung mit der Umwelt resignativ um sich selbst zu kreisen beginnt, charakterisieren ältere Menschen dies als die 'Grübelei des Alters'. Wenn sie aber gelingt, dann entsteht gerade in der Reflexion des Alter(n)s das 'alterslose Selbst'. Es scheint eine Paradoxie zu sein, die das Älterwerden begleitet, daß das 'alterslose Selbst' (Kaufman 1986) um so leichter zu gewinnen ist, je mehr das Älterwerden akzeptiert wird. Nur wenn der mit dem Altern einhergehende Wandel selbstreflexiv in die eigene Persönlichkeit und ihre 'Lebensthemen' integriert wird, kann die Kontinuität jenes Persönlichkeitskerns entstehen, der dem Alter Sinn und Gelassenheit gibt (vgl. Zeman 1992, 37).

Die Fähigkeit, sich die Altersphase als Aufgabe und Chance kognitiv und emotional 'anzueignen', ist jedoch sozial ungleich verteilt, ebenso, wie es die Bedürfnisse, Kompetenzen und Ressourcen für die faktische Umsetzung der historisch neuen Optionen des Alter(n)s ja auch sind. Sollten die Ansätze des 'neuen Alters' als - auf neue Weise bewußte und selbst-bewußte - kompetente Form der Alter(n)sgestaltung zukünftig in der Gesellschaft weiter Raum greifen, ist dies nicht 'auf breiter Front' zu erwarten, sondern eher als eine Entwicklung, die dem Prinzip der 'geschichteten Diffusion' entspricht, wie es von Willmot und Young beschrieben wurde: „Das Bild, das wir vorschlagen möchten, ist das einer Marschkolonne, wobei es im allgemeinen die Leute an der Spitze sind, die eine neue Richtung einschlagen. Die letzten halten einen Abstand zu den ersten, der sich nicht verändert. Aber indem der Zug voranschreitet, erreichen die letzten allmählich den Punkt, den die ersten schon vorher passiert haben. Mit anderen Worten, das egalitäre Prinzip arbeitet mit einem zeitlichen Abstand. Die Menschen am Schluß des Zuges können nicht sofort den Punkt erreichen, an dem sich die Vorderen zu irgendeinem gegebenen Zeitpunkt befinden, ohne aus ihrem Rang auszubrechen und nach vorn zu rennen. Aber da sich die ganze Kolonne nach vorwärts bewegt, können sie darauf bauen, früher oder später diesen Punkt in der Zukunft zu erreichen. *Verzögerte* Gleichheit - die immer nur wenige, niemals alle einbezieht - ist die Art und Weise, wie wir bisher dem Gleichheitsprinzip am nächsten gekommen sind" (Willmot/Young 1975, zit. n. Dreitzel 1992, 22f.).

Es lassen sich heute erst wenige Anzeichen erkennen, daß sich die 'ergrauende Gesellschaft' insgesamt auf eine Alterskultur zubewegt, die die Vorbereitung, Gestaltung und Meisterung des höheren Lebensalters besser befördert und die vorhandenen 'Alterspotentiale' individuell und gesellschaftlich erschließt. Der Qualitätswandel der individuellen Lebensläufe muß dennoch zum Anlaß einer Neubewertung des Alter(n)s genommen werden. Gleichzeitig müssen wir realistisch sehen, daß dieses Ziel einer neuen Alter(n)skultur, selbst wenn sich Teilgruppen der Älteren ihm zu nähern beginnen, am Horizont anderer noch gar nicht in Sicht ist. Zu bedenken ist auch, daß eine solche, aufs Ganze der alternden Gesellschaft gerichtete Entwicklungsperspektive sich für die aktuell Betroffenen an der völlig anderen Zeitrechnung ihrer persönlichen Lebensläufe bricht. Wenn 'altes Alter' und eine Position im hinteren Bereich der 'Entwicklungsschlange' als soziales Schicksal zusammenwirken, dürfen wir uns über die Realisierungschancen 'neuen Alters' keine Illusionen machen. Das Modell der 'geschichteten Entwicklung' entbindet nicht von der gesellschaftlichen Verantwortung, kompensierend und stützend zu intervenieren.

Wir müssen uns - und nicht nur in der sozialen Arbeit mit älteren Menschen - vor dem Irrtum hüten, es könne um das kulturelle Ziel einer *inhaltlichen* Normierung und Standardisierung 'optimalen' Alter(n)s gehen. Worauf sich nämlich das bewußte Bemühen um Gestaltung des Altwerdens und des Alters konkret richtet, welches die Kriterien für erhöhtes Einverständnis und größere Zufriedenheit mit dem Älterwerden sind, welche Anforderungen und Ressourcen dabei im Sinne des Kompetenzmodells[7] in Balance zu bringen sind: all das ist sehr subjektiv und nur in konkreten Situationen entscheidbar - und bedarf eben deshalb eines den Alternsprozeß begleitenden Prozesses der Reflexion.

Dieser allenthalben steigende Reflexionsdruck kann - gerade bezogen auf das Alter - zur psycho-sozialen Belastung werden, und dann bietet das Ausweichen auf eine Insel des ritualisierten Umgangs mit dem Altwerden inmitten der zunehmenden Entritualisierung des Alltagslebens eine Erleichterung. Vielleicht erleben wir auch deshalb so oft Verhaltensmuster, die dem aufgeklärten Zeitgeist als antiquiert gelten, da sie neue Möglichkeiten der Alter(n)sgestaltung nicht aufgreifen. Anreize und Aufforderungen mögen noch so viele vorhanden sein - ihre Wahrnehmung und Umsetzung wird offensichtlich 'reflexiv abgeblockt'. Generelle Verdrängung des Alter(n)s mag dabei ebenso eine Rolle spielen wie dysfunktional gewordene Normen 'altersgerechten Verhaltens' oder erstarrte und undifferenzierte Altersleitbilder. Offenbar liegt der zweifelhafte Nutzen dieser Residuen des Alltagswissens darin, daß sie mit ihrer für selbstverständlich gehaltenen Richtigkeit den Kopf von allzu großem Reflexivitätsdruck entlasten. Meist nur in Krisen, wenn 'Zeitgeber' eine Neuorientierung unabweisbar machen, werden die 'fraglos gegebenen' Vorstellungen und Entwürfe des Lebens im Alter zum Gegenstand des bewußten kritischen und selbstkritischen Nachdenkens (vgl. Zeman 1983).

Soziale Arbeit, die sich dem Alter zuwendet, sieht sich mit einer Vielfalt unterschiedlicher Lebenssituationen, Lebensstile und Lebensperspektiven konfrontiert. Dies macht die Handlungsorientierung nicht gerade leicht. Dennoch darf sie sich nicht hinter einmal als richtig übernommenen, festgeschriebenen und dann den Betroffenen pauschal angehefteten Leitbildern verschanzen, wenn sie in Kontakt mit der Wirklichkeit bleiben will. Das Hauptziel, die systematische Förderung und Flankierung einer optimalen Gestaltung von Altersituationen und Altersprozessen, kann nur erreicht werden, wenn - in ständiger Interaktion mit den Betroffenen und ihrer Lebensrealität - eine situativ angemessene und veränderbare Vorstellung dieses Ziels entwickelt wird und gemeinsam Schritte der Umsetzung geplant und erprobt werden. Der auf das Alter(n) bezogene Reflexivitätsbedarf steigt dabei mit dem Anspruchsniveau der Konzepte. Wenn es um mehr gehen soll als um rein reaktive Interventionen auf Krisen, Störungen und Beeinträchtigungen im Leben sozial auffällig gewordener älterer Individuen und Gruppen, wenn soziale Alter(n)sarbeit auch präventive Unterstützung im

---

[7] 'Kompetenz' wird in diesem Modell nicht als die Eigenschaft einer Person verstanden, sondern als „ein Ressourcen organisierendes Konstrukt. Als Ressourcen der Umwelt werden neben materiellen und instrumentellen Faktoren Sozialpartner und Verhaltensmodelle genannt, die bei der Koordination eigener affektiver, kognitiver und aktionaler Potentiale helfen können. Als Ressourcen der Person werden spezifische und generelle Fähigkeiten ebenso angeführt wie 'Programme' der Person zur Mobilisierung, Koordinierung und Aktualisierung dieser Fähigkeiten" (Rupprecht/Olbrich/Gunzelmann/Oswald 1991, 238).

Rahmen der Lebenswelt, 'Empowerment' oder öko-soziale Vernetzung anstrebt, dann müssen auch die alltagsweltlichen und professionellen Altersleitbilder bewußt gemacht, flexibilisiert und mitbearbeitet werden.

Zum fachlichen Rüstzeug für jeden, der sich professionell mit dem Thema Alter(n) beschäftigt, gehört daher ein hohes Maß an spezifischer Reflexivität. Sie ist gerichtet auf: 1. das Aufdecken anachronistischer, situationsunangemessener, starrer und blockierender Altersorientierungen, 2. die Bewußtheit gegenüber dem eigenen Beitrag bei der Entwicklung oder Blockade von Ansätzen neuer Alterskultur, 3. das Wissen um eigene - höchst persönliche - Altersideale und Altersängste. Fachliche 'Alter(n)sreflexivität' erst ermöglicht 'vor Ort' die angemessene Auseinandersetzung mit konkreten Barrieren und Möglichkeiten der für die Betroffenen subjektiv sinnvollen Altersgestaltung. Diese Kompetenz professioneller 'Alter(n)sarbeit' läßt jedoch zu wünschen übrig und sie wird - parallel mit dem fortschreitenden Alterstrukturwandel der Gesellschaft - auf mehreren Ebenen kontinuierlich zunehmen müssen.

Literatur

Aktion Gemeinsinn e.V. (Hg.): Das neue Alter - wie wollen wir morgen älter werden?, Bonn, 1987

BMFSFJ (Hg.): Institut für sozialwissenschaftliche Analysen und Beratung, Schriftenreihe: Materialien zum Modellprogramm Seniorenbüro, Bonn 1994, 1995

BMFuS (Hg.): Erster Altenbericht. Die Lebenssituation älterer Menschen in Deutschland, Bonn 1993

Bosch, E.-M.: Ältere Menschen und Fernsehen, Frankfurt a.M. 1986

Braithwaite, V.A.: Old Age Stereotypes: Reconciling Contradictions, in: Journal of Gerontology, 41, 1986, S. 353-360

Brewer, M.B.; Dull, V.; Lui, L.: Perceptions of the Elderly: Stereotypes as Prototypes, in: Journal of Personality and Social Psychology, 41, 1981, 656-670

Butler, R.: Age-ism: Another form of Bigotry, in: Gerontologist 9/1969, S. 243-246

Cole, Th. R.: The Journey of Life. A Cultural History of Aging in America, Cambridge, New York, Port Chester, Melbourne, Sidney 1992

Crockett, W.H.; Hummert, M.L.: Perceptions of Aging and the Elderly, in: Annual Review of Gerontology and Geriatrics, 1987, S. 217-241

Cumming, E.; Henry, W.E.: Growing Old, New York 1961

Deutsches Zentrum für Altersfragen (Hg.): Expertisen zum ersten Teilbericht der Sachverständigenkommission zur Erstellung des ersten Altenberichts der Bundesregierung, Berlin 1991

Dreitzel, H. P.: Sinnliche Erkenntnis, Köln 1992

Dr. Höfner & Partner Management Beratung: Fünf neue, einkommensstarke Verbraucherzielgruppen in Westeuropa, o. O., o.J.

Gebrüder Grimm: Kinder- und Hausmärchen, unveränderter Neuausdruck der Ausgabe von 1922, Band 3, Frankfurt a. M. 1974

Green, S.K.: Attitudes and Perceptions about the Elderly: Current and Future Perspectives, in: International Journal of Aging and Human Development 13/1981, S. 99-119
Gronemeyer, R.: Die Entfernung vom Wolfsrudel, Düsseldorf 1989a
Gronemeyer, R.: Integration und Segregation, in: Baltes, M.M.; Kohli, M.; Sames, K. (Hg.): Erfolgreiches Altern, Bern 1989b, S. 113-117
Havighurst, R. et al: Disengagement and Patterns of Aging, in: Neugarten, B. (Hg.): Middle Age and Aging, Chicago 1968, S. 161-173
Helmer, L.: Pentimento, New York 1974
Imhof, A. E.: Die gewonnenen Jahre, München 1981
Kaufman, S.: The Ageless Self, Wisconsin 1986
Knopf, D.: Gesellungs- und Aktivitätsformen von Besuchern zweier Berliner Seniorenfreizeitstätten unter dem Einfluß eines 'aktivierenden Angebots', in: AG Interpretative Alternsforschung (Hg.): Alltag in der Seniorenfreizeitstätte, Deutsches Zentrum für Altersfragen, Berlin 1983, S. 79-145
Kogan, N.: Beliefs, Attitudes and Stereotypes about Old People: A New Look at some Old Issues, in: Research on Aging 1/1979, S. 11-36
Lowy, L.: Major Issues of Age-Integrated versus Age-Segregated Approaches to Serving the Elderly, in: Journal of Gerontological Social Work 3/4, 1987, S. 34-46
Lutsky, N.S.: Attitudes toward Old Age and Elderly Persons, in: Eisdorfer, C. (Hg.): Annual Review of Gerontology and Geriatrics, Vol. 1, New York 1980, S. 287-336
MAGS/Baden-Württemberg (Hg.): Brosch/Chung, Seniorengenossenschaften als Beispiel bürgerschaftlichen Engagements, Stuttgart 1994
Neugarten, B. (Hg.): Middle Age and Aging, Chicago 1968
Neugarten, B.: Auf dem Weg in eine ergraute Gesellschaft, in: Lebens-Wandel (Psychologie heute - Sonderband), 1981, S. 156-162
Nuessel, F.H.: The Language of Ageism, in: The Gerontologist 22/1982, S. 273-276
Rose, A. M.: The Subculture of the Aging, in: Rose, A.M./Peterson, (Hg.): Older People and their Social World, Philadelphia 1965, S. 3-16
Rosenmayr, L.: Die späte Freiheit, Berlin 1983
Rosenmayr, L.: Die Kräfte des Alters, Wien 1990
Rupprecht, R.; Olbrich, E.; Gunzelmann, Th.; Oswald, W.-D.: Erhaltung und Förderung von Kompetenz im höheren Lebensalter, in: Deutsches Zentrum für Altersfragen (Hg.): Expertisen zum ersten Teilbericht der Sachverständigenkommission zur Erstellung des ersten Altenberichts der Bundesregierung, Berlin 1991, S. 235-300
Schenda, R.: Bewertungen und Bewältigungen des Alters aufgrund volkskundlicher Materialien, in: Conrad, Chr.; Kondratowitz, H.-J. von (Hg.): Gerontologie und Sozialgeschichte, Deutsches Zentrum für Altersfragen, Berlin 1983, S. 59-71
Schmidt, D.F.; Boland, S.M.: The Structure of Impressions of Older Adults: Evidence for Multiple Stereotypes, in: Psychology and Aging 1/1986, S. 255-260
Schmidt, R.; Zeman, P.: Die Alterskultur der Altenhilfe: Rückzugsnische, Aktivprogramm, neues Alter?, in: Göckenjan, G.; Kondratowitz, H.-J. von (Hg.): Alter und Alltag, Frankfurt a.M. 1988, S. 270-295

Schonfield, D.: Who is Stereotyping Whom and Why?, in: Gerontologist 22/1982, S. 267-272
Shaver, K.G.: Attributional Error and Attitudes toward Aging: A view of the NCOA National Attitude Survey, in: International Journal of Aging and Human Development, 9/1978, S. 101-113
Tews, H.-P.: Altersbilder, Kuratorium Deutsche Altershilfe, Köln 1991
Thürkow, K.: Altersbilder in massenmedialen und künstlerischen Werken, Deutsches Zentrum für Altersfragen, Berlin 1985
Tobin, S. S.; Gustafson, J. D.: What Do we Do Differently with Elderly Clients?, in: Journal of Gerontological Social Work 3/4, 1987, S. 107-121
Williams, R.: Innovationen, Frankfurt a.M. 1983
Zeman, P.: Vom Alltag des Älterwerdens - Altersbezogene Orientierungsmuster in zwei Seniorentagesstätten, in: AG Interpretative Alternsforschung (Hg.): Alltag in der Seniorenfreizeitstätte, Deutsches Zentrum für Altersfragen, Berlin 1983, S. 147-224
Zeman, P.: Innovative Seniorenkulturarbeit - Grundlagen und Ziele, in: Glaser, H.; Röbke, Th. (Hg.): Dem Alter einen Sinn geben, Heidelberg 1992, S. 30-41
Zepelin, H.; Sills, R.; Heath, M.: Is Age Becoming Irrelevant?, in: The International Journal of Aging and Human Development, 24, 1986/87, S. 241-256

Ulrich Otto und Cornelia Schweppe

Individualisierung ermöglichen - Individualisierung begrenzen

Soziale Altenarbeit als sozialpädagogischer Beitrag und allgemeine Arbeitsorientierung

Aus mehreren Gründen fällt eine Verständigung über das Profil sozialer Altenarbeit momentan besonders schwer. Es bestehen mehrfache Widersprüchlichkeiten und Ungleichzeitigkeiten, wenn versucht wird, ein solches Profil sowohl bezüglich inhaltlich-fachlicher als auch arbeitsmarkt- und ausbildungsbezogener Dimensionen zu bestimmen. Im folgenden wird vorgeschlagen, soziale Altenarbeit in doppelter Perspektive als sozialpädagogischen Beitrag einerseits und allgemeine Arbeitsorientierung andererseits zu konturieren. Dabei beziehen sich die Überlegungen explizit auf die *momentan gegebene Institutionalisierungsphase* im Arbeitsfeld. Fragen nach der Legitimierbarkeit einer speziell auf Ältere zielenden sozialen Arbeit werden ebenso von diesem Ausgangspunkt aus thematisiert. Zentraler Fluchtpunkt ist das Verhältnis einer entschiedenen Normalisierungsperspektive und stützender fachlicher Arbeit.

Gehen wir - *zunächst* - aus von einem Begriff sozialer Altenarbeit als *Arbeit sozialpädagogischer Fachkräfte mit älteren Menschen.* Sie steht in der Tradition sozialhilfenaher Altenhilfe und -fürsorge. Als sozialpädagogisches Arbeitsfeld hat sie nicht annähernd eine Identität und ein fachliches Selbstverständnis entwickelt wie bspw. die Arbeit mit Behinderten oder die Arbeit in vielen Feldern der Jugendhilfe.[1] Indem sie sich bislang im wesentlichen auf das abhängige Alter beschränkt, sieht sie sich auf die Randbereiche eines sozialen Sektors verwiesen, der fest im Einflußbereich medizinischer und pflegerischer Berufe und deren Deutungsmuster und Klientelverständnisse ist. Im Arbeitsmarkt dieses großen Segments besetzt sie so nur sehr wenige Stellen; daneben findet sie sich abgedrängt in abgeschottete Segmente von Freizeit- oder Begegnungsarbeit. Da wo sie - bspw. im Kontext von Heim- und Krankenhaussozialdienst oder in ambulanten Diensten - in potentiell kooperativen Bezügen mit anderen

[1] Dies läßt sich auch daran ablesen, daß die wissenschaftliche Diskussion über dieses Arbeitsfeld zwar nicht neu ist (vgl. z.B. die Sammelbände von Balluseck/Bernstein 1980; Schmidt 1986), insgesamt aber bis heute eher ein Schattendasein führt.

Fachkräften steht, gelingt es ihr meist nicht, über eine isolierte Funktion hinauszukommen und den 'sozialen Blick' in einer versorgungsorientierten Infrastruktur produktiv zu stärken. Mit den behandlungs- und pflegeorientierten AkteurInnen verbindet sie fatalerweise eine mangelhafte gerontologische Kompetenz. Und die Besonderung sozialpflegerischer Funktionen in eigenen Stellen kann gar zum Bumerang für die Qualität der Gesamtleistung werden, wenn ein solches Stellendesign z.B. im Kontext eines umfassend konzipierten Pflegeverständnisses den anderen Funktionen - insbesondere den Pflegekräften - diese Arbeitsbestandteile 'wegnimmt'.

Damit wäre - *als zweiter Strang* - eine übergreifende Perspektive eines Begriffs sozialer Altenarbeit zu entwickeln. Jenseits disziplinärer oder berufsständischer Verengung wäre sie *Arbeitsbegriff und Leitziel einer ganzheitlichen Arbeit mit Älteren*[2], deren Umrisse im folgenden thematisiert werden.

In diesem doppelten Verständnis sollen Ansätze favorisiert werden, die den bisherigen Fallstricken entgegenwirken, und den Anforderungen einer veränderten Altengeneration eher gerecht werden.

1. Verändertes Altern fordert die Altenarbeit heraus

Ausgangspunkt: veränderte Altengenerationen: Die bisherige Altenarbeit hat es versäumt, auf die mit den gesellschaftlichen Modernisierungsprozessen verbundenen qualitativen und quantitativen Veränderungen, die neuen Anforderungen, denen die heutigen Altengenerationen gegenüber gestellt sind und die Heterogenisierung der Altersphase zu reagieren. Die meisten ihrer Angebote folgen entweder einem defizitorientierten Altersverständnis, nach dem alte Menschen alt, krank, schwach, dement sind oder dem Bild der neuen Alten, die keine Probleme haben und fit, froh, aktiv und rüstig sind. Damit aber klaffen die Lebensstile, Lebenslagen, Bedürfnisse und Interessen der heutigen Älteren einerseits und die Angebote der Altenarbeit andererseits immer häufiger auseinan-

---

2 Ganzheitlichkeit sei hier erlaubt als Arbeitsbegriff. Er ist in der Auseinandersetzung über soziale Arbeit mit älteren Menschen vielfach Bezugspunkt gewesen (vgl. Hummel 1988; Klingenberger 1992 und die dort angegebene Literatur). Auch der Begriff 'soziale Altenarbeit' soll hier trotz seiner problematischen Konnotationen - z.B. bezüglich der Zielgruppeneingrenzung - als Arbeitsbegriff vorgeschlagen werden. Für ihn spricht, daß er weder die Verengungen nach der einen Seite (Alten*hilfe*, -fürsorge) noch nach der anderen (Altenbildung) mit sich schleppt. Obwohl er damit in wünschenswerter Weise konzeptionsoffen ist, läßt er andererseits die Anknüpfung an eine breiter werdende Diskussion unter seiner Begrifflichkeit zu, die im wesentlichen durchaus konform mit den Anliegen des vorliegenden Beitrags ist (vgl. nur als Beispiele Karl 1993; Frank/Knüppel/Wilhelm 1991; BAGFW 1992). Ähnliches gilt zwar auch für viele VertreterInnen einer sozialen Gerontologie oder Geragogik/Gerontagogik, besonders das zweite Begriffspaar aber birgt deshalb einen für unsere Begriffe problematischen und einengenden Impuls, weil sich dahinter der Versuch verbirgt, eine neue Einzeldisziplin zu begründen.

der.[3] Eine Neuorientierung ist gefragt, die vor allem die seit der Nachkriegszeit mit dem gesellschaftlichen Strukturwandel verbundenen Veränderungsprozesse der Altersphase zu ihrem Ausgangspunkt machen muß, will sie nicht anachronistisch bleiben und ihre Maßnahmen auf eine kleine Zielgruppe reduzieren. Übrig bliebe sonst eine Nischenexistenz und Angebote, die lediglich von einer Minderheit nachgefragt würden. Sie würde ergänzt durch eine in vieler Hinsicht ebenso anachronistische Angebotsorientierung, z.B. in Gestalt herkömmlicher Arbeitsansätze der Erwachsenenbildung, die die verteilungspolitischen Probleme, die im Zuschnitt der Angebote und der Komm-Struktur liegen, zwar zur Genüge kennt, aber nur zögerlich Konsequenzen zieht.

Im Mittelpunkt der Veränderung des Alters stehen massive Individualisierungs- und Pluralisierungprozesse (vgl. Schweppe: Alter(n) im Strukturwandel der Moderne, in diesem Band), die zu einer weitgehenden Ausdifferenzierung der Altersphase geführt haben. Dies gilt nicht nur in einer querschnittlichen Betrachtung; Pluralisierungstendenzen sind auch innerhalb eines jeweiligen Lebenslaufs zu beobachten (vgl. Niederfranke 1994). In vielfältiger Wechselwirkung mit 'systembedingten' Differenzierungsprozessen (z.B. beim Ruhestandsbeginn) verflüssigen sich alte Normierungen und normalisiert sich mithin individualisiertes Leben auch im Alter. „Solche Entwicklungen kann man durchaus als ein Zurückholen oder eine Reintegration des höheren Erwachsenenalters in die Normalität postmoderner Gesellschaft bezeichnen“ (Schmidt 1994, 62). Die mit der Entwicklung zu modernen Gesellschaften verbundene Zunahme individueller Optionen in den Handlungs-, Aktivitäts- und Entscheidungsmöglichkeiten gilt mehr und mehr auch in dieser Lebensphase. Sozialer Altenarbeit kommt dort eine besondere Rolle zu, wo die vermehrten Wahlchancen neue Zwänge, Unsicherheiten und Verhaltensanforderungen auslösen. Allgemeiner könnte man sagen, daß sie die doppelte Aufgabe hat, einerseits Individualisierungsprozesse voranzutreiben und ihnen zur Entfaltung zu verhelfen, andererseits sich mit ihren Folgen zu befassen (vgl. Tews 1993, 243).[4]

Die festgestellten Veränderungen erfordern es, eine Orientierung der Altenarbeit an klar umrissenen Altersbildern, wie sie in den meisten bisherigen Ansätzen üblich war, zu vermeiden. Sowohl ein Altersbild, das versucht, die Schwierigkeiten des Alterns wegzuretuschieren - vom 'aktiven Senior' über die 'jungen Alten' bis zur ausschließlichen Fokussierung auf die 'Produktivität des Alters' (vgl. Zeman in diesem Band) - als auch ein Altersbild, das Altern als unaufhaltbaren Verfall physischer, geistiger und seelischer Kraft versteht - es

[3] Im folgenden ist die Altenbildung zumeist mit angesprochen, auch wenn sie nur begrenzt gesondert erwähnt wird.

[4] Genau an diesem Punkt setzen eine Reihe von Konzeptualisierungen sozialer und sozialpädagogischer Altenarbeit oder Altenbildung an, wenn sie Unterstützung im Kontext der Balancierung von Kontinuität und Veränderung verankern. Dies trifft bspw. für das Anknüpfen an Individuation bei Rosenmayr/Kolland (1992) oder an tertiäre Sozialisation bei Veelken (1990, 41ff.; 1992) zu.

existiert in vielen Spielarten der Defizitorientierung -, läßt die Unterschiedlichkeiten, Paradoxien und Ambivalenzen individueller Alternsprozesse außer acht. Die heutige Entwicklung der Altersphase macht vielmehr eine ganzheitliche Sichtweise erforderlich, die Altern als komplexen Prozeß von Gewinnen und Verlusten, Stärken und Schwächen, Wachstum und Verfall, Aktivität und Passivität, Kontinuitäten und Brüchen versteht.

Daraus ergibt sich auch, daß Definitionen von Zielgruppen entlang des chronologischen Alters wenig sinnvoll sind. Da die Kategorie 'Alter' immer weniger über die konkrete Lebenssituation von Menschen aussagt, sind Programme mit Zielgruppendefinitionen 'die Alten' ebenso wie rigide Festschreibungen von Subkategorien von Zielgruppen - etwa entlang der genannten Altersbilder - zu vermeiden. Diese Kategorien sind relativ inhaltsleer und führen zur problematischen Separierung und Sonderbehandlung der Altenbevölkerung. Adäquater ist dagegen, Maßnahmen der sozialen Altenarbeit entlang subjektiver Orientierungsmuster und den jeweiligen Bedürfnislagen zuzuschneiden. „Dies heißt aber nicht, die 'klassischen' Probleme, Risikokumulationen und Ungleichheiten im Alter mit Hinweis gerade auf diese Differenzierung zu verharmlosen und infolgedessen z.B. auf Prioritätensetzungen in der (...) Alterssozialpolitik verzichten zu können (...). Andernfalls käme es zu der (...) Privilegierung bereits privilegierter Älterer“ (Naegele/Tews 1993, 359).

Arbeitsprämisse biographische Orientierung: Die bisherige Altenarbeit geht von einem statischen Zustand des Alters aus und zielt auf Interventionen zur Befriedigung weniger punktueller voneinander losgelöster Bedürfnisse bzw. Probleme. Sie setzt meistens dann ein, wenn Alter und Hilfsbedürftigkeit zusammenfallen. Geht man jedoch von der Prozeßhaftigkeit des Alterns aus, die bei verschiedenen Individuen zu unterschiedlichen Zeitpunkten unterschiedliche Bedürfnisse, Probleme und Interessen hervorbringt, sollte sich die Altenarbeit am Konzept der Lebens*begleitung* orientieren. Dieses Konzept richtet das Augenmerk auf Verläufe inklusive der Statuspassagen der Altersphase, die zu unterschiedlichen Zeitpunkten unterschiedliche Formen der Unterstützung, Hilfe, Begleitung erfordern können. So können etwa nach der Berufsaufgabe Bedürfnisse der Orientierung und Sinnfindung stärker im Vordergrund stehen, zu anderen Zeitpunkten Bedürfnisse der Geselligkeit oder Unterhaltung, in wieder anderen Situationen Hilfe, Beratung oder Krisenintervention oder die Suche nach neuen Tätigkeitsfeldern oder Aktivitäten gefragt sein. Das Konzept der Lebensbegleitung stellt lebenslaufbegleitende Optionen von Maßnahmen bereit, auf die je nach Lebenssituationen und sich unterschiedlich entwickelnden Befindlichkeiten und Bedarfslagen zurückgegriffen werden kann. Wann welche Hilfe oder Unterstützung wie notwendig wird, kann nur auf dem Hintergrund der jeweiligen Biographien und den damit verbundenen Deutungsmustern der Älteren selbst entschieden werden.

Ausdifferenzierung und Selbstbegrenzung: Die Entwicklung erweiterter Pluralisierung und Individualisierung der Altersphase legt eine Ausdifferenzierung und eine Vielfalt von Angeboten in der Altenarbeit nahe. Sie spätestens verlangt aber auch nach Grenzen: „Altenhilfe hieße demnach, zunächst einmal dafür zu sorgen, daß alte Menschen möglichst wenig auf Altenhilfe angewiesen sind, daß sie nicht zum Hilfeempfänger werden, sondern so lange wie möglich in weitestgehender Selbstbestimmung leben können" (Hammer 1994, 43). Dabei scheinen die Umfeldbedingungen entsprechende Prozesse zu flankieren, sei es das Vordringen von kommerziellen und marktorientierten Angeboten oder die aufkeimende Bewegung der Selbsthilfe und des bürgerschaftlichen Engagements, die gar nicht 'bearbeitet', sondern - wenn überhaupt professionell - autonomieorientiert unterstützt werden will. Weder Lebenslaufbegleitung noch Ganzheitlichkeit zielen auf eine vollständige(re) 'Verschulung' oder 'Kolonialisierung' des Alters, wie sie Gronemeyer als „Enteignung des Alters" (Gronemeyer 1991, 37) hart kritisiert.

Neue Leitbilder: Sinnhaftigkeit und Potentiale für Tätigkeiten: Die Umorientierungen, die die Altersphase mit sich bringt, sei es durch Entpflichtung oder Aufgaben- bzw. Aktivitätsveränderung, haben Herausforderungen hinsichtlich der Aufrechterhaltung bzw. Förderung von Sinnstrukturen zur Folge. Hier kann soziale Altenarbeit wichtige Unterstützungsarbeit leisten.

Wenn es um „Hilfen zur persönlichen Selbstfindung und Weiterentwicklung, zur Weckung von Bewußtsein für die eigenen Handlungschancen und -möglichkeiten (...) (geht; U.O./C.S.), die zugleich auch der besseren Bewältigung der Situation im späteren 'eigentlichen' Alter dienen könnten" (Naegele 1994, 42), ist das Gegenteil von Daueranimation hilfreich und auch keineswegs immer nur direkte Beratung gefragt. Hier liegen gewiß besonders einschlägige Herausforderungen für die Pädagogik und Sozialpädagogik. Vielfache Erfahrungen mit Programmen der 'Vorbereitung auf den Ruhestand' legen heute nahe, sich vom Erlernen neuer Handlungs- und Orientierungsmuster zu verabschieden, solange diese nicht zum Gelebten, zu den Enttäuschungen und Erfolgen des individuellen Lebens in Beziehung gesetzt werden.

Die Kriterien von Lebensweltbezug, TeilnehmerInnen- und Erfahrungsorientierung führen mehr noch als in früheren Lebensaltern zu einer mit den Älteren vorgenommenen biographischen Rekonstruktion von lebenslang entwickelten Verhaltens- und Verarbeitungsmustern und Lebensstilen. Kristallisationspunkte können z.B. darin liegen, „sich der erlebten Arbeits- und Berufs-, Freisetzungs- und vorzeitiger Entpflichtungssituation gleichsam als 'methodischer Arbeitsgrundlage' zu bedienen" (Naegele 1994, 43). Wo dies im einen Falle sinnvoll in Kooperation mit Gewerkschaften und Betriebsrat betriebsnah versucht werden kann, können sich im anderen Stadtteil- oder Gemeindestrukturen anbieten o.ä.

Bei der Förderung von Sinnstrukturen ist zu berücksichtigen, daß alte Menschen ein breites Wissensspektrum, vielfältige Erfahrungen, Fähigkeiten und Fertigkeiten mit in die Altersphase bringen. Vor allem vor dem Hintergrund der Institutionalisierung des Ruhestands wird dieses Potential jedoch gesellschaftlich wie individuell kaum 'genutzt', auch wenn in diesem Punkt in Zukunft von erhöhter Pluralisierung auszugehen ist.[5] Natürlich muß der Ausschluß aus dem Erwerbsarbeitsprozeß nicht eine allgemeine Rollenexklusion bedeuten. Allerdings sind die „Veränderungen in der Rollenstruktur hinter den sich rasch verändernden Fähigkeiten und Bedürfnissen der älteren Menschen zurückgeblieben“ (Riley/Riley 1992, 443).

Wenngleich sich dieser Befund auf fast alle gesellschaftlichen Teilsysteme beziehen läßt, ergeben sich dennoch Interventionsmöglichkeiten auch in einzelnen Teilbereichen. So versuchen neue Ansätze in der Altenarbeit, Tätigkeitsfelder für alte Menschen zu erschließen, die ihnen bisher nicht zugänglich waren. Dabei handelt es sich nicht um die Bereitstellung von Beschäftigungsprogrammen (vgl. Zeman in diesem Band), um 'atemlosen Aktivismus' oder um aufwendige Sondermaßnahmen für Ältere. Auch hier sollte vielmehr das Normalisierungspostulat gelten und z.B. die Integration bürgerschaftlichen Engagements in die konkreten Arbeitsvollzüge auf den verschiedensten gesellschaftlichen Feldern zumindest ermöglichen und attraktiv machen. Kein Sonderehrenamt mit immer neuen Sondertätigkeiten und Werbemaßnahmen, noch raffiniertere Rekrutierung oder noch professioneller betriebene 'ExpertInnensuche' ist gefragt, sondern intensive Arbeit an einem subjektbezogenen Paßformkonzept. Ein solches spielt eine bedeutsame Rolle in der Diskussion über den biographischen Selbstbezug (vgl. Jakob 1993), hinsichtlich freiwilliger Tätigkeiten in allen Lebensaltern.

Auch „für ältere Menschen bringt nicht irgendeine rasch aufgegriffene Beschäftigung Befriedigung, sondern die möglichst stark vom Selbst gewählte und bejahte. Befriedigung ist dann eher zu erwarten, wenn Ansatzpunkte und Bereitschaft von früher her vorhanden sind, bei Aktivitäten also, die in langen Prozessen im Lebenslauf grundgelegt wurden“ (Rosenmayr/Kolland 1992, 70). Um in diesem Sinne an vielfach vorhandene, aber oft vernachlässigte Tätigkeits- und Rollenpotentiale anknüpfen zu können, sind allerdings verläßliche Milieus, Erprobungs- und ggf. Reflexionsräume notwendig. Aus vielfältigen Erfahrungen läßt sich inzwischen lernen, daß dabei neue Mischungen zwischen Sinnfindung, Fortbildung, Betätigung, Ehrenamt und Selbsthilfe eine wichtige Rolle spielen (vgl. Otto 1995). Bei all dem liegt eine zentrale Aufgabe sozialer Altenarbeit bei der Förderung und Unterstützung von Sinnstrukturen darin, diese so zu gestalten, daß Vergangenheit aufgearbeitet und Zukunft entworfen werden kann und vor allem gesellschaftliche und individuelle Sinnhaftigkeit *erfahrbar* wird, anstatt nur *inszeniert* zu werden.

---

[5] Auch wenn inzwischen die ersten institutionellen Ansätze einer Gegenbewegung zur 'Verjüngung des Alters' (Tews) Gültigkeit erlangt haben (Rentenreformgesetz 1992), spricht empirisch wenig dafür, daß sich am durchschnittlich frühen Ruhestandsbeginn viel ändert. Noch weniger spricht dafür, daß die je konkrete Terminierung des Ausscheidens wirklich Ergebnis substantiell freier Wahlentscheidungen ist (vgl. Bäker/Naegele 1993).

Neue Leitbilder: Generationenaustausch: Entgegen bisheriger Abschottungen zwischen Altersgruppen und dem alterstypischen Charakter der Altenhilfe streben neuere Ansätze an, generationsübergreifende Formen einzuschließen und Möglichkeiten des Austausches, des Kontakts und der Begegnung zwischen den Generationen zu fördern. Jener Schwerpunkt der heutigen Diskussion über Generationenverhältnisse, in der die Alten zur Altenlast werden, sich ein Krieg zwischen den Alten und den Jungen anbahnt (vgl. Gronemeyer 1991) und in dem ein wesentliches Augenmerk auf Pflegebeziehungen und die Pflegepotentiale der jüngeren Generation gegenüber den Älteren gerichtet bzw. das gleichgültige Nebeneinander der Generationen konstatiert wird, übersieht vielfältige Möglichkeiten des Näherrückens zwischen den Generationen. Zudem verengt sich der Blick auf die Entgegensetzung von 'jung' und 'alt', ohne die doppelte Perspektive auf die Entwicklung des Generationenzusammenhangs insgesamt und diejenige *zwischen* den Altengenerationen begreifen zu können.

Alte Menschen können in der Transmission von Wissen, Erfahrungen und Informationen eine zentrale Rolle spielen. In dieser Transmission historischer Erfahrungen und damit dem Hervorbringen von neuen, auch die Gegenwart einschließenden Einsichten, könnte ihnen ein neues, gesellschaftlich bisher nicht ausgeschöpftes und sinnstiftendes Potential zukommen. Ein Aspekt der Altersphase könnte so in der konstruktiven Anwendung und Umsetzung lebenslang erworbener Kenntnisse und Fähigkeiten liegen (vgl. Staudinger/Kohli-Dittmann 1992). Es handelt sich allerdings weder um per se überlegenes Erfahrungswissen noch sind die Wissensressourcen pauschal durch den raschen sozialen und technologischen Wandel entwertet. Statt dessen ist von einem Feld voller Ungleichzeitigkeiten auszugehen (vgl. Kade 1994), das differenzierte Gelegenheitsstrukturen notwendig macht, soll Austausch zustande kommen. Wiederum vermag eine Normalisierungsperspektive einer verkrampften Inszenierung vorzubeugen, was hier bspw. hieße, den Sachbezug einem 'Anzapfungsmodell' entgegenzusetzen. Dies gilt auch für andere denkbare Annäherungsformen zwischen den Generationen, in denen z.B. die 'Stärken' unterschiedlicher Generationen, etwa Zeit auf seiten der Alten und körperliche Stärke auf seiten der jüngeren Generation, gegenseitig zur Verfügung gestellt würden.

Dabei zeigen vielfältige 'Modell'-Erfahrungen, daß all zu schnell der Blick auf sozialpädagogische Luxusanimation verengt wird. Mit der Forderung nach Gelegenheitsstrukturen und begünstigenden Settings plädieren wir hier wiederum für eine andere Akzentuierung, für das Leitbild einer Gesellschaft, die in möglichst vielen Alltagsvollzügen und all ihren Austauschsphären - von der Kommunikation über Produktion bis zu Hilfe und Unterstützung - sich intergenerativ öffnet. An der Herstellung entsprechender Möglichkeitsräume sollte sich soziale Altenarbeit - wo nötig - aktiv beteiligen: moderierend, durch Bereitstellung von Infrastruktur, durch Verknüpfung von Ressourcen im Gemeinwesen usw.

Neue Leitbilder: Wiederverpflichtung: Die Förderung von Aktivität und Generationenaustausch läßt sich in Beziehung zum aktuellen Verpflichtungsdiskurs setzen, der sich so nahtlos in die neueren Auseinandersetzungen und gewandelten Einschätzungen des Alterns einzufügen scheint: von der Abkehr vom einseitigen Defizitbild über die Hinwendung zu Potentialen des Alters als weiterzuentwickelnder Lebensphase und die Zunahme von Optionen und Chancen des Alters im Kontext der mehrheitlich verbesserten Lebensniveaus der heute Alten und der Erhöhung von Wahlmöglichkeiten in einem weiteren Sinne. Angesichts all dieser Trends ist Altersentwicklung gesellschaftlich-strukturell zu einseitig durch Entpflichtungen geprägt worden (vgl. Tews 1995, 51ff.); im familialen Kontext spitzt sich diese Situation individuell massiv erfahren oft gerade bei den Frauen der mittleren Generationen zu, denen - das ist die Kehrseite - ein „Überausgleich in den Austauschbeziehungen" (Rosenmayr/Kolland 1992, 65) aufgebürdet wird.

Die Aufgabe sozialer Altenarbeit ergibt sich im Schnittpunkt der Zusammenführung einer wohlfahrtsstaatlichen Zuständigkeitsdiskussion voller ordnungs- und verteilungspolitischer Brisanz, individuellen Erfahrungen überdehnter Reziprozität und dem Rekurs auf festgestellte individuelle Potentiale und Wünsche. Hier sei „selbstorganisierte und -verantwortete Aktivitätsbereitschaft auf den verschiedensten privaten wie gesellschaftlichen und sozialen Feldern zu erwarten und auch heute schon zu beobachten" (Naegele/Tews 1993, 366). Als Orientierung könnte gelten: „Ich für mich mit anderen zusammen für mich und für andere" (Tews 1995, 53). Darin steckt ein breiter Engagementbegriff mit einem klaren Bekenntnis zum Selbstbezug, zur Möglichkeit gemeinschaftlichen Tuns im öffentlichen Raum und zur gesellschaftlichen Produktivität - in ganz unterschiedlichen Mischungsverhältnissen.

Dies allerdings entsteht nicht von alleine, sondern erfordert Lern- und Durchsetzungshilfe. Neben förderlichen sozialpolitischen und gemeinwesenbezogenen Rahmenbedingungen könnte die Mitwirkung Sozialer Arbeit hier eine neue Kardinalfunktion entwickeln, einmal mehr in einer in erster Linie katalysatorischen Qualität. Es ist „nicht mehr (ihre; U.O./C.S.) Aufgabe (...), Angebote etc. zu organisieren, sondern vielmehr den Findungsprozeß bei den Betroffenen zu unterstützen, ihn anzuregen, zu initiieren, so entwickelte Projekte und Aktivitäten zu fördern bzw. bei Bedarf zu stützen. Allerdings gehört zu ihren Aufgaben auch, kritische Einschätzungen und Bewertungen vorzunehmen und auf Fehlentwicklungen hinzuweisen, insbesondere dann, wenn eindeutig das Feld der gesellschaftlichen Nützlichkeit verlassen wird, Aktivitäten sich z.B. ausschließlich auf kommerzialisierten Freizeitkonsum hinbewegen etc." (Naegele/Tews 1993, 366) und wenn Wiederverpflichtung alter Menschen - in freundlichem Diskurs bemäntelt - zur billigen Lösung gesellschaftlicher Notwendigkeiten mißbraucht wird.

'Altenarbeit' ist die Arbeit in all diesen Belangen insofern, als sie Bereitschaften auch zugunsten Älterer mobilisiert und als sie die freiwillige Wiedereinbindung gerade jüngerer Älterer begleitet. Altenarbeit ist sie zudem, weil sie es hier massiv mit der 'Verjüngung' des Alters durch Entpflichtung zu tun hat.

Partizipation bei Angeboten: Eine Neuorientierung in der Altenarbeit erfordert ein neues Verständnis über die Beteiligung der AdressatInnen an der Planung und Durchführung von Angeboten und Maßnahmen wie auch - umfassender - bei der Gestaltung von Lebensverhältnissen. Entgegen den bisherigen Ansätzen der Altenarbeit, die bestimmen, was für ältere Menschen gut ist und die die AdressatInnen als passive Objekte in den Programmen konzipieren, die es zu betreuen und zu unterhalten gilt, ist das Konzept der 'PartnerIn im Dialog' Kernelement neuer Ansätze in der sozialen Altenarbeit und Altenplanung. Allerdings darf mit dem Leitsatz der Partizipation nicht rigide und ausgrenzend umgegangen werden. Es muß berücksichtigt werden, daß Mit- und Selbstbestimmung nicht immer im Lebens- und Arbeitszusammenhang der heute alten und altwerdenden Menschen verankert waren (vgl. Perbandt-Brun 1992, 64). Bildungsangeboten kann in diesem Zusammenhang eine wichtige Qualifizierungs-, Vorbereitungs- und Korrekturfunktion zukommen. Die Maßnahmen müssen so gestaltet werden, daß Mitbestimmung ermöglicht und geübt werden kann und flexibel, je nach Möglichkeiten, Interessen und Zeitpunkten eingesetzt wird. Die Arbeit von, mit und für Ältere sind nicht als Alternativen, sondern als Teil eines ganzheitlichen Konzeptes zu verstehen (vgl. Zeman 1987). Die Partizipationsforderung ist zu akzentuieren und auszuweiten mit Blick darauf, daß auch vielfältige Formen der *Selbstorganisation* auf kultureller, sozialer und sozialpolitischer Ebene ermöglicht werden.

Die letzten Punkte übergreifend läßt sich feststellen, daß für sehr viele gesellschaftliche Bereiche von einem größer werdenden Widerspruch auszugehen ist, den Riley/Riley (1992) als „strukturelle Diskrepanz" bezeichnen. Die Pluralität der Lebenslagen und -formen und das mit ihnen verbundene individuelle Potential findet keine angemessene Entsprechung in gesellschaftlichen Strukturen und Optionen. Diese standardisieren und normieren ungebrochen weiter. Insofern dies auch für die Altenarbeit gilt, liegen hier kurz- und mittelfristige Chancen, Rollenmöglichkeiten und Lebensräume älterer Menschen - entsprechend der Vielfalt der Lebensformen - zu erweitern.

2. Soziale Altenarbeit und das schwere Alter

Neue Formen der Hilfe und eine neue Altenhilfekultur sind notwendig: Auch wenn die meisten alten Menschen ohne (intensive) Hilfe und Pflege auskommen und viele von ihnen ohne lange Phasen der Hilfsbedürftigkeit ihr Leben beenden, ist mit dem (hohen) Alter mit steigender Wahrscheinlichkeit längere Hilfe- und Pflegebedürftigkeit verbunden. Spätestens hier endet der Zuwachs an gesellschaftlicher Normalität, wie er für das 'autonome Alter' konstatiert wurde. Wenn es eine klare polarisierende Struktur im Alter gibt, so liegt die Trennlinie hier: „wo Zustände der Behinderung und chronischen Krankheit angesichts fortdauernder oder nur geringfügig geschlossener gesetzlicher Regelungslücken den Hochbetagten-Status bei Hilfe- und Pflegebedürftigkeit in weiten sozialen Kreisen auf Sozialhilfeniveau festzurren“ (Schmidt 1994, 63). So fahrlässig es ist, soziale Altenarbeit auf diese Population zu verengen, so fahrlässig wäre es, sie bei der Entwicklung neuer Perspektiven zu vernachlässigen. Auch in diesem Bereich sind Neuorientierungen gefragt.

Ausgangspunkt muß dabei die Tatsache sein, daß all jene Hilfebedarfe, denen sich professionell angenommen wird, nur die Spitze des Eisbergs markieren. Hilfe für alte Menschen wird immer noch größtenteils innerfamiliär geleistet. Diese im sozialen Nahraum geleistete Hilfe ist jedoch zunehmend überfordert, ist krisenhaft, führt auf der Seite der Pflegenden, meist Frauen, zu Überforderung, Einschränkung von Lebensautonomie, Erschöpfung und Gewalt und kann schließlich Pflegeleistungen zur Folge haben, die mangelhaft und inadäquat sind. Schon allein deshalb „liegt es in der unmittelbaren Rationalität sozialpolitischen Denkens, die Ressource ‘informelle’ Hilfe durch formelle Unterstützung davor zu schützen, daß sie völlig verschleißt. Einmal verbraucht, ist sie, wenn überhaupt, nur schwer zu ersetzen“ (Zeman 1994, 172).

Diesen informellen Hilfeleistungen steht einerseits der extreme Pol eher alltagsfern organisierter und anonymer sozialstaatlicher Hilfen gegenüber, in denen die alten Menschen oft auf die Rolle der passiven HilfeempfängerInnnen reduziert werden. Andererseits stehen seit jüngerem wohnortnahe ambulante Angebote bereit, die sich jedoch nur aufgrund ihrer flächendeckenden Erreichbarkeit noch längst nicht als qualitativ befriedigendes ‘missing link’ für die ‘Unterstützungslücke’ auszeichnen. Dagegen spricht zum einen die nach wie vor geringe Inanspruchnahme sozialer Dienstleistungen durch pflegende Haushalte. Zum anderen aber wird gerade der Bereich des Zusammenwirkens mit helfenden Angehörigen von den Profis der sozialen Dienste zu einseitig auf die ‘Produktion von Dienstleistungen’ reduziert. Eine Forcierung von Marktelementen nach Art der Pflegeversicherungslogik befördert deren Siegeszug weiter. Dies aber ist lediglich in bestimmten Fällen ein ausreichendes Hilfemuster. „Regeln für das Zusammenwirken informeller und formeller Helfer, die sich aus den Leistungskatalogen und Aufgabenbeschreibungen des formellen Hilfesystems, aus ärztlichen Verordnungen und Kriterien der Abrechenbarkeit erschließen lassen, strukturieren allenfalls eine funktionale Oberflächenebene, der Beziehungsaspekt jedoch bedarf des situativen Aushandelns“ (Zeman 1994, 184) - mit all seinen Schwierigkeiten.

Daß vor diesem Hintergrund weder effizienz- und medizinsystemorientierte ‘Grund’- und ‘Behandlungs’-Pflege noch die Vorstellung von Beratung und Case-Management im Sinne von ‘Dienste-Konfektionierung’ als ausreichender Verknüpfungsleistung einen adäquaten Bezugsrahmen für Ausbildung und praktische Handlungsorientierung abgeben können, liegt auf der Hand. Nichtsdestotrotz ist letztere Vorstellung besseren fallbezogenen Mangements aber in kurz- und mittelfristiger Perspektive zentrales *Teil*anliegen sozialer Altenarbeit.

Hier sind „insbesondere auch Vorbehalte seitens der Bevölkerung gegen die Inanspruchnahme von öffentlichen Hilfen aufzugreifen und die Nutzung von Diensten, Einrichtungen und Entlastungsangeboten als legitime Strategie der Verantwortungsteilung in der Hilfe und Pflege erfahrbar zu machen“ (Evers; Leichsenring; Pruckner 1993, 200).

Angesichts der skizzierten Problematiken gegenwärtiger Pflegesysteme sind somit auch ganz neue Formen der Hilfe und eine neue Altenhilfekultur notwendig. Hier ist Kreativität und Innovation gefragt, eine neue Kultur des Helfens zu fördern, die in der Lage ist, die alten, oft nicht mehr intakten Hilfsnetzwerke und Solidaritätsformen dort, wo es möglich ist, zu unterstützen bzw. durch neue alltagsnahe zu ersetzen, die die Gestaltung und Organisation durch die alten Menschen und den Respekt vor ihrer Autonomie stärker in den Mittelpunkt rückt (vgl. Klie 1991). ‘Lösungsmodelle’ kann es hier per se nicht geben. Angesichts der breiten Kluft zwischen privater, teilweise bis ins Nicht-mehr-Leistbare gesteigerten Hilfeverpflichtung einerseits und dem in manchen Bereichen weiter aufrechterhaltenen Leitbild wohlfahrtsstaatlicher Dienstleistung als komplette ‘Entsorgung’ andererseits, gilt es vor allem, diese Kluft zu verringern.

Diese Aufgabe stellt sich als eine doppelte dar: Zum einen bedingt sie eine Dienstleistungskultur im Sinne der angerissenen flexiblen Partnerschaft in Konstellationen des Welfare mix. Zum anderen ist ein gesellschaftlich-bürgerschaftlicher Diskurs über Unterstützung - bis hin zur Pflege - dringend überfällig. Bleiben entscheidende Fortschritte auf beiden Ebenen aus, wird zumindest zwei problematischen Entwicklungen Vorschub geleistet, sei es als Ergebnis von Strategie oder nicht intendierter Wirkung. Die eine besteht in Pflichthilfsdiensten, die andere in (Re) Privatisierungstendenzen bis hin zu Modellen völlig überforderter ‘Subsidiarität’.

3. Perspektiven öffentlicher Angebote

Öffentliche Angebote jenseits der Pflege und blanker Not? Die hier skizzierten Perspektiven gehen weit über den bisherigen auf Pflege und Krankheit gerichteten Schwerpunkt sozialer Altenarbeit hinaus. Nun ist es aber eine Binsenweisheit, daß Arbeitsfeldcharakteristika durch Finanzierungsregelungen maßgeblich miterzeugt werden. Öffentlich-soziale Altenarbeit hat bislang keine solide Institutionalisierung erreichen können. Allzuoft stützt sie sich nicht auf z.B. stellenbezogene Regelfinanzierungen; eine Abrechenbarkeit ihrer Leistungen ist im Kontext der bestehenden Leistungsgesetze kaum gegeben. Angesichts der Finanzknappheit gerade der Kommunen läßt sich ein weiterer Rückzug aus dem Bereich der freiwilligen Leistungen prognostizieren. Im Unterschied zu anderen Bereichen - wie dem der Jugendhilfe, die immerhin seit ca. 70 Jahren in einem eigenen umfänglichen Gesetzeswerk (heute dem KJHG) geregelt ist - gibt es für die Altenarbeit keine klaren gesetzlichen Grundlagen und „anders als in Bereichen, die zunehmend von der Privatisierung eingeholt werden - das Schulwesen, die Kultur, die Straßenreinigung -, fehlt weitgehend ein kritisches und kompetentes Publikum" (Trilling 1992, 199). Was auf den ersten Blick abwertend und arrogant klingt, bezeichnet bei näherem Hinsehen völlig zurecht den niedrigen Stellenwert öffentlicher Altenhilfe jenseits der Pflege in der politischen und öffentlichen Diskussion.

Wie wird die zukünftige Entwicklung aussehen? In welchen Sektoren soll sich öffentlich oder verbandlich getragene, *nicht* pflegesatz- oder BSHG-finanzierte Altenarbeit engagieren? Muß sie sich auf die Zielgruppe der weitergehend Hilfebedürftigen richten oder zumindest auf diejenigen, die „vielleicht als 'rüstige Hochbetagte' etikettierbar sind, Personen also, die sich selbst als 'alte Leute' bezeichnen und deren Alltagsleben bereits altentypische Züge trägt: im Territorialverhalten, in der Zeitstrukturierung, im Tätigkeitsspektrum u. a. m" (Schmidt 1994, 63f.)? Macht Altenarbeit in Zukunft tatsächlich gerade noch „dort Sinn, wo ein sich individualisierendes und partiell reintegriertes 'Alter' immer auch gegenteiliges mit produziert: ältere Erwachsene, die sich aus vielschichtigen Gründen aus erweiterten sozialen Umwelten zurückziehen, die Träger konventioneller Altersmerkmale sind, keinesfalls aber dem mit Emphase begrüßten angeblichen 'neuen Alter' entsprechen" (Schmidt 1994, 64)? Spricht unter anderem auch das Faktum dafür, daß gerade diese betriebswirtschaftlich nicht so 'sicher zu fahrenden' Bereiche für private Anbieter vergleichsweise unattraktiv sind?

Die Diskussion um Kriterien des öffentlichen Nutzens und der gesellschaftspolitischen Wünschbarkeit öffentlich finanzierter Maßnahmen wird an Schärfe zunehmen. Hilfebedürftigkeit muß dennoch nicht die einzige Rechtfertigung für Aktivität bleiben. In dieser Situation kommt es entscheidend darauf an, die Charakteristik als *soziale* Altenarbeit mit ihren zentralen Leitbildern der Kompetenzorientierung, der Ausrichtung an der Lebenswelt und den sozialen Netzwerken Älterer konzeptionell überzeugend weiterzuentwickeln und in den Auseinandersetzungen um Deutungsmuster, Ausbildungen, Organisationsentwicklung und - nicht zuletzt - Stellenbesetzungspolitik stark zu machen. Die im §75 BSHG umfänglich beschriebene Zielsetzung, die nicht weniger als die Einheit von Prävention, Therapie, Pflege und Rehabilitation formuliert, steht diesem Bemühen jedenfalls nicht entgegen. Das Beispiel der Diskussion um Gesundheitsförderung zeigt allerdings, wie mühsam Konzepte im Kontext etwa von Prävention durchsetzbar sind; es läßt zudem erahnen, daß dies noch schwieriger wird bei einem erweiterten Begriff sozialer Prävention. Schließlich läßt sich von ihm lernen, daß die Wünschbarkeits-Kriterien das Thema der *Lebensqualität* - um seiner selbst willen - explizit und offensiv integrieren sollten - gerade beim Thema Älterwerden, das ja im Zeitalter der „sicheren Lebenszeit" (A.E. Imhof) potentiell alle interessieren müßte, geht es doch irgendwann jede und jeden an.

Daß im Zuge der schon kräftig angelaufenen 'bedarfskritischen Überprüfung' bestehender Leistungen auch hochsubventionierte fahrbare Mittagstische für alle möglichen EmpfängerInnen oder freizeit- und kulturorientierte Bildungsangebote für bereits Bildungsgewohnte oder im Bereich der Mobilitätshilfen breit gestreute öffentliche Vergünstigungen pauschal für alle 'SeniorInnen' auf den Prüfstand kommen, scheint dabei für das hier umrissene Konzept sozialer Altenarbeit durchaus folgerichtig, wenn auch die 'Prüfstände' zum großen Teil ebenso unterentwickelt sind wie die positiven Gestaltungsvorstellungen im Vergleich zu den Kürzungsargumenten. Einer fundierten sozialgerontologischen Evaluationsforschung könnten hier wichtige objektivierende Funktionen zufallen, wäre sie besser entwickelt.

Wenn z.B. gezeigt werden soll, daß „die Unterstützung des neuen Lernens im Alter (...) kein gesellschaftlicher Luxus (ist; U.O./C.S.), sondern (...) zum wesentlichen Bestandteil präventiver Gerontologie werden (muß)" (Veelken 1993, 258), so ist ein Appell an Einsicht aufgrund vordergründiger Plausibilität in Zeiten konkurrierender Begehrlichkeiten um knappe Ressourcen zu schwach. Ähnliches gilt z.B. für die anwaltliche Funktion sozialer Altenarbeit. Die Forderung, „Formen der Interessenwahrnehmung und -vertretung zu entwickeln, in denen die strukturellen Schwierigkeiten und Benachteiligungen auf seiten der Betroffenen durch Mechanismen der Fürsprache und Anwaltschaft (Artikulations- und Vertretungshilfe durch kompetente Einzelpersonen) bestmöglich kompensiert werden" (Evers/Leichsenring/Pruckner 1993, 193) müßte - bei aller Kompetenzorientierung - im Sinne der 'Zähmung' eines sonst wildwüchsigen Welfare mix entsprechend stark gemacht werden. Soziale Altenarbeit hätte sich auch in diesem Zusammenhang mehr als bisher darüber auszuweisen, daß sie kontinuierlich darauf hinwirkt, daß Fragen, die die Lebenslage, Wünsche und Probleme Älterer betreffen, stärker in öffentliche Diskussionen und Meinungsbildungsprozesse eingebracht werden.

Koordination und Vernetzung: Die notwendige Diversifizierung von Angeboten und Maßnahmen ebenso wie die sich bereits abzeichnenden Vervielfältigungsprozesse erfordern eine neue Qualität der Koordination und Vernetzung. Eine wesentliche Qualität besteht in einem über bloße Kooperation hinausgehenden Zusammenwirken, das sich in den meisten Vollzügen ohne die Sensibilisierung für die Tatsache, daß an Wohlfahrtsprozessen fast überall und *vor* allen anderen Instanzen informelle und Netzwerkhilfen beteiligt sind, nicht voll entfalten kann.

Nur in Stichworten sei angedeutet, was dies konkret auf Arbeitsaufgaben bezogen bedeuten würde. Strategien der Vernetzung sind notwendig, die eine Abstimmung und Kooperation zwischen den Maßnahmen, eine weitgehende Transparenz und einen informationellen Schwellenabbau ermöglichen und somit den Zugang zu den Diensten und eine eigenverantwortliche Inanspruchnahme sicherstellen. Sie müssen auch Brücken schlagen zwischen den unterschiedlichen Steuerungslogiken öffentlicher bzw. privatwirtschaftlicher Angebote und Leistungen. Und sie müssen noch stärker als bisher problemunangemessene Selektivitäten konterkarieren, ohne dabei ein neues Fürsorgeghetto zu konstituieren.[6] Damit gewinnt eine ganzheitliche, weit verstandene Beratung besonderes Gewicht, die sich zwischen dem Anspruch größtmöglicher KundInnenautonomie und Formen des Case-Managements zu verorten hat.

4. Perspektiven von Professionalität

Eine innovative und neue Altenarbeit benötigt (auch) Professionalität. Obwohl sich in Teilsektoren ein Trend zur Verberuflichung der Altenarbeit abzeichnet, findet eine Verfachlichung nicht im gleichen Maße statt (vgl. Schmidt 1991). Die bisherige Altenarbeit zeichnet sich höchstens durch Semiprofessionalität aus, ablesbar z.B. an einer MitarbeiterInnenstruktur, die zu großen Teilen nicht oder nicht einschlägig qualifizierte Kräfte ausweist. Eine an den o.g. Prinzipien orientierte Altenarbeit, die die Lebenssituation von alten Menschen im Gesamtzusammenhang gesellschaftlicher Modernisierungsprozesse analysiert, diese Prozesse zu ihrem Ausgangspunkt macht und im Gegensatz zu bisherigen Ansätzen fürsorglicher Bevormundung die Autonomie und Selbstbestimmung von alten Menschen in den Vordergrund rückt, kann aber ohne eine Professionalisierung der Altenarbeit nicht ermöglicht werden.

Eine eigenständige Expertise der sozialen Arbeit innerhalb der Arbeit mit alten Menschen hat sich bisher kaum, allerhöchstens jedoch in Ansätzen entwickelt. Zum einen liegt das an der Dominanz von medizinischen und psychologischen Fragestellungen, Deutungs- und Interventionsmustern im Arbeitsfeld. Andererseits ist innerhalb professioneller bzw. disziplinärer sozialpädagogischer/sozialarbeiterischer Diskurse die Frage nach der Arbeit mit älteren Menschen fast systematisch ausgeklammert worden. Die hier skizzierte Altenarbeit kann als (sozial)pädagogische konzipiert werden. Sie geht davon aus, daß die Bewältigung der Altersphase hohe Anforderungen an die Gestaltungskompetenz der Individuen stellt, die sie zur Entwicklung von Lebensentwürfen benötigen, dabei kaum auf Vorgaben zurückgreifen können und multiple, teilweise widersprüchliche Anforderungen von Chancen und Risiken, neuen Entfaltungsmöglichkeiten und -restriktionen vereinen und bewältigen müssen. Sozialpädagogische Kompetenz in der Altenarbeit könnte darin liegen, jene sozialen Ressourcen, die zur Bewältigung der ambivalenten und paradoxen Anforderungen moderner Lebensführung im Alter erforderlich sind, zu stärken und zu fördern und

[6] In diesem Kontext steht der nach einem Modellprojekt breit propagierte Ansatz zugehender Altenarbeit. Er wendet „sich den vergessenen und stillen Alten zu und will unter Berücksichtigung der gewachsenen Lebenswelten und Lebensgeschichten die vorhandenen Kräfte und Kompetenzen dieser Personen wahrnehmen und unterstützen - also die Einseitigkeit einer 'zu spät' und dann fremdbestimmt eintretenden 'Fürsorge' und 'Altenhilfe' durch rechtzeitiges Zugehen im Vorfeld aufbrechen" (Karl 1990, 77).

auf diese Weise die Entwicklung subjektiv als befriedigend und sinnvoll erlebter Lebensentwürfe zu unterstützen. Die Entwicklung sozialpädagogischer Expertise bedeutet keineswegs die Abschottung und Abgrenzung gegenüber anderen Berufsgruppen, Professionen oder Disziplinen. Allerdings spricht vieles dafür, daß nur durch die Entwicklung eines eigenen Profils eine notwendig ganzheitliche, die Expertisen unterschiedlicher Berufsgruppen zusammenbringende und sich gegenseitig bereichernde Altenarbeit möglich wird.

Eine neue Altenarbeit bringt Anforderungen an die Wissenschaft mit sich: Die bisherige soziale Altenarbeit zeichnet sich durch einen weitgehenden Mangel an theoretischen Grundlagen und empirischer Forschung aus. Dabei beweist sich der Stellenwert wissenschaftlicher Fundierung auf mehreren Ebenen. Neue Ansätze in der sozialen Altenarbeit erfordern eine permanente Begleitung von Theorieentwicklung und empirischer Forschung, um die Entwicklungen und Veränderungen der Altersphase ebenso wie die Strukturen, Anforderungen und Möglichkeiten der Altenarbeit zu erfassen. Mit Bezug auf die laufenden wohlfahrtspolitischen Umorientierungen und die problematischen Verteilungswirkungen einer 'Modernisierung' des Umgangs mit Älteren ist sozialgerontologische Forschung „notwendig, um über den Weg systematischer Lebenslageanalysen alte, veränderte oder neue Bedürfnisstrukturen und Bedarfslagen von relevanten Teilgruppen älterer Menschen aufzuzeigen und 'politikfähig' zu machen“ (Naegele 1994, 36). Außerdem bedürfen Maßnahmen, Dienste und Einrichtungen der praktischen Altenpolitik und -arbeit sozialgerontologischer Forschung zur kritischen Überprüfung. „Im Grundsatz ist gerontologische Lehre wie Aus-, Fort- und Weiterbildung ohne eine sie inhaltlich stützende, d.h. anreichernde und zuarbeitende Forschung kaum möglich. Es kann (...) keine qualifizierte Altenarbeit ohne qualifiziert aus-, fort- und weitergebildete AltenarbeiterInnen der verschiedenen Berufs- und HelferInnengruppen geben, und diese wiederum nicht ohne qualifizierte Altenarbeits-Aus-, -Fort- und -WeiterbildnerInnen. Es kann ebenfalls keine qualifizierte Altenpolitik geben, wenn diejenigen, die Politik machen, also die Sozial- und KommunalpolitikerInnen, nicht hinreichend fachlich darüber informiert sind, worüber sie bestimmen und entscheiden sollen“ (Naegele 1994, 37).

Damit sind Umorientierungen in der Ausbildung gefragt: Die Mehrheit der MitarbeiterInnen der bisherigen Altenhilfe verfügt, wenn überhaupt, über eine Ausbildung medizinischer oder pflegerischer Provenienz. Darüber hinaus fehlt es gerade der Ausbildung zur AltenpflegerIn noch immer an einem Selbstverständnis, das sich gegen die übermächtige Pflegeorientierung behauptet. Ohne auf hier zu favorisierende wissenschafts- und erkenntnistheoretische Überlegungen eingehen oder zur Forderung nach einer Sozialgeragogik (vgl. Veelken 1990) Stellung nehmen zu wollen, gilt, daß die hier vorgestellte Altenarbeit in hohem Maß an sozialpädagogischen Fähigkeiten anknüpfen kann, so daß Überlegungen der Integration sozialgerontologischer Fragestellungen in universitäre und Fachhochschulausbildungsgänge der Sozialpädagogik und Pädagogik konkretisiert werden müssen. Neben der Erstausbildung scheint der Fort- und Weiterbildung ein besonderer Stellenwert zukommen, wenn versucht wird, berufsübergreifend anspruchsvolle soziale Altenarbeit in den einzelnen Arbeitsfeldern zu verankern.[7]

5. Perspektiven sozialer Altenarbeit und -politik

Einen 'Kuchen' aus dem gesamten Arbeitsfeld mit Älteren herauszuschneiden kann also nicht Fluchtpunkt der umrissenen Überlegungen sein. Ebensowenig existiert irgendein Anspruch auf Alleinvertretung Älterer, und es verblassen die Konturen jenes Rahmens, innerhalb dessen allein soziale Altenarbeit Angebote, Hilfen und Standards bereithielt und sich weder zu nennenswerter Rechenschaft genötigt noch irgendwelcher Konkurrenz gegenübersah. In dieser Situation hat sich soziale Altenarbeit im gesamten Feld neu zu positionieren und ihre besondere Expertise zu verdeutlichen. Sie muß zum einen deutlicher als bisher klarmachen, welche spezifische Leistung sie hier anzubieten hat, wo sie in Konkurrenz besser ist, wo ihre Teilbeiträge das Ganze je bedarfs- und bedürfnisangemessener qualifizieren. Wo sie sozialstaatlich finanziert wird, hat sie ihren öffentlichen Nutzen plausibel zu machen.

Entgegen sowohl konsumistischer als auch kolonistischer Entwicklungen wäre es in diesem Kontext gewiß eine Qualität, die gerade soziale Altenarbeit zu entwickeln hätte: Den Verzicht auf „pädagogische Fertigprodukte" (Herriger 1992, 233), das ständige Zurücknehmen des professionellen Beitrags auf notwendige Stützung von Eigenaktivität und Netzwerkressourcen, ein flexibles Rollenangebot an die Älteren usw. In Settings von Beratung, Gruppenarbeit, Gesellung, Netzwerkstiftung beweist sich ihre Qualität darin, wie überzeugend sie in Anamnese, Intervention und Unterstützung dem Normalisierungsprinzip zur Geltung verhilft, Integration und Autonomie fördert. Dazu gehört auch eine Übertragung jener Verschiebungen auf den Bereich sozialer *Arbeit,* wie sie für sozial*staatliche* Aufgaben immer stärker konsensfähig werden: Der Betrieb und die Erstellung von Einrichtungen, Diensten und Angeboten rückt in den Hintergrund, Stichworte wie 'Anstößе geben', 'Hilfe zur Selbsthilfe', 'Moderation' oder 'Regeln setzen' werden wichtiger (vgl. Evers 1991).

Zum anderen sollte die soziale Altenarbeit die unübersichtlicher werdende Situation als Herausforderung begreifen, auf Vernetzungs-, Integrations- und Mediationsleistungen sowie Qualitätssicherung hinzuwirken. Entsprechende konzeptionelle Anknüpfungspunkte und fachliches Potential werden für die Sozialpädagogik eher reklamiert als für die pflegerischen oder medizinischen Fachrichtungen (vgl. Karl 1993, 16f.) - aber auch hier gilt: Sie müssen freigelegt, 'kultiviert' und 'gerontologisiert' werden. Der Beitrag sozialer Altenarbeit ist auch dort weiterzuentwickeln, wo sie nur vermittelt in *Vollzügen der*

---

[7] Daß dabei insbesondere auch gemeinsame Weiterbildungskonzepte z.B. für Altenpflege und Sozialarbeit besonders fruchtbar sein können, zeigt Hammer 1994.

Dienstleistungserstellung für Ältere beteiligt ist. Etwa in Stellen der MitarbeiterInnenführung, in Verwaltungs-, Verbands- oder Fortbildungsfunktionen zählt vor allem, inwieweit sie dazu beiträgt, den gesamten Leistungsprozeß als sozial ganzheitlichen und nicht-normierenden mitzugestalten, der wünschenswerterweise auf einem soliden Fundament aller beteiligter Berufsgruppen aufbauen sollte.

Solche fachliche Orientierung braucht zu ihrer Entfaltung offenere Institutionalisierungen. Wo sie ältere Menschen unterstützen will, muß eine neue Altenarbeit sensibler mit deren sozialem Netzwerk zusammenwirken - und zwar möglichst, bevor sie auf nur noch asymmetrische ‘Hilfsnetzwerke’ beschränkt werden -, wo sie marktgängige Produkte herstellen will, sollte sie über neue Möglichkeiten nachdenken, die freiheitsverbürgenden Impulse des Marktes und seine ökonomische Potenz - und ggf. Effizienz - mit solidarischen Potentialen zusammenzubringen. Wo immer sich die allzu oft getrennten Bereiche von Wohnen, Begegnen, Arbeiten und Unterstützung sinnvoll - auch strukturbezogen - wieder zusammenführen lassen, sollte dies ermöglicht werden. Schließlich fehlen noch weitgehend innovative Konzeptionen für strukturbezogene Ansätze, wie sie etwa unter dem Gesichtspunkt der Gesundheitsförderung immerhin breit diskutiert, wenn auch kaum umgesetzt werden.

Damit würde für die nächsten Jahre eine doppelte Bewegung kennzeichnend für die soziale Altenarbeit. Angebote und Arbeitsansätze würden - und müßten - sich sowohl innerhalb des Rahmens sozialpädagogischer Altenarbeit als auch von seiten all der anderen Akteure im Wohlfahrtspluralismus - wo die privatwirtschaftlichen selbstverständlich dazugehören - ausdifferenzieren und diversifizieren. Aufgrund der Spezifik des ‘Wohlfahrtsmarktes’ führt diese Situation jedoch nicht per se zu einem fruchtbaren Wettbewerb, zu entsprechender KonsumentInnensouveränität usw. Statt dessen kann sie zu erhöhter Unübersichtlichkeit und Fehlallokationen einerseits, zu qualitätsgefährdenden Rationalisierungen oder bedürfnisunangemessenen Angebotsstrukturen und Verteilungswirkungen andererseits führen. Auch hier kommt unvermeidbar das Problem in den Blick, daß die Tendenzen erhöhter Anbieter- und Formenvielfalt vor dem Hintergrund gesteigerter Marktorientierung gerade im sozialen Sektor fachlicher und letztlich wohlfahrts*politischer* Steuerung bedürfen.

Zur notwendigen Flankierung durch eine weitergefaßte Politik für das Alter: Entsprechende Instanzen sind bislang unterentwickelt. Hier könnte wiederum sozialer Altenarbeit eine Schlüsselstellung zukommen - bei der Fortentwicklung von Vernetzung zur Gestaltung der Anbieter- und Maßnahmenpluralität. „Sofern es gelingt, sich auf klare Marktordnungen, Wettbewerbsbedingungen, entsprechende Förderungsregeln, Qualitäts- und Verwendungskontrollen sowie Infrastrukturen zur gemeinsamen Nutzung (...) zu verständigen, könnte eine derartige ‘geregelte Vielfalt’ der Angebote und AnbieterInnen geeignet sein, zwei einander oft als ausschließend gegenübergestellte *Prinzipien* besser zu verbinden: das Prinzip der persönlichen Entscheidungs- und Wahlfreiheit von Betroffenen und ihren HelferInnen (Stichwort: 'mehr individuelle Kontrolle') auf der einen und das Prinzip der öffentlichen Verantwortung und Planung (Stichwort: 'mehr öffentliche Kontrolle') auf der anderen Seite" (Evers; Leichsenring; Pruckner 1993, 190).

Mit den skizzierten Grundlinien einer so verstandenen sozialen Altenarbeit korrespondiert die Forderung nach einem Umdenken im Rahmen einer weit verstandenen Wohlfahrts*politik*. Ob es sich um die Begegnung der Generationen, um die Ermöglichung informeller Hilfeleistungen, um Partizipation an Mobilität usf. handelt - eine Sensibilisierung für vermeintliche Spezialbelange Älterer führt hier in vielen Belangen fast unausweichlich zu den gleichen Anforderungen, wie sie bspw. aus der Sicht einer Politik für Frauen, Kinder, Familien oder FußgängerInnen resultieren. Will sie alle Lebenslagen der Menschen in der zeitlich ausgedehnten Altersphase sowohl unter der Risiko- wie unter der Gestaltungsperspektive im Blick haben, kann kommunale Altenpolitik und -arbeit künftig dann nicht mehr nur traditionelle Altenhilfepolitik sein. Sie muß vielmehr zu einer „weitergefaßten Politik für das Alter" werden (Naegele/Tews 1993, 359). Die Herausforderungen richten sich an die Adresse fast aller Ressorts kommunaler Politik, aber auch an die Arbeits- und Geldleistungspolitik. Wo Möglichkeitsräume, wo Gelegenheitsstrukturen für Gesellung und soziale Integration, für Netzwerkentwicklung und sinnhafte Tätigkeiten und soziales Engagement nicht durch Stadtpolitik und soziale Infrastruktur begünstigt werden, können dies auch die 'Angebote' und sozialpädagogischen 'Maßnahmen' nur unzureichend und über Umwege kompensieren. Auf der Basis einer 'Politik des menschlichen Maßes' indes können sie sich umso überzeugender entfalten als z.B. „gemeinwesenbezogene (d.h. generationenübergreifende, stadtteilbezogene) Initiativen (...), in denen nicht 'das Alter' thematisiert wird, sondern Interessen, Aufgaben und Fragestellungen angegangen werden, die grundsätzlich alle Menschen ansprechen" (Karl 1990, 80). Und auch jener sich davon umso schärfer absetzende Bereich einer Alten*hilfe*politik im härteren Bedarfsbereich sollte nicht leichtfertig davon abgekoppelt werden, sondern wo immer es geht ebenfalls von der skizzierten doppelten Perspektive einer sozialen Neuformatierung der Altenarbeit profitieren.

Literatur

Bäcker, G.; Naegele, G.: Alternde Gesellschaft und Erwerbstätigkeit. Modelle zum Übergang vom Erwerbsleben in den Ruhestand, Köln 1993

Balluseck, H.v.; Bernstein, R. (Hg.): Sozialarbeit und Altenhilfe, Berlin 1980

Bistum Aachen (Hg.): Weiterbildung im Alter, Neuwied u.a. 1994

Bundesarbeitsgemeinschaft der Freien Wohlfahrtspflege (BAGFW): Altenbegegnung als soziale Lebenshilfe. Diskussionsbeitrag zu Zielgruppen, Inhalten und Perspektiven qualifizierter Altenbegegnungsstätten, Bonn 1992

Dennebaum, E.-M.: Soziale Altenarbeit - Bedeutung und Anforderung, in: Caritas '82. Jahrbuch des DCV, Freiburg 1982, S. 154-161

Evers, A.: Pluralismus, Fragmentierung und Vermittlungsfähigkeit. Zur Aktualität intermediärer Aufgaben und Instanzen im Bereich der Sozial- und Gesundheitspolitik, in: Heinelt, H.; Wollmann, H. (Hg.): Sozialpolitik und lokale Politikforschung in den 80er und 90er Jahren, Basel u.a. 1991, S. 221-240

Evers, A.; Leichsenring, K.; Pruckner, B.: Alt genug, um selbst zu entscheiden. Internationale Modelle für mehr Demokratie in Altenhilfe und Altenpolitik, Freiburg 1993

Frank, K.W.; Knüppel, H.; Wilhelm, J. (Hg.): Soziale Altenarbeit im Stadtteil. Eine Problemskizze aus europäischer Sicht, Berlin 1991

Gronemeyer, R.: Die Entfernung vom Wolfsrudel, Düsseldorf 1991 (2. Auflage)

Hammer, E.: Qualifikationsanforderungen in der Altenhilfe. Begründung und Entwicklung eines gemeinsamen Weiterbildungskonzeptes für Altenpflege und Sozialarbeit, Frankfurt a.Main,. 1994

Herriger, N.: Empowerment - eine neue Zauberformel der Sozialen Arbeit?, in: Soziale Arbeit, 41. Jg., 1992, S. 231-235

Hummel, K.: Öffnet die Altersheime. Gemeinwesenorientierte, ganzheitliche Sozialarbeit mit alten Menschen, Weinheim, Basel 1988 (3. Auflage)

Jakob, G.: Zwischen Dienst und Selbstbezug. Eine biographieanalytische Untersuchung ehrenamtlichen Engagements, Opladen 1993

Kade, S. (1994): Individualisierung und Älterwerden - der paradoxe Weg in die Moderne, in: Kade S. (Hg.): Individualisierung und Älterwerden. Bad Heilbrunn, 1994a, 17-44

Kade, S. (Hg.): Individualisierung und Älterwerden, Bad Heilbrunn 1994a,

Karl, F.: Neue Wege in der sozialen Altenarbeit, Freiburg 1990

Karl, F.: Sozialarbeit in der Altenhilfe, Freiburg 1993

Klie, Th.: Innovative Ansätze in der Altenarbeit, in: Bock, Th. (Hg.): Die soziale Arbeit in den 90er Jahren. Gesamtbericht über den 72. Dt. Fürsorgetag 1990 in Hannover, Stuttgart 1991, S. 816-826

Klingenberger, H.: Ganzheitliche Geragogik. Ansatz und Thematik einer Disziplin zwischen Sozialpädagogik und Erwachsenenbildung, Bad Heilbrunn 1992

Naegele, G.: Zum Stand gerontologischer Forschung. Implikationen für die Bildungsarbeit mit älteren Menschen, in: Bistum Aachen (Hg.): Weiterbildung im Alter, Neuwied u.a. 1994, S. 33-48

Naegele, G.; Tews, H.-P. (Hg.): Lebenslagen im Strukturwandel des Alterns. Alternde Gesellschaften - Folgen für die Politik, Opladen 1993a

Naegele, G.; Tews, H.P. (1993): Theorieansätze und -kritik zur Altersentwicklung - Neue und alte sozialpolitische Orientierungen, in: Naegele, G.; Tews, H.-P. (Hg.): Lebenslagen im Strukturwandel des Alterns. Alternde Gesellschaften - Folgen für die Politik, Opladen 1993a, S. 329-367

Niederfranke (1994), A.: Pluralisierung von Lebenslagen und Lebensstilen älterer Frauen, in: Kade, S. (Hg.): Individualisierung und Älterwerden, Bad Heilbrunn 1994a, S. 45-58

Otto, U.: Freiwillige Tätigkeit statt selbstlosem Dienst für andere? Das Ehrenamt zwischen Ködern, Überreden und Ernstnehmen des Selbstbezuges, in: Evangelische Impulse, 17. Jg., 1995, H.1, S. 21-24

Perbandt-Brun, H.: Neue Modelle, Ziele und Methoden in der Senioren(kultur)arbeit - Die Vermittlung von Erfahrungswissen, in: Glaser, H.; Röpke, Th. (Hg.): Dem Alter einen Sinn geben, Heidelberg 1992, S. 30-42

Riley, M.W.; Riley, J.W.: Individuelles und gesellschaftliches Potential des Alterns, in: Baltes, P.B.; Mittelstraß, J. (Hg.): Zukunft des Alterns und gesellschaftliche Entwicklung, Berlin 1992, S. 437-459

Rosenmayr, L.: Die Kräfte des Alters, Wien 1990

Rosenmayr, L.; Kolland, F.: Wertewandel und Bildung im Alter, in: Dettbarn-Reggentin, J.; Reggentin, H. (Hg.): Neue Wege in der Bildung Älterer. Bd. I: Theoretische Grundlagen und Konzepte, Freiburg 1992, S. 62-81

Schmidt, R. (Hg.): Ausbildung und Praxisfelder für Sozialarbeit, Sozialpädagogik in der Altenarbeit, Berlin 1986

Schmidt R.: Altenhilfe - (k)ein Geschäft für Profis? Sekundäranalytische Studien zur Altenhilfeentwicklung seit Mitte der 70er Jahre am Beispiel Bayerns., Berlin 1991

Schmidt, R.: Altern zwischen Individualisierung und Abhängigkeit, in: Kade, S. (Hg.): Individualisierung und Älterwerden, Bad Heilbrunn 1994a, S. 59-72

Staudinger, U.M.; Dittmann-Kohli, F.: Lebenserfahrung und Lebenssinn, in: Baltes, P.B.;Mittelstraß, J. (Hg.): Zukunft des Alterns und gesellschaftliche Entwicklung, Berlin 1992, S. 408-436

Tews, H.-P. (1993): Bildung im Strukturwandel des Alters, in: Naegele, G.; Tews, H.-P. (Hg.): Lebenslagen im Strukturwandel des Alterns. Alternde Gesellschaften - Folgen für die Politik, Opladen 1993a, S. 234-247

Tews, H.-P.: Zielgruppe ältere Menschen und bürgerschaftliches Engagement, in: Bullinger, M. u.a.: Die Bürgerbüros. Bürgertreffpunkte und Projektgruppen. Zwischenbericht der Initiative 3. Lebensalter, Hg. vom MAGS BaWü, Stuttgart 1995, S. 49-54

Trilling, A.: Gemeinwesenorientierte Altenpolitik, in: Asam, W.H. (Hg.): Neue Alten-Politik. Sicherung der Pflege durch Sozialplanung, Freiburg 1992, S. 196-207

Urlaub, M.; Rüberg, R. u.a. (Hg.): Funktionen für Sozialarbeiter, Sozialpädagogen in den Bereichen der Altenarbeit, Köln 1980

Veelken, L.: Aspekte der Strukturveränderung des Alterns und der Sozialpolitik im Hinblick auf die Weiterbildung im Alter, in: Naegele, G.; Tews, H.-P. (Hg.): Lebenslagen im Strukturwandel des Alterns. Alternde Gesellschaften - Folgen für die Politik, Opladen 1993a, S. 248-258

Veelken, L.: Neues Lernen im Alter. Bildungs- und Kulturarbeit mit „jungen Alten“, Heidelberg 1990

Veelken, L.: Gerontologie und Erziehungswissenschaft. Sozialisationstheoretische Aspekte des Lernens im Alter, in: Dettbarn-Reggentin, J.; Reggentin, H. (Hg.): Neue Wege in der Bildung Älterer. Bd. I: Theoretische Grundlagen und Konzepte, Freiburg 1992, S. 156-170

Zeman, P.: Gesellschaftlicher Wandel, Senioren-Kultur-Arbeit, Altenselbsthilfe, in: Seniorenkulturarbeit, Schriftenreihe des Instituts für Bildung und Kultur e.V., Remscheid 1987, S. 139-177

Zeman, P.: Informelle und formelle Helfer in der häuslichen Versorgung alter Menschen. Sozialpolitische Verknüpfungskonzepte und Alltagsinteraktionen, in: Kondratowitz, H.-J. v. (Hg.): Die gesellschaftliche Gestaltbarkeit von Altersverläufen. Berlin 1994, S. 171-185

Teil II:

Projektentwürfe in der sozialen Altenarbeit:

Erfahrungen, Analysen, Perspektiven

Das Erfahrungswissen älterer Menschen nutzen

C. Wolfgang Müller

„Erfahrungswissen älterer Menschen nutzen"

Die Darstellung des Gesamtprogramms eines zehnjährigen Berliner Feld-Experiments

1. Übersicht

„'Erfahrungswissen älterer Menschen nutzen' - dies ist der Titel eines Programms, das der Berliner Senat seit 1986 aus Haushaltsmitteln finanziert. Das Programm soll Projekte und Vorhaben unterstützen, in die Kenntnisse, Erfahrungen und Fertigkeiten älterer BürgerInnen einfließen und damit anderen Alters- und Bevölkerungsgruppen zugänglich gemacht werden. Es ist angelegt als eine sozialpolitische Initiative, die tradierte Strukturen und Angebote der (offenen) Altenhilfe ergänzen und den infolge sozialen Wandels geänderten Formen des Lebens nach der Erwerbsarbeits- und Familienphase so angepaßt werden soll, daß sie auch für neue und künftige 'Ruhestandsgenerationen' attraktiv ist" (Knopf 1989, 223).

Mit diesen Sätzen charakterisierte der erste wissenschaftliche Koordinator des Programms, Detlef Knopf, die Zielbestimmung eines sozialpolitischen und sozialpädagogischen Projektprogramms, das vom seinerzeitigen Berliner Sozialsenator Ulf Fink (CDU) und seinen MitarbeiterInnen aufgelegt worden war, um die eher karitativ ausgerichtete 'Altenarbeit' traditioneller kommunaler Prägung in Berlin, der größten deutschen Großstadt mit dem höchsten Anteil von über Fünfundsechzigjährigen an der Wohnbevölkerung, zu modernisieren.

Zu Zeiten, in denen der Wert einer Person durch ihren Anteil an der volkswirtschaftlichen Produktivität gemessen wird, verkörpern alte, nicht mehr berufstätige Menschen eine negative Rechengröße. Es kommt darauf an, ihren 'Ruhestand' als 'verdientes Ausruhen nach einem arbeitsreichen Leben' nahezubringen. Solange Menschen als Rollenträger auf ihre bilanzrelevanten Beiträge für das Bruttosozialprodukt festgeschrieben werden, ist 'Altenarbeit' in der andauernden Gefahr, ältere Menschen entweder ruhig zu stellen oder sie zu wenig belangvollen freizeitpädagogischen Tätigkeiten und Verrichtungen zu animieren.

Das Programm 'Erfahrungswissen älterer Menschen nutzen' sollte helfen, die oben geschilderte Praxis mißverstandener Altenarbeit zu verdrängen, deren Beschreibung aus heutiger Sicht nur noch als Parodie verstanden werden kann. Ältere Bürgerinnen und Bürger Berlins sollten durch Maßnahmen und Einrichtungen des Programms ermutigt werden zu zeigen, mit welchen Kenntnissen, Erkenntnissen und Fertigkeiten sie sich am allgemeinen gesellschaftlichen Leben beteiligen und dabei unabhängig von ihrem Alter einen produktiven Beitrag zum gesellschaftlichen Fortschritt leisten könnten. Dazu war es zunächst nötig, eine Reihe von bornierten Sichtweisen auf Alter zu korrigieren.

Der Stand der wissenschaftlichen Diskussion zu diesem globalen Thema wurde 1988, zwei Jahre nach dem Start des Programms, auf einer interdisziplinären Expertentagung vom Deutschen Zentrum für Altersfragen und der Freien Universität Berlin zusammengefaßt vorgetragen und wenig später publiziert[1]. Dabei wurde zunächst auf einer sehr grundsätzlichen Ebene problematisiert, daß der Beitrag von einzelnen Menschen und von ganzen Altersgruppen am gesellschaftlichen Fortschritt nicht aus einem funktionalistisch verengten, weil ökonomistisch determinierten Blickwinkel betrachtet und bewertet werden dürfe. „Das 'Funktionsthema' klebt gewissermaßen am Altersdiskurs“ (Schmidt 1989, 1). Die Herstellung von menschlicher Lebensqualität sei überhaupt nicht nur im Terminus 'Produktivität' zusammenzufassen (Pieper 1989, 92f. und 101). Gesellschaftliche Produktion und Produktivität sei auch nicht nur in den Dimensionen zu messen, die heute positiv besetzt werden, sondern müsse auch Dienstleistungen umfassen, die auf neue Weise und kritisch mit der Expansion von Wirtschaft und Industrie umgehen ('Umwelterhaltung' und 'Umweltschutz'). Bei Produktivität sei nicht nur und nicht borniert an 'männliche Produktivität' zu denken (vgl. Tüllmann 1989, 114ff.), das Ausblenden der Beiträge von Frauen zur Herstellung menschlicher Lebensqualität sei fatal (vgl. Müller-Wichmann 1989, 176).

Vom Standpunkt allgemeiner *Tätigkeitsorientierung* von Menschen (und nicht einer verengenden Sichtweise auf 'Arbeit' als 'Lohnarbeit') sei der Übergang zwischen Berufstätigkeit und 'Ruhestand' *nicht* als Kontinuitätsbruch zu interpretieren. Er sei, anders als 'Jugend', kein Moratorium, sondern insbesondere bei Männern, die Fortsetzung lebensgeschichtlicher Kontinuität (vgl. Langehenning; Kohli 1989, 219). Frauen hingegen verwenden die Phase nach Beendigung ihrer Berufstätigkeit häufiger dazu, sich neuen Herausforderungen zu stellen und sich neue Aufgaben zu geben. Diese anscheinend geschlechtertypischen Differenzen werden zu beachten sein, wenn über unterschiedliche Profile tätigkeitsorientierter Senioren-Programme beraten wird.

Eine neue, tätigkeitsorientierte aktive und aktivierende 'Altenarbeit' und 'Altenbildung' steht also auf unserer zeitgeschichtlichen Agenda. Als Kontrapunkt zur traditionellen Altenarbeit und ihrer Politik der Ruhigstellung und der Be-

---

[1] Knopf, D.; Schäffter, O.; Schmidt, R. (Hg.): Produktivität des Alters, Berlin 1989

schäftigungstherapie kann nun nicht einfach der Ratschlag für die Generation der neuen (Vor)Ruheständlerinnen und Ruheständler angeboten werden, weiterhin *das* als Ehrenamt oder im Rahmen unbezahlter oder unterbezahlter Freizeittätigkeit zu absolvieren, was immer schon getan worden ist oder was man immer schon einmal ausprobieren wollte. „Ein allzu bruchloses 'Aktivbleiben' auch jenseits der Erwerbsarbeit mag für viele eine willkommene Möglichkeit sein, der Verarbeitung der Krise, die mit der Aufgabe der Arbeit sehr oft verbunden ist, auszuweichen" (Knopf 1989, 229).

Nach der phänomenologischen Wende der tonangebenden deutschen Soziologie Ende der siebziger Jahre und der darauf folgenden Einführung eines 'lebensweltlichen' und 'alltagsorientierten' Paradigmas in die Soziale Arbeit (etwa Thiersch 1986) könnte naheliegen, angehende Ruheständlerinnen und Ruheständler zu ermutigen, ihre je individuellen, alltäglichen, produktiven und reproduktiven Tätigkeiten aufzugreifen, auszubauen und zu qualifizieren. Das scheint mir aus zwei Gründen problematisch zu sein.

Einmal greift das Konzept der 'Lebenslage' als milieutheoretischer Kontrapunkt zu dem historisch-materialistischen Konzept der 'Klassenlage' zu kurz, wenn es wirklich darum gehen soll, individuelle Lebensläufe und Lebensmuster nicht nur in ihrer empirischen Faktizität zu erfassen, sondern auch in ihren gescheiterten oder (noch) nicht eingelösten Entwürfen. Das gilt besonders für Frauen, aber nicht nur für sie und nicht für jede Generation in der gleichen Weise und mit der gleichen Schärfe. Aus langjährigen Erfahrungen mit Absolventinnen und Absolventen des 'zweiten Bildungsweges' glaube ich zu wissen, daß es Menschen mit interessanten, weil verschlungenen Lebensläufen gibt, die es ablehnen, an die Erfahrungen, Kenntnisse und Erkenntnisse einer Berufstätigkeitsphase erinnert zu werden, die sie gerade unter Skrupeln und mit Anstrengungen hinter sich gelassen haben. Dem allgegenwärtigen Diktat des 'Verwertungsinteresses' entronnen, wollen sie nicht wieder an etwas anknüpfen, was der sozialpädagogisch geschulten BeraterIn als weitergabewürdiges 'Erfahrungswissen' erscheint. Andere Seniorinnen und Senioren brennen darauf, ihre angesammelten beruflichen Kompetenzen nun endlich einmal nicht mehr nur gut zahlenden KundInnen verkaufen zu müssen, sondern jenen Zielgruppen zugute zu bringen, die sie besonders nötig haben oder die sie besonders zu schätzen wissen.

Wenn andererseits etwas an den Beteuerungen der Verfechter des Markenzeichens 'Postmoderne' ist (bei diesem modisch gewordenen Begriff handle es sich nicht um ein 'Anti' oder 'Danach', sondern um einen zweiten, reflektierenden Durchgang durch 'die' Moderne in nicht-dogmatischer Absicht, also unter Verzicht auf geltungsmonopolitischen Anspruch), dann gewährt die Zeit zwischen dem freiwilligen oder erzwungenen Ende berufstätiger Lohnarbeit[2] und

---

[2] Ich konzentriere mich auf diesen Typ beruflicher Arbeit. Selbständige Arbeit wird durch andere Kräfte und Gesetzmäßigkeiten gekennzeichnet und schafft andere Übergänge ins Alter.

einer neu zu fassenden 'Produktivität des Alters' möglicherweise einen reflektierenden (keinen resümierenden) Zwischenschub. Vielleicht wäre das wirklich so etwas wie ein neues, ein zweites 'Moratorium'. Auch 'Jugend' ist schließlich kein biologischer Status, sondern eine gesellschaftlich hergestellte Aneignungszeit - nicht für alle, aber doch für immer mehr und für immer längere Phasen.

Wenn ich über das Erfahrungswissen älterer Menschen nachdenke und dabei meine - zugegeben begrenzten - eigenen Erfahrungen mit diesem, von der Berliner Senatsverwaltung für Soziales finanzierten und auf andere, wichtige Weise geförderten Experimentalprogramm für aktive und aktivierbare Seniorinnen und Senioren zu Rate ziehe, so entdecke ich in den gegenwärtig 16 Projekten und Teilprojekten des Programms drei Tätigkeitsprofile, die in den einzelnen Projekten auf unterschiedliche Weise und in einem unterschiedlichen Mischungsverhältnis miteinander verbunden sind. Es handelt sich darum,

– Erfahrungen weiterzugeben
– neue Kenntnisse und Fertigkeiten anzueignen
– über Vergangenes neu nachzudenken.

Ich werde später noch einmal auf diese Profile und das Mischungsverhältnis zwischen ihnen zurückkommen.

2. Zielebeschreibung

Zunächst werde ich noch einmal die Ziele des zur Rede stehenden Programms 'Erfahrungswissen älterer Menschen nutzen' skizzieren. Sie sind zunächst einmal ausführlich in dem schon erwähnten Sammelband 'Produktivität des Alters' (Knopf u.a. 1989) insbesondere in zwei Beiträgen zusammengefaßt und eingeschätzt worden: Detlef Knopf, „Erfahrungswissen älterer Menschen nutzen" - Gerontologische Implikationen einer sozialpolitischen Programmatik (223-231) und Ortfried Schäffter, 'Produktivität'. Systemtheoretische Rekonstruktionen aktiv gestaltender Umweltaneignung (258-319). Ich folge hier einer aktuellen Selbstdarstellung der Berliner Senatorin für Soziales, Ingrid Stahmer, und der Programm-Koordinatorin Hanna Perbandt-Brun (vgl. Erfahrungswissen 1995).[3]

Danach wurde das Programm 1986 mit dem Ziel entwickelt, „aktiven älteren Menschen die Möglichkeit zu geben, ihre Erfahrungen und Fähigkeiten weiterzugeben". Dabei sollen sie Gelegenheit bekommen, „selbstbestimmt eine Aufgabe zu übernehmen, die (ihnen) Freude, Anerkennung und neue Kontakte bringt. Zum anderen soll das Programm die Generationen verstärkt zusammen-

---

[3] Die einzelnen Projekte des Gesamtprogramms sind an verschiedenen Stellen veröffentlicht worden. Mehrere Projekte gleichzeitig und die Arbeit des 'Werkhauses Anti-Rost' im besonderen sind in einem Gutachten zur konzeptionellen Erweiterung und Verbesserung des Bildungsangebotes für SeniorInnen in Hamburg für die Behörde Schule, Jugend und Berufsbildung der Hansestadt gewürdigt worden (vgl. Becker u.a. 1994).

führen“ (Stahmer 1995, 2). Durch die Aufhebung der Teilung Berlins haben sich viele Bürger und Bürgerinnen aus den östlichen Bezirken der Stadt den bestehenden Projekten angeschlossen. „Ein erstes eigenständiges Projekt ist im Bezirk (Berlin) Mitte entstanden. Sein Motto lautet ‘Erzählen und schreiben - Erinnerungen in Wendezeiten’“. In den letzten Jahren habe sich zunehmend der Wunsch gezeigt, „Kontakte auch zu Menschen im Ausland zu bekommen (...) Es bestehen jetzt intensive Verbindungen nach Italien, Rußland, Polen, Großbritannien und Österreich“ (ebd. 1995, 2-3).

Hanna Perbandt-Brun hebt eher auf die extra-funktionalen Ziele und Effekte des Programms und seine methodischen Modalitäten ab. „Das Programm Erfahrungswissen wollte und will bei den Älteren Selbstbewußtsein und Vertrauen auf ihre eigenen Fähigkeiten fördern und Bedingungen schaffen, damit sie ihre Kenntnisse und Erfahrungen zur Verfügung stellen können“ (Perbandt-Brun 1995, 6). Außerdem sollen die Projekte „in die Gesellschaft hinein wirken“. „Der Begriff Erfahrungswissen taucht in der Öffentlichkeit verstärkt auf“. Ein Bewußtsein von gleichsam ungehobenen Schätzen soll geweckt werden. Methodisch gingen die Initiatorinnen und Initiatoren zunächst so vor, daß sie aktive Ältere identifizierten und mobilisierten. „Sie sollen die Verantwortung für die inhaltliche Arbeit und die Entwicklung der Projekte tragen. Sie bestimmen selbst, was sie tun und wieviel Zeit sie dafür aufwenden wollen. Unterstützung von hauptamtlichen Mitarbeitern und Mitarbeiterinnen sollen sie bekommen, wenn dies nötig ist“ (ebd.). Heute, schreibt die Koordinatorin, wissen wir, „daß diese Reihenfolge, erst ältere Experten ansprechen, dann Nutzer finden, auch umgekehrt werden kann; denn die Kompetenzen der älteren Menschen zeigen sich dann, wenn sie gefordert werden (...) Nur wenn Fragen gestellt werden, die nach Lösungen verlangen und wenn die Möglichkeit besteht, darauf zu reagieren, werden Erfahrungen herausgefordert (...) Erst dann zeigt es sich auch, ob die Erfahrungen brauchbar sind“ (ebd. 7 und 9).

3. Tätigkeitsfelder

Die Erfahrungsbestände, die ältere Berlinerinnen und Berliner in Projekten des Programms ‘Erfahrungswissen’ aktivieren und transferieren, sind breit gestreut, so wie es für ein Experimentalprogramm typisch ist, das nicht hypothesentestend wirkt, sondern heuristisch an der offenen Frage arbeitet, was mit wem unter welchen (grob vergleichbaren) Rahmenbedingungen ‘was’ bewirkt. „Die 70jährige Hausfrau, die auf den Brettern, die die Welt bedeuten, ihre Erfahrungen aus der Nachkriegszeit spielerisch darstellt; der nicht mehr erwerbstätige Installateur, der tropfende Wasserhähne abdichtet; der Direktor eines Kaufhauses im Ruhestand, der einen jungen Mann, der einen Lebensmittelladen eröffnet hat, berät; die pensionierte Lehrerin, die eine Gesprächsgruppe organisiert und, und ... Es ließen sich noch viele Beispiele von älteren Männern und Frauen aus vielen Berufen mit unterschiedlichen Kenntnissen und Erfahrungen nennen, die heute in den Projekten des Programms (...) reparieren, Theater spielen, beraten oder organisieren" (Perbandt-Brun 1995, 6).

Die Projekte sind (ich folge ihren Selbstdarstellungen[4]):

Expertinnen-Beratungsnetz Berlin
„(...) Frauen in Situationen der beruflichen Weichenstellung und des beruflichen Fortkommens (...) beraten."

Theater und Erfahrungen
„(...) Theaterstücke unter professioneller Anleitung selbst entwickeln (...) Themen, die ihnen unter den Nägeln brennen (...) und ein breites Publikum ansprechen."

Berliner Akademie für weiterbildende Studien
„(...) Menschen jenseits des üblichen Studienalters den Schritt in die Hochschule durch Beratung und Information zu erleichtern."

Großmutters Teetisch
„In einem Seniorenclub kommen Kinder (...) jede Woche für 2 Stunden mit älteren Frauen unter Leitung einer Grafikerin zum Basteln zusammen."

Berliner Beratungsdienst e.V.
„Aus dem Berufsleben ausgeschiedene Führungskräfte aus Wirtschaft, Handel, Handwerk, Industrie und Verwaltung sind (...) Mitglieder und Berater (...) (Sie) erhalten für ihre Tätigkeit eine Aufwandsentschädigung (...) Der Berliner Beratungsdienst e.V. ist keine Konkurrenz zu kommerziellen Wirtschaftsberatungsunternehmen. Er ist als gemeinnützig anerkannt."

Das Erzähl-Café
„Es findet alle zwei Wochen samstags bei Kaffee und Kuchen (...) statt (...) Im Mittelpunkt steht immer eine Person, die aus der Sicht der unmittelbar Betroffenen über ein Thema aus der Geschichte der Stadt spricht (...) Die Besucher und Besucherinnen können die Berichte durch eigene Erzählungen (...) ergänzen." (Vgl. der Beitrag von Gieschler in diesem Band.)

Die Wissensbörse
Die Wissensbörse vermittelt Menschen jeden Alters, die bestimmte Wissensbestände und Erfahrungen nachfragen und solche, die sie anzubieten haben. Monatlich treffen sich etwa 30 Anbieter und 50 Nutzer.

Werkhaus Anti-Rost
Es umfaßt eine Tischlerei, Fotowerkstatt, Schneiderei, Druckerei und ein Café zum Erfahrungsaustausch im Westteil der Stadt. Neben einem Handwerkerrepa-

---

[4] Entnommen aus: Erfahrungswissen 1995

raturdienst im Ostteil der Stadt, existiert eine Dependance in Berlin-Köpenick mit einer Änderungsschneiderei, einer Tischlerei und einer Bootswerft. Die Ruheständler organisieren ihre Arbeit selbst und unterstüzten handwerklich gemeinnützige Projekte auch im Ausland. Ein 'Werkhaus Europa der älteren Generation' ist, EG-gefördert, im Aufbau. (Vgl. die Beiträge von Schmidt und Knopf in diesem Band).

Bürgerverein Berolina
„Der Verein will älteren Menschen geistige und lebenspraktische Hilfe zur Bewältigung der für viele mit der staatlichen Einheit grundlegend veränderten Lebensbedingungen geben. Von besonderer Bedeutung (...) ist das Erzähl- und Schreibprojekt 'Erinnerungen in Wendezeiten'."

Erfahrungswissen im Heimatmuseum Neukölln
„Austausch von historisch relevanten Erfahrungen zwischen den Generationen in Talkshows und Erzählcafés 'vor Ort' (...) Beispiel: 'Am Katzentisch - Kindheit in Neukölln'."

Bana-Laden
Transfer-Büro des Senioren-Studiums für neue und nachberufliche Arbeitsbereiche der Technischen Universität Berlin in den Bereichen 'Ernährung und Gesunderhaltung', 'Umwelt' und 'Stadt und Kommunikation' mit engem Kontakt zum Stadtteil Neukölln und anderen Berliner Bezirken.

Tätiger Lebensabend Berlin e.V.
„(...) älteren Bürgern im Interesse der Erhaltung der Gesundheit und Lebensfreude die Möglichkeit einer nützlichen Betätigung zu bieten (...). Die angebotenen Betätigungen reichen von einfachen bis zu qualifizierten manuellen Arbeiten und von einfachen bis zu schwierigen Büroarbeiten in Wirtschaft und Verwaltung." Für ihre Arbeit erhält jedes der 310 Mitglieder eine einheitlich stundenweise Entschädigung. Der Verein organisiert für die Mitglieder regelmäßig gesellige Veranstaltungen, Tagesfahrten ins Berliner Umland und eine jährliche Wochenendreise.

Lichtenberger Interessenbörse Jahresringe
Ehrenamtliche Mitarbeiter registrieren Angebote und Nachfragen in weiten Bereichen von Freizeitaktivitäten (Spitzenreiter ist 'Sport und Wandern') und fassen sie in Katalogen zusammen.

Eine solche Aktivitäten-Palette, die nicht durch staatliche Vorgaben und Steuerungen zustande gekommen ist, sondern durch die gesellschaftswüchsigen Aktivitäten von Menschen in einer großen Stadt, erhält ihre informative Bedeutung nicht nur durch die Einzel-Posten, die sie enthält, sondern auch durch die Bereiche, welche fehlen. Hanna Perbandt-Brun: „Die Idee, möglichst alle Berufsgruppen in das Programm einzubeziehen, stellte sich als zu anspruchsvoll heraus: So erwies sich der Versuch eines Projektes mit alten Künstlern und Kunsthandwerkern als Sackgasse. Für die meisten von ihnen gilt, vergleichsweise mit Politikern und Wissenschaftlern, daß sie sich nach dem Ende der Erwerbsarbeit nicht aufs Altenteil zurückziehen: Sie organisieren sich dann eine individuelle Beschäftigung. Für alte Künstler ist das manchmal auch eine finanzielle Notwendigkeit" (Perbandt-Brun 1995, 8).

4. Die Rahmenbedingungen des Programms

Experimental-Programme von dem Zuschnitt des 'Erfahrungswissens' zeigen häufig die charmante Eigenschaft, daß sie die Tatsache unterschätzen, *selber Feldexperimente zu sein.* Das gilt für die Hawthorne-Studie der endzwanziger Jahre ebenso wie für das Erfahrungswissen der späten Achtziger. Ermutigung und Verstetigung, Kommunikation, Erfahrungsaustausch und taktvolle Evaluation haben die Projekte insgesamt ermutigt, geprägt und vorangebracht. Ohne die dauerhafte und zuverlässige Kommunikation mit der Koordinations- und Beratungsstelle und ihrer handlungsforschungserfahrenen Leitung wäre manches Projekt gar nicht erst aktenkundig geworden oder hätte sich frühzeitig verabschiedet. Das Bewußtsein aller Beteiligten, an einem vom Berliner Senat und von der Fachöffentlichkeit verfolgten Experimental-Projekt (= Gesellschafts-Experiment) beteiligt zu sein, war und ist ein nicht zu unterschätzender Stimulus und eine Konstituante für die Phänomene und Prozesse, die in diesem Beitrag beschrieben worden sind.

Zu den Rahmenbedingungen gehört auch die Sicherstellung der Sockelfinanzierung aller Projekte in einer Zeit, die durch deutlichen Abbau der Staatstätigkeit und durch eine Fülle von entmotivierenden Spar-Appellen gekennzeichnet ist. Es ist der Senatsverwaltung für Soziales und ihrer politischen Leitung, in der sich CDU und SPD abwechselten, hoch anzurechnen, daß sie der populistischen Forderung, ein solches Programm einzustellen oder an einzelne Wohltäter oder Wohltäterinnen abzugeben, offensichtlich ebenso standhaft wie erfolgreich widerstrebt hat. Auf diese Weise ist eine zehnjährige und kontinuierliche Praxis entstanden, die in ihrer Vielfalt wie in ihrem gemeinsamen Nenner Aussagen und Prognosen ermöglicht, die von sozialwissenschaftlicher wie von sozialpädagogischer Bedeutung sein können. Ich bin weder beauftragt noch befugt, das Gesamtprogramm zu evaluieren. Aber ein paar weiterführende Forschungsfragen möchte ich dennoch zur Sprache bringen.

5. Neue Möglichkeiten der Konzeptualisierung von 'Ruhestand'

Ich habe in diesem Beitrag schon einmal angedeutet, daß ich in dem Berliner Experimental-Programm drei Tätigkeitsprofile in unterschiedlicher Mischung beheimatet sehe:

– Erfahrungen weiterzugeben

– neue Kenntnisse und Fertigkeiten anzueignen
– über Vergangenes neu nachzudenken.

Ich möchte das jetzt präzisieren.

5.1 Erfahrungen weitergeben

In der Senatsbroschüre 'Erfahrungswissen' wird *ein* Ansatzpunkt der Projekt-Realität so beschrieben:

> „Alt? Rente! Ende?“ ... und bedanken uns für Ihre treuen Dienste“. Das war's: Papa ante protas! War's das? Das kann doch nicht alles gewesen sein! Gerade noch die tragende Generation und jetzt 'Senior' im 'Altenheim'? Na gut - tue ich das, was ich immer schon wollte. Aber das Arbeiten hat doch Spaß gemacht trotz aller Klagen, und eigentlich würde ich gerne noch ein bißchen weitermachen, jetzt, wo ich mich genau auskenne, routiniert und erfahren bin. Das muß doch noch zu etwas gut sein!“ (Erfahrungswissen 1995, 4)

Mit diesem konstruierten Monolog ist, so meine ich, die Stimmungslage jener getroffen, die am Ende einer vergleichsweise erfolgreichen lohnarbeitsgeprägten Berufstätigkeit räsonieren, wie es weitergehen könnte. Für sie scheint ein Satz zu gelten, den ich vor Jahren in einem anderem Zusammenhang formuliert habe: 'Man kann neu sein, indem man etwa Neues tut - oder etwas Gewohntes auf eine neue Weise'. Das Neue mag darin bestehen, daß an Einzelarbeit gewöhnte Handwerker sich zu einer Handwerker-Kooperative zusammenschließen, daß ehemals gewerbliche Lohn- und SchichtarbeiterInnen sich jetzt als selbständige Handwerker erleben, daß die Abnehmer ihrer Arbeitskraft nicht mehr anonyme Wohnungsbaugesellschaften sind, sondern einzelne Mieter, die sich plötzlich im Ausland als 'Kompagnie des guten Willens wiederfinden' und als solche gefeiert werden, daß für sie plötzlich die Handarbeit im Ausland zum Anlaß für eine internationale Begegnung wird, die sie früher nur als abstrakten Appell an die 'internationale Solidarität aller Werktätigen' erfahren haben.

Hier könnten die veränderten Rahmenbedingungen in eine neue Qualität umschlagen. Es ginge dann nicht mehr darum, eingeschliffene Lohnarbeit fortzusetzen, sondern Arbeit als zwischenmenschliche Tätigkeit auf neue, verjüngende Weise zu erleben.

5.2 Neue Kenntnisse und Fertigkeiten aneignen

Ich habe in jahrzehntelanger Zusammenarbeit mit Menschen 'auf dem zweiten Bildungsweg' gelernt zu respektieren, daß es Situationen gibt, in denen Menschen mit Altem brechen und - wie sie meinen voraussetzungslos - etwas Neues anfangen. Das hat häufig mit einer Neugier, ja einem Heißhunger auf Unbekanntes zu tun, der für gelernte Bildungsbürger und -bürgerinnen eher ungewohnt, ja exaltiert zu sein scheint. Manchmal knüpft das Neue, das es anzueignen gilt, an Elemente des bisherigen Lebens an, manchmal ist eine Verbindung nicht zu erkennen - manchmal wäre sie sogar eine Gegenindikation für den aufbrechenden oder manifest werdenden neuen Aneignungs-Willen.

In einer solchen Situation kommt ein Studium an einer Universität oder einer wissenschaftlichen Hochschule wie gerufen. Denn hier geht es nicht um neue Verwertungsfelder für neuerworbene, aber im Grunde doch abgestorbene Kenntnisse, sondern um einen 'Aufbruch zu neuen Ufern' unter dem vollen Risiko unbekannter Ziele und undefinierter Zwecke.

Für RuheständlerInnen und SeniorInnen, insbesondere für Frauen in der vierten Tätigkeitsphase nach Schule und Beruf/Familienbildung/Wiederaufnahme von Berufstätigkeit scheint mir ein solcher 'Neubeginn' von individuell bereichernder und gesellschaftlich innovativer Kraft zu sein. Im Einzelfall. Nicht im Durchschnitt der Kohorte. Das 'Berliner Modell: Ausbildung für neue und nachberufliche Arbeitsbereiche' der Technischen Universität Berlin (BANA) ermöglicht einen solchen Neubeginn in Tuchfühlung mit anderen studierfreudigen Seniorinnen und unter taktvoller Anleitung erfahrener Tutorinnen.

5.3 Über Vergangenes neu nachdenken

Seitdem Pädagogik professionalisiert worden ist, hat sie ihr Augenmerk auf das in Institutionen einbetonierte 'vorbereitende Lernen' konzentriert. Kindergarten, Schule, Berufsschule, Fachhochschule und Universität sind die Trutzburgen dieses vorbereitenden Lernens geworden, von denen der nordamerikanische Reformpädagoge John Dewey mit Sarkasmus und Wehmut behauptete, sie würden jungen Leuten Wanderkarten in die Hand drücken, auch wenn sie gar nicht wandern wollten.

Wenn das Gerede von der 'Postmoderne' als einer nachgeholten 'zweiten Moderne' mehr sein sollte als ein modischer Schnickschnack, dann wäre genau an dieser Stelle zu fragen, ob unsere Gesellschaft nicht reich, reif und verständig genug sein müßte, *um uns den Luxus eines zweiten Moratoriums zu gönnen.* Es ist überhaupt nicht einzusehen, daß unsere Gesellschaft alle didaktischen Potenzen in die *Vorbereitung* erwachsener, berufstätiger Tätigkeiten steckt und keine Kräfte vorhält, um die Auswirkungen dieser Tätigkeiten einzuschätzen, zu evaluieren. Das wäre so, als wenn wir alle unsere Kräfte in die vorbereitende Konzeptionierung von schienenungebundenen Individualfahrzeugen investieren und uns danach überhaupt nicht mehr darum kümmern würden, welche individualmenschlichen, zwischenmenschlichen und gesellschaftlichen (wir buchstabieren das heute wohl überwiegend als 'ökologischen') Schäden diese schienenunabhängigen Vehikel in uns, mit uns und um uns anrichten. Ich gebe zu: das Beispiel ist falsch gewählt. Denn genau das tun wir ja gerade. Technikfolgenabschätzungen.

Bildungsarbeit mit älteren Bürgerinnen und Bürgern - wie übrigens mit anderen, an die gesellschaftlichen Ränder gedrängten Gruppen auch - ist immer in der Gefahr, eine unausgewogene, nicht-spiegelbildliche, ja nicht einmal wechselseitig gebende und nehmende Beziehung zwischen den am Prozeß Beteiligten zu stiften. Den Empfängern und Empfängerinnen einer Bildungsmaßnahme in helfender Absicht bleibt dann häufig nichts als die Alternative: dankbar zu sein oder die angebotene Hilfe trotzig zu verweigern. Die Tätigkeitsprofile, die ich in dem Berliner Programm 'Erfahrungswissen' zu erkennen meine, scheinen mir den großen Vorzug zu haben, daß sie Gebende wie Nehmende bereichern. Anders: daß sie alle Beteiligten zu Gebenden und Nehmenden gleichermaßen machen. Da geht es dann plötzlich überhaupt nicht mehr um Alte und Junge, um Berufstätige und RuheständlerInnen, sondern um Menschen, die sich zusammen ein Stück des Weges weiter gebracht haben.

Kontaktanschrift:
Erfahrungswissen älterer Menschen
Koordination und Beratung
Georgenkirchenstraße 70
10249 Berlin
Tel.: 0 30/24 06 32 41/22
Fax: 0 30/24 06 32 22

Literatur

Becker, S.; Werner, R.: Handlungsorientierte Seniorenbildung. Modellprojekte: Konzeptionelle Überlegungen und praktische Beispiele, Opladen 1994

Erfahrungswissen, Koordinations- und Beratungsstelle Erfahrungswissen, Berlin 1995.

Knopf, D.: 'Erfahrungswissen älterer Menschen nutzen' - Gerontologische Implikationen einer sozialpolitischen Programmatik, in: Knopf, D.; Schäffter, O.; Schmidt, R. (Hg.): Produktivität des Alters, Berlin 1989, S. 223-231

Knopf, D.; Schäffter, O.; Schmidt, R. (Hg.): Produktivität des Alters, Berlin 1989

Langehenning, M.; Kohli, M.: Nachberufliche Tätigkeitsfelder - Empirie und Perspektiven, in: Knopf, D.; Schäffter, O.; Schmidt, R. (Hg.): Produktivität des Alters, Berlin 1989, S. 208-222

Müller-Wichmann, C.: Zeitnot und Zeitsouveränität. Zur Kritik der 'Freizeitgesellschaft', in: Knopf, D.; Schäffter, O.; Schmidt, R. (Hg.): Produktivität des Alters, Berlin 1989, S. 174-184

Perbandt-Brun, H.: Das Programm Erfahrungswissen. Geschichte und Erfahrungen, in: Erfahrungswissen, Koordinations- und Beratungsstelle Erfahrungswissen, Berlin 1995, S. 6-10

Pieper, R.: Zur Produktivität des Produktionsbegriffs in Altersfragen. Kritische Anmerkungen aus der Sicht eines Nachbarschaftsprojekts, in: Knopf, D.; Schäffter, O.; Schmidt, R. (Hg.): Produktivität des Alters, Berlin 1989, S. 78-104

Schäffter, O.: Produktivität. Systemtheoretische Rekonstruktionen aktiv gestalteter Umweltaneignung, in: Knopf, D.; Schäffter, O.; Schmidt, R. (Hg.): Produktivität des Alters, Berlin 1989, S. 258-319

Schmidt, R.: Die Wiedereinbindung des Alters. Kontexte, Selektionen, Widerborstigkeiten, in: Knopf, D.; Schäffter, O.; Schmidt, R. (Hg.): Produktivität des Alters, Berlin 1989, S. 1-17

Stahmer, I.: Vorwort zum Erfahrungswissen, in: Erfahrungswissen, Koordinations- und Beratungsstelle, Berlin 1995.

Thiersch, H.: Die Erfahrung der Wirklichkeit. Perspektiven einer alltagsorientierten Sozialpädagogik, Weinheim 1986

Tüllmann, G.: Über 'Weibliche Produktivität'. Skizzen und Gedanken entlang der Projektberichte, in: Knopf, D.; Schäffter, O.; Schmidt, R. (Hg.): Produktivität des Alters, Berlin 1989, S. 114-117

Sabine Gieschler

'Wer die Vergangenheit tötet, tötet die Zukunft'[1]

Das Erzählcafé am Berliner Wedding

'Das Erzähl-Café' - Eine Beschreibung

Eine Idee und ihre Geschichte

Der riesige Raum wirkte tagsüber öde. Schmucklos und leer wie er war, verbreitete er die Melancholie unbenutzter Fabriketagen. Es war im Sommer des Jahres 1977 als C. Wolfgang Müller, Professor für Sozialpädagogik an der TU Berlin, ihn eines Abends entdeckte. Ein kleines Schild: 'Revival-' oder 'Preservation-Hall' - die Erinnerung ist hier brüchig - und ein an die Wand geheftetes Programm hatten ihn angelockt.

Eines Abends betrat er die Halle. Sie war jetzt weder leer noch düster. Junge und alte Menschen füllten sie, saßen dicht zusammengedrängt, verbreiteten Wärme, Trubel und eine knisternde Spannung. Es war der Abend der Veteranen des Südstaaten Jazz. Die alten Männer und Frauen, ehemals Stars des Dixieland, waren gekommen; eine alte Pianistin wurde im Rollstuhl hereingefahren. Sie waren ergraut oder weißhaarig, sichtbar gealtert, aber ihre Lebensfreude und ihre vitale Musikalität waren frisch wie eh und je.

„Sie machten die alte Musik, sangen die alten Lieder und erzählten die alten Geschichten", sagte uns C. Wolfgang Müller später. „Sie erzählten ihre Lebensgeschichten. Sie beschrieben und bewahrten durch sie die Geschichte des Südstaaten-Jazz." Den Eindruck dieses Abends - und weiterer ähnlicher - nahm C. Wolfgang Müller mit nach Hause, nach Berlin. Eine Idee war geboren.

Eine besondere Geschichte des Jazz hatte Berlin nicht zu bieten, wohl aber eine Geschichte, vielseitig und erzählbar. Die Stadt war voller Geschichten, so wie sie voller Menschen war; sie waren es, die zusammen erst das Wechselhafte, Quirlige, das Tragische und das Heitere des städtischen Lebens ausmachten.

[1] Chinesisches Sprichwort, entnommen aus: Karle (1994,74)

Der Teil der Geschichte der Stadt allerdings, der sich aus eben diesen Geschichten ihrer Bewohner und Bewohnerinnen zusammensetzte, war weitgehend unbekannt geblieben. Kaum jemand hatte die Menschen gefragt, wie sie gelebt und was sie erlebt hatten; wenige hatten darüber geschrieben; nur Bruchstücke davon waren jemals an die Öffentlichkeit gelangt.

Sich über 'oral history', also mündlich überlieferte Geschichte oder 'Geschichte von unten' Gedanken zu machen, war neu in den siebziger Jahren. Eine Geschichtsschreibung, die sich nicht nur an einsehbaren Akten orientierte, sondern ebenfalls an den Lebens- und Alltagserfahrungen der Menschen, fand bei den Historikern[2] wenig Zuspruch.

C. Wolfgang Müller dachte da anders. Er wußte, die Stadt brauchte ein öffentliches Forum für erzählte und erlebte Geschichte; er ahnte, daß die Berlinerinnen und Berliner ein solches dankbar aufnehmen und es nutzen würden. 'Revival-' oder 'Preservation-Hall'- welcher der beiden Namen für den inzwischen fast legendären Ort in New Orleans zutreffen mag, der Idee, die im September 1987 im Berliner Wedding realisiert wurde, stehen beide gut zu Gesicht, denn sie umfaßt beides: *Wiederbeleben* und *Bewahren.*

Mit den Menschen gehen ihre Geschichten. Diese überhaupt erst einmal einer größeren Öffentlichkeit zu Gehör zu bringen, sie vor dem Vergessen zu bewahren, jüngeren und nachfolgenden Generationen damit Geschichte anders: sinnlich erfahrbar, hörbar, faßbar und erfaßbar nahezubringen und auf diese Weise die alte Kultur des Erzählens wiederzubeleben, war das Gebot der Stunde.

Räumlich-Zeitliches

Zunächst hatte C. Wolfgang Müller an eine Erzähl-Kneipe gedacht, hatte sich bereits mit dem Gedanken angefreundet, das Mobiliar einer Alt-Berliner Kneipe, die aufgelöst werden sollte, zu ersteigern. Kolleginnen hatten ihn darauf aufmerksam gemacht, daß Kneipen für die Bevölkerungsgruppe, die für seine Idee vor allem zu gewinnen sei, eine sehr hohe Schwelle hätten. Kneipen wären eine vorrangig männliche Angelegenheit, hätten etwas mit Abend und Nacht zu tun, mit dem Konsum von Bier und harten Getränken. Ein Café dagegen könnte am hellichten Tag besucht werden, wäre ein angenehmer Aufenthaltsort für alle Bevölkerungsgruppen, für alle Generationen und ein besonderer Anziehungspunkt für die Gruppe älterer Frauen, die, allen Annahmen nach, das Gros der erzählenden Zeitzeugen stellen würde.

Ein Café also. Daß es kein kommerzielles Café sein würde, war selbstverständlich, ging es doch um die Einrichtung eines Projekts, das sich anschickte, ein

---

[2] Wenn verschiedentlich für die Bezeichnung von Personengruppen lediglich die männliche Form genommen wird, so dient dies ausschließlich der besseren Lesbarkeit durch die Vermeidung sprachlicher Umständlichkeiten und darf nicht als Ausdruck heimlicher Diskriminierung mißverstanden werden.

großes Forum für erzählte, erlebte Berliner Geschichte zu sein, das erste in seiner Art. In ihm sollten unter *professioneller* Gestaltung und Betreuung *kontinuierlich* Erzähl-Nachmittage zu ausgewählten und vorbereiteten Themen der Berliner Geschichte stattfinden.

Es sollte ein *öffentliches Forum* sein, denn es verband sich damit der Wunsch und die Annahme, daß das Erzählen erlebter Geschichte das Verhältnis der Generationen zueinander sowie die Vorstellungen der Angehörigen unterschiedlicher sozialer Schichten voneinander verändern, revidieren, neu gestalten oder erweitern könnte.

Die *professionelle Begleitung* des Projekts war Voraussetzung für eine umfassende und weit gesteckte Themenauswahl, für deren Recherche, für die Suche nach Zeitzeugen und Zeitzeuginnen und deren Betreuung, für Kontakte zu Multiplikatoren und potentiellen Kooperationspartnern, für Organisation, Moderation und Auswertung der Erzähl-Nachmittage, und: sie allein garantierte Kontinuität.

Ohne *Kontinuität,* also ohne regelmäßige Veranstaltungen, ohne Verläßlichkeit und ohne die Anwesenheit 'vertrauter' Ansprechpartner wäre das Projekt schwerlich angenommen worden und hätte sich als Institution nicht etablieren können.

Als erfahrener Projektemacher wußte C. Wolfgang Müller, daß die Realisierung eines Projekts unter Umständen mit der Auswahl des Ortes steht und fällt. So war die Entscheidung für den Wedding als Standort eines Erzähl-Cafés ganz und gar nicht zufällig. Es sollte sich, soviel war klar, in einem der Randbezirke des damaligen Westberlins ansiedeln, nicht in der City, sondern in einem der großen Arbeiterbezirke. In Kreuzberg tummelten sich die unterschiedlichsten Projekte, drängten die originellsten und extravagantesten Ideen nach ihrer Realisierung. Es war die große Zeit der sprichwörtlichen Kreuzberger Mischung. Neukölln und Wedding dagegen - einst Bezirke, in denen Geschichte gemacht wurde, die zusammen das (westliche) Herzstück der Berliner Arbeiterbewegung gebildet hatten - waren damit beschäftigt, sich von der kulturellen Verödung, in die sie in der Nachkriegszeit geraten waren, zu erholen. Beide Bezirke boten den geeigneten Rahmen für die Errichtung eines Erzähl-Cafés: Sie brauchten eine solche Einrichtung, um an ihre eigene Geschichte erinnert und kulturell aufgewertet zu werden, und sie boten die Chance, Menschen zu erreichen, die den Weg in ein im Stadtinneren gelegenes Erzähl-Café nicht antreten würden.

Eine weitere wohlbedachte räumliche Voraussetzung für die Ansiedlung eines Erzähl-Cafés war der Ort des unmittelbaren Geschehens, also das Café selber: Dieser sollte bereits vorhanden, im Stadtteil bekannt und von einer sozialen Infrastruktur umgeben sein, die den Kontakt zu den Anwohnern, möglichen Kooperationspartnern und Multiplikatoren ermöglichte und erleichterte. Dieser Ort mußte in unserem Fall eine weitere entscheidende Eigenschaft besitzen: Er mußte in ein Kaffeehaus verwandelt werden können.

Der Bürgersaal im Weddinger Karl-Schrader Haus

Der 'Bürgersaal' ist ein Glücksfall. Hell, weiträumig, großzügig, ein architektonisches Juwel. Überquert man den zur Straße hin durch ein schmiedeeisernes Gitter abgeschirmten Hof des Karl-Schrader-Hauses, eines um die Jahrhundertwende gebauten genossenschaftlichen Wohnkomplexes, entdeckt man ihn an dessen Ende; im Sommer halbverdeckt von üppigen Grünanlagen. In weitem Halbrund hebt er sich von der Mauer des Hinterhauses ab und erinnert mit seinen großen Fensterbögen an einen Pavillon. Es ist nicht schwer, ihn alle vierzehn Tage in ein Kaffeehaus zu verwandeln. Er ermöglicht sowohl große offene als auch kleinere intime Veranstaltungen. 90 bis 100 Menschen finden Platz, ohne daß die Café-Atmosphäre verloren geht; sind es etwa 40 Besucher, bleiben Atmosphäre und Dichte dennoch erhalten. Der Raum bietet Sachlichkeit und Behaglichkeit und ist für junge und alte Menschen gleichermaßen interessant. Einen nicht geringen Teil seines Erfolges verdankt das Erzähl-Café dem Privileg, über einen Raum zu verfügen, der auch für alte Menschen leicht zugänglich ist, der Charakter hat und selbst Teil eines interessanten Geschichtsabschnittes ist.

Ein Nachmittag im Erzähl-Café

Gegen 15.00 Uhr erscheinen die ersten Gäste. Es duftet nach Kaffee, die Tische sind gedeckt - es sind viereckige Kaffeehaustische, im Raum verteilt, wie in einem Café. Auf jedem Tisch steht eine Kanne, man behilft sich selbst. Auf einem Buffet stehen Kuchen und weitere Getränke sowie ein Teller, der auf Spenden wartet. An den Wänden hängen Tages- und Wochenzeitungen.

Zunächst kommen die Stammgäste. Man kennt sich inzwischen und wird erkannt. Man hat Kontakte geknüpft, trifft sich oder bleibt anonym, ganz nach Wunsch und Neigung. Die erste Stunde dient dem Gespräch, der Lektüre, dem ungestörten Genuß der Kaffeehausatmosphäre.

Allmählich füllt sich der Saal. Irgendwann trifft der erwartete Gast ein, die 'geladene', im Programm und in der Presse angekündigte und kurz vorgestellte Zeitzeugin oder der Zeitzeuge des Nachmittags. Je nach Thema handelt es sich dabei um eine, manchmal zwei, selten drei Personen.

Etwa um 16.00 Uhr beginnt der eigentliche Erzähl-Nachmittag. Ein etwas eintönig bimmelndes Glöckchen unterbricht die Gespräche an den Tischen, die Moderatoren erheben sich, begrüßen das Publikum und den neben ihnen am 'Regietisch' sitzenden Gast. Es ist ein Beginn, der den häufig kommenden Besuchern vertraut und fast zum Ritual geworden ist - inklusive Glöckchen. Die Moderatoren sind Gastgeber, Wirtin und Wirt. Man nennt sie beim Vornamen, sie sind jederzeit Ansprechpartner.

'Regietisch' wird der Tisch genannt, an dem das Geschehen des Nachmittags beginnt. Von den anderen Tischen des Cafés unterscheidet er sich nur durch seine Größe. Er steht nicht erhöht wie ein Podium, aber an strategisch günstiger

Stelle. An ihm sitzen neben den jeweiligen Gästen und den Moderatoren einige der Besucher und Besucherinnen, denen das Zuhören aus größerer Entfernung schwerfällt, und der Tonmeister. Dieser Tonmeister erfüllt eine konzeptionell unverzichtbare Funktion. Auf dem Tisch steht außer dem Kaffeegeschirr ein Mikrofon, das einzige, das wir benutzen. Es dient dem Bewahren der Erinnerungen sowie ihrer Weitergabe an eine noch größere Öffentlichkeit. Alle bisherigen 160 Erzähl-Cafés wurden vom Tonmeister auf Tonträgern mitgeschnitten. Wir verfügen inzwischen über ein Archiv erzählter erlebter Berliner Geschichte, das mehr als 200 Kassetten umfaßt. Ein die Stimme verstärkendes Mikrofon benutzen wir nicht. Weder soll für den Erzähl-Prozeß die Stimme verfremdet noch ein Unterschied zwischen den am 'Regietisch' oder den aus dem Publikum Erzählenden gemacht werden.

Kein Erzähl-Nachmittag gleicht dem anderen. Jeder bezieht seine Dynamik, sein Tempo, seine spezifische Atmosphäre und Spannung aus dem Zusammenspiel von Zuhörenden und Erzählenden, der Zusammensetzung des Publikums, der Person des oder der Erzählenden und dem Thema. Manchmal vergehen zwei, manchmal drei oder mehr Stunden. Wir setzen keine zeitlichen Grenzen, überlassen diese dem Erzählfluß, der Spannung und dem Konzentrationsvermögen.

Es wurde schon an verschiedenen Stellen deutlich, daß die Erzählnachmittage nur möglich werden, wenn bestimmte Fragen und Voraussetzungen geklärt sind. Dazu zählen vor allem:

Die Suche nach Zeitzeugen und Zeitzeuginnen
Wir hatten in den vorbereitenden Gesprächen zu den ersten Erzähl-Cafés, in der Zeit also, in der wir uns bemühten, der schönen Idee, die uns so faszinierte und die eine Reihe bunter Bilder heraufbeschwor, wenigstens in unseren Köpfen konkretere Gestalt zu geben, über Themen nachgedacht und darüber, welcher Art die Zeitzeugen und Zeitzeuginnen sein, aus welcher Lebenslage und -position heraus sie ihre Erfahrungen gemacht haben sollten. Die Ideen sprudelten, wir hatten Tage und Wochen so zusammenhocken können.

Inzwischen sind wir an Erfahrungen unendlich reicher, und einiges hat sich verändert. Wir waren anfangs bemüht, Menschen zu finden, die über einen bestimmten historischen Zeitabschnitt oder einen Aspekt der Berliner Geschichte aus ihrem Lebenszusammenhang heraus, sei er beruflicher, familiärer oder politischer Art, erzählten. Wir dachten, auf diese Art zu vermeiden, daß sich die Erzählenden in ihr individuelles Schicksal allzusehr verlieren, daß die Erzählungen von Nostalgie allzusehr belastet würden. Die Erfahrung hat uns aber gelehrt, daß Erinnerung immer auch *gestaltet* ist; sie hat unser Verhältnis zur Frage der Authentizität verändert.

Rolle und Funktion der eingeladenen Zeitzeugen und Zeitzeuginnen wechseln von Thema zu Thema, desgleichen das Verhältnis Erzählende - Zuhörende. Geht es um ein Ereignis, die Wiederkehr oder den Jahrestag eines Ereignisses, wissen wir: Über die Hälfte des Publikums ist selbst Zeitzeuge. Der Gast macht den Anfang, bringt die Erzählungen in Gang, gibt vor, nimmt Schwellenangst, regt zum Nachdenken und eigenen Erinnern an, soll die Erzählungen jedoch nicht dauerhaft dominieren. Jede(r) kann sich einmischen, eigene Versionen, eigene Erinnerungen erzählen.

Bei unserer Suche nach Zeitzeugen und Zeitzeuginnen stoßen wir allerdings immer wieder auf Menschen, deren Schicksal einzigartig ist, deren Erinnerung wie auch ihre besondere Art der Reflexion ganz eigenen Aufschluß geben, Nachdenklichkeit und die Relativierung von Anschauungen herausfordern. Erzählen sie, gilt ihnen die Aufmerksamkeit des Nachmittags. Das Publikum nimmt Anteil, hört zu, fragt nach.

Die Suche nach Zeitzeugen und Zeitzeuginnen ist dedektivische Arbeit. Nicht jedes, aber viele Mittel sind recht: Zeitzeugenaufrufe in Presse und Rundfunk, Hinweise und Tips von anderen, das Aufgreifen von Notizen oder Mitteilungen in Presse und Rundfunk, Kontakte zu Berufsgruppen, Firmen oder Interessenverbänden, das Branchenbuch, die Spurensuche in der Stadt, das Aufspüren der Geschichte von Gebäuden und Einrichtungen und der mit ihr verbundenen Menschen, punktuelle Zusammenarbeit mit Geschichtswerkstätten, Heimatmuseen etc.

Manchmal ist es ein Wettlauf mit der Zeit. Wir suchen meist alte und ältere, gelegentlich hochbetagte Menschen. Doch nicht nur: Die Studentenbewegung, Kindheit und Jugend in der DDR, sind längst historische Themen.

Bevor es zum Erzähl-Nachmittag kommt, besuchen wir unsere Zeitzeugen. In der vertrauten Umgebung der eigenen Wohnung erzählt sich so manches leichter. Hier sind Erzähl-Café und Öffentlichkeit allein durch die Moderatoren vertreten. Gelegenheit zu erstem Kennenlernen, zum Abbau von Anonymität und Skepsis, zum Aufbau von Vertrauen und Selbst-Gewißheit.

Themenauswahl

Eingrenzung ist erforderlich, dachten wir. Es geht uns um Berliner Geschichte, sagten wir. Ein weites Feld. Schon ist es mit der Möglichkeit weiterer Eingrenzung vorbei. Wir sind viel zu neugierig, und Berliner Geschichte ist ein Dach, unter dem unendlich viel Platz findet: Wesentliches und nur scheinbar Nebensächliches, Schauplätze und Nebenschauplätze, Eigentliches und Uneigentliches. Alltags-, Kultur- und Sozialgeschichte, alles hat Bedeutung für das Gesamtbild. Zunächst sammelten wir die Themen selbst. Inzwischen unterstützen und helfen uns Teilnehmer und Interessierte mit Tips und Hinweisen. Erzählen lebt aus der Fülle. Ein zu eng angepaßtes Kleid beengt, ist unkleidsam. Daß es nicht aus der Form gerät und die Linie behält, ist Sache der Moderation.

Moderation

Lat. für Mäßigung, moderat = zurückgenommen, bescheiden. Das ist unser Credo: das Wort beim Wort nehmen, moderate Moderatoren sein. Erzählen braucht Raum, Zeit und eine Atmosphäre, die die Erzählenden schützt. Offenherzigkeit, Bereitschaft und Mut zur Preisgabe sind keine angeborenen Charaktereigenschaften, sondern das Ergebnis von Erfahrung; das Vermögen zuzuhören ebenfalls. Nicht jede(r) verfügt über diese Erfahrung. Eine Atmosphäre zu schaffen, die sie ermöglicht, ist Aufgabe der Moderatoren. Sie sind es, die den 'ersten Stein werfen' - oder ihn eben nicht werfen. Fehlte ihnen Empathie, wer hätte sie dann? Wären sie dem Erzählenden nicht zugewandt, wer wäre es dann? Schützten sie die Erzählenden nicht, wer täte es dann? Sie sind es, die die Atmosphäre vorgeben. Geht es gut, folgt ihnen das Publikum und fördert und gestaltet die Atmosphäre.

Angst oder Scham be- oder verhindern nicht nur das Erzählen oder das öffentliche Reflektieren persönlicher Erlebnisse. Es gibt eine Angst und eine Scham vor dem Zuhören. Wir sind nicht frei davon. Es ist daher ein großes Wort, zu sagen - was wir beharrlich tun - 'Wir wollen alles hören. Wollen die Geschichten von allen hören, wollen sie schützen, egal, wes Geistes Kind er oder sie ist.' Es konfrontiert uns mitunter mit der 'Angst vor der eigenen Courage'. Ja, natürlich, nur aus allen Geschichten, den angenehmen und unangenehmen, den hellen und den düsteren, den leichtfüßig daherkommenden und den sperrigen, aus den zarten und den harten Tönen, den Harmonien und den Dissonanzen erhebt sich das Lied. Wir wissen es und sagen es immer wieder. Und doch wissen wir auch, es gibt Grenzen und es gibt Unerzählbares. Für eine Atmosphäre, die Erzählen und Zuhören ohne Schuldzuweisung weitestgehend ermöglicht, bedarf es des Zusammenspiels aller.

Und noch etwas

Wir werben für unsere Veranstaltungen durch Einladungsbriefe. Alle zwei Monate schicken wir unsere Programme an Presse und Rundfunk sowie an die Interessierten, die sich in unser Gästebuch eingetragen haben. 1.200 Briefe werden für uns von der Poststelle der Technischen Universität Berlin versandt. Letztere trägt die Portokosten.

Finanziert wird das Erzähl-Café von der Berliner Senatsverwaltung für Soziales aus dem Topf 'Erfahrungswissen älterer Menschen nutzen' (vgl. Müller in diesem Band). Den Saal, den die Abteilung Volksbildung des Bezirksamtes Wedding von Berlin gemietet hat, nutzen wir unentgeltlich.

Die vorhandenen Mittel reichen nicht aus, um den redaktionellen Teil unserer Arbeit in vollem Umfang erfüllen zu können. Wir haben ein Lesebuch[3] herausgegeben. Weitere sind vorbereitet. Die geplante Zusammenarbeit mit Lehrern und Lehrerinnen ebenso wie mit Leitern und Leiterinnen von Jugendbildungs-

[3] Das Erzähl-Café-Lesebuch, Die Weddinger Themen, Bd. 1, zusammengestellt von Sabine Gieschler und Andreas Lange, Berlin 1991

stätten, die auf Ausleihe und weitere Arbeit mit unserem akustischen Material zielt, findet nur sporadisch statt.

Das Erzählen - Eine Betrachtung

Die Erzählenden

Persönliches Erleben und öffentliches Interesse

„Dieser Nachmittag hat mich nicht
nur beeindruckt, er hat mich
verändert." - Eine Besucherin.
(Aus dem Gästebuch des Erzähl-Cafés)

Frau K. ist nicht auf den Mund gefallen. Nicht nur ihr Herz ist am rechten Fleck. Als Inhaberin eines alteingesessenen Fotogeschäfts im Berliner Wedding hat sie einige Jahrzehnte ihre Frau gestanden. Obwohl in einer verkehrsreichen Straße gelegen, hat der Laden kaum Laufkundschaft. Zum Kundenkreis zählen vor allem die langjährigen Bewohner und Bewohnerinnen der Nachbarschaft. Man kommt, um Abzüge oder Vergrößerungen zu bestellen, und man bleibt eine Weile, spricht über dieses und jenes. Gespräche, die den Alltag beleben. Frau K. ist mit den Familienverhältnissen vertraut, hat die eine oder andere Biographie fotografisch begleitet: die Taufe, die Einschulung, die Konfirmation und die Hochzeit. Man erlebt viel in und mit einem Laden, den man bereits von den Großeltern übernommen hat. Sie hat Erinnerungen - und was für welche! Damals während der Besatzungszeit - der russische Offizier beispielsweise. Er wollte besonders prächtige Fotos, um sie nach Hause zu schicken. Retuschiert und koloriert. Aber das Material war knapp, sie hatten kein Fotopapier mehr - und überhaupt - Geld als Bezahlung war uninteressant. Naturalien sollten es sein...

Als wir Frau K. baten, ins Erzähl-Café zu kommen, zögerte sie. Ja, sie wollte schon, aber ihre Erinnerungen waren doch eher privater Art und in keiner Weise herausragend. Wen sollte das interessieren?

Sie teilt diese Zweifel mit vielen: 'Unser Leben war einfach', hören wir immer wieder. 'Einfache' Schicksale. 'Ganz gewöhnliche' Erlebnisse. Sie wurden selbst für die, die sie erlebten, unbedeutend, da keiner sich für sie interessierte. Erinnerungen, tief vergraben, da keiner sie hören wollte, auch nicht die eigene Familie. Und nun plötzlich eine Nachfrage, plötzlich sollten sie eine Öffentlichkeit interessieren. Schwer vorstellbar. In der Atmosphäre des Erzähl-Cafés schwinden diese Zweifel sehr schnell. Schneller, als wir angenommen hatten.

Frau K. sitzt neben uns am 'Regietisch'. Ihre Hände zittern leicht, fingern nervös am Kaffeelöffel. Ihre Augen heftet sie Hilfe und Halt suchend auf die Moderatoren, um das Ungetüm Publikum wenigstens aus ihrem Gesichtskreis zu ver-

bannen. Das ändert sich bald. Aus der Menge schälen sich Gesichter: aufmerksame, nachdenkliche, neugierige, lachende. Frau K.'s Erzählung beschwört Bilder, (er)löst die eigenen Erinnerungen so manchen Zuhörers. Es wird nachgefragt, gestaunt, (wieder)erkennend genickt und viel gelacht. Frau K. hat Sicherheit und Mutterwitz zurückgewonnen. Sie hat ihr Publikum gefunden: ein ihr und ihren Geschichten zugewandtes Publikum. Nun wendet auch sie sich diesem Publikum zu, sichtbar, körperlich. Sie hatte sich vorher den Moderatoren zugeneigt, jetzt sitzt sie aufrecht ihrem Publikum gegenüber.

Erzählen braucht Zuhörer

Was war geschehen? Zunächst etwas sehr simples. Frau K. hatte erfahren, daß ihre Erinnerungen auf ein öffentliches Interesse stießen. Mehr als das, sie wurden *gebraucht.* Damit hatten diese zwar ihre rein private Natur eingebüßt, an Qualität und Wert aber dazugewonnen.

Wer sein Leben oder Teile seines Lebens öffentlich erzählt, tut zweierlei. Er oder sie er-innert und ver-äußert sich, jedes ist auf seine Art ein höchst aktiver und in seinem Ablauf nie vorhersehbarer Prozeß. Eine erneute Aneignung des Erlebten und gleichzeitig seine Preisgabe.

Sich erinnern heißt immer auch, sich selbst im Innern neu erschaffen, Reflexion ist immer auch Gestaltung. Erinnerungen erzählen heißt, sie zu jedwedem Gebrauch freizugeben. Das Publikum entscheidet zu einem großen Teil über den Verlauf dieses Prozesses. Es trägt die Erzählung, schafft Atmosphäre, hat Anteil an Tiefe und Dimension der Erinnerung.

Publikum und Erzählende sind kein Gegensatzpaar mehr, sie sind Spieler in einem Match mit ganz eigenen Spielregeln. Anders als auf geschriebene erfolgt die Reaktion auf erzählte Geschichte sofort. Das Publikum fängt die Bälle, die der Erzählende wirft, fängt auf, spielt mit ihnen, fügt neue hinzu, wirft sie zurück. Die Zuhörenden brauchen und gebrauchen die Geschichten der Erzählenden für die eigene aktive Arbeit der Erinnerung. Niemand, weder Erzählende noch Zuhörende, verlassen den Ort des kommunikativen Geschehens als dieselben, als die sie gekommen waren.

Das bedeutet:

– Sich in der Öffentlichkeit erinnern, verändert die Haltung des Erzählenden zu seinen Erlebnissen durch die Erfahrung, daß diese gesellschaftliche Bedeutung erlangen. Diese wertet sie auf und verleiht damit der Biographie und der Person des Erzählenden ein neues Gewicht, schafft eine neue Identität.

– Eine solche Erfahrung bedarf der Zuhörenden, des Publikums.

– Dieses, inspiriert durch die erzählten Geschichten und die Person des Erzählenden, profitiert seinerseits von deren Bedeutungszuwachs. Geht es nicht bei allen subjektiven Unterschieden des Erlebens um eine geteilte Wirklichkeit, gewinnt nicht dadurch die eigene Biographie ebenfalls an Wert und an Interesse?

Erinnern - Vergessen

> „Die Kunst des Vergessens und
> Erinnerns wird denn auch verhüten,
> daß man sich in einem
> Lebensverhältnis festrennt...
> Das Vergessen können hängt
> immer davon ab, wie man sich
> erinnert."
> (Sören Kierkegaard 1975 (1843), 343)

Herr J. erzählt eindrucksvoll, selbstgewiß. Alles scheint so präsent wie damals, als es geschah. Herr N. hört zu, sichtlich bewegt. Das alles anhören, ohne daß Zweifel aufsteigen, ohne sich zu empören, das gelingt ihm kaum. Wie auch? War er doch selbst in russischer Gefangenschaft, hat die Härte des russischen Winters durchlitten, er weiß doch, daß vieles so anders war, als Herr J. es darstellt. Am Ende seiner eigenen Erzählung sagt er, nachdenklicher geworden: „Wir hätten im selben Troß nebeneinander gehen, im selben Zug nebeneinander sitzen, die Jahre in derselben Baracke nebeneinander verbringen können, wir hätten dennoch nicht dasselbe erlebt, unsere Erinnerungen wären genauso verschieden, wie sie es jetzt sind."

Herr N. formuliert diese Gedanken am Ende eines Erzähl-Cafés, in dessen Mittelpunkt das Erleben in der Kriegsgefangenschaft gestanden hatte. Er sagt es leise, nicht resignierend und schon längst nicht mehr aufgebracht, eher behutsam. Seine Überlegung enthält eine Wahrheit, deren Bedeutung für die Legitimation erzählter Lebensgeschichte von großem Wert ist.

Sie bestätigt, was Daniel Bertaux und Isabelle Bertaux-Wiame in ihrer Analyse des Verhältnisses von autobiographischer Erinnerung und einem kollektiven Gedächtnis bezeugten, daß aus „einer einstmals gleich erlebten Erfahrung (...) der nachfolgende Lebensabschnitt unterschiedliche Erinnerungen, eine andere Wahrnehmung - ein anderes Gedächtnis" formte (1985, 151). Ja, ihre Überlegung geht einen Schritt weiter, indem sie fragen, ob es denn überhaupt eine 'einstmals gleich erlebte Erfahrung' geben kann? Ähnlich ja, vom gleichen kulturgeschichtlichen Hintergrund ausgehend - sicher. Wie subjektiv verschieden aber ein Ereignis wahrgenommen wird, wie einzelne Menschen sich ihm annähern, es erleben, einordnen, überleben und aneignen, das hängt bereits von der Prägung ab, die sie bis dahin erfahren haben.

Nun unterscheidet sich auch, was, um der lebbaren Erinnerung willen, von den einen oder anderen vergessen wird. „Das Vergessen ist die Schere, mit der man wegschneidet, was man nicht brauchen kann", sagt Kierkegaard (1975/1843, 343) - was man nicht brauchen kann und wohl auch, was man nicht ertragen kann.

In unserem Denken und unseren Empfindungen sind die Ereignisse, auf die sich unsere Erinnerungen richten, nicht fotografisch abgebildet oder abrufbar gespeichert. Wir haben sie von Anfang an verändert und stets modelliert, sie haben unseren weiteren Lebensweg mitgestaltet, wie dieser die Art der Erinnerung an früher Erlebtes überlagert hat.

In der Atmosphäre eines Erzähl-Cafés, in der Situation des kommunikativen, des sowohl subjektiven als auch kollektiven Sich-erinnerns gewinnt dieses wiederum neue Gestalt, und es besteht die Möglichkeit, daß Vergessenes zurückgeholt und erträglich wird. Das aber ist an eine Reihe unerläßlicher Bedingungen geknüpft:

– An die Einsicht, daß Geschichte nicht so oder so erlebt wird, sondern so und so und so.

– An die Überzeugung, daß das, was für den einen richtig, für den anderen falsch sein kann, daß ein Erleben ein anderes nicht widerlegt, sondern daß beide auf die Vielschichtigkeit der Erlebnismöglichkeiten verweisen.

– An das Verständnis, daß man zwar der Meinung einer Person eine andere entgegensetzen, ihr aber ihre Geschichte nicht nehmen kann. Sie bleibt unangefochten von anderen Sichtweisen und hat Bestand neben den Geschichten anderer. Erst aus den vielen Geschichten entsteht Lebensfülle.

– An die Bereitschaft, eine Haltung aufzugeben, die hinter persönlicher Erinnerung in jedem Fall Verklärung, Beschönigung des eigenen Handelns wittert, die davon ausgeht, daß erzählte Erinnerung selten den tatsächlichen Ereignissen entspricht, also nur beschränkt wahr und somit für ein Geschichtsverständnis wenig brauchbar ist. Wer wollte sich zum Richter aufwerfen, das zu entscheiden?

Gerade weil erzählte Erinnerung die ganze Person sichtbar und (er)faßbar macht, weil sie die Art der Bearbeitung des Erlebens ebenso aufleuchten wie sie das Vergessene erahnen läßt, gerade darum ist erzählte Lebensgeschichte authentisch. Sie beansprucht nicht, einer objektiven Wahrheit genüge zu tun, sie ist wahr, weil es ihr - bescheidener - um subjektive Wahrheit geht.

Ist die Öffentlichkeit bereit, diese subjektive Wahrheit der jeweils Erzählenden anzuerkennen und (be)stehenzulassen, folgt sie der Einsicht, daß viele subjektive Wahrheiten zwar noch lange keine objektive ergeben - es sei denn die, daß es diese nicht gibt - daß aber viele Geschichten nebeneinander ein Bild formen, eines, das stets revidiert, stets verändert und erweitert werden kann, dann ist das Erzählen im kommunikativen Zusammenhang ein höchst demokratischer Prozeß. Ein Prozeß, an dem Jung und Alt wie auch die Angehörigen unterschiedlicher sozialer Milieus gleichwertigen Anteil haben und von dem alle profitieren. Er läßt eine Vergangenheit entstehen, die jede(r) mitgestaltet hat ebenso wie die Gegenwart, die aus ihr erwuchs. Im Bild, das sich aus subjektiv erlebter und erzählter Erinnerung formt, spiegelt sich unsere Gegenwart.

Vergangenheit erzählen, damit Zukunft möglich wird

„Erzählen dient ebenso der
Bewältigung der Gegenwart,
indem es vergeßlich die
Vergangenheit erinnert“
(Wilhelm Mader 1989, 126)

Wir sahen ihn zum ersten Mal. Er fiel uns auf. Weiße Haare, schwarzer Rollkragenpullover, eine Erscheinung. Am Ende des Nachmittags, es war sehr lebhaft zugegangen, Spannung und aufgeladene Gefühle lagen noch im Raum, erhob er sich und meldete sich zu Wort. Er wäre noch nie im Erzähl-Café gewesen, sagte er. Gespräch und Atmosphäre hätten ihm gefallen, er würde, vorausgesetzt wir wollten es, gerne einmal die Jahre seiner Jugend erzählen, die Geschichte eines Hitlerjungen, Sohn eines SS-Offiziers, eines 1945 16jährigen Jungen, dessen Welt zusammenbrach, als sich Hitler das Leben nahm. Er würde über seine eigene Auseinandersetzung mit seiner Kindheit und Jugendzeit, mit der Lebensgeschichte seiner Eltern, mit seiner damaligen Kriegsbegeisterung berichten, damit transparent würde, was seine Biographie bestimmt hatte und: damit so etwas nie wieder passiert. Wir wollten.

Er kam und erzählte. Langsam, als horche er seinen Worten hinterher, bewegt und um den richtigen Ausdruck, das angemessene Wort ringend, bemüht um schonungslose Ehrlichkeit. Wir spürten, dies war nur ein neuer Abschnitt einer bereits Jahrzehnte währenden Reflexion. Da war jemand, der sich selbst nicht schonte, der nach Wegen suchte, aus dem Damals und dem Jetzt eine Identität zu formen.

Später ergriff eine Zuhörerin das Wort. Wir kannten sie gut. Sie hatte uns erzählt, wie sie als Jüdin die Zeit des Nationalsozialismus erlebt hatte. Eine Geschichte von Verfolgung, Emigration und Rückkehr. Sie sagte, daß es sie bewege und für die Zukunft hoffen lasse, daß ein solches Gespräch, eine gemeinsame Nachdenklichkeit und Reflexion möglich sei.

Für Herrn B. wird die Auseinandersetzung mit seiner Lebensgeschichte weitergehen, gestärkt durch das Erlebnis dieses Nachmittags: Er hatte ein Auditorium gefunden, das die Bereitschaft und den Mut, seine Erinnerungen öffentlich zu machen, honorierte und seinerseits Nutzen daraus zog.

Um zu verstehen, bemühte sich Herr B. um eine lückenlose Rekonstruktion vergangenen Geschehens. Aber es ist eben eine Rekonstruktion, das Zusammensammeln und -fügen von Erinnerungsrückständen. Längst hat sein weiterer Lebensweg - zu dem allerdings auch seine spezifische Art der Reflexion zählt - die tatsächlichen Ereignisse jener Jahre überlagert, hat späteres Verständnis sie in ein anderes Licht getaucht. Allmählich, fast unmerklich, hat sich die unermüdliche Arbeit der Erinnerung, hat sich die versuchte Bearbeitung der Vergangenheit von dieser abgelöst und ist aufgegangen in der Person, im Charakter dieses Mannes, der um würdiges Weiterleben und eine andere Zukunft für seine Kinder kämpft.

Für den Prozeß des erzählenden Erinnerns, dies sei an dieser Stelle noch einmal betont, ist die Frage, wie nah die Erzählung den tatsächlichen Ereignissen kommt, ja sogar die Frage, wie tief der Einblick ist, den sie in die Gefühlswelt oder die seelische Befindlichkeit des Erzählenden gewährt, zwar nicht gegenstandslos aber doch zweitrangig. Der allgegenwärtige Verdacht, Erzählende seien wie Schauspieler auf der Bühne, inszenierten ihr Leben, inszenierten sich selbst, mag berechtigt sein, aber er spielt eigentlich keine Rolle. Denn natürlich ist Erzählen auch inszenieren, und es stimmt hier, wie im Theater, daß das Produkt nicht lügt - wie es das Beispiel Herrn B.'s eindrucksvoll demonstriert. Am Produkt erkennen wir die wahre, die authentische, die stimmige oder ehrliche Inszenierung bzw. Erinnerungsarbeit. Das Produkt ist die künstlerisch zuwege gebrachte Identität, von der Kierkegaard (1975/1843) spricht, der Mensch als Produkt und Gestalter seiner Erlebnisse, Erfahrungen und Erinnerungen.

Prägung

„Stellt diese Person nicht in ihrer
Ganzheit das wahre Gedächtnis
ihres Lebens dar?“
(Daniel Bertaux/Isabelle Bertaux-Wiame 1985, 152)

Eigentlich hatte ihm sein Arzt geraten, das Haus nicht zu verlassen. Zwei Schlaganfälle hatten ihn geschwächt, er war alt, bedurfte der Ruhe, erzählen würde ihn aufregen. Aber Arzt und Krankheit waren eine Sache, die Möglichkeit, dieses weit zurückliegende Geschehen, die Tage im November 1918, sein Leben - denn sie waren sein Leben - noch einmal aufzurollen, Zeugnis abzulegen und Mitteilung zu machen, waren eine andere.

Er kam. Das Gehen fiel ihm schwer, mit sehr leiser Stimme bat er, man möge ihm Fragen noch einmal direkt ins Ohr sagen. Würde seine Stimme die Zuhörer und Zuhörerinnen in der letzten Reihe erreichen, fragten wir uns.

Er begann zu erzählen. Der alte gebrechliche Mann, der noch eben neben uns gesessen hatte, war augenblicklich verschwunden. Statt dessen saß dort ein Rebell, der jugendliche Spartakist, der er damals gewesen war. Er erzählte nicht, er agitierte sein Publikum.

Das Publikum wurde Zeuge eines erstaunlichen Geschehens, eine Lebensgeschichte wurde an der Person, die sie erzählte, ablesbar. Nicht so sehr, was er erzählte, sondern er, wie er es erzählte, und die Veränderung, die die Erzählung bewirkte, war das Erlebnis des Nachmittags.

Trauma - Auflösung

> Wir schreiben Bücher, weil sich unsere Kinder nicht für uns interessieren, wir wenden uns an die anonyme Welt, weil sich unsere Frauen die Ohren zuhalten, wenn wir auf sie einreden."
> (Milan Kundera 1983, 124)

Es ging um die Blockade der Berliner Westsektoren, um die Tage der Luftbrükke. Rosinenbomber, Care-Pakete, die Organisation des Alltags, Besatzungsmenüs, Cadbury-Riegel und die optimistischen Anfangstakte der Rias-Ansage. Kaum jemand unter den älteren Zuhörern, der keine Erinnerungen daran hatte. Einen ließen die seinen keine Ruhe. Er meldete sich zu Wort. Immer wieder. Er holte weit aus, brauchte viel Raum, viel Zeit, umkreiste mit Worten weiträumig den Kern vergangenen Geschehens und vergangener Gefühle. Manch eine(r) im Publikum wurde unruhig: „Hat das noch mit dem Thema zu tun?" Es hatte. Natürlich. Wir spürten, er brauchte diese Möglichkeit und diese Zeit zu reden, die Seele zu reinigen. Am Ende des Nachmittags wußte das jede(r). Wir hatten viel über die Herkunft, über Kindheit und Jugend dieses Mannes erfahren, hatten vor allem begriffen, daß eine große Enttäuschung, ein geradezu traumatisches Erlebnis sich ihm tief eingegraben hatte. Als er, aus der Kriegsgefangenschaft kommend, von den stalinistischen Säuberungen erfuhr, waren ihm die sozialistischen Ideale seiner Jugend zerbrochen. Er hatte darüber geschwiegen, nun mußte das Angestaute heraus. Etwas hatte sich gelöst. Er könne seither freier über diese Zeit sprechen, sagte er uns später, reagiere weniger aggressiv und wäre mehr als vorher in der Lage, anderen zuzuhören.

Macht Schweigen krank? Wieviel kann ein Körper, ein Organismus, ein Nervensystem speichern, aufnehmen und unbearbeitet in seinem Innersten versenken, ohne daran Schaden zu nehmen? Ist Erleben nicht Empfängnis, Aufnehmen, um das Aufgenommene als Erfahrung weiterzugeben, um es - selbst reicher geworden an Erfahrung und Erkenntnis - wieder loszuwerden. Bedarf es nicht dieser Befreiung, dieser Reinigung, um Platz zu schaffen für neues Erleben? Bedarf es nicht dieser Offenheit, dieses inneren Vermögens zu weiterer Aufnahme, um die Geschichten anderer als eigenes Erleben werten zu können?

In unserer modernen Nachkriegswelt, die die Aufmerksamkeit und Wertschätzung allein dem materiell produktiven Vermögen, den 'Gewinn heckenden' Leistungen entgegenbrachte, die sich dem 'Fortschritt um jeden Preis' verschrieben hatte und sich schamhaft von der Befassung mit einer Vergangenheit abwandte, weil diese wie eine ferne Gewitterwolke den Blick nach vorn zu trüben drohte, fanden die Geschichten der einzelnen wenig Gehör. Sowieso mißtraute unter den Überlebenden und Daheimgebliebenen jeder jedem. Allerhöchstens im Kreis von Gleichaltrigen und Gleichgesinnten blieb Vergangenes unausgesetzt Thema. Aber gerade hier verloren Einzelschicksale allmählich ihre Individualität. Ungeteilte Erinnerungen gingen in geteilter Wirklichkeit auf und verkamen zum allgemeinen Lamento. Auch hier kein Ort für Reflexion und Erleichterung.

So breitete sich Schweigen aus und verschloß die Generationen gegeneinander. Dagegen lehnte sich die 68er Jugend auf, sie hätte der Erinnerungen der Eltern und Großeltern - die so oft keine Erfahrungen hatten werden können - dringend bedurft. Wie aber hätte ihre Unruhe, ihre ungestüme, aus dem langen Schweigen geborene Anklage, wie hätten ihre bohrenden Fragen das verhärtete Schweigen (durch)brechen können, ohne Menschen zu (zer)brechen? Die oft beschriebene Mauer des Schweigens ist ja keine, die sich zwischen den Menschen entlangzieht, sondern eine, zu der ein jeder ein Stück oder ein Stein sein kann. Innere Versteinerung also. Da liegt etwas schwer auf der Seele, und es bedarf des Ausgangs, der Auflösung, um anderes, Neues zuzulassen.

Erzählen in einer anteilnehmenden Öffentlichkeit ermöglicht Entlastung, Reinigung, Öffnung. Wilhelm Mader beklagt zu Recht ein „untergründiges Verkümmern" (Mader 1989, 123) einer Erzählkultur unter den Menschen und bewertet die Notwendigkeit eines professionell begleiteten und öffentlich finanzierten Erzähl-Cafés als Indiz für diese Annahme.

Die traditionelle Form bürgerlichen Familienlebens gibt es nicht mehr. Mit ihrem Verlust geht der der Familie als ein das Erzählen stimulierendes Element oder als Garant mündlicher Überlieferung einher. Unsere Zeit braucht andere Formen der Kommunikation, und sie schafft sie sich. Es wäre daher falsch, in rückwärtsgewandter Nostalgie zu verharren und so zu tun, als erschöpfe sich die Bedeutung öffentlicher Foren für erzählte und erlebte Geschichte - wie sie das Erzähl-Café und andere vergleichbare Einrichtungen darstellen - in ihrer Aufgabe, eine vergessene oder vernachlässigte Kunst erneut zu beleben.

So ist auch das Erzählen selbst nicht nur, wie Johannes Merkel und Michael Nagel es 1982 nannten, eine 'vergessene Kunst', sondern eben auch ein Medium, ein lebens- und überlebensnotwendiges dazu. Zwar ist es im rauschenden und raunenden Wald der 'neuen' Medien fast verschwunden, unscheinbar geworden und aus den gewohnten Orten seines Wirkens vertrieben, doch lebt es als Bedürfnis und Verlangen in den Menschen weiter.

In unserer heutigen Zeit mit ihren sozialen Strukturen, mit der ihr eigenen Beschleunigung aller Lebensvollzüge und der ihr eigenen Dominanz virtueller Wirklichkeiten, sind *öffentliche Foren* ein angemessener Ort und ist *Erzählen in diesen öffentlichen Foren* eine angemessene Form für die gesellschaftliche Rehabilitation des Mediums Erzählen:

– Wer in der Öffentlichkeit erzählt, findet *andere* Zuhörer und Zuhörerinnen. Sie sind zunächst unbekannt, sind anders voreingenommen oder unvoreingenommen, anders neugierig, anders am erzählten Inhalt und anders an der Person des oder der Erzählenden interessiert, als in der Familie oder in einer psychotherapeutischen Situation. Wer zu einem Erzähl-Nachmittag kommt, bringt in der Regel Neugier und oft Empathie schon mit. Manchmal allerdings auch Abwehr. Die Erzähl-Atmosphäre ist frei von familiär emotionalen Belastungen und Verstrickungen. Erzählen in der Öffentlichkeit schafft erst den Zuhörenden, den es braucht: den zugewandten, neugierigen, empathischen und anteilnehmenden, kurz den beteiligten Zuhörer.

– Erzählen, sich aktiv in der Öffentlichkeit erinnern, findet dort ein anderes Korrektiv, andere Anstöße und andere Inspirationen als in der Familie oder einem homogenen Gesprächskreis.

– Alten Menschen bietet das öffentliche Forum die Möglichkeit, die Menschen zu treffen, mit denen sie Anteile ihrer Erinnerung teilen, mit denen ein ähnliches Schicksal sie in einer vertrauten Sprache sprechen läßt. Menschen also, von denen es im engeren Umkreis ihrer privaten Welt im Laufe der Zeit immer weniger gibt.

– Erzählen und Zuhören in der Öffentlichkeit bringt nicht nur ein vergessenes Medium in Erinnerung, sondern ermöglicht ebenfalls die neuerliche Erfahrung mit einer in der westlichen Welt unterpräsentierten Sinneswahrnehmung, der oralen Überlieferung.

Die Zuhörenden

Der Großvater war während des
letzten gemeinsamen Spaziergangs
kleiner und kleiner geworden. Zuletzt
saugte Matti ihn in sich ein, atmete ihn ein:
„Wie geht's dir, Großvater?"
„Ausgezeichnet, Matti. Ein Junge ist
ein wunderbarer Ort zum Wohnen."
(Robert Piumini 1993, 86)

Am Regietisch sitzen sechs Frauen. Sie gehören drei Generationen an. Das Thema der Erinnerungen, von denen sie erzählen werden, lautet 'Kindheit und Krieg'. Wir erwarten die unterschiedlichsten Geschichten, da Welten zwischen diesen Frauen liegen: zeitliche, räumliche, kulturelle. Die beiden älteren - sie zählen 75 bis 80 Jahre - beginnen. Während und nach dem 1.Weltkrieg waren sie Kinder, erwachsene Frauen und Mütter während des zweiten. Dieser hatte die kindlichen Erlebnisse und Eindrücke der beiden Frauen mittleren Alters bestimmt. Die Unruhe der Nachkriegsjahre hatte die eine in den östlichen, die andere in den westlichen Teil des Landes verschlagen. Und die jungen Frauen? Mitte zwanzig beide, durchlebte die eine ihre Kindheit in der DDR, in Westberlin die andere. Kriege hatten sie keine erlebt, nicht unmittelbar, aber die Kriege in der Ferne waren durch die Medien in den Jahren, in denen sie heranwuchsen, so nahe gerückt; der Vietnam-Krieg, der Korea-Krieg waren in ihre Kindheit gesickert, hatten auf sehr verschiedene Art deren Atmosphäre gestaltet und hatten ihre Spuren hinterlassen.

Überraschend ist dieser Nachmittag, vor allem für die beiden alten Frauen. Sie hatten sich in den letzten Jahren mehr oder weniger, aber doch immer wieder mit den Erinnerungen an die frühen Jahre ihres Lebens befaßt. Sie hatten darüber nachgedacht und wiederholt erzählt - auch im Erzähl-Café - wie der Schatten des Krieges auch in der Nachkriegszeit ihre Kindheit überlagert hatte. Sie hatten erzählt und reflektiert und waren damit sehr beschäftigt gewesen. Nun erschienen ihnen die Erzählungen der Jüngsten wie eine Botschaft aus einer anderen Welt. Sie waren immer von sich ausgegangen, hatten die eigenen Kinder und Enkelkinder mit ihren Augen angesehen und deren Lebensweg mit ihren Augen verfolgt, und sie hatten sie, das entnahmen sie nun den Erzählungen der beiden fremden jungen Frauen, eigentlich nicht kennengelernt.

Erzählen und Zuhören, wenn sie aufeinander treffen, verlängern die Biographie des Zuhörenden, verleihen ihr Tiefe und Substanz. An Erzähl-Nachmittagen haben wir als Moderatoren unzählige Lebensgeschichten ver- und aufgenommen, haben den Verlauf so mancher Erinnerung mitvollzogen, haben Episoden gelauscht, über Anekdoten gelacht, haben Anteil genommen. Vieles, eigentlich das meiste, ist uns nachgegangen, hat uns weiterhin angehangen und uns nicht mehr verlassen. Wir haben Geschichten weitererzählt, immer wieder. Wir haben sie auf diese Weise auf unsere Art umgestaltet, haben in unsere Erzählung den Eindruck, den die erzählenden Menschen auf uns machten, eingewoben. Das Universum der erzählten Geschichten und der Menschen als Träger ihrer Geschichten, wurde uns zum Erlebnis, zur eigenen Erinnerung, zur eigenen Erfahrung. In diesem Sinne und auf diese Weise *wird* das Leben und Erleben der Alten zur Vergangenheit der Jungen, und in diesem Sinne und auf diese Weise *ist* das Leben und Erleben der Jungen die Zukunft der Alten, völlig unabhängig von verwandtschaftlichen Bindungen, ja, über diese weit hinausgehend. Das Erzählen ist das Medium und das Zuhören das Vermögen, derer es bedarf, um diesen Prozeß sinnfällig und erlebbar zu machen und zu verstehen, was Wilhelm Mader meint, wenn er von unserer „existentiellen Abhängigkeit vom Erzählen" (Mader 1987, 205) spricht.

Ein Medium in der Altenarbeit

> „Ist das Leben des
> Individuums nicht vielleicht ebenso viel wert
> wie das des ganzen Geschlechtes. Denn jeder
> einzelne Mensch ist schon eine Welt, die mit ihm
> geboren wird und mit ihm stirbt. Unter jedem
> Grabstein liegt eine Weltgeschichte."
> (Heinrich Heine, o.J.)

Ulrich Greiner (1994) spricht davon, daß das Vergessen angesichts vieler leidvoller Erfahrungen, die Menschen im Laufe ihres Lebens machen müssen, eine lebenswichtige Fähigkeit sei. Er fragt aber dann sich und uns, ob nicht frühes, rechtzeitiges Eingeständnis von Schuld oder Irrtum statt beharrlichen Leugnens, den Betroffenen peinliche Enthüllungen, Vorwürfe, Tribunale, ja gar Ächtungen erspart hätte. Ein zu diesem häufig beobachteten, ja fast kollektivem Phänomen des beharrlichen Leugnens befragter Psychoanalytiker - Paul Parin - vermutet den Wunsch, ja die geheime Sehnsucht nach dem Tribunal, nach Sühne, nicht nur bei den Entlarvern und Veröffentlichern dieser Lücken in den Biographien anderer, sondern auch bei den 'Angeklagten' selber (ebd.).

Unser kollektives Gedächtnis ist in unseren Sitten und Gebräuchen, in unseren Normen und Werten, unseren Lebensgewohnheiten, also in unserer Kultur verkörpert. Das Über-Ich, auf das sich Paul Parin mit seiner Vermutung bezieht, ist Teil dieses kollektiven Gedächtnisses. Es ist Produkt von Geschichte und Kultur der modernen westlichen Welt. Das Wechselspiel von Vergessen und Erinnern ist in dieser Geschichte nicht nur den Individuen eigen, sondern bestimmt die gesellschaftliche Geschichtsauffassung unter den Bedingungen der Klassenherrschaft. Ein „Verfahren jeder Klassenherrschaft, Erinnerung auszulöschen", nennen Daniel Bertaux und Isabelle Bertaux-Wiame diese Art Vergessen (dies., 1985, 160).

Wo hätte es denn in unserer noch nachvollziehbaren Geschichte mit ihren strikten Einteilungen von schwarz - weiß, gut - böse, eigen und fremd, je die Orte für ein öffentliches rechtzeitiges Bekennen von Schuld oder Irrtum, ohne gänzlichen Verlust des Ansehens oder der (Selbst)Achtung gegeben, wo eine nachdenkliche Zuhörerschaft? Finden wir diese Orte nirgendwo in unseren sozialen Beziehungen, gibt es sie entsprechend auch nicht in unserem Innern. Mit ihnen, wer weiß, hätten vielleicht Handlungen, kollektive wie individuelle, die nicht mehr erzählbar sind, vermieden werden können.

Sie sind nicht vermieden worden. Uns ist daher das Verlangen nach Sühne, individuell und kollektiv, wohl bekannt. So ist es wohl kein Wunder, daß es gerade die Opfer jener unerzählbaren Handlungen sind, die uns einen Teil unserer Erinnerungen zurückgeben. Den Teil nämlich, den wir vergessen hatten, weil die Schuld zu schwer war und uns gänzlich ausfüllte.

Immer wieder erzählten jüdische Zeitzeugen und Zeitzeuginnen im Erzähl-Café außer von ihren Erinnerungen an erlittenes Leid, an Haß und Verfolgung auch von denen an erfahrene Hilfe, an praktische Solidarität, an Gesten des Mitgefühls und des Mitleidens. Sie und ihre Geschichten waren es, die uns das Geschenk befreiter Erinnerungen machten, die damit zwar die Schuld nicht um ein Gramm tilgten, die aber doch bewirkten, daß ins bedrückende Dunkel dieses Teils unseres kollektiven Gedächtnisses ein paar Lichter drangen.

Was nun hat das mit der Bedeutung des Erzählens in der Alten-Kulturarbeit zu tun? Viel, beinahe alles. Nach der Lebensgeschichte und den Erfahrungen der alten Menschen nicht nur zu fragen, sondern sie ihnen abzuverlangen - wohlgemerkt unter den Bedingungen der Empathie, der Neugier, der Nachdenklichkeit - ist nicht allein Ergebnis sozialwissenschaftlicher Überlegungen über sinnvolle Sozial- oder Kulturarbeit mit und für alte Menschen, sondern entsteht aus einem ganz eigennützigen Bedürfnis der jüngeren Generation: Der einzelne Mensch sieht sich in den letzten Jahren des 20. Jahrhunderts in eine bis dahin nicht gekannte Freiheit entlassen. Eine Freiheit, die Möglichkeiten verheißt und die unendlich bedrohlich sein kann. Traditionelle gesellschaftliche Bindungen haben sich gelöst oder sind im Begriff sich zu lösen. Mit ihnen fällt so mancher Zwang, so manche Fessel, aber es verschwinden auch Schutzräume gesellschaftlicher Strukturen. Im privaten wie im gesellschaftlichen Leben wird individuelle Entscheidungs- und Gestaltungskraft zur notwendigen Voraussetzung für 'gelingendes' Leben und für Zukunft.

Die schon erwähnte, mit der technologischen Entwicklung einhergehende stete Beschleunigung aller Lebensvollzüge gewährt gleichzeitig nicht die Ruhe, die Zeit und die Orte für Kontemplation, für Reflexion und reflektierende Wahrnehmung, die der Mensch so dringend benötigt, will er mit dem Fortschritt Schritt halten oder besser - diesen an seine Gangart anpassen.

Wo die Kreativität der Individuen wieder gefragt ist, gewinnen die individuellen Erfahrungen älterer Menschen an Bedeutung für die Orientierung, Entscheidungsfindung, für Identitäts- und Sinnbildung der Jungen.

Räume, Orte der Entscheunigung, der freien und befreiten Reflexion, des Austauschs, des Erzählens und Zuhörens sind das Gebot der Zeit. Die menschliche Gesellschaft wird künftig ohne sie nicht auskommen. Gleichzeitig ist das Einklagen subjektiver Erfahrungen Ausdruck unserer existentiellen Abhängigkeit vom Erzählen. Es ist so gesehen ein Hilferuf und weil es das ist, brauchen sich Projekte in der Altenarbeit, die sich mit lebensgeschichtlicher Auseinandersetzung befassen, nicht *nur* über einen pädagogischen Ansatz, der 'die Bedürfnisse und Fähigkeiten alter Menschen' berücksichtigt, legitimieren. Sie sind *selbst* lebendiger Ausdruck für die unbedingte Notwendigkeit, individuelle Erfahrungen für den gesellschaftlichen Prozeß nutzbar zu machen, für die Einsicht, daß beim Bauen von Zukunft auf sie zu verzichten, politischer Fahrlässigkeit gleichkäme. In einer Gesellschaft, die demokratisch sein will, aber demokratische Umgangsformen erst lernen muß, die Pluralismus lebt, aber sich dessen noch wenig bewußt ist, sind das Individuum und die individuellen Erfahrungen wieder gefragt.

Betrachten wir das Erzähl-Café oder vergleichbare öffentliche Foren für erzählte und erlebte Geschichte als eine Gesellschaft im Kleinen, als ein gesellschaftliches Modell, in dem demokratische Umgangsformen gelernt und praktiziert werden, dann ist das Altersbild, das ihnen zugrunde liegt, klar zu umreißen. Aus der erkannten und empfundenen Abhängigkeit der jüngeren Generationen von den erzählten Lebensgeschichten der Alten ergibt sich deren gesellschaftliche Funktion. Wird sich die Gesellschaft der Bedeutung gewahr, die die Erinnerungen der Menschen in der dritten Lebensphase für die demokratische Meisterung von Gegenwart und Zukunft haben, dann kann von einer Möglichkeit, die Alten an den Rand der Gesellschaft zu drängen, nicht mehr die Rede sein.

Kontaktanschrift:
Erzählcafé
Malplaquestr. 13a
13347 Berlin
Tel.: 030/455 40 90

Literatur

Bertaux, D.; Bertaux-Wiame, I.: Autobiographische Erinnerungen und kollektives Gedächtnis, in: Niethammer, L. (Hg.): Lebenserfahrung und kollektives Gedächtnis, Frankfurt/M. 1985, S. 146-164

Greiner, U.: Parin's Vermutung, in: Die Zeit, 18.11.1994

Das Erzähl-Café-Lesebuch, Die Weddinger Themen, Bd. 1, zusammengestellt von Sabine Gieschler und Andreas Lange, Berlin 1991

Heine, H.: Werke, Bd. 2, Wiesbaden o.J.

Karle, S.: Altenbildung - Über Biographiearbeit zum 'Lernen aus der Geschichte'?, unveröffentlichte Diplomarbeit, Institut für Erziehungswissenschaft der Philipps-Universität Marburg, Marburg 1994

Kierkegaard, S.: Entweder - Oder, München 1975 (1843)

Kundera, M.: Das Buch vom Lachen und vom Vergessen, Frankfurt/M. 1983

Lasker-Schüler, E.: Gesammelte Werke, Bd. 2, München 1962

Mader, W.: Vergessen und erinnern. Zur Dynamik des Erzählens im Alter, in: Neue Praxis 19(1989)2, S. 123-130

Mader, W.: Warum im Alter erzählen? Lebensgeschichte und Kultur, in: Pro Senectute (Hg.): Altern in unserer Zeit, Bremen 1987 S.

Merkel, J.; Nagel, M. (Hg.): Erzählen - Die Wiederentdeckung einer vergessenen Kunst, Reinbek 1982

Piumini, R.: Matti und der Großvater, München, Wien 1993

Roland Schmidt

Kontinuität und Entwicklung

Das Werkhaus Anti-Rost als Beispiel für gestaltende Umweltaneignung

1. Projekt und Kontext

Eine sozialpädagogische Reflexion der Praxis- und Organisationsentwicklung von Projekten sozialer Arbeit hat sich zunächst einmal des Umstandes zu vergewissern, daß selbst in einer gründungsvorbereitenden Phase solche Initiativen nicht voraussetzungslos und als Solitäre, gleichsam ohne Umweltkommunikation, in die Gänge kommen. Sie sind, im Gegenteil, immer dadurch gekennzeichnet, daß schon in ihrem ersten und vielleicht vagen Entwurf Praxiserfahrungen und -bilanzierungen mit einfließen, die das eigene Vorhaben schärfen sowohl mit Blick auf die Lebenssituationen derjenigen, die man ansprechen möchte als auch mit Blick auf die anderenorts frequentierten sozialpädagogischen Leitorientierungen und Vorgehensweisen.[1]

Im Falle des Werkhauses Anti-Rost ist diese Ausgangslage der Projektentwicklung im Jahre 1986 präzise rekonstruierbar. Beide InitiatorInnen waren beruflich in die evangelische Sozialarbeit eingebunden. Wolfgang Priewe, der bis heute als Projektleiter fungiert und hierfür von seinem Arbeitgeber freigestellt ist, war zum damaligen Zeitpunkt als Sozialsekretär beim Kirchlichen Dienst in der Arbeitswelt (KDA), Tempelhof, tätig. Rita Seggermann, bis zu ihrem frühen Tod im Vorstand des Fördervereins Werkhaus Anti-Rost engagiert, füllte eine analoge Position im Rahmen der Evangelischen. Industriejugend aus. Ihr unmittelbar bevorstehender Ruhestandsbeginn auf der einen Seite und das Bemühen um eine Profilierung der KDA-Praxis für die Zielgruppe 'VorruheständlerInnen'[2] auf der anderen Seite bildeten, auf professionellem Fundament, die

---

[1] Der Verfasser zählte mit zu dem Personenkreis, der die Gründung des Werkhauses vorbereitete. Nach der Eröffnung und mit Ausbildung eines Projektalltags wandelte sich die Zusammenarbeit um in eine Art Beraterstatus, der von der Projektleitung des Werkhauses an Schlüsselstellen der weiteren Praxisentwicklung in Anspruch genommen wurde.

[2] Die unterschiedlichen Strategien zur 'Freisetzung' älterer Arbeitnehmer(innen), die sich in dem bislang ungebrochenen Trend zur Entberuflichung des höheren Erwach-

Basis des Konzeptschmiedens. In der fachlichen Analyse ging man davon aus, daß bisherige Formen der kirchlichen Altenarbeit weder von VorruheständlerInnen akzeptiert wurden noch für die auch generationsspezifisch differenzierenden Alterssituationen im beginnenden nachberuflichen Leben angemessen seien. Und das bedeutete konkret auch, daß sie für das eigene Leben nach der Erwerbsarbeit keinerlei Attraktivität ausstrahlten. Fachliche Erwägungen korrespondierten also eng mit Gedanken über die eigene Lebensgestaltung in allernächster Zeit.

Das Werkhaus Anti-Rost ist in seiner Vorbereitungsphase nicht zu trennen von einem durchaus verallgemeinerbaren Unbehagen über den damaligen Standard sozialer Arbeit mit älteren Menschen im offenen Bereich. Dieses erstreckte sich sowohl auf das Suchen nach einer alternativen Praxis auf professioneller Ebene als auch auf den Versuch, angemessenere Umweltbedingungen für das (hier: eigene) Älterwerden zu schaffen und dabei auch veränderte Leitmotive und -bilder des Älterwerdens in der Gesellschaft zu implantieren[3]. Von Beginn an präsentierte sich das Werkhaus also als ein Experimentierfeld neben zahlreichen anderen in der Republik der mittachziger Jahre, das betreten wurde, um zu einem Profil sozialer Altenarbeit zu finden, das den Veränderungen, die die Altersphase durchlaufen hatte, in den gewählten Zielgruppenausschnitten zukünftig besser zu entsprechen vermag (vgl. Schmidt/Schweppe 1995).

Es ist daher durchaus nicht untypisch, wenn Initiativen, wie das Werkhaus Anti-Rost, in den Anfängen zunächst bestrebt sind, das gesuchte Profil in der Abgrenzung zu den kritisierten konventionellen Altengemeinschaften, die ihren Ausdruck z.B. in konventionellen Angeboten von Altennachmittagen fanden (und teilweise finden), zu suchen. Das Leitbild des 'Tätigseins', das der Werkhausidee von Beginn an zugrunde lag, vereint daher zwei Facetten. Es stellt zunächst die selbstgewählte Programmatik einer Initiative dar und enthält zugleich praktische Kritik an der Normalität sozialer Altenarbeit, wie sie im kirchlichen, frei-gemeinnützigen und kommunalen Rahmen überwiegend praktiziert wurde und wird. Das 'Tätigsein' war dabei zunächst als Eigenarbeit für sich, für den Verein und für Vereinsmitglieder sowie als sozial verpflichtete Arbeit für karitative Organisationen gefaßt, im weiteren dann aber auch auf die Herstellung des gemeinschaftlichen Rahmens und der Inhalte dieses Gemeinschaftslebens bezogen. Die 'Werkhausphilosophie' kehrte dieses produktive Moment sowohl im internen Rahmen zur Identitätsfindung als auch in der Au-

---

senenalters verdichteten, sind in ihrer westdeutschen Variante differenziert und mit je besonderen Folgen verbunden (vgl. Dieck;Naegele;Schmidt 1985), in ihrer ostdeutschen eher standardisierend (zu den Ost-West-Distinktionen siehe Wolf 1991 und Prengel; Schmidt 1994). Wenn in meinem Beitrag von 'Vorruhestand' gesprochen wird, ist damit nicht die gleichnamige 'Freisetzungsstrategie' gemeint, sondern die alle Varianten umgreifende Selbstetikettierung, die Betroffene wählen, um ihre Position in der Passage vom Erwerb zum Ruhestand zu bezeichnen.

[3] Vgl. das Bemühen um Reformen im traditionellen Spektrum offener Altenhilfe bei Schmidt;Zeman 1988.

ßendarstellung zur Durchsetzung des Projektes in Kreisen potentieller Zuwendungsgeber (Senatsverwaltung für Soziales, Kirchenkreis Tempelhof) hervor. Intern wurden hierüber Selbstfindungsprozesse vermittelt, extern suchte man die Unzufriedenheit über den Status quo der offenen Altenarbeit für sich zu nutzen, so daß an die Stelle des (Angebote konsumierenden) Aktivseins nunmehr das (sozial produktive) tätige Leben in der Gemeinschaft treten sollte. Dabei blieb man durchaus altersbezogen, wie dies bereits das Sprachspiel 'Anti-Rost' im Namen kenntlich macht.

Die Analyse der Praxis- und Organisationsentwicklung des Werkhauses Anti-Rost erfordert also die Beachtung zweier korrespondierender Aspekte. Ein das Projekt isolierender Zugriff würde das beschriebene Abgrenzungsbestreben hervorkehren und das Werkhaus als mehr oder weniger profilierte Alternative zur bislang praktizierten sozialen Altenarbeit präsentieren und kritisch würdigen.[4] Behält man hingegen auch die Kontextbezüge der maßgeblichen Akteure und Akteurinnen von der 'Geburtsstunde' an im Auge, so erweist sich die Entwicklung des Werkhauses zugleich als eine Etappe im Prozeß der erforderlichen Ausdifferenzierung des Spektrums sozialer Altenarbeit in der zweiten Hälfte der achtziger Jahre insgesamt. Es konstituierte sich als innovatives Projekt und ordnete sich doch zugleich einem Praxisfeld zu, dessen Traditionslinien zielgruppenspezifisch modernisiert werden sollten. Bereits hier wird das Grundmotiv erkennbar, das die Werkhaus-Entwicklung bis heute insgesamt charakterisierte: die Spannung zwischen Kontinuität und Entwicklung. Nicht 'Altenarbeit - nein Danke' lautete gewissermaßen das Programm, sondern 'Altenarbeit - ja, aber anders'.

2. Leitbilder und Handlungsperspektiven im Wandel

Das Leitbild vom 'Tätigsein' im Alter wurde in der Entwicklung des Werkhauses mehrfach neu definiert und modifiziert. Zwei nicht voneinander zu trennende Stränge der Projektentwicklung führten vor allem in der Vor-Gründungsphase in einen Prozeß ständiger Überprüfung des jeweils zu einem Zeitpunkt in Aussicht genommenen Gehaltes. Zum einen galt es, dieses Leitbild im Kreise derjenigen, die sich über die Werkhaus-Idee nun zusammenfanden, auszuformulieren und es sich in der Übersetzung mit Blick auf die eigenen Wünsche und Möglichkeiten zu eigen zu machen. Zum anderen mußte von Beginn an parallel gegenüber Dritten, und das waren die möglichen Geldgeber, argumen-

4 Es ist augenfällig, daß in diesem Zeitraum maßgebliche Anstöße zur Weiterentwicklung der sozialen Altenarbeit von Personen oder Instanzen ausgingen, die nicht dem angestammten Feld der Altenarbeit zuzurechnen waren. Einflüsse vor allem aus den Bereichen der Erwachsenenbildung, der Kulturarbeit und aus generationsübergreifenden Zusammenhängen (z.B. Nachbarschaftsheime) beeinflußten mit der Zeit auch die Standards fachlich ambitionierter herkömmlicher Altenarbeitspraxis, die Anregungen - man denke beispielsweise nur an die steile Karriere von Theaterarbeit mit Älteren - auch unter ihren Rahmenbedingungen aufgriff.

tiert und kenntlich gemacht werden, was denn nun das Spezifische, Unverwechselbare und Innovative an diesem Projektvorhaben sei und warum sich eine Finanzierung des Werkhauses allemal anbietet, obwohl doch in Berlin bereits ein flächendeckendes Netz an Seniorenfreizeitstätten - so der Sammelbegriff für die Altenklubs und -tagestätten - existierte.

Diese Gleichzeitigkeit von Selbstverständigung nach innen und Projektmarketing nach außen kennzeichnete die schwierige Anfangssituation des Werkhauses. Nachdem die beiden InitiatorInnen über ihre beruflichen Kontakte eine Veranstaltung für ausscheidende und ehemalige Beschäftigte der Firma Daimler-Benz durchgeführt und auch in der Presse hierüber informiert hatten, fand sich ein kleiner Kreis von gut zehn Personen, der sich näher für das Werkhaus interessierte. Die Werkhaus-Programmatik war ausgerichtet auf die Schaffung von Werkstattbereichen, in denen die Beteiligten im geselligen Rahmen Eigenarbeit und sozial verpflichtete Arbeiten für Dritte (Einzelpersonen oder gemeinnützige soziale Einrichtungen) ausführen können sollten. 'Tätigsein' war vor allem als handwerkliches vorgezeichnet und von den InteressentInnen auch entsprechend angenommen worden. Die Idee, einen 'Mehringhof für Alte'[5] *begründen zu wollen, erwies sich dabei jedoch insofern als äußerst ambivalent, weil diejenigen, die sich inhaltlich hierfür begeistern wollten, doch die Erwartung hegten, sie könnten annähernd sofort ihre handwerklichen Talente nutzen und loslegen. Tatsächlich aber mußten die vorgesehenen Werkstattbereiche erst noch geschaffen werden - in einem für niemanden vorhersehbaren Zeitrahmen, denn weder Geld noch Räume standen zur Verfügung oder waren zu erwarten. Die Bindung des 'Tätigseins' an den Werkhausgedanken motivierte Personen zum Mittun, die weniger Interesse und Energie aufbringen konnten und wollten, den schwierigen, durchaus frustrationsreichen und nicht kalkulierbaren Weg der Projektrealisation tatkräftig mitzugestalten. Die durch handwerkliche Orientierung angesprochenen Personen fanden sich somit de facto in einem höchst fragilen Rahmen wieder, dessen aktuelle Aktivitäten noch dazu vorrangig auf zum Beispiel Handlungen wie Vereinsgründung, Raumsuche, Verhandlungen mit kirchlichen Gliederungen und dem Sozialsenat konzentriert waren. Das heißt, es bestand ein Spannungsverhältnis zwischen perspektivisch angestrebten Tätigkeiten und den unmittelbar anstehenden Tagesaufgaben: Eigentlich wollte man Schreinern oder Nähen, tatsächlich aber mußte man sich mit Satzungsdingen und ähnlichem auseinandersetzen.*

Diese Innenspannung, die durchaus personelle Fluktuationen förderte, war nur dadurch zu überbrücken, daß die Schritte zur Projektrealisation um erste Formen sozial verpflichteten handwerklichen Engagements erweitert wurden. Auf konzeptioneller Ebene existierten dabei zu diesem Zeitpunkt in der damaligen Bundesrepublik zwei Richtungen der Ausformulierung solchen Engagements,

---

[5] Der Mehringhof in Berlin-Kreuzberg, ein Fabrikkomplex im Hinterhof, wurde durch verschiedene, der Alternativbewegung zugeordnete Genossenschaften und Kulturvereinigungen, die hier produzierten, auch im damaligen Bundesgebiet bekannt.

die man einschlagen konnte oder die bereit standen, um das eigene Profil zu schärfen:

– In der Tradition der 'Kompanie des Guten Willens', die bereits 1967 gegründet wurde, als die Klöckner-Hütte in Hagen-Haspe 700 ArbeiterInnen und Angestellte entließ, kann man durch sozial verpflichtete Arbeitseinsätze das Ziel verfolgen, „Lebensfreude und Selbstwertgefühl durch selbstbestimmte Arbeit (zu ermöglichen)" (Hagelskamp 1989, 43). Die Gruppe der ArbeitskollegInnen wird als bedeutende Sozialisationsinstanz verstanden; deren Erhalt durch den Verein soll die „Aufrechterhaltung des bestehenden gesellschaftlichen und individuellen Wertes von Arbeit und Freundschaft" (ebd.) leisten. Es handelt sich in diesem Falle also um den Versuch, relevante Aspekte des Erwerbslebens in einen nachberuflichen Kontext hinein zu verlängern und sie unter solchen neuen Umständen zu beleben und zu konservieren. Man will gleichsam Kontinuität stiften.

– In der Tradition des Projektverbundes 'Zwischen Arbeit und Ruhestand (ZWAR)' (vgl. Klehm in diesem Band) hingegen dienen die 'Einbeziehung der bisherigen Alltagserfahrungen der Betroffenen' und das 'Anknüpfen an erworbenen beruflichen Fähigkeiten und Erfahrungen' der Stiftung eines gemeinsamen Erfahrungshintergrundes dieser im ZWAR-Rahmen entstehenden neuen Solidargemeinschaften. Auf dieser Grundlage und in einem gemeinsamen Lernprozeß ist es dann das Ziel, gemeinsame Handlungsziele zu entwickeln und eine neue Praxis umzusetzen (vgl. Klehm; Schünemann-Flake 1989, 65f.). Das heißt, es geht in diesem Falle um eine Mobilisierung vorhandener Erfahrungen und Talente in der Absicht, sie in selbstgewählte und selbstgesteuerte Vorhaben zu transformieren, die dem nachberuflichen Status entsprechen und Lebensperspektiven eröffnen. Man will also Entwicklungen einleiten.

Rekonstruktionsperspektive unter veränderten Bedingungen und Transformationsperspektive zur Gewinnung neuer Selbst- und Umwelterfahrung lauten, pointiert formuliert, Nutzungsrichtungen, die ein 'Tätigsein' im nachberuflichen Status generell einnehmen kann. Dies gilt für die Akzentuierung handwerklicher Handlungen ebenso wie für alle Varianten von Programmen, die die „brachliegende Ressource 'Alter'" zu gewinnen und außerhalb von Erwerbszusammenhängen einzusetzen suchen. Es handelt sich dabei notwendigerweise nicht allein um gegensätzliche Strömungen, die die Welt der 'Altenprojekte im Tätigkeitsausschnitt' in konservative und veränderungsbereite zu unterteilen helfen, sondern, wie Anti-Rost zeigt, durchaus auch um parallel existierende und situativ unterschiedlich zu mischende Perspektiven. Das heißt, Lern- und Nutzungsorientierungen sind im Projektalltag personenbezogen und durch die Mitwirkenden gesteuert auszubalancieren.

Bereits der erste Handwerkereinsatz noch vor Eröffnung des Werkhauses verhalf dazu, eindrücklich ausloten zu können, wo die Möglichkeiten und Grenzen solcher sozial verpflichteter Leistungen liegen. Die Mitwirkung bei der Renovierung und Neugestaltung einer Familienbildungsstätte lehrte, daß ein solches sich über mehrere Wochen hin erstreckendes Vorhaben einen Verpflichtungscharakter in sich birgt, dem man, da man sich ja nun einmal darauf eingelassen hatte, zwar zu entsprechen suchte, der jedoch keinesfalls für die Zukunft 'stilbildend' werden sollte. Diese Bilanz zogen sowohl diejenigen, die über besonderes handwerkliches Know-how verfügten, als auch diejenigen, zumeist Frauen, die sich an den Arbeiten beteiligen wollten in der Erwartung, im Mittun etwas für sich zu lernen. Auch wenn von Beginn an 'AuftraggeberInnen' wie 'AuftragnehmerInnen' klar war, daß es sich hierbei nicht um ein mit Maßstäben der Erwerbsarbeit zu messendes Engagement handeln kann und darf, so tendiert diese Konstellation doch immer zu einer Gewichtung der 'Auftragserfüllung'. Und ist diese dann auch noch, wie hier geschehen, von dem sprichwörtlich langen Atem, der vorhanden sein muß, abhängig, stellt sich das Gefühl einer Beanspruchung ein, die unübersehbar Affinitäten zur ehemaligen Erwerbsarbeit aufweist - eine allein außengesetzte Kontinuitätsanforderung, die man so nicht dauerhaft sucht.

Zwei Erfahrungen wurden für die weitere Überarbeitung der Werkhauskonzeption zentral und halfen, die ursprünglichen Vorstellungen, personen- und erfahrungsorientiert zu modifizieren. Zum einen betraf dies eine gesteigerte Sensibilisierung für die notwendige und angemessene Ausbalancierung des Verhältnisses von Engagement im (bzw. für das) Werkhaus und den nach dem Erwerbsende gewonnenen Dispositionsräumen, die man sich nicht durch ein - subjektiv empfundenes - Übermaß an Verpflichtungen erneut über Gebühr einengen lassen wollte. 'Tätigsein' in und für Gemeinschaften ist also immer in Relation zu erzielten Autonomiegewinnen zu verstehen und in Vorhaben umzusetzen *(Verpflichtung und 'späte Freiheit').* Zum anderen wurde deutlich, daß Werkhausaktivitäten stärker als *Lern- und Arbeitsfelder* konzipiert sein sollten, die den Aspekt des 'Tätigseins' bewußt kombinieren mit der Organisation von Chancen zur Gewinnung neuer Umwelterfahrungen. Nicht die rein pragmatische Anwendung eines Arbeitsvermögens kann Ziel einer sozialen Arbeit mit Menschen im beginnenden nachberuflichen Lebensabschnitt sein, sondern die mittels seines produktivem Einsatzes erzielte Bereitstellung und Erarbeitung von Möglichkeiten der Horizonterweiterung. Diese soziale Produktivität kann als gestaltende Umweltaneignung gefaßt werden (vgl. Schäffter 1989).

Bereits in der Vor-Gründungsphase des Werkhauses Anti-Rost erfolgte so gesehen eine Wandlung des Verständnisses von 'Tätigsein als einer sich in der Gemeinschaft realisierenden sozialen Verpflichtung' hin zum 'Tätigsein als selbstgesteuerte Erfahrungs- und Horizonterweiterung in der Gemeinschaft'.

3. Pläne, Zugänge und glückliche Umstände

Die Entwicklung des Werkhauses wurde verschiedentlich an zentralen Weichenstellungen durch den Umstand bestimmt, daß das Vorhaben nach einer Zeit des Überdenkens und Reifens durch über Personen vermittelte Zugänge zu relevanten Instanzen, die neue Optionen eröffneten, und durch glückliche Umstände, die situativ den Werkhausplänen entgegenkamen, doch noch realisiert werden konnten. Allein der Umstand, daß irgendein Vorhaben geboren und nun werbend verfolgt wurde, wäre in keinem Falle bereits ausreichend gewesen, um solche Richtungsentscheidungen überhaupt fällen zu können. Das Werkhaus Anti-Rost liefert daher auch einen Beleg dafür, daß ein allein fachlich überzeugendes Konzept, das mit Energie betrieben wird, noch längst nicht die Gewähr dafür bietet, daß hierdurch bereits Dritte motiviert sein könnten, die in Aussicht genommene Praxis zu fördern. Daß ein Vorhaben realisiert werden kann, hängt nicht zuletzt an einer nicht unmittelbar zu beeinflussenden situativen Komponente, in der verschiedene Interessen und Perspektiven problemlösend - und damit glücklich - in einem Verwendungskontext zusammentreffen (vgl. allgemein v. Kondratowitz 1993).

Dies trifft im besonderen Maße bereits auf die Gründungssituation des Werkhauses zu. Unabhängig von den ersten Anstrengungen, den Werkhaus-Gedanken mit Älteren zu erörtern, wurde annähernd zeitgleich in Berlin das Programm 'Erfahrungswissen' der Sozialverwaltung aufgelegt (vgl. Müller in diesem Band). Die Verbindung beider, Werkhaus und Erfahrungswissen-Programm, wurde durch den Autor dieses Beitrags eingeleitet, der u.a. für die Berliner Sozialverwaltung Umsetzungsvorschläge erarbeitet hatte (vgl. Schmidt 1986) und zu dieser Zeit den Implementationsprozeß begleitete. Der Kerngedanke, die Ressource 'Alter' zu gewinnen und einer neuen gesellschaftlichen Nutzung zuzuführen, entsprach in den allgemeinen Intentionen durchaus auch den Vorstellungen vom 'Tätigsein' im Alter, die im Werkhaus in verschiedenen Ausformulierungen projektiert wurden. Der - inzwischen gegründete - Förderverein für das Werkhaus Anti-Rost e.V. band daher seine Hoffnung, das Werkhaus doch noch realisieren zu können, deutlich an dieses Programm. Dies drohte bereits Illusion zu werden, da die Verwaltungsebene dem in der Altenarbeit unbekannten neuen Akteur eher skeptisch gegenüberstand und auch die Gesamtdisposition des Erfahrungswissen-Programms zunächst eine andere Prägung erhalten hatte. Gedacht war an ein 'flächendeckendes Netz' von Wissensbörsen, die in jedem Bezirk von Berlin (West) als Herzstück des Programms neben anderen Aktivitäten errichtet werden sollten. Erst als der Sozialausschuß des Abgeordnetenhauses einen Bericht der Sozialverwaltung, in dem dieser Schwerpunkt genannt und begründet worden war, kritisierte und die Freigabe der restlichen Programm-Mittel im ersten Jahr sowie die weitere Finanzperspektive von einem überarbeiteten Bericht abhängig machte, kam es in einer 'Krisensitzung' der Senatsverwaltung unter Leitung des Sozialsenators Fink zu der entscheidenden Akzentverschiebung, die es anschließend ermöglichte, daß ein auf handwerkliches Know-how ausgerichtetes Projekt nunmehr in den Kernbereich der Förderpolitik des Programms gerückt wurde. Man rang sich gewissermaßen zu der Bereitschaft zum Risiko durch, ein - durch die Errichtung der Werkstattbereiche - kostenintensives Projekt gemeinsam mit der evan-

gelischen Kirche zu realisieren, das sicherlich experimentellen Charakter hatte und damit auch die Gefahr möglichen Scheiterns in sich barg.[6]

Diese Sequenz aus der Werkhausentwicklung ist insofern zentral, da hier deutlich wird, daß Fachlichkeit, Leitbild und Konzept - kurz: alle präsentierten Ingredienzen der beabsichtigten Neuerung der sozialen Altenarbeit - erst in dem Augenblick praktisch durchsetzungsfähig wurden, als sie (fach)politische Bedeutung erlangten; das heißt im konkreten Falle, wo sich die Werkhaus-Programmatik anbot, um eine kritisierte 'Schieflage' des Erfahrungswissen-Programms wieder ins rechte Lot zu bringen - eine Konstellation also, die werkhausimmanent nicht vorhersehbar und nicht beeinflußbar war. Dieses Motiv der 'glücklichen' Vermittlung von Werkhaus-Vorhaben zu Aktivitäten Dritter, die dann erst zum Ziel führen, ist auch zu einem späteren Zeitpunkt und mit Blick auf europäische Aktionen wiederum anzutreffen.

Auf Initiative des Werkhauses und unter Nutzung privater Kontakte des Projektleiters kam im September 1988 eine erste Begegnung von Mitgliedern des Werkhauses und Älteren aus Apulien (Italien) zustande. Die zweiwöchige Reise war so begründet und konzipiert, daß neben touristischen Aspekten vor allem ein Kennenlernen der Alltags- und Arbeitskultur, insbesondere die Vermittlung des salentinischen Traditionshandwerks[7]*, im Mittelpunkt stand. Ein Jahr später kam es zum Gegenbesuch in Berlin. Vor diesem Hintergrund sollte 1992 ein Handwerkereinsatz des Handwerkerdienstes wiederum in Italien stattfinden, der allerdings beinahe gescheitert wäre, weil - trotz inhaltlicher Sympathie - solche bilateralen Aktivitäten in den Förderprogrammen für soziale Altenarbeit nirgends vorgesehen waren. Erst eine Vermittlung des Anliegens zum Referat Internationale Seniorenpolitik des - damaligen - Bundesministeriums für Familie und Senioren (BMFuS), die wiederum durch das Wirken von Ulf Fink zustande kam, führte zur Schließung der finanziellen Deckungslücke, die klaffte, weil andere Zuwendungsgeber im Rahmen ihrer Haushaltsbestimmungen solche internationalen Kooperationen nicht bezuschussen konnten. Und diese*

---

[6] Die Gesamtkosten (Senatsprogramm, direkte und indirekte Zuwendungen des Kirchenkreises) beliefen sich bis zur Eröffnung des Werkhauses im September 1987 auf rund eine halbe Million Mark. Es handelte sich bei der Entscheidung über die Förderung des Werkhauses also nicht um ein Befinden über begrenzte Mittel für ein langsam wachsendes Selbsthilfeprojekt, die im Falle des Scheiterns nicht von Belang gewesen wären. Es handelte sich vielmehr um eine Beschlußfassung mit Tragweite, und zwar sowohl hinsichtlich des hohen Anteils am insgesamt im Rahmen des Erfahrungswissen-Programms zur Verfügung stehenden Fördervolumen als auch mit Blick auf die Sicherung des Programm-Fortbestandes überhaupt. Das heißt, würde ein so teures Projekt 'in den Sand gesetzt', stiege der Legitimationsdruck, der anfänglich auf dem Erfahrungswissen-Programm gerade CDU-intern lastete, mit der Gefahr, daß die weitere Bereitstellung von Fördermitteln im Folgejahr fraglich wird.

[7] Die Orientierung auf das Traditionshandwerk entsprach der damaligen konzeptionellen Vorstellung, daß ein Aufgreifen von Erfahrungswissensbeständen im Handwerklichen gerade auch als 'Vermittlung von Techniken, die in Vergessenheit zu geraten drohen', auszurichten sei (siehe hierzu auch Punkt 4.2).

punktuelle, projektbezogene Förderung zog wenig später insofern nachhaltige und praxiserweiternde Folgen nach sich, da das Werkhaus mit seinen bereits vorhandenen Auslandsaktivitäten naheliegenderweise dann auch offiziell für die Bundesrepublik in die entstehenden europäischen Netzwerke von Projekten einbezogen wurde, die im Kontext des 'Europäischen Jahres der älteren Menschen und der Solidargemeinschaft der Generationen' gebildet wurden.

Als glückliche Umstände schlugen in diesem Fall zum einen die Bildung des Referates Internationale Seniorenpolitik im BMFuS zu Buche, weil diese es überhaupt erst möglich machte, daß ein - materiell fördernder - Ansprechpartner für grenzüberschreitende Initiativen in der sozialen Altenarbeit ins Spiel kam, und zum anderen die sich langsam konstituierende Altenpolitik auf der Ebene der Europäischen Kommission[8], ohne die eine auf Dauer projektierte und gelebte europäische Perspektive, die Einzelaktivitäten rahmt und übergreift, nicht herzustellen gewesen wäre. Die seit 1988 erfolgten kontinuierlichen Bemühungen, dem Werkhaus Möglichkeiten zum internationalen Agieren zu eröffnen, fanden zwar von Beginn an Sympathie und ideelle Unterstützung gerade im altenpolitischen Feld, jedoch stieß man bei der Umsetzung rasch auf das Hemmnis, daß solche Vorhaben auf der Ebene eines Bundeslandes verwaltungstechnisch nicht oder nur im besonderen Ausnahmefall gesichert werden können. Erst als auf Bundes- und EG-Ebene entsprechende Aktivitäten und Strukturen entstanden waren, entwickelten hierfür zuständige Politik- und Verwaltungsinstanzen ein vitales Interesse an Projekten, die handgreiflich demonstrier(t)en, daß das vielzitierte 'Europa der Bürger' tatsächlich existiert und auch auf Bürgerhandeln gründet.

Sowohl die Werkhausgründung als auch die Realisation der Europäischen Perspektive 1994 erfolgten durch Zugänge zu Instanzen und ihren Programmen, die über Kontakte zu Dritten hergestellt wurden und die die - im Rückblick entscheidenden - Informationen, wo wichtige Ansprechpartner/innen sitzen und in Frage kommende Förderprogramme aufgelegt sind, beisteuern konnten. Das Erschließen von Zugängen auf der Projektebene setzt dabei immer voraus, daß man Öffentlichkeit sucht und Personen, die an der Projektarbeit interessiert sein könnten, anspricht und unterrichtet. Die Bedeutung und Funktion eines 'Projekt-Außenministeriums' wurde von der Projektleitung im gesamten Entwicklungsverlauf gesehen und ausgefüllt. Das heißt, die Zugänge wurden erarbeitet, ohne dabei in jedem Einzelschritt übersehen zu können, welche geknüpften und gepflegten Kontakte zu welchem Zeitpunkt hilfreich sein mögen. Hier bildet Kontinuität gleichsam die Voraussetzung für erfolgreiche Entwicklungen in einer Situation in der Zukunft.

---

8 Im Frühjahr 1995 ist dieser Prozeß insoweit unabgeschlossen, weil auch weiterhin entsprechende EG-Maßnahmen und -Förderungen aus den Programmen zur Armutsbekämpfung geschöpft werden. Das heißt, es existiert noch kein eigener Haushaltstitel für altenpolitische Aktionen, was eine gewisse Fragilität fördert (vgl. Punkt 4.4).

4. Komplementäre Elemente und Balanceanforderungen der Praxisentwicklung

Projekte wie das Werkhaus Anti-Rost, dies wurde im Gang der Argumentation bereits ersichtlich, unterscheiden sich in ihrer Konstruktion doch deutlich von dem Modell einer sich graswurzelhaft entwickelnden Selbsthilfeinitiative. 'Tätigsein' im beginnenden nachberuflichen Lebensabschnitt erfordert - neben motivationalen Aspekten - vor allem auch einen sozialen Rahmen, in dem sich das Engagement anschließend entfalten kann. Dies stellt eine allgemeine und projektübergreifende Anforderung dar, die sich aus dem Umstand ergibt, daß betriebliche Strategien zur Verjüngung der Belegschaften 'junges, entberuflichtes Alter' zwar en gros produzieren, dies jedoch bis dato nur schwach Entsprechungen auf anderer gesellschaftlicher Ebene findet. Oder anders formuliert: Die gesellschaftliche Erfindung des frühzeitigen Ruhestandes hat sich noch nicht verlängert in soziale Innovationen, die den Zwischenraum optional füllen helfen, der sich zwischen gewohnten Erwerbs- und konventionellen Ruhestands-orientierungen auftut. Es ist eine Ungleichzeitigkeit gesellschaftlicher Entwicklung, die nur dadurch individuell überbrückt und sozial eingeebnet werden kann, indem die betroffenen Menschen ihrerseits soziale Phantasie und Experimentierfreude mobilisieren, um für sich - und dann in der Folge auch für Dritte im Sinne des Verdeutlichens am Vorbild, was möglich ist - diese gewisse Leerstelle zu füllen. Die Passage vom Erwerb in den Vorruhestand präsentiert sich als eine Art *zweites Moratorium*, das in der sozialen Konstruktion des Lebenslaufs den Menschen einerseits abverlangt wird, will man nicht unzeitgemäßen, situationsunangemessenen und konventionellen Altersbildern als heikle Orientierungen folgen, und andererseits Spielräume öffnet für stärker selbstgesteuerte und differenzierte Lebensperspektiven, die man sich allerdings erarbeiten muß - individuell und in einem sozialen Raum. „Gestaltende Umweltaneignung“ (Schäffter 1989, 294ff.) bedeutet daher zunächst einmal sehr grundlegend die (a) *Erschließung von neuen Bewegungsräumen* in diesem Lebensstadium, die an die Stelle der nunmehr verschlossenen, über den Erwerb vermittelten treten oder nicht, wobei das spezifische Potential solcher Bewegungsräume darin zu sehen ist, ob und wie weit sie (b) *Freiräume bieten, Eigenes zu schaffen.* Dieses Besondere, das somit 'produktiv' entstehen kann, wird wiederum abhängen von dem Vorhandensein der Möglichkeit, in einer (c) *Perspektivenübernahme,* probeweise Innen-Außen-Relationen herzustellen und sich in diesem Erleben verorten zu können. Gestaltende Umweltaneignung präsentiert sich als Horizont-erweiterung durch Anschlußfähigkeit an neue Welten und durch sich erweiternde Perspektiven in deren Antizipation und Wahrnehmung.

Die Qualitäten von beispielsweise Erfahrungswissensprojekten liegen somit in den Chancen, im nachberuflichen Status Erfahrungsebenen und Lernfelder zu eröffnen, die Lebenskontinuität und Umbrucherfahrung auch als Zukunft verheißen. Es geht dabei nicht um die Konservierung geronnener Talente und Wissensbestände, sondern um die Sicherung der Option, diese weiterentwickeln zu *können* - nicht hingegen: außengeleitet zu *müssen*. Das heißt auch, daß konzeptionelle Engführungen, die darauf hinauslaufen, allein die „brachliegende Ressource 'Alter'" weiteren Nutzungsweisen zuführen zu wollen - also einem rein funktionalistischen Konzept entspringen -, den Moratoriumscharakter verfehlen (vgl. Knopf; Schmidt 1992, 190ff.). Erfahrungswissen-Projekte realisieren, analysiert man sie unter sozialpädagogischen Prämissen, ihre Potentiale vor allem dann, wenn sie es erreichen, daß sich in der Projektentwicklung immer wieder eine Balance einstellt zwischen den eher pragmatischen Orientierungen auf eine lebenswelt- und alltagsnahe Konstruktion von 'Tätigsein' und hierüber hinausweisenden Transformationsleistungen, die Normalumstände verlassen und doch auf sie zurückwirken. Etwas tun, dabei mitunter Grenzen überschreiten, in neuem Terrain entdecken, was Lebenspraxis anderswo ist, und diese Erfahrung rückwirken zu lassen auf das eigene, alltägliche Tun: So könnte man den Entwicklungsaspekt beschreiben, den solche Projekte und die hier Tätigen auf der Folie von Kontinuitätssicherung auch realisieren. Pragmatik und Transformation, Gewohntes und emphatisch Neues, bilden ein komplementäres Verhältnis. Dies impliziert zugleich, daß die Anforderung besteht, in der Projektentwicklung die Balance zwischen Elementen der Kontinuität und der Entwicklung immer wieder herzustellen, also beides, Alltag und Alltagsüberschreitung, zu ermöglichen.[9]

4.1 Geselligkeit und Tätigsein

Die Eröffnung des Werkhauses bedeutete für die Vereinsmitglieder, daß eine Initiative, die sich bislang in einem Turnus zu Besprechungen oder zu Handwerkereinsätzen zusammenfand, nunmehr die Aufgabe hatte, so etwas wie einen Projektalltag zu entwickeln. Waren bislang die Handlungen vorrangig ziel- und aktionsorientiert, so ergab sich nun die Notwendigkeit, ein 'Projektinnenleben' auszubilden, das allmählich Züge von Gemeinschaftlichkeit im Bewußtsein aller trägt.

Das Werkhaus war im Gebäude der Kirchengemeinde Mariendorf untergekommen. Im Souterrain konnten eine Druckerei, eine Tischlerei und ein Fotolabor untergebracht werden, im ersten Stock neben den Büroräumen eine Schneiderei, ein Seminarraum, Küche und Café. An der Debatte um die Gestaltung

---

[9] Dies gilt nur für Projekte, die in Abständen ihre Praxis kritisch bilanzieren und nach Anregung suchen, sie zu erweitern oder neu zu formulieren. Je stärker Projekte Außenanregungen institutionalisiert haben, z.B. durch Kooperationen mit anderen in einem Verbund oder durch Zusammenarbeit mit Instanzen, die sich in gänzlich anderen Praxisfeldern in der sozialen oder auch nicht-sozialen Arbeit bewegen, desto leichter wird es fallen, solche Anregungen als sehr alltäglichen Anreiz zur Praxisreflexion zu nutzen. Projekte hingegen, die sich nahezu ausschließlich auf einen Lokalbereich als Solitäre beziehen, verfügen hier über sehr viel beschränktere Anregungschancen und unterliegen weitaus stärker der Gefahr, sich auf einem gefundenen Niveau zu verfestigen, selbstgenügsam zu werden.

von letzterem kann man recht plastisch darstellen, wie heterogen die Vorstellungen darüber ausfielen, was Geselligkeit sei und insbesondere welche Züge die Gemeinschaft prägen sollten. An einem Pol der Auffassungen herrschte die Ansicht vor, das Café solle eine Art verlängertes Wohnzimmer darstellen, also ein eher vereinsinterner Raum werden, der in seiner Möblierung und gestalterischen Verzierung 'Privatheit' ausstrahlt. Demgegenüber wurde am anderen Pol das Konzept vertreten, das Café müsse ein teilöffentlicher, heller und einladender Raum sein, in dem sich auch andere Personen, die das ev. Gemeindehaus betreten (z.B. die Mütter, die ihre Kinder in den dortigen Kindergarten bringen), aufhalten können und mögen: Weder solle über das Café eine 'geschlossene Gesellschaft' signalisiert werden noch dürfe die 'Seniorenästhetik' einer Freizeitstätte im Werkhaus nachempfunden werden. Der Konflikt war nicht im Gespräch zu lösen, sondern wurde letztlich durch Intervention der Initiatorin der Werkhaus-Idee, nun im Vereinsvorstand für die Finanzen verantwortlich, im Alleingang und pro zweiter, offenerer Variante entschieden.

Die Diskussion um das Werkhaus-Café zeigte im nachhinein, daß die bis dahin geleisteten Interpretationen und praktischen Anstrengungen, das Leitbild des 'Tätigseins' für sich persönlich und im Werkhaus-Gedanken konkretisierend zu 'übersetzen', zwar immer selbstverständlich von einem gemeinschaftlichen und geselligen Fundament ausgingen, dieses selbst aber -man befand sich in der Vorgründungsphase ja mit Blick auf das Werkhaus in einer Antizipationsphase- noch nicht näher reflektierten. Irgendwie würde sich die Gemeinschaft schon herstellen lassen, wenn erst einmal die infrastrukturellen Bedingungen existierten. Diese der damaligen Situation mitgeschuldete Ausblendung der Verständigung über Qualitäten des Gemeinschaftslebens gewann nun unvermittelt in der Entscheidung über die Einrichtung des Cafés thematische Oberhand. Und die o.g. Form der Konfliktlösung konnte auch nur soweit eine 'Klärung' darstellen, als daß das Café in einer bestimmten Art und Weise eingerichtet wurde. Das Diktat führte dabei nicht zu Folgeproblemen, da letztendlich die Freude, nun das Werkhaus zu haben, aktuell bei weitem überwog. Offen blieb aber weiterhin die Verständigung darüber, welche zentralen Merkmale die Werkhaus-Gemeinschaft zukünftig auszeichnen sollten. So konnte es nicht überraschen, daß das bislang eher schwach akzentuierte Element 'Geselligkeit' - vom alltagsweltlichen Gespräch im kleineren Kreis bis hin zur Feier im Werkhausrahmen - nach der Eröffnungsfeier unübersehbar und mehrheitlich ins Zentrum des Interesses der Mitglieder rückte. Man hatte nun zwar eine Cafégestaltung durchgesetzt, die 'Offenheit' signalisierte, die reale Nutzung jedoch demonstrierte für Außenstehende[10] statt dessen auf den ersten Blick in manchen Zügen unübersehbare Affinitäten zu konventionellen Mustern sozialer Altenarbeit.

---

[10] Auch diejenigen WerkhausmitarbeiterInnen, die sich scharf von der herkömmlichen Altenarbeit abgrenzten, entdeckten solche Züge wider Willen und mit Irritation - was sich aber als Überzeichnungen erwies.

Der Aktionismus der Gründungs- und Einrichtungsphase wich Bedürfnissen nach 'Ruhe' und 'Zeit füreinander haben'. Für Außenstehende und für Werkhaus-AktivistInnen stellte sich so der Eindruck ein, daß nun, wo die sachlichen und räumlichen Bedingungen bereitet waren, um das 'Tätigsein' endlich zur vollen Blüte zu bringen, genau gegenteilige Handlungen akzentuiert wurden. Man wähnte gewissermaßen die Gefahr als virulent, daß sich unterhalb dieses Selbstetiketts doch das traditionelle Seniorentum restituierte, von dem man sich doch absetzen wollte. In gewisser Weise stellte das jedoch eine Verkennung der tatsächlich ablaufenden Prozesse im Werkhaus dar, die vielleicht dadurch zustande kam, daß man die Außenpräsentation des Werkhausgedankens zu ausschließlich und zu unflexibel zur Meßlatte auch für die Qualität des Alltagslebens des Projektes erhob - während tatsächlich eine Entwicklung im Gange war, die im nachhinein als Prozeß des Herstellens einer Balance von Geselligkeit und Tätigsein in der Gemeinschaftsentwicklung interpretiert werden kann, in dem vorübergehend das Geselligkeitsmoment überpointiert war:

So blieb in dem skizzierten und befürchteten Negativszenario außer acht, daß alle Beteiligten ihr Bedürfnis, Geselligkeit zu leben, ja nur dadurch befriedigen konnten, daß sie alle hierzu notwendigen Leistungen selbst erbrachten. Das Café war zu bewirtschaften, was bedeutete, daß Getränke organisiert, Speisen zubereitet, Service geleistet werden mußte - und das zuverlässig nach festgelegten Öffnungszeiten und werktäglich, zu bestimmten Anlässen mitunter auch am Wochenende. Um also an einem 'gedeckten Tisch', um dieses zentrale Motiv der konventionellen Altenarbeit zu gebrauchen, sitzen zu können, waren diverse vor- und nachbereitende Arbeiten zu erledigen, die sich nicht sofort dem/der BeobachterIn der geselligen Sequenz erschließen mußten. Ebenso wurden die Untermalungs- und Unterhaltungsprogramme bei Feiern selbst organisiert und dargeboten, der Raumschmuck zuvor besorgt bzw. hergestellt. Man befand sich somit nicht nur in der KonsumentInnen-, sondern zugleich auch ProduzentInnen-Position.

In dieser Balancefindung erhielt das 'Tätigsein' im Werkhaus eine neue Teilbedeutung. Man begann, Dinge für den nachfolgenden eigenen Konsum herzustellen, was vor allem von den Frauen im Werkhaus getragen wurde.

Und man interessierte sich zunehmend für den kunsthandwerklich-kreativen Bereich (Seidenmalerei, Glasmalerei, Fotoausstellungen, Tiffany-Gruppe u.a. m.)[11], der an werkhausinterner Bedeutung für viele Mitglieder den Werkstätten

[11] Ein inzwischen eingestellter pädagogischer Mitarbeiter förderte diesen Prozeß durch seine eigenen Talente, die er in das Werkhaus einbrachte. Das zeitigte zum einen die Folge, daß vor allem die Fotogruppen im Laufe der Zeit wachsende Ansprüche an die eigenen Produkte zu stellen lernten (und so später auch zu Ausstellungsehren im Nicht-Sozialsektor kamen). Zum anderen wurden weitere Werkhausmitglieder motiviert, ihrerseits kunsthandwerkliche Aktivitäten anzubieten. Dies führte mitunter auch dazu, daß ältere Erwachsene zum Werkhaus kamen, weil sie erfuhren, daß sie dort u.U. ihre Fähigkeiten und Fertigkeiten an andere weitergeben können. Das heißt, ein

durchaus gleichkam. Die oben skizzierte Balancesuche führte zu einer weiteren Stufe der Ausdifferenzierung des Leitbildes vom 'Tätigsein', was, wie später noch zu zeigen sein wird, durchaus sozialstrukturelle Hintergründe hat.

4.2 Auftrag und Lernen

Über die Verbindung der - ursprünglich getrennt voneinander entwickelten - Werkhaus- und Erfahrungswissen-Programmatik erhielten die Aspekte 'Eigenarbeit' und 'sozial verpflichtete Handwerkereinsätze' eine zusätzliche Inhaltsdimension dadurch, daß nunmehr nicht allein das handwerkliche Tun avisiert wurde, sondern auch das Vermitteln von handwerklichem Know-how an Dritte. Als AdressatInnen waren dabei sowohl andere im Werkhaus Aktive vorgesehen als auch Menschen unterschiedlichen Alters, die im Werkhaus handwerkliche Kenntnisse nachfragen und vermittelt bekommen sollten. Handwerkliches 'Tätigsein' erhielt zusätzlich eine Lernkomponente. Es sollte eine handwerkliche Hilfe zur Selbsthilfe und Beratung angeboten und geleistet werden: Man wollte nicht nur tun, sondern zeigen, wie man etwas tun kann. Diese Lernperspektive und, wie bereits oben formuliert, die Weiterreichung handwerklicher Traditionen wurden bei der Einrichtung und Ausrichtung der Werkstattbereiche als Tätigkeitselemente ergänzend berücksichtigt. 'Eigenarbeit', 'sozial verpflichtete Handwerkereinsätze', 'Traditionspflege' und 'Know-how-Weitergabe' als Elemente des 'Tätigseins' mischten sich in den einzelnen Werkstattbereichen in je unterschiedlicher Form:

– Am Beispiel der Druckerei läßt sich demonstrieren, daß die Absicht, eine Weitergabe von in Vergessenheit geratenden handwerklichen Techniken zu leisten, in Widerspruch geriet zu der Auftragsorientierung (für kirchliche und soziale Einrichtungen und für den Druckbedarf von Mitgliedern: Infoblätter, Briefköpfe, Visitenkarten, Zeitungen, Kalender u.a.m.), die die Druckerei verfolgen sollte. Mit beinahe detektivischem Gespür wurden, unter Mitwirkung eines ehemaligen Druckers, in stillgelegten Druckereien Bleisatz-Bestände gesammelt, um die Werkhaus-Druckerei quasi als 'Druck-Museum' auszurichten. Das anfängliche Interesse anderer Mitglieder, den Bleisatzdruck zu erlernen, erlahmte jedoch nach wenigen Wochen. Dies wurde gefördert durch zwei Umstände, die konzeptionell zu wenig vorausschauend bedacht worden waren: Die ehemaligen Handwerker, die nun die Werkstätten einrichteten und leiteten, gingen zum einen mit der Vorstellung an diese Aufgabe, eine Professionalität nachstellende Arbeitsstätte zu schaffen. Dies entsprach nun aber zu wenig dem Zugriff der anderen, die als interessierte Laien in der Folge dieser Bestimmung

---

zunächst hauptamtlich unterbreitetes Angebot ist - kontextabhängig - durchaus geeignet, um Personen zu motivieren, Analoges zu versuchen und ebenso MitstreiterInnen zu suchen: Das eine schließt nicht zwingend das andere aus. Es geht nicht um Reinheit von Strategien, sondern um die Ermöglichung von Handlungen, die sich wechelseitig motivieren und befruchten.

seitens der 'Fachkräfte' den Eindruck erhielten, als würde ihre bloße Anwesenheit in der Werkstatt bereits zur heftigen Bedrohung von Maschinen und Materialien. Zum anderen erwies es sich in der kontrollierten Situation der Vermittlung von Drucktechnik zudem, daß handwerkliches Know-how nicht zwingend auch das Vermögen bereits einschließt, es an Dritte unterrichtend weiterzugeben. Die Druckerei konnte sich daher nur kurze Zeit als Lernort vorstellen. Parallel hierzu gewann die Auftragsorientierung in diesem Werkstattbereich immer stärker an Bedeutung, wobei sich nun aber der Ansatz, alte Techniken weiter am Leben erhalten zu wollen, für diese Nutzung als unpraktisch erwies, so daß nach einer Weile der Bleisatz immer weiter in die Ecke rückte und schließlich einer Rotaprint-Maschine weichen mußte. Die Druckerei wurde über diese konzeptionsrealisierenden Suchbewegungen hinweg zu einem reinen Dienstleistungsunternehmen im Non-Profit-Sektor; ihre Existenz hängt (auch 1995) ausschließlich an denjenigen Personen, die sich als gelernte Drucker im Werkhaus betätigen.

– Die Schneiderei durchlief demgegenüber andere Prozesse. Sie entwickelte sich zum personenstärksten Werkstattbereich; aus Kapazitätsgründen arbeiten die Frauen inzwischen in drei Gruppen, die sich den Schneidereiraum nach festgelegtem Zeitplan teilen. Die Auftragsproduktion ist in allen Gruppen eher schwach ausgeprägt und reduziert sich im wesentlichen darauf, bei Handwerkereinsätzen (z.B. die Renovierung einer Kindertagesstätte) die anfallenden Schneiderarbeiten (z.B. Gardinen nähen) auszuführen. Die Eigenproduktion dominiert, wobei inzwischen die Schneiderei auch Modeschauen veranstaltet, auf denen die neusten Kreationen öffentlich vorgeführt werden, ergänzt um die selbst entworfenen und hergestellten Assessoires und Schmuckstücke. Dabei ist es das Ziel dieser Schauen, andere zur Nachahmung zu motivieren, um sie für die Schneiderei bzw. eine Anfängergruppe in der Schneiderei zu gewinnen. Eine der Schneidergruppen kombiniert Eigenproduktion mit dem Angebot an InteressentInnen (Frauen und Männer im und außerhalb des Werkhauses), sie in Techniken, die sie erlernen wollen, zu unterweisen. .

– Die Tischlerei wurde von einem ehemaligen Modellbauer eingerichtet und mit Werkzeug und Material ausgestattet, das, nachdem andere 'richtige' Tischler hinzu kamen, ergänzt werden mußte, da es deren Arbeitsinteressen nicht hinreichend entsprach. Die Werkzeug-Frage barg bereits das Leitmotiv der weiteren Werkstattentwicklung in sich, nämlich die kontinuierliche Debatte darüber, welcher Werkstattausrichtung und -nutzung welche Priorität beizumessen sei, welche Interessen sich wie raumgreifend ausbreiten können und wer zurück zu stehen hat. Trotz aller Leistungen, die hier erbracht werden - neben Eigenproduktion (vor allem im Modellbau) stellt die Tischlerei Spielzeug her, z.B. für Kinder des im Gemeindehaus angesiedelten Hortes oder für Basare, baut Kleinmöbel und leistet Kleinreparaturen für Werkhaus-Mitglieder und Außenstehende - entfaltete dieser Werkstattbereich ein hoch sensibles Binnenleben, das es anderen erschwert, hinzuzustoßen. Man ist vorwiegend damit beschäftigt, das komplizierte Innenleben auszutarieren und weniger in der Lage,

durch Lern- und Mitmachangebote in der Werkhausöffentlichkeit in Erscheinung zu treten. Die Sorge um die Maschinen und die Angst vor Verletzungsgefahren liefern auch hier die Generalerklärungen für die Kontrolle und Begrenzung des Werkstattzugangs.

Die Entwicklungen in den drei Werkstattbereichen verläuft nicht einheitlich. Die Lernperspektive realisiert sich vorrangig im Bereich der Schneiderei und im Rahmen der kunsthandwerklich-kreativen Gruppen. In den von Männern dominierten Werkstattbereichen hat sich statt dessen die Auftragsorientierung durchgesetzt. So ist die Einschätzung der Projektleitung, die Frauen im Werkhaus seien lernfreudiger und 'pädagogischer', während die Männer Lernperspektiven eher zur Seite schöben, mit Blick auf die Praxisentwicklung gewiß eindrücklich zu belegen.[12] Auf einer anderen Ebene jedoch wird diese gewisse Dichotomie (hier Lernperspektive, dort Auftragserledigung), wenn man schon in dieser Polarität argumentiert, zugleich auch dadurch kontrastiert, daß beide Konzepttraditionen (der Werkhausgedanke und die Erfahrungswissenperspektive) im Gesamtrahmen doch gleichzeitig vorhanden sind. Sie durchziehen dabei eher im additiven Sinne den Werkhausalltag, bei deutlichen Abstufungen in den einzelnen Werkstätten, und verbinden sich in den Handlungen nur partiell auf integrierte Weise. Allerdings bleibt festzuhalten, daß die deutlich auftragsorientierten Werkstattbereiche, die die Erfahrungswissenperspektive faktisch ausgrenzen, unter quantitativen Gesichtspunkten (Zahl der Aktiven) minoritär blieben - zumindest bis zu dem Zeitpunkt, an dem das Werkhaus im Ostteil Berlins Dependancen eröffnen konnte.

4.3 Nützlichkeit und Eigenleben

Man kann die Werkhausentwicklung bis zum Beginn der neunziger Jahre wie folgt charakterisieren: Mit der Herausbildung eines Projektalltags fanden die Mitglieder sich zu einer Gemeinschaft, die auf der Basis geselligen Miteinanders und gemeinsamen Arbeitens in Gruppen für sich selbst und für die Gemeinschaft ein Eigenleben entwickelte, in dem sich situativ und punktuell weitere, sozial verpflichtete Tätigkeiten hinzugesellten. Keinesfalls aber wurde dieses 'Tätigsein für Dritte' so prägnant akzentuiert, daß sich der Eindruck für BeobachterInnen hätte einstellen können, die Auftrags- und Außenorientierung sei zentraler Impuls für das Werkhausleben. Sieht man von individuellen Prägungen ab, so lehrt die Praxis, daß eine Transformation von Orientierungen mit hoher Erwerbsaffinität in veränderte und lebenssituationsangemessenere Gleichgewichte von Arbeit und Lernen durch die Berliner Werkhausaktiven sehr

---

[12] Diese Gegenüberstellung ist insofern überpointiert, als in den kunsthandwerklich-kreativen Gruppen Frauen und Männer tätig sind. Es wäre hier zu überlegen, ob es sich um eine allgemeine Mann-Frau-Thematik handelt oder um eine spezifische Form männlicher und beruflicher Sozialisation. Im vorliegenden Rahmen muß dies offen bleiben.

schnell und ohne Aufhebens selbstgesteuert vorgenommen wurde. Was im Rahmen des Programms 'Zwischen Arbeit und Ruhestand (ZWAR)' in Nordrhein-Westfalen zum Beispiel ausdrücklich als Ziel formuliert (vgl. Klehm in diesem Band) und in der Werkhaus-Programmatik dann zustimmend reflektiert wurde, erwies sich unter damaligen Berliner Umständen als Selbstläufer. Zwei Momente dürften für diese Differenz entscheidend verantwortlich sein:

(1) Die gewerbliche Industrie von Berlin (West) befand sich nach Beendigung des kalten Krieges und dem anschließend einsetzenden Verlust ungetrübter Frontstadt-Solidarität sehr schnell in einem unaufhaltsamen Niedergang. In Zeiten, wo 'Freisetzungsmaßnahmen' - z.B. im Ruhrgebiet im Zuge der Stahl- und Bergbaukrise - umfassend eingeleitet, und die betroffenen ArbeitnehmerInnen hiervon zudem überrascht wurden - was dann auch die besondere 'psychosoziale Mischung' für das Aufkommen von VorruheständlerInnen-Projekten bereitete -, war die Sozialstruktur in Berlin (West) bereits gewandelt, der Anteil gewerblicher ArbeitnehmerInnen minimiert. Angesichts der schon vollzogenen Auflösung traditioneller Arbeitermilieus, mußte das Werkhaus also andere soziale Milieus ansprechen.

(2) Auch unabhängig von solchen Milieuunterschieden rekrutierten sich Berliner Projekte wie das Werkhaus aus Populationen, die in der Großstadt mit ihrer entfalteten und vielschichtigen Freizeitkultur, die sie langjährig kennen und konsumieren, sowohl bereits stärker mit dem frühzeitigen Erwerbsende in ihrer antizipierten Biographie zu kalkulieren gelernt haben[13] als auch schon häufiger präzisere und individuell geprägte Interessenspräferenzen mitbringen. Es ist nicht primär die Schwierigkeit, nicht zu wissen, was man u.U. gerne tun würde, sondern öfter das Fehlen eines sozialen Zusammenhangs, dies mit anderen gemeinsam bewerkstelligen zu können. Eine Überwindung kommunikativer Einschränkungen dominiert das bloße Interessenfindungsproblem.

Erst nach Öffnung der Grenzen zum Ostteil der Stadt und der sich anschließend dort bildenden Werkhaus-Stützpunkte wurden nun auch die klassischen Vorruhestandsthematiken in ihrer ostdeutschen Prägung Gegenstand der Werkhauspraxis.

Die Bedeutung der Möglichkeit, die Werkhauspraxis nun auch auf den Ostteil der Stadt auszudehnen, kann am Beispiel des Handwerkerreparaturdienstes dargestellt werden, der ursprünglich und vor 1989 im Westteil Berlins durch

---

[13] Eher würde ein gegenteiliger Trend zur Verlängerung der Lebensarbeitszeit, wie er ja in der Rentenstrukturreform beabsichtigt ist, die Menschen in den alten Bundesländern heutzutage in ihrer biographischen Antizipation irritieren. Die Wiedereinbindung des beginnenden nachberuflichen Lebens in einen selbstgewählten und tätigkeitsorientierten Projektkontext könnte, folgte die betriebliche Personalpolitik der Rentenpolitik, später abgelöst werden durch die Reintegration des höheren Erwachsenenalters in Erwerbskontexte. 'Tätigsein' wäre also nur eine Perspektive für diejenigen, die dann für das Arbeitsleben nicht länger in Betracht kämen.

die Koordinationsstelle des Erfahrungswissen-Programms ins Leben gerufen wurde und der sich nach einer Weile dem Werkhaus anschloß, um die Vereinsinfrastruktur mit zu nutzen. (Der Handwerkerreparaturdienst wird ausführlich von Knopf in diesem Band beschrieben.) Unter den damaligen Umständen, war die Zielsetzung des Dienstes und der vermutete Bedarf - Erledigung von Kleinreparaturen in Altenhaushalten gegen eine kleine Aufwandsentschädigung und vermittelt durch die Sozialämter - unstrittig. Gleichwohl gelang es nicht, eine stabile Handwerkergruppe zu bilden. Probleme hoher Fluktuation und mangelnder Stabilität des Tätigkeitsrahmens konnten nie befriedigend bewältigt werden.

Erst als das Werkhaus über Anzeigen in zwei auflagenstarken Tageszeitungen Ost- und Westberlins das Vorhaben nochmals vorstellte und zu einem Informationsnachmittag einlud, zu dem 120 Personen fast ausnahmslos aus dem Ostteil kamen, gelang es, den Handwerkerreparaturdienst doch noch dank des handwerklichen und Management-Engagements der Ost-Vorruheständler in die Gänge zu bringen.

Der Handwerkerdienst ermöglicht den Beteiligten einen kleinen Zuverdienst von höchstens 130.- DM im Monat. Pro Arbeitsstunde muß vom Auftraggeber 13.- DM entrichtet werden. (Dieses Entgeld kann bei Bedürftigen vom Sozialamt übernommen werden.) Von diesen 13.- DM führt das Werkhaus 2.- DM an das Finanzamt ab und behält 1.- DM für Regie- und Verwaltungskosten ein, so daß sich der Handwerkerdienst selbst finanziert.

Der Handwerkerreparaturdienst bewirkte für das Werkhaus insgesamt, daß die Formen, in denen das Leitbild des 'Tätigseins' bis dahin realisiert wurde, nun nochmals eine Variante erhielten, die deutlich an ursprüngliche Konzeptideen erinnert. Der Dienst zeichnet sich durch eine hier quasi auf Dauer gestellte soziale Verpflichtung aus, der man in der Hauptsache kontinuierlich nachkommen will. Man kann es auch anders formulieren: Durch diese Akzentuierung wurde eine weitere Differenzierung der Formen des 'Tätigseins' eingeleitet, die angesichts der Situation Ostberliner Vorruheständler/innen als durchaus angemessen erscheint. Diese Einschätzung resultiert aus der Erfahrung, daß in Ostberlin drei Elemente im 'Tätigsein' mitschwingen, die in der Westberliner Werkhaustradition bis dato nie eine vergleichbare Präsenz zeitigten:

(1) 'Tätigsein' wird von den Ost-Vorruheständler(inne)n zuerst und in hoher Übereinstimmung vor allem als 'gesellschaftlich sinnvoll Tätigsein' interpretiert. Das heißt, die Frage nach den angestrebten Tätigkeitsinhalten wird vorrangig in der Relation von eigenem Vermögen zu sozial sinnstiftenden Nutzungsformen erörtert. Sozial verpflichtetes Handeln wird als Schritt der Selbstintegration verstanden, der das Gefühl vermittelt, weiterhin 'nützlich' zu sein, obgleich das Erwerbsleben unlängst das Gegenteil attestierte. Projekte wie der Handwerkerreparaturdienst stellen gewissermaßen eine Gegenwelt dar, die kompensatorische Anteile birgt.

(2) Lernen wird in diesem Kontext unmittelbar tätigkeitsbezogen gefaßt. Um beispielsweise den o.g. institutionellen Rahmen für den Handwerkerreparaturdienst zu entwickeln und das beschriebene Arrangement zu sichern, mußte eine zeitintensive Beschäftigung mit fremden rechtlichen Sujets erfolgen, was angesichts der Bedeutung dieser Fragen sich für die Beteiligten von selbst verstand.

(3) Sodann ist das 'Tätigsein', wenn möglich, angesichts beengter finanzieller Spielräume[14] auch einkommenssteigernd motiviert. Man möchte die Hinzuverdienstgrenzen, wie eng sie auch gezogen sind, doch nutzen, um einen bescheidenen Wohlfahrtswachs durch das 'Tätigsein' zu erzielen.

Das Leben im Werkhaus definierte sich seit Öffnung der Grenzen somit in unterschiedlichen Bezügen. Die Nützlichkeitsorientierung, die durch die Ostberliner Vorruheständler neues Gewicht erhalten hatte, existiert parallel zu der Westberliner Orientierung auf selbstgesteuerte, tätige Lebensgestaltung in der Gemeinschaft. Sie bilden im Projektalltag allerdings kein akutes Spannungsfeld, da sie zum einen über den gemeinsamen Leitgedanken des 'Tätigseins' -trotz verschiedener Lesarten- verbunden bleiben und weil der Handwerkerreparaturdienst im Werkhaus, wie auch die anderen Betriebs- und Werkstattbereiche, eine gewisse Autonomie im Rahmen einer Überarbeitung der Vereinssatzung, die eine Stärkung der Eigenverantwortlichkeit der Werkstatt- und Arbeitsbereiche beinhaltete, erhalten hatten.[15]

---

[14] Erst diejenigen, die kurz vor Auslaufen der Altersübergangsgeld-Regelung diese Leistung erstmals bezogen, befanden sich nicht mehr in einer äußerst restriktiven Einkommenssituation - vor allem dann, wenn beide Ehepartner Leistungen bezogen -, weil die zwischenzeitlich erfolgten Anpassungsschritte der Einkommen an das West-Niveau nun auch die Höhe der Berechnungsgrundlage des Altersübergangsgeldes erhöhend beeinflußten. Das war in den ersten Jahren nach Herstellung der Sozialunion keineswegs der Fall.

[15] Neben dem im Westteil beheimateten Werkhaus und dem Ostberliner Handwerkerreparaturdienst existiert eine weitere Dependance in Berlin-Köpenick. Auf Anfrage des dortigen Bezirksamtes kooperiert das Werkhaus mit dem Bezirk bei der Gestaltung einer Begegnungsstätte. Die hier assoziierten Werkstattbereiche (Änderungsschneiderei und Tischlerei) werden ergänzt durch ein Beschäftigungsprogramm nach § 249 (h) AFG (Arbeitsförderungsgesetz), für das das Werkhaus die Trägerschaft übernommen hatte und in dessen Rahmen ältere und ehemalige Beschäftigte der Yachtwerft Köpenick einen Schiffskörper instand setzen und behindertengerecht ausbauen wollen. Die besondere Schwierigkeit dieses Werkhausbereichs liegt in der Kombination eines Beschäftigungsprogramms nach dem AFG und dem werkhaustypischem 'Tätigsein' nach dem Erwerb. Die sieben Hauptamtlichen, die per Arbeitsvertrag und mit definierter Zielstellung im Projekt arbeiten, sind deutlich auf Integration in den regulären Arbeitsmarkt motivational ausgerichtet; ihre - z.T. älteren - ehemaligen Kollegen hingegen, die sich in der Nach-Erwerbsphase an den Yachtarbeiten beteiligen, wissen, daß dies für sie nicht mehr in Frage kommen wird. Die Gleichzeitigkeit dieser beiden Orientierungen ist für die Praxisentwicklung schwieriger zu handhaben als konstatierte divergierende Interpretationen des Tätigkeitsmotivs, weil die Sicherung von Arbeitsplätzen übermächtig wirkt.

4.4 Sich-Einrichten und Wanderschaft

Im Januar 1994 wurde in Berlin das 'Werkhaus Europa der älteren Generation' gegründet. Ziel des Projektes ist es, über Begegnungen Älterer und ein gemeinsames 'Tätigsein' zu erreichen, daß Europa erfahr- und erlebbar werden kann. Voraussetzung dafür ist für die InitiatorInnen[16] *der Austausch von Erfahrungen und Kenntnissen, die die nationalen und regionalen Alltags- und Arbeitskulturen widerspiegeln. Im Mittelpunkt solcher Begegnungen, die erstmals 1995 stattfinden werden, stehen: sozial verpflichtete Handwerkereinsätze, die Pflege des architektonischen Erbes und des Kunsthandwerks, Formen des Natur- und des Umweltschutzes sowie die Bewahrung des 'europäischen Gedächtnisses' (vgl. Priewe 1994). Diese Dimensionen flossen in ein gemeinsames Aktionsprogramm des Projektverbundes ein, das u.a. folgende Vorhaben für das erste Jahr vorsieht:*

1. *'Überlebensplätze europäischer Frauen' mit dem Anliegen, Gemeinsamkeiten und Unterschiede von Frauenbiographien in verschiedenen Ländern Europas angesichts des Kriegsendes vor 50 Jahren herauszuarbeiten;*

2. *'Auf den Spuren gemeinsamer europäischer Geschichte' mit dem Leitgedanken, Spuren, die andere Nationen im Laufe ihrer Geschichte in einem Land hinterlassen haben, am Beispiel der Städte Amsterdam, St. Petersburg und Berlin nachzuzeichnen;*

3. *Errichtung eines Begegnungszentrums in Serra dell'Esperienza (Süditalien) im Rahmen von Handwerkereinsätzen.*

Diese und andere Aktionen werden in je unterschiedlichen nationalen Kooperationen geplant und durchgeführt.

Über solche gemeinsamen Aktionen kann Europa als Kultur- und Lebensraum handelnd erfahrbar gemacht werden. Auf der Basis unterschiedlicher nationaler Identitäten sollen in der produktiven Auseinandersetzung mit der sozialen Umwelt des Gastgeberlandes gemeinsame Wurzeln ebenso verdeutlicht und (wieder)gewonnen werden, wie es dabei zugleich möglich sein wird, die eigene Be-

---

[16] Sieben Projekte haben im Anschluß an die Aktivitäten zum Europäischen Jahr der älteren Menschen und der Solidargemeinschaft der Generationen, wie es umständlich hieß, 1993 das Werkhaus Europa gegründet: aus Italien 'Service Coop' (Pagliare Del Tronto) und 'Splendida Dimora' (Cisternino), aus Irland 'Share' (Cork), aus den Niederlanden 'Gilde' (Amsterdam), aus Deutschland die Projekte 'Treffpunkt engagiertes Leben' (Halberstadt und Stadt Brandenburg; in Trägerschaft des Institut für Sozialarbeit und Sozialpädagogik (ISS), Frankfurt/M.), 'Erfahrungswissen älterer Menschen nutzen' (Gesamtprogramm, Berlin) und das 'Werkhaus Anti-Rost' (Berlin). Seit dem 1. Oktober 1994 wird das Werkhaus Europa aus Mitteln der Europäischen Union und des Berliner Sozialsenats - hier speziell für Osteuropakontakte - gefördert, wobei Zuwendungsgewährungen über das Jahr 1995 hinaus sicher dadurch erleichert würden, wenn auf EU-Ebene bis dahin ein eigener Haushaltstitel 'Altenpolitik' beschlossen sein sollte.

sonderheit in der Begegnung mit differierenden Lebenswelten bewußter und präziser zu erkennen. Europäische Begegnungen älterer Menschen im Rahmen des Netzwerkes 'Werkhaus Europa der älteren Generation' stellen einen Handlungs- und Lernzusammenhang dar: Es geht um eigenmotivierte, tätige Erschließung neuer Horizonte an den Rändern bisheriger Erfahrungswelten. 'Tätigsein' in der nahen, doch fremden Nachbarschaft schärft, so die gemeinsame Überzeugung, das Bewußtsein gleichermaßen für die eigene Situation und Befindlichkeit. Europäische Erfahrungen helfen Brücken zu schlagen, sie beinhalten aber ebenso die Chance und Aufforderung zur Vergewisserung der eigenen nationalen Prägungen und Lebensumstände. Auch in diesem Fall leistet Außenanregung Sensibilisierung und Schärfung der eigenen Wahrnehmung auf sich und andere.

Diese Aktionen entsprechen in diesem Verständnis durchaus auch den besonderen Notwendigkeiten zur Neudefinition der aktuellen Existenz und des weiteren Lebensplans. Der Übergang vom Erwerb - oder von durch Erwerbsarbeit überformten Lebenssituationen - in den Nacherwerbsstatus wurde bereits als eine Art zweites Moratorium beschrieben, in dem Menschen sich neuerlich sich selbst und ihrer Perspektive versichern müssen. Reflexivität kennzeichnet diese Statuspassage. Lebensbilanzierungen und Versuche, die Gleichzeitigkeit von Kontinuität und Entwicklung zu gestalten, prägen diesen Lebensabschnitt. Das europäische Engagement stellt vor solchem Hintergrund in einer ersten Bedeutungsschicht eine Begegnung und einen Dialog von Menschen unterschiedlicher Nationalität dar. In einer zweiten Bedeutungsschicht ermöglichen Begegnung und Dialog ein Zu-sich-gelangen in dem Bemühen, ein Stück weit in einen fremden Alltag einzutauchen, um andere Existenzformen und Lebensphilosophien von Leuten kennen und nachvollziehen zu lernen. Europa als Erfahrungs- und Lernort kann somit Identitätswerkstatt im nationalstaatlichen wie persönlichen Sinne sein. Nach Jugendzeit und Adoleszenz kommt es nicht von ungefähr, daß sich die ältere Generation nunmehr im Rahmen des Projektverbundes 'Werkhaus Europa' aufmacht, eine Art 'zweite Wanderschaft' zu probieren. Sie entspricht der Übergangs- und Umbruchsituation im Politischen wie im Privaten.

Eine Balance von Horizonterweiterung und Persönlichkeitsentwicklung, wie sie in den anstehenden Aktionen vorgesehen ist, trifft jedoch werkhausintern auf unterschiedliche Befindlichkeiten. Während die europäische Perspektive z.B. für diejenigen, die sich zuletzt an dem Handwerkereinsatz in Italien beteiligt hatten, unmittelbar an persönlichen Erfahrungen anschließt oder von jüngeren, damals Nichtbeteiligten mit Neugierde verfolgt wird, sehen andere diese Entwicklungen mit gewisser Distanz. Für sie, so ihre Ansicht, käme das zu spät. Sie seien nicht mehr diejenigen, die solche Neuerungen aktiv mit tragen könnten.

In der neuen Interpretation von 'Tätigsein' als einem grenzüberschreitenden Handeln wird mit der Zeit und nebenbei ersichtlich, daß das Werkhaus Anti-Rost inzwischen auf eine Entwicklung zurückblicken kann, die mit den Anfängen eine Zeitspanne von demnächst zehn Jahren umfaßt. Mit diesem 'Altern des Projektes' geht nun ebenfalls eine stärkere Generationendifferenzierung unter den Beteiligten einher, die auch auf das Leitbild vom 'Tätigsein' Rückwirkungen zeitigt. Diejenigen, die frühzeitig schon mitwirkten, haben inzwischen ein Alter erreicht, in dem neue Optionen - wie die einer zweiten Wanderschaft - seltener mit Neugier und ungebrochener Experimentierfreude erwogen werden, sondern in dem ein Sich-einrichten im Werkhausrahmen allmählich zu dominieren beginnt. Man verfolgt die neue Entwicklung zwar, läßt sich aber durch diese Außenanregungen nicht mehr so leicht verführen - im Unterschied zu jüngeren Werkhausmitgliedern. Auch auf der europäischen Ebene, die vorgesehenen Aktionen zeigen dies, werden die geläufigen Elemente des 'Tätigseins' erneut, aber in einem wiederum veränderten Zusammenhang, aufgegriffen. Die Varianten des 'Tätigseins' gewinnen an Buntheit und Facettenreichtum hinzu. Zugleich aber führen werkhausinterne, nach dem Lebensalter sich differenzierende Beteiligungsunterschiede zu einer Diskrepanz von zur Verfügung stehenden Möglichkeiten und deren Inanspruchnahme. Das heißt, es wird zukünftig in der Projektentwicklung verstärkt darum gehen, die so disparaten Elemente 'Wanderschaft' und 'Sich-einrichten' auszubalancieren - nun aber in einer Situation, in der sich die Ausbuchstabierung des Leitbildes 'Tätigsein' weiter spezifiziert, dabei aber ein immer weiter gefaßtes Spektrum entfaltet, das zugleich neue Integrationserfordernisse hervorbringt. Es wird somit notwendig werden, sowohl das Grenzüberschreitende zu akzentuieren, weil es, wie gesagt, der Statuspassage entspricht, in der sich Menschen in der beginnenden Nacherwerbszeit befinden, als auch das stationäre Festhalten an einem für sich gewonnen Level des 'Tätigseins' zuzulassen, das man im Übergang zum hohen Lebensalter, das andere erreicht haben, so lange wie möglich zu konservieren sucht: Wachstumsperspektive und Verlustgefahr sind immer augenfälliger parallel im Projektalltag vorhanden.

5. Umweltaneignung: Selbststeuerung und Außenanregung

Man kann mit unterschiedlichen Perspektiven an Projekte herangehen. So wäre es beispielsweise ein gängiges, zugleich aber recht fragwürdiges Verfahren, am (selbsterklärten) 'Exempel' das gesuchte, substantiell Neue sozialer Altenarbeit daran festmachen zu wollen, was Menschen irgendwo Avantgardistisches kreiert haben. Hierfür steht das Werkhaus Anti-Rost nicht; das was in seinem Rahmen getan wird, ist durchaus auch anderenorts in dieser oder jener Gestalt präsent. Bedeutsamer als dieses Suchen und Identifizieren allerneuester Strömungen erscheint mir die Frage, wie es Projekte schaffen, sich über eine längere Zeitspanne hinweg konzeptionell und praktisch weiter zu entwickeln und dabei Flexibilität für die notwendigen Umformulierungen ihrer Programmatiken und Leitorientierungen an den Tag zu legen. Das heißt, von besonderem Interesse ist weniger die momentane Befindlichkeit im Augenblick des Betrachtens, sondern vielmehr die gewachsene Fähigkeit zur Adaption und - dieses käme als weiteres Qualitätsmerkmal hinzu - zur Reflexion solcher Prozesse. Zu fragen wäre also, wie es ein Projekt schafft, sich einerseits treu zu bleiben, ohne dabei andererseits auf einem mal erreichten Stand zu 'versteinern'. *Kontinuität und Entwicklung* stellt nicht nur ein Thema für die Beteiligten auf der individuellen Ebene dar. Die Anforderung, hier ein Gleichgewicht immer wieder neu herzustellen, richtet sich ebenso an die gemeinsame Produktion des Projektrahmens insgesamt. Dies bedeutet in der Projektpraxis, Offenheit zu suchen, um fähig zu bleiben, neue Personen, Ideen und Praxisformen integrieren oder veränderten Anforderungen entsprechen zu können. Tendenzen, sich zu verschließen, an den Rändern dicht zu machen oder selbstgenügsam zu werden, sind in der Entwicklungsdynamik von Projekten ebenso enthalten, wie es auch möglich ist, an Schlüsselstellen der Weiterentwicklung Grenzüberschreitungen durch Rahmenveränderungen zu motivieren.

Am Beispiel des sich wandelnden, jeweils neue Akzente ausbildenden oder frühere Akzente variierenden Werkhaus-Leitbildes vom 'Tätigsein' läßt sich diese Fähigkeit zu Adaption als einen solchen produktiven Umgang mit Innen-Aussen-Relationen beschreiben. Die Entwicklungselemente, die hier als 'Aussenanregung' beschrieben sind - die Verbindung des Werkhauses mit dem Erfahrungswissen-Programm, die mit Öffnung der Grenzen einfließenden Orientierungen der Ostberliner Vorruheständler/innen und, zuletzt, die europäische Perspektive - können allerdings erst dann im Projekt Produktivität entfalten, wenn sie quasi durch die Membrane eindringen, zum Thema der Innenwelt gemacht werden und schließlich die Perspektiven auf die Außenwelt zu verändern beginnen. Außenanregung beeinflußt Selbststeuerung, und Projektentwicklung setzt voraus, daß Anregungspotentiale integriert und selbstgesteuert realisiert werden. Umgekehrt: Koppeln sich Projekte (irgendwann) weitgehend von Aussenkontakten ab, richten sie sich in ihrer unmittelbaren Umwelt ein, und sind die Anregungspotentiale hier zudem ausgedünnt, dann reduziert sich Entwicklung auf *Kontinuität und Wiederholung*.

Das Werkhaus Anti-Rost, das inzwischen einen Projektverbund von rund 200 individuell abgestuft 'tätigen' Älteren vorstellt, gibt ein prägnantes Beispiel für das Bemühen, über die Zeit hinweg Außenanregungen zu organisieren und sich damit Entwicklungschancen zu sichern. Dies ist ein bewußter und aktiv betriebener, eigenverantwortlicher Schritt. Und hierin liegt auch die Bedeutung des Projektes für die Entwicklung einer Theorie sozialer Altenarbeit.

Kontaktanschrift:
Werkhaus Anti-Rost
Rathausstraße 28
12105 Berlin
Tel.: 030/706 42 24

Literatur

Dieck, M.; Naegele, G.; Schmidt, R. (HG.): 'Freigesetzte' Arbeitnehmer im 6. Lebensjahrzehnt - eine neue Ruhestandsgeneration, Berlin 1985

Hagelskamp, J.: Die Kompanie des Guten Willens e.V., in: Hottelet, H.; Schmidt, R. (Hg.): Handlungsfelder für ältere Menschen in der Gesellschaft II, ISS-Papier 36, Frankfurt/M. 1989, S. 43 - 50

Klehm, W.-R.; Schünemann-Flake, U.: Das Projekt 'Zwischen Arbeit und Ruhestand (ZWAR)'- Eine Antwort auf psychosoziale Folgeprobleme des (Vor-)Ruhestands, in: Knopf, D.; Schäffter, O.; Schmidt, R. (Hg.): Produktivität des Alters, Berlin 1989, S. 60 - 77

Kondratowitz, H.-J. v.: Verwendung gerontologischen Wissens in der Kommune, Berlin 1993

Knopf, D.; Schmidt, R.: Lernen im Porjektkontext. Über die Bildsamkeit der 'Ruhestandsgestaltung', in: Dettbarn-Reggentin, J.; Reggentin, H. (Hg.): Neue Wege in der Bildung Älterer, Band 2, Freiburg i.Br. 1992, S. 185 - 198

Priewe, W.: Werkhaus Europa der älteren Generation, Berlin 1994 (Ms.)

Schäffter, O.: Produktivität. Systemtheoretische Rekonstruktionen aktiv gestaltender Umweltaneignung, in: Knopf, D.; Schäffter, O.; Schmidt, R. (Hg.): Produktivität des Alters, Berlin 1989, S. 258 - 325

Schmidt, R.: Das Erfahrungswissen Älterer gewinnen und nutzen. Vorschläge zur Umsetzung eines Programms, in: Institut für Bildung und Kultur e.V. (Hg.): Materialien zur Fachtagung 'Seniorenkulturarbeit', Schriftenreihe Band 6, Remscheid 1986, S. 98 - 124

Schmidt, R.; Schweppe C.: Zur Entwicklung und Profilierung sozialer Altenarbeit im offenen Bereich, in: Hedtke-Becker, A.; Schmidt, R. (Hg.): Profile sozialer Arbeit mit alten Menschen, Berlin 1995, S. 135-157

Schmidt, R.; Zeman, P.: Die Alterskultur der Altenhilfe: Rückzugsnische, Aktivprogramm, neues Alter? in: Gockenjan, G.; Kondratowitz, H.-J. v. (Hg.): Alter und Alltag, Frankfurt/Main 1988, S. 270-295

Wolf, J.: Die Vergesellschaftungslücke. Der Vorruhestand in den neuen Bundesländern, in: Zeitschrift für Sozialreform, 37. Jg. 1991, Heft 11/12. S. 723 - 735

Projekte gemeinschaftlichen Wohnens mit Älteren

Ulrich Otto[1]

Gemeinschaftliches Wohnen mit Älteren

Seniorengenossenschaften als geeignete Projektschmiede?

Der Umbruch jedenfalls ist länger schon in Gang. Altenpolitik ist keineswegs nur noch Altenhilfepolitik und ist mit den drei Kategorien stationär, ambulant und offen nicht mehr angemessen zu erfassen. Auf Länderebene ist allerdings der Umorientierungsprozeß hin zu einer modernen und differenzierten 'Landschaft' der Altenarbeit, die der Vielgestaltigkeit des Alters und Alterns Rechnung trägt, sehr unterschiedlich weit entwickelt. Dies hat auch mit dem Stand der entsprechenden Landespolitik zu tun. In mancher Hinsicht scheint hier Baden-Württemberg eine Vorreiterrolle eingenommen zu haben, deren Beginn in Zusammenhang mit zwei Untersuchungsberichten gebracht werden muß: einerseits dem Bericht der Kommission „Altern als Chance und Herausforderung“ (1988), andererseits dem Bericht und Antrag des Untersuchungsausschusses „Menschenwürde und Selbstbestimmung im Alter“ (Landtag BaWü 1990). In dieser Zeit wurde zugleich unter der Ägide der damaligen christdemokratischen Landesregierung das Konzept der Seniorengenossenschaften entworfen. Pointiert gesagt ging es darum, den Selbsthilfegedanken aus seiner einerseits privatistischen, andererseits gesundheitsbezogenen Nische zu befreien, offensiv zu propagieren und auszuprobieren.

1. Seniorengenossenschaften. Grundsätze und Programmatik

1.1 Was und wer soll erreicht werden? Konturen des Modellprogramms und seiner Projektorte

Vorbereitet wurde die Projektarbeit durch eine interministerielle Arbeitsgruppe. Ihre Konzeptionspapiere wurden ebenso wie Schriftsätze einzelner ihrer Mitglieder die wichtigsten Hinweise dafür, *Ziele* zu rekonstruieren (vgl. dazu aus-

[1] In Zusammenarbeit mit Martin Link, Leiter des Paritätischen Bildungswerks Baden-Württemberg, Begleitung von vier dem DPWV angeschlossenen Seniorengenossenschaften.

führlich Otto 1995, 18ff.). Der öffentlichen Ausschreibung im Herbst 1990 folgte die Auswahl von 10 Projektorten, die Anfang 1991 mit ihrer Arbeit begannen.

Als *Zielgruppe* wurde von der Ausschreibung vorgegeben, daß die Seniorengenossenschaft „sich bei Mitgliedern und DienstleistungsnutzerInnen überwiegend aus älteren Menschen zusammensetzt“ (Ausschreibung 1991, 6). Inzwischen wird der Altersbezug sowohl von offizieller Seite als auch seitens der beteiligten Initiativen weiter in den Hintergrund gedrängt - wenn überhaupt werden hier als Anhaltspunkte Altersmargen bei den ab 50- oder 55jährigen angesetzt. Ermutigt hat dazu auch die empirische Erfahrung. Die Zusammensetzung der Mitglieder aller Seniorengenossenschaften weist zwar auf eine hohe Betroffenheit der Zielgruppe der Älteren und Alten hin, der beachtliche Anteil in der anderen Hälfte des Erwachsenenalters signalisiert aber zugleich die Mobilisierbarkeit eines erfreulichen Potentials Jüngerer, die die Gestaltung positiver und solidarischer Möglichkeiten des Älterwerdens als Gemeinschaftsherausforderung betrachten.[2] Konsequenterweise wird in einem Positionspapier des Sozialministeriums zur Weiterentwicklung der ‘Geschäftsstelle Seniorengenossenschaften’ vom 4.7.1994 formuliert: „An Stelle der Konzentration auf die Zielgruppe 3. Lebensalter tritt die Orientierung auf problem- und generationsübergreifende Beispiele freiwilligen bürgerschaftlichen Handelns, weil dies den Wünschen der Zielgruppe älterer BürgerInnen entspricht“ (zit. nach MAGS 1994, 85).

Die eigens im Ministerium zunächst zur Implementation eingerichtete *Geschäftsstelle* ist Hauptinstrument bei der Modellförderung durch das Land. Ihr wurden ähnliche Aufgaben wie einer übergeordneten Kontakt- und Informationsstelle zugedacht zuzüglich der „Transmissionsriemenfunktion“ in die Politik. Ihre Schwerpunkte bestehen nur zum kleineren Teil aus der Verwaltung der Fördermittel, wichtiger wurden Beratung, Öffentlichkeitsarbeit, Fortbildungsorganisation, übergangsweise Dachverbandsfunktion.

Der *institutionelle Rahmen* für die Projekte vor Ort wurde ursprünglich eher mit dem Fluchtpunkt einer eingetragenen Genossenschaft beschrieben, in der tatsächlichen Umsetzung dagegen handelt es sich bei fast allen Initiativen um eingetragene gemeinnützige Vereine. Nur vereinzelt wird selbst diese Regulierungsform als zu einengend, formalistisch und kräftebindend abgelehnt. Davon unabhängig bestand neben dem nach innen gerichteten und sozusagen exklusi-

---

[2] Auf der Basis einer Totalerhebung im September 1991 bei allen Mitgliedern läßt sich feststellen, daß recht genau die Hälfte der Befragten unter 65 Jahren alt, die andere Hälfte 65 und älter ist. Immerhin ist ca. ein Viertel jünger als 55, das älteste Viertel der Mitgliedschaft ist 73 Jahre und älter, die Hälfte der Antwortenden verteilt sich also auf die 55- bis 72jährigen. Fällt bei den Männern das größere Gewicht bei den 35- bis 54jährigen auf, so bei den Frauen die hohe Konzentration bei den 60 - 74jährigen. Es verbergen sich allerdings hinter dem Gesamtdurchschnitt beträchtliche Unterschiede zwischen den einzelnen Orten (zur Untersuchung vgl. Otto 1992a).

ven Aspekt der bedarfswirtschaftlichen Mitgliederförderung immer der Anspruch, auch nach außen zu wirken: Im Sinne einer Qualitätsverbesserung des herkömmlichen Dienstangebots und einer differenzierten Modernisierung des Alters.

Der Schwerpunkt der Aktivitäten bezieht sich bislang auf das Feld unterschiedlicher *sozialer Dienstleistungen.* Deren *Spektrum* ist sowohl zwischen den Initiativen als auch innerhalb derselben mittlerweile weit aufgefächert. Es reicht von Besuchsdiensten bis zu rehabilitationsorientierten ganzheitlich ausgerichteten Hilfen in der Krankenhausnachsorge, von stationär-generationsübergreifenden über fahrbare Mittagstische bis zur Initiierung einer teilberuflichen Tagespflegeeinrichtung und der bürgerschaftlichen Mitarbeit darin, es werden Haushaltshilfen ebenso wie Beratungs- oder Handwerksdienste angeboten.[3] Bei den personellen Ressourcen für die Vereinsarbeit wie für die konkreten Dienstleistungen wird bislang zuallererst auf freiwillige, nicht erwerbsbezogene Mitarbeit gebaut. Aber es gibt auch erste Ansätze einer Teilverberuflichung in unterschiedlichen Formen.

1.2 Vorgaben, Spielräume, Interpretationen

Was für die Rechtsform gilt, läßt sich auch für fast alle anderen Bereiche der seniorengenossenschaftlichen Konzeption feststellen: Sie schreibt weniger 'harte' Umrisse, Institutionalisierungsmerkmale oder Pflichtaufgaben und -leistungen vor, als daß programmatisch Leitziele formuliert werden, deren Umsetzung großen Spielraum läßt. Natürlich wurden handfeste Strukturen und Mindestbereitschaften (partizipationsoffene Institutionalisierung, Zusammenarbeit mit der wissenschaftlichen Begleitung, offene Informationspolitik usw.) gefordert. Dazu gehört auch die Idee des „Zeittausches“, die die Gemüter bei Publikum und den Beteiligten so stark beschäftigte, daß sie in der öffentlichen Diskussion geradezu zu *dem* Kennzeichen der Seniorengenossenschaften geriet: Ein neues Tauschmedium - die Zeitgutschrift - sollte denjenigen (Älteren), die sich für andere (noch Ältere) einsetzen, ermöglichen, einen „Anspruch“ auf Gegenleistung zu erwerben. Dieser kann sofort eingelöst oder aber angespart werden und kann auch von Dritten erbracht werden, die damit wiederum zeitäquivalente Rückerstattungen erwarten können.

Aufschlußreicher und das Selbstverständnis prägender aber sind beispielsweise die Schlüsselbegriffe, wie sie aus dem Selbstvergewisserungspapier 'Leitgedanken der Seniorengenossenschaften' entnommen werden können: 'soziales Engagement voranbringen', 'Verantwortung für eine eigenständige Lebensweise und die Teilhabe in der Gesellschaft übernehmen', 'das Älterwerden aufwerten, Mut, Lust und Kreativität fördern und die Geschäfte selbst in die Hand neh-

---

[3] Vgl. den vom Ministerium regelmäßig herausgegebenen 'Infodienst' (inzwischen: „Bürger engagiert“), mehrere Kapitel in MAGS (1994) sowie Otto (1995, 43ff., 137ff.).

men'. „Neues anzufangen, Erfahrungen zu pflegen, gegenseitigen Austausch zu organisieren, unsere Zeit einzubringen und zu tauschen und die Generationen zusammenzubringen' seien die Ziele der Arbeit. Zusammenfassend gehe es darum, „Menschen Perspektiven aufzuzeigen, was sie selbstbewußt und gemeinschaftlich tun können" (Leitgedanken 1993).

In einer ersten Annäherung läßt sich zusammenfassen, daß ausgehend von einer bereits offensiven Selbsthilfekonzeption mit zunächst stärker genossenschaftlichen Akzenten i.e.S. - u.a. bedarfswirtschaftliche Mitgliederförderung einschließlich ökonomischer Aktivitäten - im Verlaufe der vierjährigen Projektphase ein umfassenderes Konzept 'bürgerschaftlichen Engagements' angelegt wurde.[4] Den Seniorengenossenschaften wird dabei eine Mediationsfunktion zugewiesen. Sie „bilden verbindliche, aber noch steuerbare und überschaubare Organisationsformen. Sie halten Handlungsmotivationen der Älteren wach und aufrecht. Sie reduzieren die Komplexität unüberschaubarer Hilfesysteme" (Hummel 1991, 23). In vielen Facetten scheinen - noch durchaus disparate - Versuche auf, eine 'Modernisierung wohlfahrtsstaatlicher Subsidiarität' zu entwickeln, den Selbsthilfeanspruch also mit neuen Verknüpfungen zum Markt- und Sozialstaatssektor zu verbinden.

Indem durch die Mega-Programmformel der Bürgergesellschaft als perspektivischem Fluchtpunkt die Faßbarkeit noch weiter schwindet, erscheint es umso sinnvoller, bezogen auf das Gesamtprogramm Seniorengenossenschaften nochmals sowohl die hauptsächlichen Wirkungsebenen als auch die Teildiskurse des öffentlichen Interesses auseinanderzuhalten. Worum also geht es? Gerade angedeutet wurde ein *erster* Strang jener sieben Fragen, die im Kontext des Modellprogramms von besonderem Interesse sind: Die Debatte über den Umbau des Sozialstaats und die Neubalancierung des Wohlfahrts-Mix. Hinzu kom-men folgende vielfach miteinander zusammenhängende Aspekte:

Zweitens die Dienstleistungs- oder Transaktionsfrage: Was wird geleistet bzw. getauscht, technokratisch formuliert: Wieviel und welche Hilfe wird für wen produziert? *Drittens* die Freiwilligenfrage: Wer läßt sich durch das spezifische Arrangement zu aktiver Mitarbeit gewinnen bzw. inwiefern gelingt es, die vielbeschworenen unausgeschöpften Potentiale helfender Hände zu mobilisieren? *Viertens* der Spezialaspekt: Welchen Stellenwert könnte freiwillige Mitarbeit auch im Pflegebereich annehmen?

Fünftens die Ehrenamtsdebatte: In welcher Weise verändert sich das Gefüge unterschiedlicher, sowohl nebeneinander bestehender wie in komplementärer Wechselbeziehung stehender 'Bedarfsausgleichssysteme', insbesondere: Was passiert mit dem hergebrachten ehrenamtlichen Engagement? *Sechstens* die Medien- und Incentivedebatte: Welche Wirkungen hat die Einschaltung von

---

[4] Entsprechend wurde die Geschäftsstelle zwischenzeitlich umbenannt in 'Geschäftsstelle Bürgerschaftliches Engagement und Seniorengenossenschaften'.

Steuerungsmedien in den sensiblen Bereich 'freiwilliger', 'informeller' Arbeit, insbesondere: Gibt es kontraproduktive Effekte der „Formalisierung des informellen Sektors“ (Berger/Offe), wie sie u.a. die 'Zeitgutschrift' des Modellprogramms darstellt? *Siebtens* die Selbsthilfedebatte: Inwiefern läßt sich von Selbsthilfe sprechen, inwiefern ist dieser Begriff angesichts der neuen Initiativen noch angemessen bzw. wie wäre er neu zu fassen?

2. Gemeinschaftliche Wohnprojekte als Selbsthilfeprozeß organisieren

Schon in den frühen Vorüberlegungen zu Seniorengenossenschaften wurde gedanklich nicht zuletzt an die Tradition der Genossenschaften im Wohnsektor angeknüpft. Einige der Modellprojekte widmen sich denn auch ausschließlich wohnbezogenen Aufgaben, andere sehen die Integration von Wohnbau oder wohnungsbezogenen Stadtentwicklungsaufgaben in ihren Programmen vor. Aus der erstgenannten Kategorie soll ein Projekt vorgestellt werden. Auf den ersten Blick scheint es zwar nicht unbedingt typisch für die Initiativen - weder wird in erster Linie sozial geholfen, noch werden Stunden notiert. Es empfiehlt sich aber um so mehr, als es bislang anderweitig nicht systematisch beschrieben wurde, als es die Offenheit des Modellprogramms vom Rand her aufzeigt und gerade darin deutlich seine - typischen - Entwicklungspotentiale und Konturen widerspiegelt und als es in besonderer Weise an frühe programmatische Entwürfe umfassend konzipierter, auch wirtschaftlich tätiger Seniorengenossenschaften anknüpft, die Schwerpunkte dann im Entwicklungsverlauf aber deutlich verschiebt. Die oben genannten Fragen werden indes alle in spezifischer Form berührt. Bei dreien läßt sich das schon vorweg andeuten: 'Ehrenamt' im hergebrachten Sinne kommt hier praktisch nicht vor, geht es doch bisher im Kern um die Realisierung zunehmend selbstbewußter Eigeninteressen. Die spannende Frage lautet also eher, ob aus einem bislang notwendig selbsthilfe-*gruppen*-zentrierten Geschehen eine breiter bürgerschaftlich orientierte Bewegung entstehen kann, die von individueller kreativer Suchbewegung ebenso geprägt ist wie von nach außen gerichtetem Engagement.

2.1 Die Ausgangslage

Suchbewegungen in Politik und Öffentlichkeit

Insofern Wohnen Älterer heute öffentliches Thema mehr denn je ist, ist auch hier nach dem Spezifikum der seniorengenossenschaftlichen Aktivitäten in diesem Feld zu fragen. Der Bund spricht über Förderprogramme und experimentiert im Städtebau, die Länder bauen das betreute Wohnen (vgl. BMFuS 1994) und die wohnortnahe Versorgung aus, auf Kreis- und städtischer Ebene und von Verbänden wird immer mehr die Wohnberatung bisweilen zusätzlich Umzugsberatung (incl. entsprechender Zuschüsse) aufgegriffen, ArchitektInnen entdekken das Thema als lukratives oder als sozial gebotenes und qualifizieren sich einschlägig, Bausparkassen und -gesellschaften entdecken das Mehrgenerationenwohnen immer neu, Kommunen und freie Träger fangen an, beim Heimbau umzudenken. Es entstehen Vorzeigeprojekte mit wichtigen innovativen Elementen - vom ExWoSt-Programm[5] über integriertes Wohnen (vgl. Brech u.a. 1993) und Alten-WGs bis zu internationalen Projekten (vgl. Boligtrivsel i Centrum 1994) usw. Initiativen von oben erhalten Nahrung, Wünsche von unten gleichermaßen. Die Älteren und künftigen Älteren beschäftigt es sowieso. Manche aber auch noch nicht oder zu spät.[6] Daneben existiert eine lebendige Szene vielgestaltiger gemeinschaftlicher Wohnprojekte, deren Wurzeln eher in der Ökologie- und Alternativbewegung liegen (vgl. z.B. Kuthe/Mermagen/Schepers 1993, Klünder/Sinclair in diesem Band), deren Erfahrungen aber im SeniorInnen-Diskurs viel zu wenig genutzt werden. Schließlich sollten etwa die Erfahrungen im Themenkomplex Selbsthilfeinitiativen in der Stadterneuerung und ihre Unterstützung durch intermediäre Organisationen nicht außer acht gelassen werden.[7]

Die explizit auf Ältere bezogenen Aktivitäten konzentrieren sich weiterhin auf Sonderwohnformen, auf die Wohnung als Faktor im Leben Hilfebedürftiger, auf technische Hilfen.[8] All diese Elemente sind wichtig. In dieser eifrigen arbeitsteiligen Erledigung des Themas kommen indes viele Bedürfnisse nicht zur Entfaltung und viele Entwicklungen nicht in Gang, zugleich bleiben viele Kompetenzen und Ressourcen ungenutzt. Sie sind mit Bezug auf Wohnalternativen vielfältig vorhanden, müssen aber organisiert werden.

Persönliche Suchbewegungen: Wünsche nach gemeinschaftlichen Wohnalternativen

Dies wird besonders deutlich, wenn man sich auf die Vielgestaltigkeit der Wünsche gerade von Menschen in der zweiten Lebenshälfte einläßt und ihnen genau zuhört, was einer Verwirklichung im Wege steht. Bezeichnende Wünsche wie auch Hindernisse sollen mit Beispielen aus der Erfahrung des Paritätischen Bildungswerks Baden-Württembergs illustriert werden, das - wohl nicht zufällig - als Bildungsarbeit diese Bedürfnisse vermutlich stärker anzieht und deutlicher sichtbar werden läßt als beispielsweise Wohnberatungsstellen oder Architekturbüros. Etwas vereinfacht lassen sich vier große Motivationsstränge auseinanderhalten:

---

[5] Zum Forschungsfeld „Ältere Menschen und ihr Wohnquartier" vgl. die „ExWoSt-Informationen". Der Endbericht wird vom BMBau derzeit vorbereitet.

[6] Interessanterweise kommen z.B. im neuen Bundesmodellprogramm Seniorenbüro nur ca. 1% der unterstützten Gruppen aus dem Engagementbereich Wohnen bzw. Wohnumfeldverbesserung (vgl. Claussen; Sommer; Thomas 1994, 94).

[7] Vgl. z.B. die 6-Länder-Untersuchung, über die Selle (1991) einen Überblick gibt.

[8] Ausnahmen sind dokumentiert in Forum (1993), Bura; Kayser (1992) sowie Brasse; Klingeisen; Schirmer (1992).

Menschen auf Wohnungssuche: Sie sehen in den Überlegungen zum gemeinschaftlichen Wohnen eine Chance, schnell und teilweise preiswert eine bessere Wohnsituation zu erreichen. Obwohl diese den Gedanken über gemeinschaftliches Handeln und gegenseitige Hilfeleistung positiv gegenüber stehen, scheinen sie häufig eher an der fertigen Lösung als an dem mühsamen Entwickeln von Konzepten interessiert. Bei dieser Gruppe stehen zumeist praktische Wohnungssorgen im Vordergrund - von der Kündigung über das zu anstrengend, zu groß oder unpraktisch gewordene Haus oder Mängel in der Altersgerechtigkeit bis hin zu Wohnumfeldwünschen.

Menschen auf der Suche nach einer gemeinschaftsorientierten Gestaltungsperspektive: Im Vordergrund steht bei diesen, Gleichgesinnte kennenzulernen. Es sind Menschen, die auch ein interessantes Zusammenleben mit anderen suchen, Bereicherung durch die Gemeinschaft, ggf. auch verläßliche PartnerInnenschaft, ohne die eigene Individualität und ohne Rückzugsmöglichkeiten ins Private aufgeben zu wollen. Es sind Menschen unterschiedlichen Alters auf der Suche nach neuen Formen des Wohnens und Zusammenlebens. Viele beklagen die Vereinzelung, vermissen tragfähige familiäre oder nachbarschaftliche, kommunikative und soziale Netze, vermissen besonders auch das lebendige Miteinander der Generationen. Hier kommt in erster Linie der Wunsch nach einer bewußten Gestaltung eines neuen Lebensabschnitts zum Vorschein.

Menschen, die sich eine Hilfeperspektive sichern wollen: Oft bestimmt das Schreckgespenst der Pflegebedürftigkeit und damit einhergehend Hilflosigkeit und Verlust der Selbständigkeit die Motivation, nach Alternativen zu suchen - Alternativen eben auch zu den institutionalisierten Formen des Wohnens wie Altenheim und Pflegeheim. Viele der Interessierten haben die Not der Pflege selbst am Beispiel ihrer eigenen Eltern erfahren. Aber auch vorher schon scheinen Unterstützung im Krankheitsfall oder Hilfen im Haushalt durch andere MitbewohnerInnen eine wichtige Wunschvorstellung zu sein. Um das gemeinschaftliche Miteinanderleben nicht zu überfordern, wird dennoch in manchen Fällen schon früh über mögliche Hilfen von außen nachgedacht (vgl. Forum 1993, 152ff.).

Menschen auf der Suche nach einer gesellschaftspolitischen Perspektive: Sie wollen der Vereinzelung in der Gesellschaft entgegenwirken, nicht nur für sich eine private Nische suchen. Sie erwarten nicht, daß der Staat alle Belange regeln kann, sie wollen Dinge selbst in die Hand nehmen. Sie wollen durch gegenseitige Hilfe Pflegeheime vermeiden helfen und insgesamt dadurch staatliche Haushalte entlasten. Und häufig wollen sie die Möglichkeiten für eine ökologische Lebensweise schaffen: durch ökologisches Bauen und Wohnen, durch sorgsameren Umgang mit dem knappen Gut Siedlungsfläche und Wohnraum (der gemeinschaftlich verbrauchte Wohnraum ist geringer, z.T. von einzelnen Personen bewohnte große Wohnungen oder Häuser werden frei usw.) oder bewußtere, teils gemeinschaftliche Nutzung von Verkehrsmitteln und ggf. anderen Konsumgütern.

Die Motivationen, sich gerade im Dritten oder Vierten Lebensalter wohnmäßig nochmals neu zu orientieren, sind also ganz unterschiedlicher Natur. Sie brechen auch jenseits starrer Altersgrenzen (wie z.B. Kündigungen oder Wohnungsmängel) auf, weshalb wir hier das Wohnen Älterer nur insoweit zum Ausgangspunkt nehmen, als gerade in der späteren Lebensphase eben sehr häufig wohnrelevante - befreiende wie belastende - Entwicklungen stattfinden. Wenn in der Umgangsweise mit alternativen Wohnprojekten altersspezifische Unterschiedlichkeiten existieren sollten (vgl. Narr 1993), so bestehen sie nach der Erfahrung des Bildungswerks in der Perspektive auf Sicherheit einerseits, Unabhängigkeit andererseits. So scheint gerade Ältere die Vorstellung besonders zu erschrecken, daß das einmal eingegangene Wagnis der Projektbeteiligung nach wenigen Monaten schon wieder scheitern könnte und nochmals eine Neuorientierung erfordern würde. Deshalb hängt viel davon ab, Wohnprojekte möglichst nicht als unumkehrbare Schicksalsentscheidung auszugestalten.

Alle genannten Interessenlagen verbinden sich zu höchst unterschiedlichen Motivationsclustern und machen die Breite des Spektrums deutlich: So gehen die Zeithorizonte ebensoweit auseinander wie die Ambitionen, die Sache auch öffentlich-politisch zu vertreten oder die Wünsche, die eigene Lebensperspektive explizit mit einem Gruppenprozeß zu verbinden.

Wie schwierig es ist, die Wünsche, die mit gemeinschaftlichem Wohnen verbunden sind, zu 'organisieren', läßt sich deutlich an jenen Projekten im Großraum Stuttgart ablesen, die als gescheiterte den Grundstein für die hier dokumentierte Initiative darstellten: Eine ältere Dame hatte schon mehrere Anläufe unternommen, um zu einer verläßlichen Gruppe zu kommen, mit der sie ihre Wohnidee verwirklichen konnte. Über Zeitungsannonce hatten sich anfänglich auch eine ganze Menge gemeldet, es gab viele Treffen, gemeinsame Urlaube usw., aber je konkreter die Angelegenheit wurde, umso mehr sprangen wieder ab. Am Schluß stand sie wieder alleine, um Erfahrungen reicher, um Illusionen ärmer.

Ein älteres Ehepaar pflegte schon viele Jahre den Kontakt zu anderen Ehepaaren und Alleinstehenden ihrer Altersgruppe. Eine intensive Freundschaft hatte sich entwickelt. Gemeinsame Wochenenden in einem gemeinsamen Ferienhaus und andere gemeinsame Unternehmungen unterschiedlichster Art hatten die Idee reifen lassen, ein gemeinsames Wohnprojekt anzusteuern. Ein Konzept wurde erarbeitet, Pläne geschmiedet, ein geeignetes Grundstück war bereits gefunden; die Idee stand kurz vor der Verwirklichung. Zur allergrößten Enttäuschung des Initiators bekamen die FreundInnen dann Angst vor der eigenen Courage und ließen die Sache platzen. Das Projekt hatte zur Voraussetzung, daß vorhandenes Wohneigentum hätte aufgegeben werden müssen; die Angst, daß das Projekt scheitern könnte und keine Sicherheit im Hintergrund vorhanden war, hatte den Ausschlag für die Rückzüge gegeben. Das dritte Projekt scheiterte daran, daß die gute Idee eines Dreigenerationen-Wohnhauses und die Möglichkeit, in einem kleinen Dorf ohne jede Infrastruktur günstig ein Haus dafür zu bekommen, keine Interessierten hat mobilisieren können. Die kleine Initiativgruppe sah sich überfordert mit den großen Schwierigkeiten, selbst die notwendige Infrastruktur zu entwickeln, Mobilitätsmöglichkeiten zu schaffen usw.

Die existierende arbeitsteilige Bearbeitung der vielen Herausforderungen, wie sie sich rund um die Entwicklung eines Wohnprojektes stellen, funktioniert in offensichtlicher Weise normierend. Sie ist zugeschnitten auf privates Einzelwohnen - jedenfalls dann, wenn Sonderwohnformen nicht in Frage kommen. Solche Normierungen - und das heißt für Wohnalternativprojekte zumeist: Entmutigungen - kommen durch explizite Aktivität und die indirekte Wirkung von Strukturen zustande, Strukturen des gegebenen Welfare mix, der Zuständigkeitsabgrenzungen, der Finanzierungsregelungen oder der Förderrichtlinien.

2.2 *Das Thema entwickeln und Projektarbeit organisieren*

Erste Ansätze: Ein offenes Forum

Diese und ähnliche Erfahrungen machten deutlich, daß gemeinschaftliche Wohnprojekte über privates Engagement hinaus ein öffentliches Forum brauchen, daß ein langwieriger Diskussions- und Durchsetzungsprozeß bei den Interessierten, aber auch in der Öffentlichkeit notwendig ist, um die Voraussetzungen zu schaffen, unter denen solche Projekte gelingen können. Daß sie gelingen können, zeigten vielfache verwirklichte Projekte in den nördlichen Bundesländern und im europäischen Ausland.

1989 wurde beim Paritätischen Bildungswerk in Stuttgart ein offenes Forum ins Leben gerufen mit der Vorstellung, daß Menschen, die sich Gedanken über ihre Wohn- und Lebensform machen, aus der Vereinzelung heraustreten und ihre Vorstellungen, Ideen und Wünsche gemeinsam mit anderen entwickeln können. Es sollte die Chance genutzt werden, über die mit vielen Risiken behafteten Nischenlösungen hinaus eine breite Diskussion mit Ideenproduktion und Konzeptionsentwicklung entstehen zu lassen. Es fanden regelmäßige Treffen mit einer Vielzahl von Interessierten statt, und es war schnell deutlich, daß die gemeinsame abstrakte Idee gemeinschaftlichen Wohnens, die alle Interessierten verband, noch keine tragfähige Basis für die Realisierung von konkreten Projekten war. Die Erkenntnis war, die auch von verwirklichten Projekten bestätigt wurde, daß vor dem Ziel des gemeinsamen Wohnens ein langwieriger Prozeß steht.

Eine Kerngruppe entwickelte gemeinsame Grundsätze, eine gemeinsame Philosophie. BürgerInnen verschiedener Altersgruppen und Berufe mit unterschiedlichem familiärem Hintergrund (Familien, Singles, Alleinerziehende) aus dem Großraum Stuttgart wollen in wahlverwandtschaftlicher Gemeinschaft wohnen und leben. Das Gebäude soll nach ökologischen Gesichtspunkten errichtet oder umgestaltet und Formen generationenübergreifenden Zusammenlebens erprobt werden. Gemeinsame Aktivitäten und gegenseitige Unterstützung sollen selbstverständlich sein. Die BewohnerInnen sollen je eine kleine abgeschlossene

Wohnung für sich zur Verfügung haben, während Gemeinschaftsräume Möglichkeiten für Kommunikation und die unterschiedlichsten Aktivitäten schaffen. Von den Gemeinschaftseinrichtungen wird erwartet, daß sie die Kommunikation zwischen ProjektteilnehmerInnen und umgebender Wohnbevölkerung intensivieren.

Die Gruppe sieht in diesen Grundsätzen wichtige Lebenschancen und die Möglichkeit, den oben unterschiedenen Motivationsbündeln gerecht zu werden. Bei allem wird der Mehrgenerationenansatz betont (Alt und Jung leben wieder unter einem Dach, Austausch von Erfahrungen bereichert und gegenseitige Hilfe erleichtert das Zusammenleben, Kinder mit berufstätigen Eltern fühlen sich aufgehoben und bezüglich von Betreuung und Hausaufgabenhilfe usw. unterstützt in einer Gemeinschaft). Es wird erwartet, daß Mehrgenerationenwohnmodelle sowohl soziale Verbesserungen für die NutzerInnen als auch langfristig wirtschaftliche Vorteile für die WohnungseigentümerInnen/-vermieterInnen bringen.

Vereinsbildung und Einbindung ins Modellprogramm

Das offene Forum hatte zumindest einen zweifachen Zweck erfüllt. Zum einen wurde es von einer größeren Zahl Interessierter als Möglichkeit verstanden, für sich selber Klarheit zu erhalten, was für sie beim Wohnen wichtig ist. Die daraus resultierende Fluktuation war in der Regel eher so zu werten, daß die für diese Personengruppe nützliche Orientierungs- und Anregungsfunktion erfüllt worden war. Gleichzeitig und daneben hatte das Forum aber auch die Herausbildung der genannten Kerngruppe und deren Entwicklungsweg ermöglicht und befruchtet. Allerdings verlangte deren weitere Perspektive nun nach einem Rahmen, der größere Verbindlichkeit ermöglichte.

Folglich entstand aus dem offenen Forum in diesem Stadium ein Verein mit dem Namen 'Wabe e.V. Gemeinschaftliche Lebens- und Wohnformen für jung und alt, für Einzelpersonen, Paare, Familien und Alleinerziehende'. Die Vereinsziele bilden in wesentlichen Teilen die o.g. Vorstellungen der Kerngruppe ab. Ziel der Gründung war eine eigenständige Organisationsform, teilweise in Weiterentwicklung der Forumsmöglichkeiten, teilweise über diese hinausreichend. Unabhängigkeit von Verbänden stand ebenso obenan wie das Anliegen, als Verhandlungspartner von Baugesellschaften, Kommunen usw. akzeptiert zu werden und das Prinzip der Selbstverantwortlichkeit und Selbstorganisation anstelle enteignender ExpertInnenmodelle.

Etwa zeitgleich zu dieser Entwicklung wurde das Modellprogramm Seniorengenossenschaften öffentlich ausgeschrieben. Für die *Wabe* schien es ein passender Gedanke, die beiden Stränge zu integrieren.[9] Es waren insbesondere

[9] „Das Ziel der Wohngenossenschaft ist es, einen Verbund von mehreren gemeinschaftlichen Wohnprojekten zu schaffen, in den unterschiedliche Leistungen eingebracht und abgerufen werden können und zwar sowohl innerhalb der Wohngruppen

Elemente der Leitbilder sowie der grundsätzlicheren programmatischen Ausrichtung des Modellprogramms, die für die *Wabe* positive Anknüpfungspunkte zu bieten schienen: Im Genossenschaftsgedanken als interessante Gestaltungsvariante für gemeinschaftliche Wohnprojekte ließen sich die Grundprinzipien der Selbstbestimmung und der Selbstverantwortung wiederfinden. Gegenseitige Hilfeleistung wurde nicht nur postuliert, sondern zugleich bot das Modellprogramm mit der Zeittauschidee Anregungen, wie der Austauschgedanke sinnvoll zu organisieren ist. So gab es insbesondere Anknüpfungspunkte für eine sinnvolle Regelung und adäquate Verrechnungsmodi für das Einbringen unterschiedlicher Leistungen (Kapital, Beratungsleistungen, bautechnische und handwerkliche Leistungen, Betreuungs- und Pflegeleistungen, Fahrdienste usw.).

Daneben gab es weitere eher pragmatische Überlegungen, die für eine Teilnahme am Seniorengenossenschaftsprogramm sprachen: von einer erwarteten Vergrößerung der Plattform durch gezielte Unterstützung bei der Öffentlichkeitsarbeit über den Rückenwind, der die TeilnehmerInnen an einem in der Öffentlichkeit vielbeachteten Ministeriumsmodell mitträgt, bis hin zu dem ebenso damit assoziierten leichteren Zugang zu Behörden und ggf. Unternehmen, der Hoffnung auf politische Lobbyarbeit und der Erwartung finanzieller Unterstützung.

Der Genossenschaftsgedanke selbst war bei den Mitgliedern der *Wabe* von Anfang an positiv besetzt, kritisiert wurde jedoch seine im Modellprogramm enge Verbindung mit SeniorInnen. Obwohl die Mitglieder und InteressentInnen in der Mehrzahl ältere Menschen ab 50 waren, wollte man jegliche Identifikation mit der Altenhilfe und SeniorInnenaktivitäten vermeiden. So entsprach die explizit generationenübergreifende Konzeption nicht nur dem eigenen Selbstbild der Beteiligten, sondern war zugleich ein Versuch, Jüngere nicht abzuschrecken bzw. überhaupt ansprechen zu können. Eine Mindestaltersgrenze oder auch nur eine mehrheitlich bewußte Ausrichtung auf Ältere wird explizit vermieden, eine Auseinandersetzung mit deren Belangen dagegen - und seien es nur potentielle - wird aktiv betrieben.

Ähnlich wie in anderen Seniorengenossenschaften schien die Zeit für eine Genossenschaftsgründung nicht reif. Statt dessen wurde in diesem Stadium der Verein als bekannte überschaubare Größe der komplizierten und mit vielen

---

als auch zwischen den Gruppen. Die Vorteile: Die Genossenschaft für gemeinschaftliches Wohnen und Leben in Stuttgart könnte selbstorganisiertes, gemeinschaftliches Wohnen zu günstigen Bedingungen anbieten, in die man sowohl Kapital als auch Arbeitsleistungen einbringen kann, je nach eigenen Möglichkeiten. Klärungs- und Unterstützungsbedarf besteht hinsichtlich eines vernünftigen Regelsystems, wie Leistungen eingestuft und verrechnet werden können. Die Zusammenarbeit mit der Geschäftsstelle Seniorengenossenschaften wird angestrebt, um am Erfahrungsaustausch mit anderen Projekten teilzuhaben und um vorhandenes Wissen und Information für die Wohngenossenschaft zu nutzen“ (Landtag Baden-Württemberg, Nov. 1990).

nicht erfüllbaren Ansprüchen behafteten Genossenschaft vorgezogen. Innerhalb des Vereins sollen sich Projektgruppen bilden, die dann relativ eigenständig Wohnprojekte verwirklichen.

Zusammen mit einer anderen Initiative und der Baugenossenschaft Esslingen wurde die Wabe als eines von 10 Projekten in das Modellprogramm Seniorengenossenschaften eingebunden (vgl. MAGS 1994, 133ff.).[10] Für das Sozialministerium schien die doppelte Integration - als Projektverbund im Modellprogramm - aus verschiedenen Gründen interessant zu sein, schließlich sollte hier 'Altenarbeit' nicht nur Gesellung und Hilfe darstellen, sondern umfassender Wohnen, Tätigsein und Begegnen integrieren, schließlich sollte das Programm auch in bestehende Träger 'hineinwirken', und es sollten auf möglichst vielen Feldern neue Verbundformen erprobt werden.

Zum Stand nach vier Jahren

Inzwischen sind über vier Jahre intensiver Arbeit verstrichen, deren Ergebnis zwar noch kein verwirklichtes Wohnprojekt, aber zwei *Wabe*-Gruppen sind, deren zähes Ringen nun möglicherweise bald Erfolg hat. Beide Gruppen prüfen derzeit intensiv konkrete Bauplätze.[11] In beiden Fällen scheinen sich recht stabile Gruppen herauskristallisiert zu haben, deren Mitglieder durchweg bereits mindestens ein Jahr lang an der Vorbereitung beteiligt sind. Die heutige Zusammensetzung verweist natürlich auf einige Fluktuation einschließlich von Trennungen, die auch für viele andere Gruppierungen kennzeichnend sind (vgl. Petersen 1993, 11). Im Ergebnis ist die Generationenmischung wirklich erreicht, sind Familien mit und ohne Kinder - 'vollständig' und 'unvollständig' - ebenso beteiligt wie Paare und Alleinlebende, jeweils älter oder jünger. Und nicht erst jetzt erweist sich die Dauer und Zähigkeit des Prozesses für viele Beteiligte als Hauptproblem. In diesem Punkt scheint die Betroffenheit durchaus unterschiedlich gelagert zu sein; gerade jüngere Familien mit Kindern können oder wollen aufgrund ihrer Bedarfslage sich oft nicht so lange auf einen zeitlich derart unkalkulierbaren Ablauf einlassen.

---

[10] Bei der anderen Initiative handelt es sich um eine Gruppe alleinlebender Frauen unterschiedlichen Alters, die ebenfalls noch nicht zu einer Realisierung ihrer sehr lebendig auf der Grundlage eines Wahlverwandtschaftskonzeptes entwickelten Vorstellungen gelangen konnten. Auch sie stellen keine isolierte Aktivität dar, sondern können sowohl mit historischen Versuchen von Frauenwohnungsbauinitiativen in Zusammenhang gebracht werden als auch z.B. mit der aktuellen Neugründung der Frankfurter Frauenwohngenossinnenschaft 'Lila Luftschloß'. (vgl. Arns; Lamberjohann (1994)).

[11] Jeweils spielen - wie bei sehr vielen innovativen Wohnprojekten in der ganzen Bundesrepublik auch - vormals militärisch genutzte Konversionsflächen eine Rolle, die allerdings aufgrund der schwierigen Rechts- und Eigentumsverhältnisse und der zumeist noch mitten im Prozeß befindlichen Stadt- und Sozialplanung die Geduld der Beteiligten besonders beanspruchen und die Entscheidungswege noch undurchschaubarer erscheinen lassen als andernorts.

Interessanterweise ziehen fast alle Beteiligten eine Lösung auf Mietbasis vor, wobei sich viele ein Mischmodell vorstellen könnten: z.B. einen Kapitalanteil in Höhe von 30.000 bis 100.000 DM einzubringen und auf dieser Basis einen verringerten Mietzins zu erreichen. Eine Realisierungsmöglichkeit für ein solches Modell ist indes noch nicht gefunden. Dies hängt mit der Frage institutioneller Flankierung zusammen, die bezüglich solcher Sonderwege ebenso notwendig ist wie angesichts eines Wohnungsmarktes, der geeignete Häuser für größere Wohnprojekte mit Älteren praktisch nicht anbietet. Zwar ist die größere Gruppe davor, sich rechtlich mit der großen und traditionsreichen Esslinger Baugenossenschaft zusammenzuschließen, dies bedeutet aber zunächst - nach heutigem Verhandlungsstand - nicht mehr, als daß alle Mitglieder und der Verein selbst Mitglieder dieser eG werden und entsprechende 6.000 DM-Anteile zeichnen, ansonsten aber im Mietverhältnis wie normale Genossenschaftsmitglieder behandelt werden. Zusätzlich ist festgelegt, daß die Bauträgerschaft ebenfalls der Baugenossenschaft zu übertragen ist, andererseits eine Option auf gewerbliche Raumnutzung für die Vereinsmitglieder eingeräumt wird. In der Finanzierung wird - wie in allen ähnlich gelagerten Fällen auch - der mühsame und unbefriedigende Weg beschritten, über Fördergelder die Preise zu senken - es blieb und bleibt den Projekten nichts anderes übrig, als sich in den Antragstourismus bei Regierungspräsidium und Landeskreditanstalt sowie den einschlägigen alternativen Instituten wie Ökobank oder GLS-Bank einzureihen.[12] Und nachdem all diese Versuche jenseits von Regelförderungen eigentlich nur Ernüchterung brachten, blieb wiederum nichts anderes übrig, als sich auf individuums- bzw. familienbezogene Finanzierungen einzustellen.

2.3 *Die Seniorengenossenschaft als wohnbezogene Ideenschmiede und Umsetzungsrahmen? Programmatik, allgemeine Anforderungen und vorhandene Ansätze*

Mißt man die vorgestellten Versuche an den bescheidenen Vorstellungen mancher Literatur[13] einerseits, disparater bestehender und vergleichsweise weit ge-

---

[12] So wurde beispielsweise mit dem Sozialministerium auch darüber verhandelt, ob über das Betreute Wohnen eine Bezuschussung von Gemeinschaftsflächen auch dort infrage kommt, wo die Bedingung des Mindestalters von 60 Jahren nicht durchgängig erfüllt wird. Hier werden typischerweise aber konkrete Aussagen erst gemacht werden, nachdem ein konkreter Antrag vorliegt.

[13] In der Regel wird nur mehr oder weniger formelhaft Unterstützung und Erprobung eingefordert. Als Beispiel sei aus entsprechenden Passagen zu gemeinschaftlichen Wohnformen eines neueren Bandes 'Alter und Umwelt' zitiert. „Hier wären z.B. die Träger der Altenhilfe oder die Wohnungsbaugesellschaften gefordert, Wohngruppen für Ältere als Modellprojekte zu erproben und zu evaluieren. Auch materielle Anreize des Staates (z.B. durch steuerliche Vergünstigungen, Förderung im Rahmen des experimentellen Wohnungsbaus) könnten sich für die Verbreitung eines derartigen Wohnmodells positiv auswirken“ (Saup 1993, 127).

diehener Projekte in den verschiedensten Bereichen andererseits[14], so läßt sich resümieren, daß sie sich eher im Sinne einer noch stark innenorientierten wohnbezogenen Ideenschmiede profilieren, wo eine Menge guter und überfälliger Ansätze vereinigt sind. Zugleich aber hat sich ihr Blickfeld zumindest in der Phase bis heute im Vergleich zu den ursprünglichen Entwürfen des Modellprogramms eher verengt. Daran soll im Rückgriff auf einschlägige Überlegungen im folgenden kurz erinnert werden. Im Anschluß daran soll die Einschätzung erläutert werden, dergemäß die Leistung der Projektinitiative als Rahmen, um Umsetzungsprozesse auf dem Weg zu genossenschaftlichem Wohnen zu lösen, vergleichsweise noch unterentwickelt ist.

Die frühe Vision einer 'Lebensgenossenschaft'

Im Kontext der o.g. eher leitbildorientierten Anleihen an Genossenschaften im Gesamtprogramm, angesichts der Suche nach neuen institutionellen Lösungen für Mitgestaltung und Gemeinschaftsfinanzierung bei der *Wabe* und der Einbindung einer veritablen Baugenossenschaft in den Verbund des Teilprojektes, ist es aufschlußreich, auf frühe Ausführungen von E. Arnold zurückzugehen. Er war nicht nur beteiligt in der interministeriellen Arbeitsgruppe, die das Modellprogramm bis zur Ausschreibung entwickelte, sondern ist zugleich als Vorstandsmitglied der Baugenossenschaft Esslingen auch direkter Partner der *Wabe.* Ihm zufolge will die Seniorengenossenschaft „nicht nur über eine spezielle Bau-Genossenschaft Wohnraum für eine spezifische Bevölkerungsgruppe zur Verfügung stellen, sondern viel mehr. Es geht um den gesamten Service rund ums Alter, der ja überwiegend rund um die Wohnung stattfinden muß. Es geht auch darum, soweit wie möglich, die Selbsthilfe der Beteiligten zu mobilisieren und zu nutzen“ (Arnold 1992, 67). Einerseits ist der Vorschlag sehr pragmatisch und aus der Sicht des von ihm vertretenen Unternehmens durchaus nicht uneigennützig ausgerichtet. Mit einer separaten Seniorengenossenschaft innerhalb der Wohnungsgenossenschaft gehe es „um die Erfüllung und Berücksichtigung der drei Punkte: 1. Alte Menschen haben weitergehende Bedürfnisse als nur Wohnen. 2. Das bei den alten Menschen angehäufte Potential muß auch für uns genutzt werden. 3. Übernahme der Verwaltung des umfangreichen Haus- und sonstigen Besitzes, gerade bei älteren Menschen“ (Arnold 1992, 70). Hinzukommen soll eine „Modifizierung unserer Spareinrichtung für die Belange von Senioren“ (ebd.).

Aber es wird durchaus auch eine ganzheitlich orientierte Erweiterung mit pointiert politischer Diktion skizziert, von der aus die Übernahme einer genossenschaftlichen Konzeption durch eine - damals - christdemokratische Landesre-

---

[14] Unter dem Gesichtspunkt der Zusammenführung von Querschnittsaufgaben - hier im Bereich der Sanierung und Stadtentwicklung unter der Einbeziehung von jugend-, sozial-, gesundheits-, arbeitsmarkt- und kulturpolitischen Gesichtspunkten - sind beispielsweise Konstruktionen wie die des Treuhänderischen Sanierungsträgers bei gemeinnütziger Zweckbindung der Stiftung SPI-Berlin sehr weit entwickelt (vgl. SPI 1994).

gierung geradezu zwingend erscheint: „Wir bilden eine autonome Einrichtung, die viele Aufgaben übernimmt, die bisher dem Staat zufallen und diesen von Jahr zu Jahr mehr überfordern. Wir werden in buchstäblichem Sinne Selbstversorger. Unsere Genossenschaften treten an die Stelle der früheren Großfamilien und auch der immer häufiger zerfallenden Kleinfamilie, in der die aktiven Generationen für die jüngeren und älteren sorgten. Denn ganz natürlich werden zu den Senioren-Genossenschaften auch jüngere Menschen gehören, wenn nicht gleich als Mitglieder, dann doch als Betreuer, Helfer oder Beschäftigte des Unternehmensbetriebes (...). Seniorengenossenschaften können älteren Menschen nicht nur ein weitgehend gesichertes Wohnen, Leben und die Betreuung bis zum Ende ihres Lebens vermitteln, sondern ihnen auch im Rahmen der persönlichen Kennntnisse und Leistungsfähigkeit bis ins hohe Alter Aufgaben zuweisen. (...) Die Seniorengenossenschaft setzt (...) auch die älteren Mitglieder für die Gemeinschaft ein, sie werden gebraucht, ihr Leben hat einen Sinn" (Arnold 1992, 71).[15] Damit sind Schlüsselstellen für den ursprünglich sehr umfassenden Zuschnitt der Seniorengenossenschaft benannt, die als Folie für die dann erfolgten Prozesse instruktiv sind.

Gruppenbezogene Unterstützung muß den Phasen gerecht werden

Es soll in diesem Abschnitt aufgrund der allgemeinen Ausrichtung des Programms an der Förderung bürgerschaftlichen Engagements versucht werden, die inzwischen breiten Erfahrungen im Feld der Selbsthilfegruppenunterstützung mit Bezug auf die besonderen Herausforderungen von Gemeinschaftswohnprojekten fruchtbar zu machen. Es wird gefragt, wie eine förderliche Infrastruktur mit Bezug auf Einzelne, Gruppen, das Gemeinwesen, Politik und Wirtschaft beschaffen sein müßte. Dabei sollen in Modifikation des Konzepts der Deutschen Arbeitsgemeinschaft Selbsthilfegruppen (DAG SHG 1993) zunächst fünf unterschiedliche Phasen der Zusammenarbeit mit den WohninteressentInnen auseinandergehalten werden[16], im Anschluß daran unterschiedliche AdressatInnengruppen: berufliche HelferInnen und PolitikerInnen einerseits, die allgemeine Öffentlichkeit andererseits. Damit lassen sich die Anforderungen

---

[15] Ob dies nun bei diesen Konzeptionsüberlegungen eine Rolle spielte oder nicht, so ist Hintergrund der Beschäftigung mit diesem Thema in jedem Falle die Notwendigkeit, vor allem nach dem Wegfall des Wohnungs-Gemeinnützigkeitsgesetzes eine corporate identity aufzubauen, die ihren besonderen Stellenwert gegenüber anderen Formen des Mietwohnungsbaus ausweist. Eine Genossenschaft hat zwar aufgrund ihrer Mitgliederbezogenheit Vorteile gegenüber anderen Unternehmensformen in puncto Mobilisierung ihrer BewohnerInnen und Aufbau von Mitbestimmungsstrukturen, bedeutsamer aber für den Erfolg erscheinen Faktoren wie ein vielgliedriges Informationsnetz, das auch die Zusammenarbeit der Unternehmen untereinander einbezieht, eine sensible Balancierung der Doppelnatur als Wirtschaftsunternehmen und Förderungsgemeinschaft und erfolgreiche Bemühungen um 'Mitgliedschaft als attraktives Produkt'.

[16] Bei Petersen (1993) werden ähnliche Phasen abgegrenzt, wobei die erste und die zweite als Findungsphase zusammengenommen wird.

an die Organisationsentwicklung im Verlaufe der Phasen ebenso deutlich machen wie der Stellenwert und die mögliche Rolle professioneller MitarbeiterInnen. Durch die Kontrastierung mit weiteren empirischen Informationen zu den Projekten wird deren Entwicklungsstand bewertbar.

Aufgrund der vielfältigen Wünsche und Anliegen, die *einzelne Interessierte* mitbringen, sollte als erste Stufe die Möglichkeit zu einem persönlichen Gespräch geboten werden, um herauszufinden, ob die interessierte Person eine entsprechende Gruppe sucht oder ggf. andere Einrichtungen des Sozial- oder Wohnungssektors bessere Ansprechpartner sind, von der Wohnungsanpassungs- über die Tauschberatung bis zu ImmobilienmaklerInnen oder sozialkompetenten ArchitektInnen. In diesem Sinne ist über das Spezifische des wohnungsbezogenen Gruppengeschehens zu informieren und sollte den Nachfragenden eine Orientierung über die bestehenden Gruppierungen ermöglicht werden, um beide Seiten vor unnötigen Friktionen und Belastungen zu bewahren. „Grundsatz bei dieser Beratung muß sein: keine Rezepte und fertigen Tips geben, keine Entscheidungen abnehmen, sondern Erwartungen klären helfen und Informationen anbieten“ (DAG SHG 1993, 195).

Da es um Lebensformen geht, bieten sich auch lebensweltnahe und gestufte Formen zwischen Informationsvermittlung, Kontaktaufnahme und Zusammenführung Interessierter an. Die *Wabe* beispielsweise sammelt fast von Beginn an erfolgreich Erfahrungen durch regelmäßige Stammtische oder das Angebot gemeinsamer Wanderungen. Hinzu kommt, daß mit den regelmäßigen Treffen der Gruppe eine Einführung für die jeweils neu Hinzugestoßenen abgehalten wird. Hier wäre eine Vielzahl weiterer niedrigschwelliger und attraktiver Initialzündungsangebote denkbar, um neue Personenkreise für gemeinschaftliche Wohnprojekte zu interessieren und locker Interessierten ‘Nahrung’ zur Weiterbeschäftigung zu geben. Aktivitäten rund um eine differenzierte Öffentlichkeitsarbeit bieten sich in dieser Phase durchaus auch für engagierte Personen an, die nicht oder noch nicht an eigener Wohnbeteiligung interessiert sind.

Von diesen Situationen mit EinzelinteressentInnen lassen sich - *zweitens* - die Unterstützungsmöglichkeiten sinnvoll abgrenzen, die in der *Gruppenbildungsphase* bestehen: „Interessierte mit gleichem Problem, die keiner der bestehenden Gruppen beitreten können oder wollen, zum Erfahrungsaustausch und zu einer eventuellen Neugründung einer Selbsthilfegruppe miteinander in Kontakt bringen - hilfreich kann hierbei eine ‘Such-Kartei’ sein, in der Interessierte ‘gesammelt’ werden; Hilfen geben bei der Gründung neuer Gruppen durch Mit-Strukturierung des ersten Treffens, Beratung über die weitere Arbeit, Bereitstellung eines Raumes zumindest für die Anfangsphase; Hilfe beim Finden weiterer GruppenteilnehmerInnen z.B. durch Anzeigen in lokalen Zeitungen, Kontakt zu Rundfunk und Fernsehen, Aushänge, Handzettel, Ansprache geeigneter ‘Multiplikatoren’; Anleitung in der Gruppenarbeit, wenn dies besonders gewünscht und für die Gruppengründung in der Anfangsphase als nötig erachtet wird. Sehr wichtig ist dabei jedoch eine klare Absprache über Umfang und zeitliche Dauer der Teilnahme eines anleitenden Experten. Auch über dessen Rolle als Nicht-Betroffener muß Klarheit bestehen. Vielfältige Erfahrungen haben gezeigt, daß eine Anleitung nicht unproblematisch ist, da die Gruppen es versäumen, ihren Stil und ihre Regeln selbst zu entwickeln und sich nach der Anleitungsphase schwer tun, selbstbestimmt weiterzuarbeiten. Auf jeden Fall sollte eine Anleitungsphase kurz sein" (DAG SHG 1993, 195).

Darüber hinaus kann es hilfreich sein, organisatorische Tips oder bei Bedarf auch Hinweise zur Gesprächsführung, zu Gruppenregeln oder einfachen Techniken (wie z.B. das sog. 'Blitzlicht') zu vermitteln. Denn schon in dieser Phase ist all jenen Merkmalen zwischen Entscheidungsstrukturen, der gruppeninternen Ausgewogenheit, Rollenausbildungen und Identifikationsgefühlen Beachtung zu schenken (vgl. Petersen 1993, 11ff.). Auch die behutsame und früh genug erfolgende Hinführung zu einem - teilweise individuell und teilweise gemeinsam stattfindenden - Lernprozeß bezüglich der realistischen Einschätzung eigener Leistungsfähigkeiten und -grenzen kann gerade im Sinne tragfähiger Selbsthilfe hilfreich sein. Schließlich ergibt sich bisweilen schon in dieser Phase des Gruppenprozesses die Notwendigkeit, über dessen Finanzierungsmöglichkeiten zu beraten.

Als *dritte* Ebene ergeben sich eine Reihe wichtiger Funktionen hinsichtlich *bestehender* Gruppen, die noch nicht zusammen bauen oder wohnen. Diese Phase ist am stärksten dadurch gekennzeichnet, daß in ihr gleichzeitig konkrete Verwirklichungsschritte im Hinblick auf eine Immobilie - deren Unterstützung wird in einem späteren Kapitel beleuchtet - als auch der eigentliche Gruppenaufbau anstehen, der einsetzt, „wenn eine überschaubare arbeitsfähige Gruppe entstanden ist, deren Mitglieder erkennen lassen, daß sie an einer gemeinsamen Aufgabe mitwirken wollen" (Petersen 1993, 19). Bei der Projektumsetzung in dieser wie auch der nächsten Phase gibt es wiederum eine ganze Bandbreite von Engagementmöglichkeiten auch für Nicht-WohninteressentInnen. Deren balancierte Einbindung kann durchaus entlastend und stützend wirken, bedeutet aber oft keine leichte Managementaufgabe. Gerade wenn die wohnungsbezogene Seniorengenossenschaft sinnvollerweise auch als gemeinwesenbezogener Ansprechpartner innerhalb einer größeren Region konzipiert wird, ist grundsätzlich die Kontaktaufnahme zu bestehenden Gruppen wichtig, da nur auf der Basis persönlicher Beziehungen eine vertrauensvolle Zusammenarbeit erwachsen kann.

In bestehenden Gruppen sind deren interne Dynamik und Probleme oft Anlaß, sich an Professionelle mit Fragen und Unterstützungswünschen zu wenden. „Hier sollte eine Kontaktstelle zunächst den Erfahrungsaustausch der Gruppen untereinander und deren gegenseitige Beratung, vor allem durch regelmäßige Erfahrungsaustausch-Treffen organisieren. Die gewünschte Hilfe durch Professionelle verliert dadurch ihre Wichtigkeit und wird oft überflüssig" (DAG SHG 1993, 196). Dieser Ansatz wurde im Seniorengenossenschaftsprogramm auf den verschiedensten Ebenen umgesetzt. So bestanden u.a. regelmäßig attraktive

Möglichkeiten des Austauschs innerhalb des Netzwerkes der einzelnen Seniorengenossenschaften.[17]

„Kontaktstellen-MitarbeiterInnen sollen aber auch zur Beratung bei Schwierigkeiten in Gruppen bereit sein, z.B. wenn akute Probleme auftreten. Selbsthilfe-Organisationen oder -Initiativen, die wegen zunehmender Größe immer unflexibler werden und immer weniger auf die individuellen Bedürfnisse der Mitglieder eingehen können, sollten durch die Kontaktstellen angeregt werden, *in* der Organisation neue Selbsthilfegruppen zu gründen, in denen von der Basis aus - also von den einzelnen, unmittelbar betroffenen Menschen - die eventuell verlorengegangene Überschaubarkeit und menschliche Nähe wiederhergestellt werden kann" (DAG SHG 1993, 196). Die Konstitution tragfähiger Gruppenstrukturen wird von den hier vorgestellten Teilinitiativen als besonders wichtig erachtet und führt sicher auch dazu, daß demgemäß viel Energie auf innenorientierte Prozesse verwandt wird, die in anderen Feldern dann fehlt. Das muß bei der Rekrutierung und Außenattraktivität Exklusionseffekte nach sich ziehen. Ein prominentes Thema bei wohnbezogenen Gruppen ist zwangsläufig die Auseinandersetzung mit Nähe und Distanz.

Gerade bei wohnungs(bau)bezogenen Initiativen liegt eine besondere Spezifik des Gruppenprozesses in der langen oft 'erfolglosen' Anlaufphase. Dies ist eine Herausforderung auch für Interventionsmöglichkeiten, die hier sehr unterschiedlich ansetzen können. In den vorgestellten Gruppen wurde vor allem versucht, den 'Weg' als interessante und bereichernde Erfahrung auszugestalten, wobei sich darauf nicht alle InteressentInnen an gemeinschaftlichen Wohnprojekten einlassen können oder wollen. Den anderen - hier nur anzudeutenden - Pol würde eine Immobilienpolitik markieren, die ständig höchst flexibel ausgestaltbare Objekte projektiert, die dann unterschiedlichsten WohninteressentInnen und Gruppen im Sinne ihrer je vorliegenden Bedürfnisse relativ rasch eine Umsetzung von Projekten ermöglichen würden - mithin den Übergang in die

---

[17] Teilweise wurden entsprechende Aktivitäten von der Ministeriumsgeschäftsstelle, teilweise vom Paritätischen Bildungswerk organisiert. Allerdings bleibt bei der *Wabe* durchaus eine Enttäuschung darüber, daß es mit anderen Seniorengenossenschaften, die sich mit dem Thema Wohnen auseinandergesetzt haben oder Dienstleistungen in dieser Richtung entwickelt haben, zu keiner nennenswerten Annäherung gekommen ist. Dies rührt daher, daß es bei diesen z.B. um die Betreuungsträgerschaft für Einrichtungen des betreuten Wohnens oder ehrenamtlich unterstützte Wohnberatung geht und nicht primär um Projekte für das eigene Wohnen; außerdem fehlt der generationenübergreifende Aspekt. Auch die Vernetzung mit den nicht-wohnbezogenen Schwesterprojekten war für die *Wabe* jenseits allgemeinen Interesses eher ernüchternd - zu sehr sind alle Projekte mit ihren eigenen Schwerpunkten beschäftigt, so daß auch bestehende Möglichkeiten, in ihrem Umfeld Menschen auf die Thematik generationenübergreifender gemeinschaftlicher Wohnprojekte anzusprechen, kaum genutzt wurden.

bzw. das Überspringen der nächsten Phase. Eine Seniorengenossenschaft könnte die Potentiale beider Strategien sehr weitgehend zusammenführen.[18]

All die Gruppenprozesse im Vorfeld sind konkrete Erfahrungsmöglichkeiten hinsichtlich von Partizipationsmodellen und können so zugleich genutzt werden, um entsprechende Formen für das spätere Zusammenwohnen ein Stück weit zu erproben und zu erfahren. Hier sind aufbauend auf den o.g. gestuften niedrigschwelligen Kontaktmöglichkeiten auch diejenigen Aktivitäten zu nennen, die eher kulturell-sozial oder gruppenerlebnisorientiert sind. Materielle Ressourcen wie PC, Kopierer etc. erleichtern vielen Gruppen die Arbeit entscheidend. Hier waren die Projekte durch die Einbindung in das Modellprogramm relativ komfortabel ausgerüstet, gab es doch Sachmittelunterstützung für Büro- und Organisationsarbeit, erstattete Fahrtkosten oder Zuschüsse für Treffen und Seminare.[19]

Auch bei bestehenden Gruppierungen geht es um Unterstützung in Sachfragen. Sie „benötigen oft Hilfe bei der Öffentlichkeitsarbeit: Tips und Hinweise, wo Anzeigen aufgegeben, mit welchen Journalisten gut zusammengearbeitet werden kann, wie Flug- und Faltblätter zur Selbstdarstellung herzustellen sind usw.; in Abstimmung mit den Selbsthilfegruppen können zur Weiterbildung der Teilnehmer oder mit Blick auf die Öffentlichkeit Vorträge und Referate gehalten, Gastveranstaltungen organisiert oder Selbsthilfegruppen-Tage veranstaltet werden; manche Gruppen brauchen und wünschen organisatorische Beratung, z.B. in Fragen der Vereinsgründung und Finanzierung. Durch Rundbriefe oder eine (...) Zeitung kann die Kontakt- und Informationsstelle wichtige (...) Informationen an die Gruppe weitergeben“ (DAG SHG 1993, 196f.).

Eine *vierte* Ebene bezieht sich ebenfalls auf bestehende Gruppen, hat es aber mit den besonderen Anforderungen rund um die *Bauphase* zu tun. Hier wird ähnliches gelten, wie es Erfahrungen aus einem etwas anderen Bereich - der baulichen Selbsthilfe in Sanierungsverfahren und deren Unterstützung - zutage gefördert haben. Es gilt umso stärker, je mehr Vollzüge in Selbsthilfe und Eigenarbeit übernommen werden. „Alle Gruppen neigen am Anfang dazu, sich selbst und ihre Leistungsfähigkeit zu überschätzen, um dann, wenn sie an ihre Grenzen stoßen, in das andere Extrem zu verfallen. Es hat sich gezeigt, daß der Gruppenprozeß in den Projekten schwankt zwischen Zutrauen, Zuversicht und

---

[18] Entsprechende schon kurzfristig gangbare Wege werden bereits heute in kleinerem Rahmen praktiziert. Der Verein Neues Wohnen im Alter in Köln beispielsweise arbeitet „sowohl nach dem Prinzip 'erst die Gruppe' als auch nach dem Prinzip 'erst das Haus'“ (Forum 1993, 48). Über eine Kontakt- und Beratungsstelle werden laufend Interessierte angesprochen, die sich bereits zu einer Umsetzung des Wohnprojektes bereit fühlen, schließlich werden Bauvorhaben davon unabhängig geplant und realisiert.

[19] Die Erfahrungen der *Wabe* und des Frauenwohnprojektes zeigen, wie sinnvoll nicht nur Projektbesuchsreisen o.ä. sind, sondern auch beispielsweise Museumsbesuche oder eher freizeitbezogene gemeinsam verbrachte Wochenenden usw.

Tatkraft und Mutlosigkeit, Verzagtheit und Selbstvorwürfen. Dies hat unmittelbare Auswirkungen auf das Baugeschehen und trägt dazu bei, daß der Bauablauf immer wieder stockt oder verzögert wird. Gleichzeitig ist es aber auch so, daß gerade die konkreten Anforderungen beim Bauen, die praktischen Erfahrungen und die vielen kleinen Erfolge Phasen von Mutlosigkeit und Selbstzerfleischung der Gruppe wieder auflösen helfen. Alle gruppendynamischen Abläufe werden durch das Bauen objektiviert, und Lösungen werden für die Hausgemeinschaft durch die Konkretheit und die präzise Beschreibung der baulichen Leistungsanforderungen lösbar gemacht. Der Bauablauf ist deshalb vom Gruppenprozeß nicht zu trennen; sie bedingen sich gegenseitig, wobei dem Bauen (...) ein besonderes Gewicht zukommt" (SPI 1994, 221f.)

Auf die *fünfte* Ebene ist einzugehen, obwohl sie wie die vorgenannte in diesem Falle noch nicht erreicht ist - schließlich zielt alles auf sie hin: das eigentliche *Zusammenwohnen.* So überschaubare, doch im Einzelfall oft immens wichtige Details wie Umzugshilfen mittels eines Umzugsmanagements seien hier einmal beiseite gelassen. Ganz allgemein lassen sich angesichts des Formenreichtums des Zusammenwohnens zumindest für *gruppenbezogene* Projekte lediglich Grundbedingungen angeben, die allerdings anspruchsvoll genug sind: „Entscheidungsfähigkeit, Verantwortung, Verläßlichkeit, innere Überzeugung, Stabilität und Vertrauen werden (...) zu den ausschlaggebenden stärkenden Elementen, um die Aufbauphase einer Wohngruppe konstruktiv abzuschließen" (Petersen 1993, 22). Innovative Elemente für die Wohnphase müssen sich auf dieser Basis entwickeln, sie können aber im Innenverhältnis flankiert werden von Prozeduren, Medien oder Formalisierungen in bestimmten Bereichen, im Außenverhältnis von Unterstützungsressourcen.

In beiden Punkten schien die seniorengenossenschaftliche Konzeption einige Elemente neu anzubieten. Auf Modelle der BewohnerInnenbeteiligung wird hier nur verwiesen ebenso auf Potentiale einer Assistenzgenossenschaft, wie sie ja ursprünglich durchaus vorgesehen waren und beispielsweise in einigen traditionsreichen Wohnungsgenossenschaften mit dem Älterwerden größerer Teile ihrer BewohnerInnenschaft neu entwickelt werden (vgl. am Beispiel der Bielefelder 'Freien Scholle' Kaufmann 1991). Auf den Aspekt gegenseitiger Hilfeleistung wird dagegen kurz eingegangen. Im öffentlichen Interesse stand und steht dabei in erster Linie die Idee des 'Zeitkontos'.

Zur Zeittauschdiskussion in Wohnprojekten

Im Sinne einer neuen Kultur des Helfens wurde propagiert, solidarische Motivationen mit eigenen Sicherheits- und Rückerstattungserwartungen zu verknüpfen, wobei als institutionelle Flankierung das Modell der Zeitgutschrift vorgeschlagen wurde. Diese hat offensichtlich im Zuge zunehmender Erfahrungen mit ihrer Anwendung einen beträchtlichen Bedeutungswandel durchgemacht. Wurde zu Beginn insbesondere die Reglementierung, Verrechnung und Instrumentalisierung eigentlich mitmenschlicher Hilfebereitschaften kritisiert, so läßt sich heute sagen, daß ein solcher mechanischer Umgang mit der Zeitgutschrift nirgends stattfindet.

Statt dessen geht die hier vertretene These dahin, daß es sich beim Zeittauschmodell um eine bestenfalls partielle Einführung expliziter Marktlogik in den zwischenmenschlichen Bereich handelt, die durch vielfache Inkonsistenzen und durch eine eher symbolische Handhabung gebrochen wird. Ansätze strengen äquivalenten Tausches werden schon in der Programmatik in korrespondierender Weise begrifflich entschärft. Wo es angewandt wird, wird das Zeitkonto gewissermaßen als Symbol lebensweltlich ausgedeutet. Es ist Katalysator in den Auseinandersetzungen um ein modernisiertes freiwilliges Engagement, Kristallisationspunkt für die Themen gesellschaftlicher Anerkennung und für Gerechtigkeitsvorstellungen.

Die besondere Qualität von Zeittauschmodellen scheint gerade in der unvollständigen Ökonomisierung, der großzügig pauschalisierenden Zeitäquivalenz zu liegen. Dies bestätigen auch die Ergebnisse amerikanischer Modelle und Experimente. „Leistungsguthaben unterscheiden sich von Geld durch den Wert, der im sozialen Austausch zwangsläufig der nicht-monetären oder 'intrinsischen' Belohnungskomponente beigemessen wird. Bezahlung in Leistungsguthaben gibt nicht vor, eine vollständige Kompensation (...) zu bieten - allein schon aus dem Grund nicht, weil man mit Leistungsguthaben nicht die ganze Palette von Gütern und Dienstleistungen kaufen kann. (...) Das Fehlen eines Preismechanismus und die beschränkte Verwendbarkeit der Leistungsguthaben muß ausgeglichen werden durch den 'Lohn', der im Helfen selbst liegt. (...) Die ökonomische Durchführbarkeit von Leistungsguthaben hängt von einem (...) Kalkül ab (...), demzufolge Personen, die Leistungsguthaben verdienen, nach Marktstandards 'unterbezahlt' werden - wenn intrinsische Belohnungen nicht mitgerechnet werden" (Cahn 1990, 137f.). Zeittauschmodelle nehmen Bedürfnisse nach Sicherheit, Werthaltigkeit und Öffentlichkeit auf, transportieren die Vorstellung einer rege tauschenden Gesellschaft und verflüssigen viele jener heute schwer überwindbaren Trennlinien, die die prozeßhafte Anpassung sozialer Engagementformen an eigene Wünsche erschweren (vgl. ausführlich Otto 1995, 61ff., 180ff.).

Dennoch hat die skizzierte Kritiklinie - wie in anderen Projekten auch - in der *Wabe* dazu geführt, daß die Zeitverrechnung abgelehnt wird. Begründet wird dies vor allem damit, daß die Hilfen sich innerhalb von Wohnprojekten sowieso auf Personen beziehen, deren Verhältnis auf der Basis von Gegenseitigkeit strukturiert ist. Die InteressentInnen für gemeinschaftliche Wohnprojekte gehen davon aus, daß sich in der kleinen überschaubaren Gruppe, die sich in einem intensiven Prozeß auf der Grundlage von Sympathien gefunden hat, gegenseitige Hilfeleistung ohne festes Regelsystem verwirklichen läßt. Man empfände diese Art von Reglementierung - das Aufwiegen eigener Leistungen in Form von Zeit gegen andere Zeit - als Einschränkung dessen, was aufgrund von gutnachbarschaftlichen Verhältnissen oder gar Freundschaften selbstverständlich erscheint. Dabei wurde leider nicht differenziert nachgedacht über die möglicherweise besonders sinnvollen Potentiale einer Zeitverrechnung gerade in der Bauphase, wobei - nur als Beispiel - etwa ein reger Austausch zwischen baulicher Eigenleistung und Kinderbetreuung u.a.m. angefacht werden könnte.

Vielleicht wäre hier außerdem mehr in Gang gekommen, wenn ein dynamisches Modell entwickelt worden wäre, das z.B. die Zeitgutschriften über einen flexiblen Verrechnungsmodus mit der Kapitalfunktion verkoppelt. Dies schiene gerade in generationenübergreifenden Modellen mit Blick auf die unterschiedlichen Potentiale der Lebenslagen chancenreich. Es müßte systematischer als bisher überlegt werden, wie damit all jene bekannten Blockaden aufgebrochen werden könnten, die Synergieeffekte bisher so hartnäckig verhindern - zwischen dem finanziellen Spielraum, den viele Ältere heute haben und Zeit- und Kompetenzreserven, die etwa bei Arbeitslosen brachliegen; zwischen zu groß dimensionierten Wohnungen einerseits und der Ratlosigkeit, einen befriedigenden Ausgleich ohne Verluste und jahrelange Friktionen zu organisieren usw. usf.

In diesem Zusammenhang ist es durchaus noch offen, inwiefern ein solches Modell auch für pflegenähere Bedarfssituationen Potentiale der Mobilisierung 'hilfreicher Hände' bietet, wenn der direkte reziproke Ausgleich zunehmend wegfällt, oder eben nur noch über Angehörige oder sonstige Dritte zu erlangen wäre. Angesichts des o.g. durch die Seniorengenossenschaften forcierten öffentlichen Diskurses über Möglichkeiten freiwilligen Engagements im Pflegebereich scheint Zurückhaltung seitens Selbsthilfeinitiativen hier politisch angebracht, sollte aber nicht davon abhalten, sinnvolle Möglichkeiten weiterzuentwickeln. Allerdings scheinen trotz der o.g. Motivationsebene einer gesuchten Hilfeperspektive auch Menschen, die in der Gruppe älter werden (wollen), dazu zu neigen, „das Thema Pflegebedürftigkeit auf später zu vertagen oder ganz und gar zu verdrängen in der Hoffnung, es werde sich im Notfall schon alles von alleine regeln“ (Forum 1993, 152).

Bedarf an Beratung und innovativen Institutionen

In vielen Unterstützungsbereichen ist eine Querschnittsfunktion angesprochen, die über alle Phasen gleichermaßen wichtig ist: *Information und Beratung*. Damit nicht jedes Individuum und jede Gruppe „das Rad neu erfinden muß“, ist die Weitergabe andernorts schon gemachter Erfahrungen immens hilfreich. Im Feld gemeinschaftsorientierter Wohnprojekte läßt sich viel mehr voneinander lernen, als dies bisher praktiziert wird. Wenn für Seniorengenossenschaften hier ein Charakteristikum gilt, dann besteht es im Versuch, eine breite bürgerschaftliche Auseinandersetzung so zu befördern, daß sie gleichermaßen erhöhte Selbsthilfepotentiale wie Bürgerinitiativimpulse weckt und unter Beteiligung von professionellen Kräften und Institutionenverantwortlichen aus einem breit verstandenen Aktionsfeld förderliche Bedingungen für deren Umsetzung versucht zu schaffen.

Die Informations- und Beratungsfunktion setzt z.B. einen Informationspool über bereits realisierte Modelle ebenso voraus wie das know how bezüglich vieler Einzelbereiche. Dabei geht es *zunächst* um die Verknüpfung der angestrebten - gemeinschaftlichen - Sozialform mit entsprechenden baulichen Möglichkeiten. Themen sind zum Beispiel, wie es sich verdichtet und dennoch individuell wohnen läßt, welche Möglichkeiten gemeinschaftlicher Höfe und Gärten vorstellbar sind, wie der Umgang mit sonstigen Gemeinschaftsflächen organisiert werden kann. Hinzu kann kommen, in welcher Weise flexible anpassungsfähige Grundrisse realisiert werden können oder Bauweisen, die Eigenarbeit begünstigen, welche Konzeptionen kostensparenden Bauens in Frage kommen, alles ggf. auch unter Einbezug von Wohnungen im Bestand.

Ein *zweites* Fragenbündel rankt sich um Rechts-, Organisations- und Partizipationsformen. Es stellt sich im Phasenverlauf der Gruppen- und Projektentwicklung in immer neuen Gestalten. Stehen z.B. zu Beginn die Bedürfnisse nach Transparenz, eingegrenzter Verbindlichkeit und gleichwertiger Mitsprache im Vordergrund, so ist irgendwann Rechtsfähigkeit gefordert, oder es werden arbeitsteilige Strukturen je nach Interessen der Beteiligten zu entwickeln sein. Dabei spielen Partizipationsaspekte ebenso eine Rolle wie Rechtsformkosten, der Gründungsaufwand oder die Anpaßbarkeit in bezug auf wechselnde Anforderungen. Je nach Anspruch und Zuschnitt sowie dem Grad der Verknüpfung mit anderen Aktivitäten braucht es eine jeweils auf das Bauprojekt zugeschnittene Organisation für jedes einzelne Bauprojekt, sei dies ein Bauverein, eine BGB-Gesellschaft, eine Genossenschaft oder eine GmbH. Schließlich stellt sich die Frage, ob diese Organisation auch Bauträger sein kann oder es einen Bauträger als Partner braucht.[20] Wenn kein externer Bauträger gewählt wird, ist eine angemessene Organisationsform für die selbständige Erledigung all dieser Belange zu entwickeln.

Für eine Seniorengenossenschaft als Einzelinitiative stellen sich diese Fragen in gleicher Weise, für eine Seniorengenossenschaft als übergreifende Initiative geht es letztlich um Hilfe bei der Herausbildung sinnvoller Organisationsformen von fachlicher Unterstützung und Beratung für ansonsten vollständige Selbstorganisation über ein Dachverbandsmodell bis hin zur Integration in einer alle Bereiche abdeckenden Genossenschaft.[21]

---

[20] Interessanterweise wurde die Erwartung enttäuscht, daß es durch die Einbindung in das Modellprojekt leichter würde, Bauträger für konkrete Projekte zu finden. Im Falle der Baugenossenschaft Esslingen, die ja selbst in das Modellprogramm eingebunden war, ist es - allem früheren programmatischen Pathos zum Trotz - nur dem zähen Ringen durch die *Wabe* selbst zu verdanken, daß hier schließlich etwas in Bewegung kam.

[21] Daß dies nicht nur ein Gedankenexperiment bleiben müßte, zeigt sich, wenn man die Funktionen der hier vorgestellten Seniorengenossenschaft mit jenen einer weiteren existierenden kombiniert, die einerseits personenbezogene Hilfen zwischen Gegenseitigkeit und Fremdhilfe zu entwickeln sucht, andererseits entscheidender Akteur ei-

Ist schon die Finanzierung selbstgenutzten Wohneigentums für viele eine ohne ExpertInnenwissen kaum durchdringbare Wissenschaft, so potenzieren sich die Anforderungen an entsprechendes know how in gemeinschaftlichen Wohnprojekten zu einem besonders ansprüchlichen *dritten* Problemkomplex. Gemeinschaftlichen Wohnprojekten liegt in der Regel ein gemischtes Finanzierungskonzept zugrunde (vgl. Schepers 1993, 84ff.; Kuthe/Mermagen/Schepers 1993), schließlich finden hier idealerweise Menschen aufgrund ähnlicher Interessen und Sympathien zueinander und nicht aufgrund gleicher Einkommensverhältnisse. Die Möglichkeiten der einzelnen, in das Wohnprojekt Kapital einzubringen, sind sehr unterschiedlich. Unter Umständen braucht jede Einzelwohnung ein anderes Finanzierungskonzept.[22]

Eigentumsrechte sind bei gemeinschaftlichen Wohnprojekten häufig insoweit eingeschränkt, daß die EigentümerInnen, falls sie aus dem Projekt aussteigen, zwar das investierte Kapital plus eventuell einen vereinbarten Wertzuwachs zurückerhalten, die Gruppe selbst aber über NachfolgerInnen entscheidet. Akzeptanz finden solche Regelungen erfahrungsgemäß nur, wenn sie die doppelte Aufgabe überzeugend zu lösen versprechen, zum einen Spekulationsabsichten zu verunmöglichen, zum andern aber dem gerechtfertigten Interesse (auch ggf. der ErbInnen) an Wertzuwachs dennoch Geltung zu verschaffen. Umgekehrt lassen sich auch in Mietverhältnissen gemeinschaftliche Gruppeninteressen schützen. So erhält die *Wabe* innerhalb der Baugenossenschaft Sonderrechte, z.B. die selbständige Wohnverwaltung inklusive Hausmeisterdiensten und die Belegungshohheit in Absprache mit der Genossenschaft. An einer entsprechenden Vereinbarung wird gearbeitet.

Die Idee, über eine Genossenschaftsgründung das notwendige Eigenkapital in Form von Geschäftsanteilen zu beschaffen, wurde in den hier diskutierten Projekten wiederholt diskutiert, bisher aber keine Anstrengungen unternommen, eine Gründung anzustreben. Dies hat mehrere Gründe: zum einen die hohen Hürden (Anforderungen des Genossenschaftsverbandes, beträchtliche Kosten für Prüfungen usw.), die abschreckend wirken, zum anderen die Tatsache, daß ein hohes Maß an Professionalität und Organisationsstruktur notwendig ist, das den Rahmen jedes einzelnen Wohnprojektes in ihrer jetzigen Struktur sprengen würde. Sinnvoll wäre eine Genossenschaft nur als Netzwerk für viele Projekte

---

ner Stadtentwicklungs- und Baumaßnahme u.a. mit dem Ziel altersgerechten Wohnraums ist. Mit dem Bau des Projekts wird 1995 begonnen.

[22] Am Beispiel eines Projektes der *Wabe* mit zwölf unterschiedlich großen individuellen Wohneinheiten und entsprechend von allen gewünschten gemeinsam zu tragenden Gemeinschaftsflächen läßt sich eine typische Lösung vorstellen. Aufgrund der Einkommensverhältnisse der zukünftigen BewohnerInnen werden vier Wohnungen - jeweils mit den entsprechenden Anteilen an den Gemeinschaftsflächen - im sozialen Mietwohnungsbau, drei Wohnungen im freien Mietwohnungsbau, drei Wohnungen nach dem Wohnbauförderprogramm für junge Familien und zwei Wohnungen auf Eigentumsbasis gebaut.

mit einer zumindest zunächst weit größeren Zahl an Mitgliedern als nur denjenigen, die unmittelbar gemeinsam zusammen leben wollen.

Als Beispiel solcher Genossenschaftsentwicklung steht die Schweizer WOGENO, nach deren Vorbild jetzt auch in München eine Genossenschaft entstanden ist. Aber auch die oben zitierten Überlegungen von E. Arnold weisen in eine ähnliche Richtung: Gerade bestehende Wohnungsgenossenschaften könnten Träger einer entsprechenden Anspareinrichtung sein, wie es beispielsweise die vielzitierte 'Freie Scholle' mit Erfolg vorexerziert. Sie hat für ihre Genossenschaftsmitglieder eine Bank gegründet, die einerseits höhere Zinsen als irgendein anderes Geldinstitut zahlt, auf der anderen Seite der Genossenschaft billige Kredite für die Durchführung ihrer Modernisierungs- und Wohnungsanpassungsmaßnahmen zahlt. Beides kommt den älteren MieterInnen in hohem Maße zugute. Das Interesse an entsprechenden gemeinschaftlichen Kapitalbildungsformen ist nach der Erhebung bei den Seniorengenossenschafts-Mitgliedern durchaus nicht zu unterschätzen[23].

Trotz aller Komplexität ist auch der Umgang mit Geld und möglicherweise bisherigem Wohneigentum für viele Beteiligte noch nicht einmal in erster Linie eine Wissens- oder Expertenfrage. Schließlich werden damit so sensible Fragen virulent, inwiefern Rückwege aus dem Wohnprojekt für immer abgeschnitten werden, oder welche Alternativen für eine allseits akzeptierte Abwicklung mit den späteren ErbInnen gangbar wären, wenn beispielsweise das Haus oder die Wohnung nicht verkauft werden soll. Die damit nur angedeuteten Entscheidungs- und Managementprobleme verweisen nicht nur darauf, daß hier Gruppenrückhalt und einfühlsame *soziale* Beratung die sachliche Seite ergänzen müssen, sondern zeigen zugleich, welche wichtigen darüber hinausgehenden flankierenden Beiträge eine finanziell und juristisch kompetent und flexibel operierende Genossenschaft dazu leisten könnte.

Die hiermit von der Finanzierungsproblematik her aufgezäumte Diskussion über die Institutionalisierungsseite hat eine erhebliche Bedeutung für die Phase der Konzeptions- und baubezogenen Umsetzung, da Regeln für Entscheidungen, Machtverteilung und den Umgang mit Konflikten damit zusammenhängen. Sie verweist aber zugleich auf die oben genannte fünfte Phase des Zusammenwohnens.

---

[23] Zwar ist das Potential an Personen, die auch tatsächlich in den Seniorengenossenschaften mitmachen würden, noch nirgends konkret ausgelotet worden. Die Einstellungsergebnisse zeigen aber beispielsweise, daß speziell in jenem Projekt, das eine Stadtentwicklungs- und Wohnmaßnahme vorantreibt, sowohl das Vorstellungsvermögen, daß entsprechende Einrichtungen vertrauenswürdig in einer Seniorengenossenschaft verwirklicht werden könnten, als auch die formulierte eigene Bereitschaft, dort einen größeren Beitrag anzusparen, positiv formuliert werden. Damit ist anzunehmen, daß Bereitschaften bei entsprechenden Bemühungen in hohem Maße lokal kultivierbar wären (vgl. Otto 1993).

Dies soll zu den Aktivitäten genügen, die sich auf gegebene InteressentInnen als Einzelpersonen oder Gruppen richten. Hinzu kommen wichtige außenbezogene Funktionen. Zunächst beziehen sie sich auf professionelle HelferInnen aus dem Sozialbereich, Berufsgruppen wie ArchitektInnen etc. und AdressatInnen in Politik, Verwaltung und Verbänden - nicht nur der freien Wohlfahrtspflege. Wieder lassen sich die Erfahrungen aus der Selbsthilfegruppen-Unterstützung sinnvoll adaptieren. So sei es die Aufgabe, „diesen Berufsgruppen Informationen über das Selbsthilfegruppen-Prinzip, über 'Leistungen' und Wirkungen dieser speziellen Form von Zusammenschlüssen zu geben und sie zu beraten, ihnen die Perspektive der Betroffenen aus den Selbsthilfegruppen zu vermitteln und verständlich zu machen, sie durch spezielle Fortbildungsveranstaltungen (Vorträge, Seminare, Kurse...) über Selbsthilfegruppen zu informieren, sie mit GruppenteilnehmerInnen bekannt zu machen und ihnen Anregung zur konkreten Zusammenarbeit mit Selbsthilfegruppen zu geben“ (DAG SHG 1993, 197).

Es ist deutlich geworden, daß es auch ganz konkrete politische Forderungen gibt, die übergreifend insbesondere die wohnungspolitischen Förderinstrumente betreffen, im lokalen Rahmen dagegen vor allem die Bau-, Struktur- und Sozialplanung. Bauprojekte sind dabei besonders von dem auch in anderen Selbsthilfezusammenhängen bekannten Problem betroffen, daß aufgrund der sowieso schon sehr vielseitig beanspruchenden Vorbereitungen für Außenaktivitäten kaum Energie da ist.

Und schließlich ist allgemeine Öffentlichkeitsarbeit ebenso vonnöten wie eine solche, die zielgruppenbezogen arbeitet. Die Erfahrungen zeigen überall, daß hier speziell das Kennenlernen realisierter Projekte häufig *die* Initialzündung darstellt, sich auch für sich selber mit Wohnalternativen auseinanderzusetzen.

Potentiale einer Landesinfrastruktur

Vor dem Hintergrund der bis hier entfalteten Unterstützungsebenen läßt sich nun das Engagement der übergeordneten Ministeriums-Geschäftsstelle einschätzen. Für die Wohnprojekte scheint sie in erster Linie hinsichtlich ihrer politikbezogenen Querschnittsfunktionen nützlich. Allerdings sollten die Erwartungen nicht zu hoch gehängt werden. So beziehen sich die Geschäftsstellenaktivitäten auf so breit gefaßte Ziele im Feld einer Modernisierung der Altenarbeit und des bürgerschaftlichen Engagements (vgl. MAGS 1994, 85ff.), daß die meisten der spezielleren Sachfragen hier nicht auf die Tagesordnung gelangen. Auch damit hängt es zusammen, daß es selbst in diesem Verbund während der Modellphase nicht gelungen ist, Änderungen bei der Wohnungsbauförderung des Landes und komplementär dazu auch von Kreisen und Gemeinden zu erreichen, die eher auf gemeinschaftliche Wohnprojekte zugeschnitten sind.

Ähnliches gilt für entsprechende Erträge in Sachen Öffentlichkeitsarbeit. Hier können Wohnprojekte wohl in erster Linie von dem Rückenwind profitieren, den die Einbindung in ein Programm mit sich bringt, das ein lebendiges und ressourcenorientiertes Altersbild offensiv vertritt und selbständiger Lebensgestaltung einen hohen Stellenwert beimißt. Vielleicht gelingt es ihnen aber auch, die durchaus erfolgreich geschaffenen landesweiten Netzwerkstrukturen noch stärker als bisher für die wohnbezogenen Fragen einzusetzen. Inzwischen wird mit der Ende 1994 gegründeten 'Landesarbeitsgemeinschaft bürgerschaftliches Engagement/Seniorengenossenschaften' (ARBES) versucht, viele der gruppenübergreifenden und überregionalen Funktionen ebenfalls wieder auf nichtberufliche Füße zu stellen (vgl. die Zielbestimmung, abgedruckt in 'Bürger engagiert', 3+4/1995, 4), wobei viele der für die Geschäftsstelle genannten Probleme und Möglichkeiten hier genauso vorliegen; weitere Erfahrungen werden sich zeigen müssen. Allemal ist die Neugründung für die bürgerschaftliche Aufbruchsstimmung - und deren geschickte Mit-Inszenierung 'von oben' - bezeichnend.

In diesem Kontext sollte nicht übersehen werden, daß mit der Aufrechterhaltung der innovativen Infrastrukturmaßnahme einer landesweit tätigen Geschäftsstelle über die Modellaufzeit hinaus explizit der Versuch verbunden ist, ein nichtprofessionelles Selbsthilfegruppenunterstützungsmodell zu forcieren. Laut Pressemitteilung vom 7.7.1994 wird als einer ihrer Arbeitsschwerpunkte die „Förderung von Selbsthilfegruppen, insbesondere deren örtliche Kontakt- und Informationsstellen einschließlich der Erprobung von Selbsthilfe-Bürgerbüros auf der Grundlage bürgerschaftlichen Engagements" (zit. nach MAGS 1994, 89f.) genannt. Entsprechende Potentiale noch entschiedener zu entwickeln, ist als Versuch einerseits zwar in jedem Fall positiv, andererseits läßt sich anhand der Forschungsergebnisse z.B. zu den Bundesprogrammen der Selbsthilfegruppenunterstützung sehr eindeutig nachweisen, daß in bestimmten Feldern ohne professionelle Vor-Ort-Unterstützung viele Potentiale der Selbsthilfe und Selbstorganisation nicht zur Entfaltung kommen werden. Eine realistische Einschätzung in einem letzten Punkt ist damit allerdings ebenfalls schon ausgedrückt. Eine in Stuttgart angesiedelte Unterstützungsstelle kann den konkreten Erfordernissen von EinzelinteressentInnen und Gruppen überall da nur unzureichend gerecht werden, wo es um Gruppenprozesse selbst oder um lokale Öffentlichkeiten usw. geht.

Diese knappe Defizitskizze unterstreicht, wie sinnvoll sowohl der Versuch ist, wohnbezogene Beratungs- und Informationsaufgaben überregional zu vernetzen als auch das Bemühen um kompetente Unterstützung in einer gemeinwesennäheren Institutionalisierungsform. Ansätze zum erstgenannten Punkt bestehen zwar - zwischen der Wohnbundberatung beispielsweise oder dem Forum für gemeinschaftliche Wohnformen e.V., dessen Landesgeschäfte für Baden-Württemberg der Bildungswerksmitarbeiter vertritt -, sind aber noch zu zersplittert. Zum gemeinwesenbezogenen Unterstützungsbedarf folgen einige Überlegungen.

Projektnah Sachverstand organisieren - aber welchen?

Wird in kurz- und mittelfristiger Perspektive zunächst einmal die 'große' Lösung einer integrierten ganzheitlich konzipierten Genossenschaft beiseite gelassen, so ergeben sich aus den Erfahrungen der Projekte und der phasen- und adressatInnenbezogenen Betrachtungen zusammenfassend einige Implikationen für die Rolle professioneller MitarbeiterInnen im Sinne von Selbsthilfeunterstützerlnnen sowie für das Zusammenwirken mit anderen Institutionen.

Die Schwierigkeiten privater Initiativen erfordern ein über die Partikularinteressen und über Einzelprojekte hinausreichendes Engagement speziell für Beratung, politische und Öffentlichkeitsarbeit. Notwendig ist eine stabile Größe mit anerkanntem institutionellem Hintergrund. Für die Gruppen ist es wichtig, daß der/die Professionelle auch nach innen Akzeptanz besitzt. Er oder sie kann hilfreich sein, um Rückschläge, Frustrationen, Rivalitäten und schwierige Diskussions- und Entscheidungsprozesse so zu verarbeiten, daß eine kontinuierliche Weiterentwicklung möglich ist. Entscheidend aber ist, daß Kenntnisse über Gruppenprozesse, Organisationsformen und -strukturen, über die sozialen Leistungssysteme, die Organisation sozialer Dienstleistungen und das Angebot einer vorhandenen Infrastruktur (Räume, Büroausstattung usw.) nur dann nützlich sind, wenn sie reflektiert und selbstbegrenzend als Hilfe zur Selbsthilfe eingesetzt werden (vgl. Balke/Thiel 1991). Eine solche Fachlichkeit entfaltet sich auf der für viele Gruppen wichtigen Basis, bei aller Solidarität nicht selbst verwikkelt zu sein (vgl. Forum 1993, 44ff.).[24]

Insofern die 'Hardware'-Seite des Bauens - neben ästhetischen und ökologischen - in allererster Linie sozial und kommunikativ strukturierten Bedürfnissen entsprechen soll, stellen sich durchaus hohe und sensible Erwartungen an professionelle BeraterInnen in einem entsprechenden Verständigungsprozeß, die jedenfalls die allermeisten ArchitektInnen derzeit nicht zu erfüllen in der Lage sind. Es muß dies allerdings auch nicht unbedingt eine sozialpädagogische Aufgabe sein. Im konkreten baden-württembergischen Projekt aber wurden entsprechende Inputs zumindest durch die sozialpädagogische Fachkraft angestossen und unter Einbezug unterschiedlichster ExpertInnen moderiert. Ein überlegenswertes Alternativmodell bestünde in der „Sozialpädagogisierung" und „Gerontologisierung" z.B. von ArchitektInnen.[25]

Allerdings ist zu beachten, daß es gemeinschaftlichen Wohnprojekten bei der Begleitung ganz besonders um Kontinuität im alle beschriebenen Phasen umfassenden Entwicklungsprozeß geht, die z.B. in einem nur entwurfs- und bau-

---

[24] Dies muß allerdings nicht so sein. In dem Frauenwohnprojekt beispielsweise ist eine der Hauptakteurinnen zugleich als Wohninteressentin, Kreisaltenfachberaterin und Beiratsmitglied für die Seniorengenossenschaften im Sozialministerium tätig.

[25] Zu einem entsprechenden, aber auf externer Beratung aufbauenden Ansatz vgl. die bei Engel/Sickendiek (1991) dargestellte sozialökologische Planungsberatung. In dem Maße, in dem beispielsweise die Sensibilität und Erfahrung der Wohnbund-MitarbeiterInnen als erfahrene Fachleute im Gemeinschaftswohnen auch für Fragen der Älteren und generationenübergreifende Projekte wächst, wären sie vermutlich eine geeignetere Adresse als sozialpädagogische Bildungseinrichtungen o.ä. Immerhin existiert hier schon lange eine entsprechende Einrichtung, die Wohnbund-Beratung.

ausführungsbezogenen Engagement nicht gegeben wäre. Wird eher sozialberufliche Kompetenz zum Ausgangspunkt genommen, so gilt in Übertragung das, was W. Rückert bezogen auf betreutes Wohnen schreibt. Nicht nur hier „braucht (es, U.O.) Fachleute, die etwas vom Immobiliengeschäft verstehen, von der Finanzierung, dem kostengünstigen Bau und der Vermietung. Solches Wissen findet sich in der Regel nicht in Wohlfahrtsverbänden sondern in den Wohnungsbaugesellschaften, die ihrerseits nichts von sozialer Betreuung verstehen. Daher ist Kooperation angesagt, bei der hoffentlich die Interessen der alten Menschen nicht zwischen die Räder kommen“ (Rückert 1994, 15). Neben der direkten Beratung ist genau diese Netzwerkarbeit unverzichtbarer Bestandteil einer Unterstützung für gemeinschaftliche Wohnprojekte. Bezüglich der Entwicklung spezifischer Fachlichkeit, Kompetenz und Wissensbestände, die gerade für die Gruppen- und Lösungsprozesse im Wohnsektor förderlich wären, scheint die ausbildungsbezogene Herkunft weniger interessant als die Fähigkeit, autonomieorientiert mit Gruppen zu arbeiten, Anregungen für kreative Gestaltungsmöglichkeiten auf der Basis breiter Information zu geben, Institutionen und Ressourcen kooperativ und innovativ zu vernetzen. Bei allem ist der Besonderheit von Wohninitiativen gerecht zu werden, deren Ziel während allen Phasen immer untrennbar zugleich die Entwicklung von Arbeitsstrukturen und zwischenmenschlichen Beziehungen ist. Jegliche HelferInnen müssen sich immer neu klar machen, daß es letztlich nicht nur um eine erfolgreiche Projektumsetzung, sondern um tragfähige Nachbarschaft geht (vgl. Petersen 1993).

3. Chancen zwischen den Stühlen

Erkennbar wird die zwar schwierige aber chancenreiche Zwischenstellung von Seniorengenossenschaften. Wie im gesamten Modellprogramm werden auch im hier untersuchten ‘Spezialfall’ nicht fertige Maßnahmen oder Modelle angeboten, sondern es wird versucht, einen tragfähigen Prozeß in Gang zu bringen. Stärker noch als in anderen Seniorengenossenschaften ist zu berücksichtigen, daß die bisherige Realisierungsphase noch zu kurz ist, um irgendwelche ‘abschließenden’ Ergebnisse zu berichten.

In einer Spürhundfunktion erkennen Seniorengenossenschaften innovativ und teilweise gemeinwesenbezogen wichtige Nischen, um aktiv zu werden. Häufig kommt dabei ein widersprüchlicher Prozeß in Gang, der in der Forcierung bürgerschaftlichen Engagements geradezu angelegt scheint. Er bewegt sich zwischen einer Art Selbstbescheidung und pragmatischer Engführung entlang bewältigbarer Kleinprojekte und selbstüberschätzungsnahen Vorhaben, die andernorts - wenn überhaupt - im Zusammenwirken von Wohlfahrtsverbänden, Sozialplanung, kommunaler Sozialpolitik und Marktanbietern in Angriff genommen werden. Am Beispiel der vorgestellten Seniorengenossenschaft läßt sich gut herausarbeiten, daß die interessantesten Projekte vermutlich dazwischen liegen: einerseits in der Konzeption ambitionierter und ganzheitlich ausgerichteter Projekte, die die Leitideen der Normalisierung und Selbsthilfe, der Kompetenzorientierung und Autonomie offensiv umsetzen, andererseits in dem Versuch, ein darauf maßgeschneidertes Wohlfahrtsmix zu erreichen. Für die Dimensionierung der eigenen Anteile sollte dabei die Frage leitend sein, was auf der Basis bürgerschaftlichen Engagements effizient und ohne zwangsläufige Burnout-Effekte leistbar ist. Es sind insbesondere Bereiche, die nicht marktgängig sind oder von anderen AnbieterInnen nur unter Einbußen an Mitbestimmung und Autonomie erbracht würden.

Wie in anderen seniorengenossenschaftlichen Feldern - von der Unterstützung zu Hause bis hin zu Pflegedienstleistungen - wird das aufgegriffene Thema zunächst aus den hergebrachten Thematisierungsgrenzen befreit. Als Wohnbauinitiative wird versucht, dem - nicht nur im Alter - zentralen Thema Wohnen soziale und kommunikative Dimensionen im Vorbereitungs- und Konkretisierungsprozeß zurückzugeben, zunächst undurchdringlich erscheinende rechtliche und finanzielle Restriktionen aufzubrechen und dies nicht nur als individuell-persönlichen Prozeß zu verstehen, sondern als Herausforderung an eine alternde Gesellschaft und ihre teilweise veralteten Institutionen. Rein auf Stellvertretung und ExpertInnenwissen basierende Modelle können hier die Lösung nicht sein, provozieren aber die berechtigte Frage, ob in Seniorengenossenschaften nicht bisweilen selbstorganisierte Gruppen und bürgerschaftliches Engagement Aufgaben übernehmen (sollen), die ihre intermediären Potentiale nicht nur überschätzen, sondern damit im weiteren Verlauf austrocknen.

Wenn also schon über eine Internalisierung eines ganzheitlichen Funktionsspektrums nachgedacht wird, so sollte dies noch konsequenter geschehen. An mehreren Stellen wurde angedeutet, daß in mittel- und längerfristiger Perspektive auch eine Integration in einer breit konzipierten wohnbezogenen Seniorengenossenschaft möglich wäre und Sinn machen könnte. Ein solcher Kompetenzen- und Anspruchsmix könnte allerdings schon intern nur sinnvoll sein, wenn er als über bürgerschaftliches Engagement hinausgehende Kombination unterschiedlicher Steuerungsinstrumente und Ressourcen konstruiert ist und sollte keinesfalls davon abhalten, ständig neu über einen effizienz- und innovationsfördernden Wohlfahrtsmix nachzudenken, z.B. im Verbund mit kommunaler Sozialplanung, Stiftungen etc. Schließlich existieren auch hier schon eine Reihe von Erfahrungen zu sinnvollen und möglichen Beiträgen (vgl. z.B. zu neuen Trägerformen auf kommunaler Ebene Bärsch u.a. 1990).

Patentrezepte gibt es momentan nicht. Nachdem in diesem Aufsatz ein stark gruppenorientiertes Prozeßmodell vorgestellt wurde, ist es sinnvoll, dieses zum Schluß wenigstens andeutungsweise mit zwei weiteren - eher an der Planung ansetzenden und von anderen Trägern und der Sozialpolitik mitzuunterstützenden - Alternativen zu konfrontieren.

Interessant sind - erstens - die Erfahrungen von Wohnbauvorhaben, die nochmals für einen etwas anders gelagerten Typus stehen. So werden in vielen konkreten Planungen heute die künftigen BewohnerInnen im Unterschied zum herkömmlichen Sozialen Wohnungsbau nicht erst beim Einzug mit ihrer neuen

Wohnung und Nachbarschaft konfrontiert. Vielmehr entsteht hier durch das Angebot an die BewohnerInnenschaft, sich bereits an der Planung ihrer Wohnanlage zu beteiligen, lange vor dem Einzug in die neue Wohnung ein Netz gegenseitiger Kontakte (vgl. zu einem Beispiel integrierten Wohnens Brech u.a. 1993). Auch diese Versuche sollten natürlich nicht idealisiert werden, sondern verlangen einen besonders differenzierten Blick auf Reibungsverluste und -gewinne, wie sie bei der Abwicklung eines komplexen Wohnungsbauprojektes mit weitreichenden Beteiligungsformen entstehen.

Dennoch könnte - zweitens - auch das Vorhalten flexibler Bauten bzw. Flächen sinnvoll sein - nicht als vorgefertigtes Modell speziell für Ältere, sondern als Grundgedanke, der z.B. auf den Konversionsflächen insgesamt Geltung bekommen müßte und damit im Zeitablauf immer neu entsprechende Verwirklichungschancen bauseits bieten würde. Die speziell für die ehemaligen Militärflächen entwickelten Planungsvorstellungen operationalisieren in einigen Fällen im übrigen auf geradezu exemplarische Weise, wie Grundzüge einer menschenfreundlichen Stadt aussehen könnten, die damit gleichermaßen für Ältere wie für Kinder, für Familien wie für Alleinstehende oder Alleinerziehende Entfaltungschancen und Lebensqualität optimieren.[26] Ironischerweise wären dort teilweise von der Stadtplanung her die Rahmenbedingungen für generationsübergreifendes Wohnen in idealer Weise gegeben und entsprechende Mischungen konzeptionell vorgesehen, nur fehlt es teilweise an den Sozialformen, die komplexeren - z.B. gruppenwohnungsbezogenen - Projekten den sozialen Nährboden bieten.

Es passieren also im skizzierten Feld - noch isoliert voneinander - eine Menge chancenreicher Entwicklungen auf unterschiedlichen Ebenen. Auch bezüglich ihres wohnbezogenen Engagements sind Seniorengenossenschaften mitten drin in einem lohnenden Gestaltungsprozeß und damit immerhin - mit einem eigenen programmatischen Satz - dort, wo andere noch nicht angelangt sind: „Am Anfang des Weges". Die Überzeugungskraft bezüglich bereichernder WeggefährtInnen und der konfliktfreudige und selbstbewußte Diskurs über die Streckenführung und Reisegestaltung wird dabei wichtiger sein als eine einsam konzipierte Ausdauer und Tragkraft.

Literatur

Altern als Chance und Herausforderung. Bericht der gleichnamigen Kommission, im Auftrag der Landesregierung BaWü, Stuttgart 1988

Arnold, E.: Die Seniorengenossenschaft. Das Zukunftsmodell, in: Die Wohnungswirtschaft, 1992, H. 2, S. 66-71

---

[26] Vgl. z.B. Stadtplanungsamt Tübingen (1994) sowie Feldtkeller (1994).

Arns, A.; Lamberjohann, A. (Hg.): „Drachenburg", „Migränestift" und „Lila Luftschloß". Frankfurter Frauenwohnungsbauinitiativen in den zwanziger Jahren und heute, Darmstadt 1994

Ausschreibung für ein Modellprogramm Seniorengenossenschaften in Baden-Württemberg (Ausschreibung), in: Ministerium für Arbeit, Gesundheit, Familie und Frauen (Hg.): Selbsthilfe im Alter, Stuttgart 1991, S. 3-6

Bärsch, J. u.a.: Neue Trägerformen. Kommunale Beiträge zur Realisierung gemeinschaftlicher Wohnformen, Darmstadt 1990

Balke, K.; Thiel, W. (Hg.): Jenseits des Helfens. Professionelle unterstützen Selbsthilfegruppen, Freiburg 1991

Boligtrivsel i Centrum: Co-Housing for Senior Citizens in Europe, Copenhagen 1994

Brasse, B.; Klingeisen, M.; Schirmer, U. (Hg.): Alt sein - aber nicht allein. Neue Wohnkultur für Jung und Alt. Projektberichte, Erfahrungen, Impressionen, München 1992 (Anstiftung)

Brech, J. u.a.: Gegen Altenheime und andere Ghettos - Integriertes Wohnen, Darmstadt 1993

Bürger engagiert, hrg. v. Ministerium für Arbeit, Gesundheit und Sozialordnung (MAGS) Baden-Württemberg, Stuttgart o.J.

Bullinger, M. u.a.: Die Bürgerbüros. Bürgertreffpunkte und Projektgruppen. Zwischenbericht der Initiative 3. Lebensalter. Hg. vom MAGS BaWü., Stuttgart 1995

Bundesministerium für Familie und Senioren (BMFuS): Betreutes Wohnen - Lebensqualität sichern. Tagungsdokumentation, Leipzig 1994

Bura, J.; Kayser, B.: Miteinander wohnen. Wohnprojekte für jung und alt in der BRD, Darmstadt 1992

Cahn, E.S.: Service Credits: Eine neue Währung für den Wohlfahrtsstaat, in: Heinze, R.G.; Offe, C. (Hg.): Formen der Eigenarbeit. Opladen 1990, S. 125-146

Claussen, F.; Sommer, L.; Thomas, F.: Profile von Seniorenbüros in der Aufbauphase, Materialien zum Modellprogramm Seniorenbüro des BMFuS, Bd. 4, Köln 1994

Deutsche Arbeitsgemeinschaft Selbsthilfegruppen e.V. (DAG SHG): Selbsthilfegruppen-Unterstützung. Ein Orientierungsrahmen (1987), in: Müller, C.W. (Hg.): Selbsthilfe. Ein einführendes Lesebuch, Weinheim und Basel 1993, S. 194-201

Engel, F.; Sickendiek, U.: Sozialökologische Planungsberatung: Das Wohnaktiv Minden, in: Frank, K.W.; Knüppel, H.; Wilhelm, J. (Hg.): Soziale Altenarbeit im Stadtteil. Eine Problemskizze aus europäischer Sicht. Berlin 1991, S. 59-76

Feldtkeller, A.: Innovation durch Konversion. Planungen für ehemalige Militärareale in der Tübinger Südstadt, in: db. Fachzeitschrift für Architekten und Bauingeniere, 128. Jg., Heft 6 1994, S. 36-41

Forum für gemeinschaftliches Wohnen im Alter e.V. (Forum): Neue Chancen für Gemeinschaftswohnprojekte von Jung und Alt, KDA-Thema Nr. 72, Ffm 1993

Frank, K.W.; Knüppel, H.; Wilhelm, J. (Hg.): Soziale Altenarbeit im Stadtteil. Eine Problemskizze aus europäischer Sicht, Berlin 1991

Hummel, K.: Neues Engagement im Alter, in: Evangelische Impulse, 13. Jg., 1991, H. 1, S. 21-23

Kaufmann, M.: Die Altenberatung der Baugenossenschaft Freie Scholle eG, in: Frank, K.W.; Knüppel, H.; Wilhelm, J. (Hg.): Soziale Altenarbeit im Stadtteil. Eine Problemskizze aus europäischer Sicht, Berlin 1991, 90-95

Kuthe, Chr.; Mermagen, W.; Schepers, A.: Gemeinsam bauen, gemeinsam wohnen. Rechtliche und finanzielle Gestaltungsmöglichkeiten für Gruppenprojekte im Wohnungsbau, Darmstadt 1993, 2.Aufl.

Landtag BaWü: Bericht und Antrag des Untersuchungsausschusses „Menschenwürde und Selbstbestimmung im Alter", LT-Drs. Nr. 10/4300, Stuttgart 1990

Leitgedanken zur Initiative drittes Lebensalter, Vv. Ms, Stuttgart 1993

Ministerium für Arbeit, Gesundheit und Sozialordnung (MAGS) BaWü: Seniorengenossenschaften als Beispiel bürgerschaftlichen Engagements. Eine Dokumentation, Stuttgart 1994

Narr, H.: Einleitung, in: Forum für gemeinschaftliches Wohnen im Alter e.V. (Forum): Neue Chancen für Gemeinschaftswohnprojekte von Jung und Alt, KDA-Thema Nr. 72. Ffm 1993, S. 3-7

Otto, U.: Sozialintegration plus Dienstproduktion. Die Seniorengenossenschaft als altenpolitischer Innovationsversuch, in: ArchsozArb, 23. Jg., 1992, S. 112-135

Otto, U.: Wir sind die Seniorengenossenschaften. Die Mitglieder und ihre Einstellungen - Ergebnisse einer Befragung, in: Ministerium für Arbeit, Gesundheit und Sozialordnung BaWü (Hg.): Initiative drittes Lebensalter. Älter werden in Europa, Seniorengenossenschaften, Zweite Landesideenbörse, Stuttgart 1992a, S. 216-253

Otto, U.: Endbericht-Schwerpunkt: Empirische Erhebungen. Themenbereiche: Zeittausch, Ehrenamt, Bürgerengagement, Vv. Ms, Tübingen 1993

Otto, U.: Seniorengenossenschaften. Modell künftiger Wohlfahrtspolitik? Opladen 1995

Petersen, U.: Wie läßt sich ein Netz knüpfen? Fragen und Antworten zum Gruppenprozeß gemeinschaftlicher Wohnformen, in: Forum für gemeinschaftliches Wohnen im Alter e.V. (Forum): Neue Chancen für Gemeinschaftswohnprojekte von Jung und Alt, KDA-Thema Nr. 72, Frankfurt/Main 1993, S. 8-27

Rückert, W.: Betreutes Wohnen Lebensqualität sichern. Bedeutung von Rechtsformen und Trägerschaften, in: Bundesministerium für Familie und Senioren (BMFuS): Betreutes Wohnen - Lebensqualität sichern. Tagungsdokumentation, Leipzig 1994, S. 13-15

Saup, W.: Alter und Umwelt. Eine Einführung in die ökologische Gerontologie, Stuttgart u.a. 1993

Schepers, A.: Gemeinschaftliches Wohnen im Alter - wie läßt sich das finanzieren?, in: Forum für gemeinschaftliches Wohnen im Alter e.V. (Forum): Neue Chancen für Gemeinschaftswohnprojekte von Jung und Alt, KDA-Thema Nr. 72. Ffm 1993, S. 80-112

Schubert, H.J.: Wohnsituation und Hilfenetze im Alter, in: ZGerontol, 23. Jg., 1990, S. 12-22

Selle, K.: Mit den Bewohnern die Stadt erneuern. Der Beitrag intermediärer Organisationen zur Entwicklung städtischer Quartiere. Beobachtungen aus sechs Ländern, Dortmund/Darmstadt 1991

Sozialpädagogisches Institut Berlin (SPI): Anhang Bauliche Selbsthilfe. Die vom sozialpädagogischen Institut Berlin entwickelten Sanierungsverfahren, in: Reis, C.; Braun - von der Brelie, J. (Hg.): Sicherung eines Grundrechts auf Wohnen. Ffm 1994, 215-225

Stadtplanungsamt Tübingen: Rahmenplan für den städtebaulichen Entwicklungsbereich „Stuttgarter Straße/Französisches Viertel", Tübingen 1994

Torsten Klünder und Karen Sinclair

„...kein Paradies auf Erden, sondern Alltag, Leben, Dasein, selbstbestimmt...“[1]

Das Pantherhaus in Hamburg - Eine Mehrgenerationenhausgemeinschaft

> „... die Wohnung mit allem, was darinnen und darum ist, wird im Alter zum Mittelpunkt. Ihre Bedeutung steigt noch, wenn der Ruhestand mit Macht auf den Wohnsitz verweist, wenn bei eingeschränkter Mobilität der Aktionsradius schrumpft, wenn soziale Funktionen wegfallen, die ein Verlassen der Wohnung erfordern (...) Wohnen hat nicht nur mit den räumlich-baulichen Elementen der Umwelt zu tun, sondern auch mit ihren sozialen Strukturen“ (Otto 1990, 165).

Auf dem Hintergrund der sich verändernden Familien- und Haushaltsstrukturen kann das Wohnen von alten Menschen zum zentralen Problem werden. Oft genug sind alte Menschen und gerade alleinstehende alte Menschen vor zwei, manchmal drei Wohnalternativen gestellt: das Alleinwohnen in der Normalwohnung, der Einzug in ein Alten- oder Pflegeheim und die immer seltener werdende, oft von beiden Seiten nicht mehr gewünschte Alternative des Zusammenlebens mit der Kindergeneration. Herkömmliche Formen der Wohnversorgung haben schließlich noch Altenwohnanlagen hervorgebracht, die quantitativ jedoch vollkommen unzureichend sind und oft den Charakter isolierender Wohnghettos annehmen. Die Entscheidung zu einer dieser Wohnformen gleicht oft eher einer Wahl des kleineren ‘Übels’ als einer Entscheidung im Sinne einer frei gewählten Lebens- und Wohnalternative. Die zur Verfügung stehenden Wohnalternativen entsprechen nicht der Vielfalt der Biographien und Lebensstile im Alter.

Angesichts dieser Situation sind in den letzten Jahren vermehrt Versuche unternommen worden, neue Wohnformen zu entwickelt: Vom betreuten Wohnen älterer Menschen bis hin zur ‘Wahlfamilie’ in Form von Haus- und Wohngemeinschaften reicht die Projektelandschaft, die hinsichtlich ihrer Entstehungs-

[1] Petersen 1992, 109. Dieser Aufsatz entstand in enger Zusammenarbeit mit Ulrike Petersen, eine der BewohnerInnen des Pantherhauses.

geschichte, Träger- und Organisationsformen, der Gruppengröße und -zusammensetzung sowie der Kombination von Selbst- und Fremdhilfe die unterschiedlichsten Formen hervorgebracht hat (vgl. Kuratorium Deutsche Altershilfe 1993, 1). Diesen neuen Wohnformen liegt allerdings häufig die Gemeinsamkeit zugrunde, einen Umgang mit älteren Menschen zu fördern, der sich an ihrer Mit- und Selbstbestimmung orientiert. Sie sind erste Antworten auf die Suche nach Lebens- und Wohnformen, die auch im Alter eine Vielfalt von unterschiedlichen Lebensstilen ermöglichen.

Das Mehrgenerationenhaus der "Grauen Panther Hamburg e.V." geht einen dieser neuen Wege.

1. Der Verein 'Graue Panther Hamburg'

Das Mehrgenerationenhaus ist aus der Vereinsgeschichte der Grauen Panther in Hamburg entstanden; ohne diesen 1980 gegründeten Verein wäre das Projekt nicht denkbar. Er versteht sich als eine Selbsthilfegruppe, weist aber auch Elemente auf, die ihn in die Nähe zu Bürgerinitiativen rücken. Er ist keine Selbsthilfeorganisation von ausschließlich alten Menschen, sondern eine Interessenorganisation von Menschen *unterschiedlichen* Alters, die sich mit Fragen menchenwürdigeren Alterns befassen (vgl. Bura; Kayser 1992; 60). Sein allgemeines Anliegen ist es, der gesellschaftlichen Ausgrenzung von alten Menschen entgegenzuwirken. Ein Leitprinzip, an das sich dabei seine Arbeit orientiert, ist das „Recht auf Anderssein, (...) das Recht auf den eigenen Stil, (...) das Recht auf Wahlfreiheit der persönlichen Wohn- und Lebensform, (...) das Recht auf die Autonomie des Menschen (...)" (Petersen 1992; 107). Der Verein arbeitet unabhängig von Parteien[2], Verbänden oder anderen Institutionen und konzentriert seine Aktivitäten im wesentlichen auf Hamburg.

Das Themenspektrum, mit dem sich der Verein beschäftigt, ist weit gefächert: Fragen der Altenpolitik, wie die Rentenentwicklung oder die Pflegeversicherung, werden ebenso zum Thema gemacht wie Tod und Sterben oder Sexualität und Partnerschaft. Ebenso breit gefächert sind die Aktivitäts- und Aktionsformen: individuelle Beratung zu spezifischen Fragen des Alters, Demonstrationen, Medienarbeit, die Organisation von (Gegen)Veranstaltungen, und auch die Besetzung von Alten- und Pflegeheimen zur Veröffentlichung ihrer Mißstände gehören zu seinem Repertoire.

Ein Schwerpunkt der Arbeit der Grauen Panther liegt jedoch auf der kritischen Auseinandersetzung mit der gegenwärtigen Wohn- und Versorgungssituation im Alter und der Kritik an den Strukturen von Alten- und Pflegeheimen. Die Grauen Panther stellen die Unterbringung hilfs- und pflegebedürftiger Men-

2 Die Hamburger Grauen Panther sind unabhängig vom 'Seniorenschutzbund Graue Panther e.V.' und von der Partei 'Die Grauen'. Sie grenzen sich auch von deren Zielsetzungen und Organisationsstrukturen ab (vgl. Graue Panther 1989, 24).

schen in Sondereinrichtungen radikal in Frage. Die Forderungen nach einer verbesserten ambulanten Versorgung sind stets Thema.

Die Gründungsmitglieder des Vereins waren überwiegend ältere Frauen, die sich zuvor in der Frauen-, Friedens- und Umweltbewegung engagiert hatten. Die Generation der GründerInnen ist bereits verstorben oder hat sich aus der aktiven Vereinsarbeit zurückgezogen. Heute zählt der Verein ca. 400 Mitglieder, von denen der überwiegende Teil Frauen über 65 Jahre sind. Ein kleinerer Teil (etwa 10%) besteht aus jüngeren Mitgliedern, die entweder aus ihrem beruflichen oder privaten Umfeld den Austausch mit älteren Menschen als Bereicherung erfahren hatten oder sich mit den Zielen der Grauen Panther identifizieren konnten und hier ein Forum für ihr politisches Engagement fanden.

Schon frühzeitig tauchte in der Vereinsarbeit die Frage nach einer neuen Form des Wohnens als Gegenentwurf zur Unterbringung in Sondereinrichtungen auf. Einig war man sich darin, daß es eine Wohnform für Jung und Alt werden sollte. Die ersten Vorstellungen, wie sich dieses generationsübergreifende Zusammenleben konkret gestalten sollte, gingen zunächst in unterschiedliche Richtungen: So waren die Jüngeren Anfang der achtziger Jahre stark von der Idee einer Wohngemeinschaft als wahlfamilialen Wohnzusammenhang bewegt. Bei den Älteren waren das Zusammenleben in getrennten Haushalten und die gemeinsame Nutzung von Gemeinschaftsräumen Leitgedanke für die angestrebte Wohnform. Die Vorstellungen wurden ausgetauscht und diskutiert; Ergebnis war die Abkehr von einer WG-Orientierung und die Hinwendung zu einem Haus mit Gemeinschaftsflächen und abgeschlossenen Wohneinheiten. Das Motto 'Unabhängigkeit *und* Geborgenheit' wurde Konsens aller Beteiligten (vgl. Bura; Kayser 1992, 61). Die Umsetzung der Idee dauerte fast sieben Jahre; sie wurde vom ganzen Verein, als eine Aktivität unter vielen, getragen.

2. Das Pantherhaus und seine Leitmotive

Das Pantherhaus fühlt sich den folgenden Zielsetzungen verpflichtet:

- Aufrechterhaltung selbständiger Lebensführung alter Menschen durch eine aktive und solidarische Nachbarschaft und damit Verhinderung der Einweisung in Betreuungs- und Pflegeeinrichtungen
- Gegenseitiges Lernen und Helfen zwischen den Generationen
- Verhinderung sozialer Isolation (vgl. Bura; Kayser 1992, 11)

Ein schriftliches Konzept, das das Wohnprojekt untermauert und in seinen Zielvorstellungen konkretisiert, wurde nie erarbeitet und war auch gar nicht erwünscht. Es soll(te) sich im Alltag entwickeln; das Projekt sollte flexibel bleiben und nicht in starren Formen festgeschrieben werden. Es lassen sich aber Prinzipien der Hausgemeinschaft nennen, die sich als konzeptionelle Grundlagen ihres Selbstverständnisses begreifen lassen. 'Selbstbestimmung', 'solidarische nachbarschaftliche Hilfe' und ein 'ganzheitliches Menschenbild' sind grundsätzliche Prinzipien des Vereins der Grauen Panther Hamburg, und im Pantherhaus finden diese Maximen ihren lebendigen Ausdruck:

– Das Pantherhaus ist keine Einrichtung, in der betreut, Freizeitprogramme oder andere sozialarbeiterische Maßnahmen durchgeführt werden, sondern ist gewöhnlicher Alltag und das offene Zusammenspiel aller, die etwas zusammen machen oder ihrer ganz privaten Lebensgestaltung nachgehen wollen. Jede(r) der HausbewohnerInnen bestimmt seinen/ihren Tagesablauf selbst, wirtschaftet selbständig, je nach Belieben und Gewohnheit. Das Leben soll keinen Zwängen der Hausgemeinschaft untergeordnet werden. Freiheit und Zwanglosigkeit stehen nicht im Gegensatz zum Gemeinschaftsleben und dem allgemeinen Gefühl, in sicherer und vertrauter Umgebung zu sein, sie machen das Zusammenleben mit den Nachbarn erst möglich (vgl. Petersen 1992; 111).

– Ausgehend von einem ganzheitlichen Menschenbild wird der Mensch nicht durch Merkmale wie: Alter, Behinderung und Pflegebedürftigkeit definiert und auf diese reduziert, sondern in seiner gesamten Persönlichkeit gesehen. Dabei können körperliche und seelische Beeinträchtigungen, die ein Mensch in jedem Alter haben kann, durchaus eine Rolle spielen, jedoch nicht die Hauptrolle. BewohnerInnen mit bestimmten körperlichen oder psychischen Beeinträchtigungen sind eingebunden in das Alltagsleben und haben die Gewißheit, aufgrund ihrer Probleme nicht abgestempelt oder bevormundet zu werden (vgl. ebd., 110).

– Das Pantherhaus versucht nachbarschaftliche Strukturen zu fördern, durch die die BewohnerInnen Rückhalt finden. Nachbarschaftliche, zwischenmenschliche Hilfe und Unterstützung erwächst im Pantherhaus aus den Beziehungen zueinander, die im Wechselspiel von Sympathie und Antipathie geprägt sein können (vgl. Petersen 1993; 25). Die Beziehungen zueinander sind gleichberechtigt und nicht über den Hilfebedarf des anderen definiert. Deswegen wäre es auch zu kurz gegriffen, das Pantherhaus lediglich als eine zweckmäßige Gemeinschaft zu betrachten, die auf eine gegenseitige Unterstützung beschränkt bleibt. Statt heimähnlicher Monokulturen betriebswirtschaftlicher Prägung sollen lebendige Nachbarschaften ohne Gewinn- oder Verlustrechnung entstehen.

– Das Pantherhaus versteht sich nicht als reines Wohnprojekt. Im Pantherhaus wird vielmehr gemeinsam gelebt *und* gearbeitet. Zentrales Element des Projektes ist die Arbeit der BewohnerInnen im Verein der Grauen Panther. Das Engagement für die Ideen, Ziele und Aufgaben des Vereins, das sehr unterschiedlich zwischen den einzelnen BewohnerInnen ist, schafft vielfältige Ansatzpunkte für den Aufbau und den Zusammenhalt der Gemeinschaft, die ein Wohnalltag allein nicht unbedingt hergebe. Es stellt etwas Verbindendes dar, eine Brücke zwischen den BewohnerInnen (vgl. Graue Panther 1989, 19). Durch die gemeinsame Arbeit ergeben sich vielfältige Kontakte und Aufgaben, sei es durch den Beratungsdienst des Vereins, durch die vielen BesucherInnen, die das Pantherhaus kennenlernen wollen oder durch Veranstaltungen und Aktionen, die der Verein initiiert (vgl. ebd).

Der Verein fand sein Domizil im Erdgeschoß des Pantherhauses. Dort findet das wöchentliche Plenum der Panther statt - sein wichtigstes Entscheidungsgremium, zu dem alle Panthermitglieder eingeladen werden. Hier werden die Aktionen der Panther - zum Teil sehr heftig - diskutiert, Ideen entwickelt, Arbeitsaufträge vergeben und Berichte über Arbeiten vorgetragen. Die Büro- und Versammlungsräume stellen gleichzeitig die Gemeinschaftsräume für die BewohnerInnen des Hauses dar. Sie werden zeitlich aufgeteilt: Nach Geschäftsschluß des Vereins und am Wochenende werden sie von den BewohnerInnen privat genutzt, tagsüber sind es die Arbeitsräume des Vereins. Das Pantherhaus wird heute liebevoll als das 'Herz der Panther' beschrieben. Ursprünglich war auch die Angliederung von Möglichkeiten zur Erwerbsarbeit an das Pantherhaus geplant. Es war zum Beispiel an eine Töpferei, einen Kindergarten und ein Stadtteilcafé gedacht. Die Größe des Hauses ließ dies jedoch nicht zu. Inzwischen ist allerdings in unmittelbarer Nähe des Pantherhauses ein Café entstanden, das von zwei jüngeren HausbewohnerInnen bewirtschaftet wird, aber eher nur einen mittelbaren Bezug zur Pantherarbeit hat.

– Das Pantherhaus, in dem 'leben und arbeiten unter einem Dach' groß geschrieben wird, ist zu einer bekannten Anlaufstelle für viele Ratsuchende und BesucherInnen geworden. Es war von vornherein als ein offenes Haus geplant; kein 'privater Elfenbeinturm' sollte es werden, sondern ein Haus, das Impulse sendet und empfängt. Das Pantherhaus findet immer wieder reges Interesse bei Rundfunk, Fernsehen, JournalistInnen, SozialwissenschaftlerInnen, Studierenden, älteren Menschen, anderen Wohngruppen etc. Während die Panther früher lautstark um Öffentlichkeitswirkung kämpfen mußten, rennen Menschen ihnen heute oft die Türen ein.

3. Die Suche nach einem Haus

Als größtes Hindernis zur Verwirklichung der Projektidee erwies sich die Suche nach einem geeigneten Haus. Sie erstreckte sich über das gesamte Stadtgebiet, wobei sich ziemlich schnell zeigte, daß Auswahlkriterien wie: die Größe des Hauses, das Wohnumfeld und der damit verbundenen infrastrukturellen Anbindung nicht im Vordergrund stehen konnten; vordringlichstes Kriterium war es, *überhaupt* ein Haus zu finden.

Die Panther setzten alle Hebel in Bewegung: Sie informierten Presse, sprachen prominente PolitikerInnen an und hielten sämtliche öffentliche Verwaltungsstellen Hamburgs, von denen sie sich Hilfe versprachen, in Atem. Sie schrieben alle sieben Bezirksämter Hamburgs mit der Bitte an, bei der Suche nach einem geeigneten Haus zu helfen. Parallel dazu erkundeten sie selbst Objekte und stießen dabei auf Fabrikgebäude und auch leerstehende, öffentliche Bauwerke mit ungesicherter Zukunft, wie Polizeistationen und Altenstifte. Die Unterstützung der Bezirksämter äußerte sich zunächst in vornehmer Zurückhaltung - von den angeschriebenen Bezirken reagierten zwei, jedoch ohne konkrete Angebote.

Die Panther zogen zeitweilig sogar eine Hausbesetzung in Erwägung, um dem erträumten Ziel näher zu kommen, aber auch um ihrem Unmut Ausdruck zu verleihen.

Im April 1983 erhielt der Verein aus dem Bezirk Hamburg-Mitte den ersten Hinweis auf das Haus in der Lerchenstraße - St. Pauli -, das Eigentum der städtischen Wohnungsbaugesellschaft SAGA ist. Das Haus entsprach nicht ganz den Ansprüchen der Panther: Eigentlich war es für ihr Vorhaben zu klein, für RollstuhlfahrerInnen ungeeignet, die Lage wurde kontrovers eingeschätzt, und insgesamt machte es eher den Eindruck einer 'Ruine' denn eines bewohnbaren Hauses. Trotz dieser Einschränkungen entschied sich der Verein für diesen Kompromiß, den das Haus in der Lerchenstraße darstellte.

4. Schwierige Verhandlungen und vertragliche Vereinbarungen

Nun wurde es konkret. In den folgenden drei Jahren wurden bauliche und mietvertragliche Fragen geklärt. Die Verhandlungen zwischen der Wohnungsbaugesellschaft als Eigentümer und Vermieter, staatlichen Institutionen als Financiers, den Architekten, den ausführenden Baufirmen der Instandsetzung und Modernisierung und den zukünftigen NutzerInnen erwiesen sich als zäh und langwierig. Dafür waren mehrere Faktoren verantwortlich (vgl. dazu auch Bura; Kayser 1992; 62ff):

– Überlegungen von seiten der Stadt und der SAGA über die zukünftige Nutzung des Grundstückes waren in der Anfangsphase nicht eindeutig.

– Die Kosten des Um- und Anbaus von 1,15 Mill. DM sprengten den Rahmen normaler Sanierung. Sie waren bedingt durch den Zustand des Hauses und in geringerem Umfang durch die Änderungen, die auf Wunsch der Panther durchgeführt werden sollten. Die Finanzierung wurde zwischen der Stadt Hamburg und staatlichen Geldern, die durch §43 des Städtebauförderungsgesetzes zur Verfügung gestellt wurden, gesplittet.

– Keine der an der Sanierung beteiligten Institutionen war auf die Integration einer zukünftigen Nutzergruppe in der Umbauphase eingestellt; sie akzeptierten diese überwiegend nur widerwillig.

– Die Vorstellungen und Forderungszeitpunkte der unerfahrenen Panther paßten häufig nicht in die Ablaufplanung einer Haussanierung.

– Die rechtlichen Rahmenbedingungen der Förderungspolitik und das Mietrecht sind für gemeinschaftliche Wohnprojekte wenig geeignet[3] (vgl.

---

[3] Die Gesetzgebung zur Förderung des Wohnungsbaus basiert an vielen Stellen auf überholten Voraussetzungen. Einige wichtige Hindernisse für gemeinschaftliche Wohnformen sind:

BMRBuS 1993, 18f.). Verhandlungen über Sonderregelungen waren notwendig.[4]

Anfang 1986 schlossen die Grauen Panther mit der SAGA einen gewerblichen Mietvertrag für das gesamte Objekt ab, der zunächst für 12 Jahre Gültigkeit hat. Durch dieses Mietverhältnis liegt die Vermietung der Wohnungen bei dem Verein. Er schließt seinerseits Untermietverträge mit den einzelnen Wohnparteien ab. Durch die Förderung durch die Stadt Hamburg unterliegen die Mieten einer Mietpreisbindung. Es konnte von den Panthern durchgesetzt werden, daß nur ein Teil der BewohnerInnen berechtigt zu sein braucht, eine Wohnung nach §5 des Wohnungsbindungsgesetzes zu beziehen. Dies geschah mit dem Argument, daß die Höhe des Einkommens kein Hinderungsgrund sein sollte, in die Hausgemeinschaft zu ziehen. Eine sozial gemischte Zusammensetzung wurde für sinnvoll gehalten.

Im Verlauf der Modernisierungszeit waren immer einige Panthermitglieder auf der 'Baustelle', um dann über das wöchentliche Pantherplenum anderen Mitgliedern vom Fortgang der Bauarbeiten zu berichten. In dieser Zeit kristallisierte sich auch die künftige BewohnerInnengruppe heraus. Dabei zeigte sich keine übermäßige Nachfrage im Verein ab. Viele der Panther scheuten nun, wo es ernst werden sollte, vor dem 'Wagnis' zurück. Dies ist keine Eigenheit des Pantherprojektes. Gemeinschaftliche Wohninitiativen werden häufig von sehr viel mehr Menschen durchlaufen als später einziehen (vgl. Petersen 1993, 11).

5. Das Haus und seine Lage

Das Haus in der Lerchenstraße 37 ist ein Altbau aus dem Jahre 1911. Es hat fünf Etagen auf einer Grundfläche von ca. 120 qm. Im Erdgeschoß, das als Gemeinschaftsfläche der BewohnerInnen wie auch als Büro- und Arbeitsraum der Grauen Panther genutzt wird, wurde bei den Baumaßnahmen ein Anbau von knapp 50 qm vorgenommen. Darüber hinaus entstand eine Dachterrasse, die, ebenso wie der 350 qm große, hinter dem Gebäude liegende Garten, gemeinschaftlich durch die BewohnerInnen gestaltet und genutzt werden.

Die 8 Wohneinheiten teilen sich wie folgt auf:

2 Zwei-Zimmerwohnungen (à 44 qm)

Das Wohnungsbindungsgesetz, das u.a. die Vermietung regelt, kennt keine Wohn- oder Lebensgemeinschaften, sondern nur Alleinstehende und Familien.
Die Förderung von Gemeinschaftsflächen ist nicht vorgesehen.
Die Vermietung geschieht durch den Eigentümer nach den Kriterien des Wohnungsbindungsgesetzes. Die Kommune sichert sich meistens ein Kontingent von Wohnungen, über das sie verfügen kann.

4 Die Finanzierungsfragen, die Kooperation der beteiligten Gruppen und die rechtlichen Rahmenbedingungen können als typische Problemlagen gemeinschaftlicher Wohnformen während der Entstehung genannt werden (vgl. KDA 1993).

4 Drei-Zimmerwohnungen (à 56 qm)

2 Vier-Zimmerwohnungen (à 71 qm)

Es wird darauf geachtet, daß den älteren MitbewohnerInnen die Wohnungen in den unteren Etagen zur Verfügung stehen, da das Haus keinen Fahrstuhl hat.

Das Haus liegt zentral zwischen Innenstadt und Altona, etwas nördlich der berühmten Vergnügungsmeile und der wegen der HausbesetzerInnen bekannten Hafenstraße. Von seiner Infrastruktur her ist das Gebiet gut erschlossen (Einkaufsmöglichkeiten, Ärzte, Anbindung an den öffentlichen Nahverkehr, Kultur etc.).

6. Die BewohnerInnen und ihre Motivationen

Ende 1986 wurde das Haus von acht BewohnerInnen bezogen, die sich überwiegend aus der langjährigen Pantherarbeit kannten. Die (fast vollständige) Gruppe hatte sich in der Zeit, als der Altbau modernisiert und renoviert wurde, neben ihrer Mitwirkung an den Vereinsangelegenheiten, als eigenständige Gruppe getroffen, um ihre Wünsche an die Architektur und die Gestaltung ihrer zukünftigen Wohnungen zu besprechen. Natürlich wurde auf diesen Treffen auch über die Vorstellungen des späteren Zusammenlebens gesprochen. Im Vordergrund stand allerdings immer die konkrete praktische Arbeit der Projektumsetzung.

Kurz bevor der Einzug stattfinden sollte, stiegen völlig unerwartet zwei Frauen aus persönlichen Gründen wieder aus dem Projekt aus. Als NachrückerInnen wurden eine ältere Frau und ein jüngerer Mann gefunden. Obwohl beide noch nicht lange Mitglied im Verein waren, wagten sie den Sprung ins kalte Wasser (vgl. Petersen 1993, 19).

Heute (1994) leben im Pantherhaus: eine alleinstehende, ältere Frau im Alter von 83 Jahren, die in ihrem beruflichen Leben als Polizistin und als Buchhalterin tätig war, sich politisch engagierte und heute viel reist, eine alleinstehende 94-jährige, die als Fotografin tätig war und ein älterer Mann (Witwer) von 70 Jahren, der erst 1994 in das Pantherhaus eingezogen ist. Er war Elektriker und hatte sich in der Gewerkschaftsarbeit engagiert. Desweiteren leben im Haus ein Ehepaar um die 50 Jahre, das im kaufmännischen Bereich tätig ist, vier Alleinstehende im Alter von 37, 39, 40 und 49 Jahren und ein Kind von 5 Jahren (das allerdings nur noch zeitweilig dort lebt, da die Eltern sich getrennt haben). Unter den Jüngeren befinden sich: eine Frau, die das o.g. Café betreibt, ein Sozialpädagoge, ein Altenpfleger und eine Politologin.

Die Motivationen und Erwartungen, in das Pantherhaus einzuziehen, waren so unterschiedlich wie die BewohnerInnen selbst. Edith[5], die damals 75-jährige,

[5] Die Namen wurden geändert.

meinte 1986, sie gehe mit 'null Erwartung' in das Haus, freue sich aber über alles, was sich entwickele. Der Ältesten (Friederike, heute 94) wurde vor ihrem Einzug ins Pantherhaus nahegelegt, ihre Wohnung aufzugeben und in ein Altenheim überzusiedeln. Die ältere Dame von damals über 80 Jahren lehnte dankend ab, besann sich auf ihre Panthermitgliedschaft, der damit verbundenen Möglichkeit, in dieses Haus einzuziehen und entschloß sich kurzerhand für diese Wohnform. Eine der jüngeren BewohnerInnen verband mit dem Pantherhaus den Wunsch nach einer anderen Lebensform, einer Alternative zum klassischen Familienleben, die aber dem Bedürfnis nach Nähe und Gemeinschaft im frei gewählten 'Single-Dasein' gerecht werden konnte. Ulrike (heute 37) erinnert sich: „Ich wollte mit diesen Menschen zusammenleben und arbeiten, politisch aktiv sein, es war sicherlich auch der Wunsch nach Nähe, der sich in dieser Entscheidung ausdrückte..." Neben Motivationen wie Neugierde auf eine andere Lebensform, sich aus dem privaten 'Nest' heraus zu öffnen, sahen die BewohnerInnen auch eine Erweiterung ihres Erfahrungshorizonts in dieser neuen Wohnalternative.

So unterschiedlich die persönlichen Beweggründe auch waren, eines hatten sie alle gemeinsam: Es war eine bewußte Entscheidung *für* eine Wohn- und Lebensform, in der Jung und Alt selbstbestimmt und gemeinsam leben wollten.

Seit Bestehen des Pantherhauses ist seine Bewohnerschaft größtenteils konstant geblieben, bis auf wenige Ausnahmen: Ein fast 80-jähriger Mann, der in diesem Haus sehr zurückgezogen gelebt hatte, verstarb 1992; das Paar mit Kind hat sich getrennt, die Frau zog aus diesem Grund aus der Hausgemeinschaft aus, und eine 85-jährige Frau, die seit Bestehen des Pantherhauses dort lebte, ist nach mehreren längeren psychiatrischen Aufenthalten in ein Pflegeheim gezogen. (Hierauf kommen wir weiter unten zurück.)

Wenn eine der Wohnungen neu zu belegen ist, so entscheidet die Hausgemeinschaft über die jeweilige Neubelegung. Sie stimmt diese Entscheidung mit dem Verein ab. Voraussetzung für den Einzug in das Pantherhaus ist die Mitgliedschaft im Verein. Die Hausgemeinschaft achtet darauf, daß die Altersschichtung alt/jung gewahrt bleibt. Die Entscheidung für die BewerberIn wird nach einem Gespräch mit dieser getroffen, wobei Sympathie eine wichtige Rolle spielt. Eigenschaften wie Offenheit und Toleranz sind gefordert, können sich aber natürlich erst im Zusammenleben erweisen.

7. Leben im Pantherhaus

Das Leben im Pantherhaus kann nur als Prozeß beschrieben werden, als ein Lern- und Kommunikationsprozeß, an dem alle BewohnerInnen ihren Anteil haben und der die Gruppe und jede(n) einzelne(n) verändert und ständig neue Entwicklungen aufweist. Fast neun Jahre teilen die BewohnerInnen nun ihr gemeinsames Haus. Neun Jahre, in den gelebt, gestritten, gefeiert, Alltag geteilt, gelernt, Krisen bewältigt und Grenzerfahrungen gemacht wurden und werden.

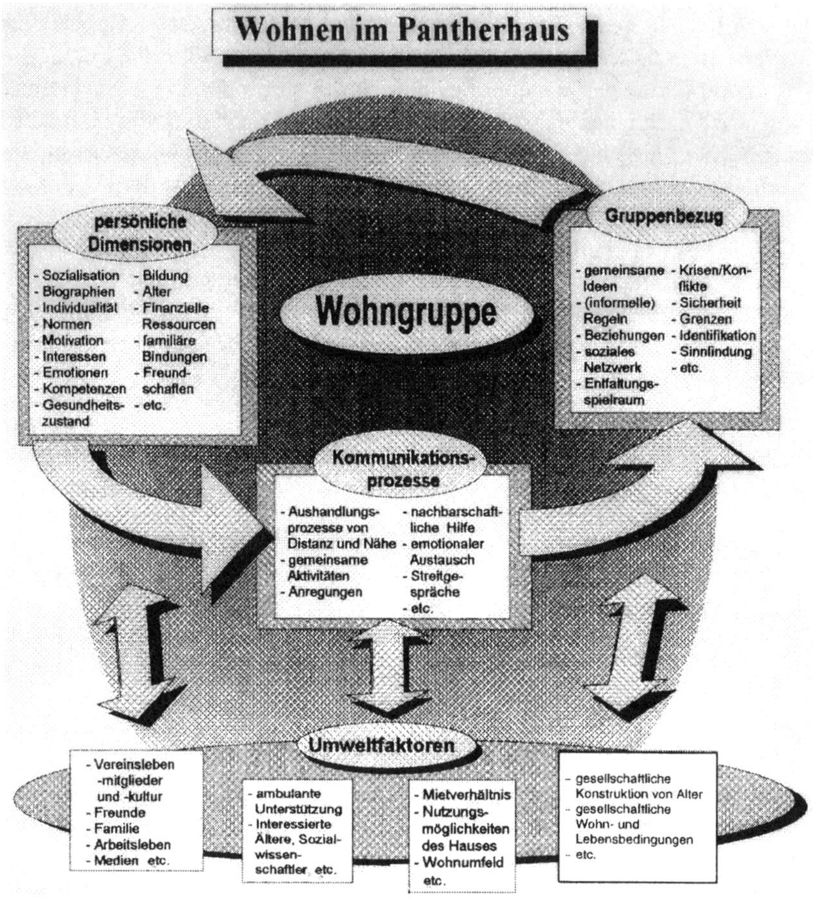

7.1 *Annäherung und Konfliktbewältigung*

In der Anfangszeit trafen sich die BewohnerInnen zu regelmäßigen Hausversammlungen, um auftretende Probleme, die besonders noch wegen baulicher Mängel entstanden, zu besprechen. Außerdem trafen sie sich zu gemeinsamen Feiern, zum Essen, zum Plausch in der Wohnung, im Treppenhaus, im Kaminraum des Erdgeschosses oder im Sommer auf der Dachterrasse. Beziehungen und Freundschaften untereinander wurden geknüpft. Das Leben in den eigenen vier Wänden war allerdings ebenso wichtig wie gemeinschaftliche Aktivitäten. Die erste Zeit schien gezeichnet von einem Ausbalancieren der Grenzen, der individuellen Definitionen von Privatheit, Beziehungen und Gemeinschaft.

In einer Hausgemeinschaft treffen unterschiedliche Biographien, Lebensstile, Einstellungen und Verhaltensweisen aufeinander. Dabei ist das jeweilige Alter lediglich *ein* Kriterium der Gruppenzusammensetzung im Pantherhaus. Sicherlich kein unwichtiges, denn Biographien, die zu unterschiedlichen Zeiten geschrieben wurden, bringen z.B. immer einen je spezifischen Umgang mit Konventionen hervor, der sich auch im Pantherhaus bemerkbar macht(e). „Bei uns Jüngeren war es normal, sich einfach mal zum Tee einzuladen und in eine Wohnung hineinzuschneien, die Älteren zeigten hier zunächst eine etwas größere Zurückhaltung im Umgang mit der Privatsphäre eines anderen (...), oder bei einem gemeinsamen Abendessen unangekündigt Freunde mitzubringen, war den Älteren eher fremd, während das für uns selbstverständlich ist", erzählt eine der jüngeren BewohnerInnen. Jedoch lassen sich nicht alle Eigenschaften einer Person auf ihre Generationszugehörigkeit reduzieren, zu vielfältig sind die Facetten eines Menschen in jedem Alter.

Es mußte gelernt werden, mit den jeweiligen individuellen Eigenheiten der anderen umzugehen und Konflikte auszutragen. „Es hat gerade anfangs, nachdem die erste Euphorie vorbei war, auch mal heftig gekracht, als wir alle so nach und nach unsere Macken hervorkehrten", erzählt eine der BewohnerInnen: „Jürgen beschallte seine Nachbarn Tag und Nacht mit Saxophon und Trompete. Else achtete immer furchtbar pingelig auf Ordnung und Sauberkeit. Und wer ließ immer die vollgerauchten Aschenbecher auf der Terrasse stehen? Und warum war Enno der einzige, der sich um die Kletterpflanze kümmerte?" Offenes Ansprechen von unterschiedlichen Auffassungen und das Austragen von Konflikten war gerade für die Älteren eine neue Lernerfahrung. Sie hatten eher ein 'zurückhaltendes und vorsichtiges' Umgehen mit Konflikten gelernt. Ebenso fiel den Jüngeren auf, daß die Älteren ein eher 'distanziertes' Verhältnis bei Beziehungskrisen zeigten. „So hat Else gelernt, über Beziehungskisten zu quatschen und es zu ertragen, wenn die Jungen wieder stundenlang über ihre Gefühle reden. Sie war sogar die wichtigste Schiedsrichterin, als sich Enno und seine Freundin trennten." (Joosten 1993, 43).

Gerade durch diese Aushandlungs- und Annäherungsprozesse ist die Hausgemeinschaft gewachsen. Den/die andere(n) in seiner/ihrer Eigenheit kennen und akzeptieren zu lernen, ist nicht immer harmonisch verlaufen; es gab - teils heftige - Kontroversen, die angesprochen und ausgehandelt werden wollten. „Das waren oft diese alltäglichen Kleinigkeiten (das unterschiedliche Sauberkeitsbedürfnis im Haus, die Pflege des Gartens) oder unausgesprochene Zwistigkeiten zwischen einzelnen BewohnerInnenn, die zum Sprengstoff wurden (...) Wir haben aber mittlerweile gelernt damit umzugehen, die Dinge auf den Tisch zu packen." Das Austragen der Konflikte war immer eingebettet in den gemeinsamen Wunsch, miteinander leben zu wollen.

Es war aber auch die Zeit des Knüpfens intensiver Freundschaften. So z.B. unter zwei der älteren Mitbewohnerinnen Friederike und Edith. Friederike ist seit einigen Jahren schon nicht mehr so fit, als daß sie ihren Alltag vollständig allein bewältigen könnte. Edith, die jahrelang pflegerisch tätig war, kümmerte sich bis zu ihrem Auszug aus dem Pantherhaus (s.u.) um Friederike, half ihr beim Baden, beim An- und Ausziehen, sah mit ihr fern und war außerordentlich fürsorglich; manchmal vielleicht sogar ein bißchen zu fürsorglich. Friederike nannte sie dann liebevoll-ironisch 'Oberschwester'. „Ja, Oberschwester sage ich immer, wenn es zu doll wird. Und ich hab' ihr gestern auch im Bad gesagt: „Du bist immer so bestimmend!" Edith: „Ja, bin ich auch." (vgl. Graue Panther 1993, 37). Innere Netze zwischen den BewohnerInnen wurden gesponnen; diese Netze laufen 'kreuz und quer' durch das ganze Haus.

7.2 Regeln und Absprachen

Regeln in Form einer schriftlichen Hausordnung wurden abgelehnt, und bis heute kommt man ohne sie aus. Gemeinschaftsaufgaben im Sinne einer Pflichterfüllung sollen vermieden werden. So putzt z.B. jede(r) seinen/ihren Teil des Treppenhauses selber, bei Krankheit wird dies mit einer NachbarIn abgesprochen. Natürlich kann es sein, daß sich eine MitbewohnerIn an den etwas weniger ausgeprägten Sauberkeitsansprüchen anderer stößt, darüber wird jedoch großzügig, wenn auch nicht wohlwollend, hinweggesehen. Mit der Pflege des Gartens läuft es ähnlich; sie wird allerdings größtenteils von einem Bewohner übernommen.

Obwohl es keine schriftliche Hausordnung gibt, wurden im Laufe der Zeit stille Übereinkünfte und Regeln entwickelt, die auch eingehalten werden. Wenn jemand seine Ruhe haben möchte, dann hängt er/sie ein Schild 'bitte nicht stören' an die Haustür. Dieses Rückzugsbedürfnis wird akzeptiert. Die Übereinkünfte drücken sich auch in ganz schlichter Rücksichtnahme aus: Man fragt, ob die Stereoanlage oder der Fernseher zu laut ist und die NachbarInnen stören, und vermeidet es, wenn man weiß, daß er/sie z.B. schlafen möchte. Bei der Nutzung der Gemeinschaftsräume ist es selbstverständlich, daß hinterher aufgeräumt und saubergemacht wird.

In den Gemeinschaftsräumen findet auch das 'sonntägliche Abendessen' statt, an dem in der Regel alle HausbewohnerInnen teilhaben. An diesen Abenden wird über dies oder jenes geredet, auch über hausinterne Angelegenheiten. Dieses Abendessen hat jedoch nicht mehr den Charakter der Hausversammlungen aus der Anfangszeit; vielmehr ist es ein geselliges Beisammensein.

Das Leben im Pantherhaus ist in eine Phase übergegangen, in der man sich kennt, sich auf den/die andere(n) verlassen kann, eben aufeinander eingespielt ist. Eine Bewohnerin beschreibt das so: „Vielleicht sind wir als Hausgemeinschaft ein bißchen vergleichbar mit einem schon etwas länger verheirateten Ehepaar: Die Zeit der Euphorie aber auch des Konfliktpotentials ist vorüber, man arrangiert sich eben auch miteinander, ohne daß es deswegen langweilig ist."

Hausversammlungen werden nur nach Bedarf abgehalten; wenn wichtige Fragen anstehen, die gemeinsam geregelt werden müssen, wie z.B. die Unterstützung einer erkrankten NachbarIn gewährleistet werden kann, ohne daß eine der BewohnerInnen damit überfordert wird. Eine solche Frage bedarf der Absprache und wird gemeinsam diskutiert.

7.3 Nachbarschaftliche Hilfe im Pantherhaus

Das Pantherhaus basiert auf der Bereitschaft zum gegenseitigen Austausch und zur gegenseitigen praktischen Hilfe, wenn sie notwendig werden. Diese Hilfeleistungen werden sowohl von den Jüngeren als auch von den Älteren gegeben und erhalten. Sie erwachsen aus den zwischenmenschlichen Beziehungen unter den PantherbewohnerInnen: So betreut eine der älteren Frauen mal das Kind der NachbarIn, oder es werden den 'Oldies' z.B. Einkäufe oder kleinere Reparaturen abgenommen. Es sind die kleinen alltäglichen Erleichterungen, die wie selbstverständlich zu funktionieren scheinen. Die Beziehungen zueinander sind jedoch nicht über den Hilfebedarf definiert, vielmehr sind es die 'inneren Netze' zwischen den Menschen, die sich im Lauf der Jahre entwickelt haben und auf Verantwortung, Verläßlichkeit und Vertrauen beruhen.

Altern bleibt nicht nur auf die Verlusterlebnisse des 'nicht mehr Sehen oder nicht mehr Hören könnens' beschränkt, sondern findet hier eine aktive Gestaltung: „Es ist ja nicht leicht zu altern, zu spüren, daß so manche Funktion nachläßt: die Beine tragen nicht mehr wie früher, die Augen lassen nach etc., aber wir setzen uns damit auseinander, alt und jung. Wir entwickeln gemeinsame Ideen, wie man damit umgehen kann..." (eine Bewohnerin). Und manchmal muß man sich sogar etwas Originelles einfallen lassen: Das Bett einer Bewohnerin wurde z.B. mit einer laut tönenden Hupe versehen, damit sie in einer der anderen Wohnungen gehört wird, wenn sie wieder einmal des nachts von einem quälenden Hustenanfall geschüttelt wird.

7.4 Das Ineinandergreifen von professioneller, familialer und nachbarschaftlicher Hilfe

Die nachbarschaftliche Hilfe kann und soll aber nicht alles leisten. Sie kann durch Vertrauen und gegenseitige Fürsorge Wohlbefinden, Wärme und Nähe erzeugen. Sie kann einen Menschen auf seinem Weg begleiten und ihm das Gefühl von Geborgenheit geben; sie vermag allerdings keine Krankheiten zu heilen, kein Unglück ungeschehen zu machen (vgl. Petersen 1993, 22). Bei Pflegebedürftigkeit wird Hilfe von außen notwendig. Das betrifft sowohl die professionelle Unterstützung durch Ärzte und Sozialstationen sowie die Einbindung von Familienangehörigen.

Die älteste der BewohnerInnen des Pantherhauses - Friederike - nimmt mittlerweile regelmäßig den ambulanten Dienst der Sozialstation in Anspruch. Jeden Vormittag kommt jemand vorbei, macht das Frühstück und hilft ihr beim Waschen und Ankleiden. Neben der Dienstleistung der Sozialstation kommt ärztliche Betreuung ins Haus. Die Hausgemeinschaft unterstützt den Tagesablauf außerdem. Das Mittagessen für Friederike wird regelmäßig von einer Bewohnerin gekocht, die zur Zeit nicht arbeitet. Die berufstätigen MitbewohnerInnen kümmern sich abwechselnd abends um ihre hochbetagte Nachbarin.

Als sich abzeichnete, daß die Bewohnerin professioneller Hilfe bedurfte, wurde dies mit ihr und ihrem Sohn besprochen. Das Interesse der Hausgemeinschaft ist nicht, die Angehörigen vom Leben im Pantherhaus auszugrenzen; vielmehr sollen sie aktiv in den Unterstützungsprozeß einbezogen werden. Die letzte Entscheidung darüber, welche bzw. wieviel Hilfe geleistet werden soll, bleibt bei der Betroffenen. In diesem Fall funktionierten die Absprachen zwischen Hausgemeinschaft und dem Sohn der Bewohnerin sowie das Ineinandergreifen von professioneller Unterstützung und nachbarschaftlicher Hilfe.

7.5 Eine Grenzerfahrung

Die Geschichte von Edith verlief dagegen anders. Sie nahm einen tragischen Verlauf und endete mit der Unterbringung in einem Pflegeheim. Diese Geschichte verdeutlicht die Möglichkeiten und Grenzen der nachbarschaftlichen Hilfe. Sie zeigt, daß eine Hausgemeinschaft wie die des Pantherhauses mancherlei physische und psychische Leiden auffangen und tragen kann, daß dieses Netz jedoch seine Grenzen findet, wenn die Kooperation mit professionellen Dienstleistungen (insbesondere des pflegerischen bzw. medizinischen Bereichs) und den Angehörigen nicht gegeben ist.

Edith war 1986 eine der NachrückerInnen, als zwei Frauen kurzfristig vor dem Einzug in das Pantherhaus abgesprungen waren, und wagte das 'Abenteuer' Hausgemeinschaft. Die Biographie von Edith ist, wie die vieler Kriegerwitwen, gezeichnet von harter Arbeit, um sich und die Kinder zu ernähren, von der Opferbereitschaft, für andere dazusein und für sich selbst sehr wenig zu beanspruchen. Doch im Verlauf der Jahre hatte die Witwe viel von ihren Kräften verloren. Schon vor ihrem Einzug in das Wohnprojekt litt sie unter Ängsten. Kurz nach ihrem Einzug bekam sie einen Nervenzusammenbruch. Es war zunächst nicht ganz leicht für sie, sich an die vielen Menschen zu gewöhnen. Die meisten anderen kannten sich ja schon aus der jahrelangen Pantherarbeit, Edith war dagegen erst kurz vorher zu der Gruppe gestoßen. Sie wurde in einer Klinik psychiatrisch behandelt und kam in die Hausgemeinschaft zurück, in der sie in der folgenden Zeit auflebte. Sie fand Aufgaben innerhalb der Hausgemeinschaft, es entwickelte sich die oben beschriebene Freundschaft zwischen ihr und Friederike, die froh war über die fürsorgliche Freundin und die Freundschaft zu schätzen wußte. Edith und Friederike verbrachten viel Zeit miteinander. Edith backte Kuchen für das Café, das von den beiden jüngeren Bewohnerinnen betrieben wird, auf den keiner mehr verzichten wollte, und als ein Film über das Pantherhaus gedreht wurde, engagierte sie sich. Nach und nach bekam sie mehr Selbstbewußtsein und konnte das Leben mit den anderen genießen.

Dann (in den letzten zwei Jahren) kamen wieder starke Depressionen. Sie mußte wieder in der Psychiatrie behandelt werden, kehrte nach Hause zurück, wo sich die MitbewohnerInnen um sie kümmerten. Die Zeiträume zwischen den depressiven Schüben wurden immer geringer, und die Zeiträume zwischen den Aufenthalten in der Klinik auch. Zu den Depressionen kamen Ängste unterschiedlicher Art. Mit der schweren psychischen Krankheit ging der körperliche Abbau einher.

Die Hausgemeinschaft betreute Edith von nun an rund um die Uhr. Eine Situation, mit der alle überfordert waren. Die Hausgemeinschaft suchte professionelle Unterstützung von außen. Das Ergebnis war enttäuschend: Im gerontopsychiatrischen Bereich gab es keine ambulante Unterstützung, die man hätte einbinden können; die Zusammenarbeit mit dem behandelnden Neurologen lief denkbar schlecht, er hatte Vorbehalte gegen die BewohnerInnen des Pantherhauses, zumal sie nicht die Angehörigen waren. Ein weiteres Problem war die schlechte Kooperation mit den Kindern von Edith. Die Beziehung der BewohnerInnen zu ihnen war distanziert; sie konnten nicht in den Hilfeprozeß einbezogen werden.

Im November 1993 wurde Edith auf Veranlassung ihrer Kinder in einem Pflegeheim untergebracht. Hier lebt die 86-jährige seither. Ihr Leben dort wurde bisher von einem Psychiatrieaufenthalt unterbrochen, da im Pflegeheim keinerlei gerontopsychiatrische Versorgung zur Verfügung steht.

Diese Geschichte gehört zum Leben im Pantherhaus ebenso wie die vielen positiven Erlebnisse und Begebenheiten, die sich in der Hausgemeinschaft seit ihres Bestehens ereignet haben. Das Pantherhaus ist keine 'Insel', auf der nachbarschaftliche Hilfe alle Probleme und Leiden bewältigen kann.

8. Plus ça change, plus c'est même chose

Die Kontinuität des Pantherhauses ist sein beständiger Wechsel: Die Menschen in der Gemeinschaft verändern und entwickeln sich, ein Bewohner ist gestorben, ein Kind wurde geboren, einige ziehen aus, andere ein. Die Gemeinschaft durchläuft als soziales Gebilde helle und dunkle, kalte und warme Zeiten (vgl. Petersen 1993, 23). Würde man jedes Jahr einen Bericht zum Leben im Pantherhaus schreiben, so wäre dieser in jedem Jahr von anderen Ereignissen, Stimmungen und Positionen geprägt. Jede(r) würde ihn wahrscheinlich auch anders schreiben. Ein jüngerer Bewohner schrieb 1991:

> „Ihr wollt wissen wie wir leben? Manchmal bin ich traurig, einsam, leer. Manchmal träume ich. Manchmal könnte ich alle umarmen und dabei den einen oder anderen etwas fester drücken. Manchmal ziehe ich mich in meine Wohnung zurück und lasse den Schlüssel auf der Tür stecken. (...) Wir leben in uns, für uns und aus uns heraus. Wir leben zusammen. Manchmal öffentlich und ebenso privat. (Edith) muß Möhren schälen. Eine Kamera klickt. Die Öffentlichkeit weiß Bescheid. Es gibt Spaghetti auf der Terrasse.

(Friederike) erzählt uns von Helgoland. (...) Wir beantworten Fragen, die wir uns selbst nie stellen würden. Ob man von anderen Generationen lernen kann? Wir lernen. Daß wir Geschichten erzählen können vom Kaiser Wilhelm bis hin zu John Lennon, ist gut und doch kein Zufall. Zuhören. Nein wir haben keine Hausordnung. Aus der Wohnung von Jürgen klingt Mozart durchs Gemäuer (...) Hat das Modellcharakter? Alltägliches etwas näher zusammengerückt; verdichtet zu einem Raum, in dem Einzigartigkeit erhalten bleibt (...)" (Graue Panther 1993, 38)

9. Schlußbemerkung

Die BewohnerInnen des Pantherhauses haben es geschafft, die Idee einer generationsübergreifenden Hausgemeinschaft in ein lebendiges Zusammenleben umzusetzen. Die Vielfältigkeit der BewohnerInnen wird im Pantherhaus nicht als Trennende, sondern als Bereicherung empfunden, als Herausforderung, mit den jeweiligen Verschiedenheiten umgehen zu lernen. In diesem Milieu, geprägt durch die Vielfältigkeit seiner BewohnerInnen und verwoben in einer gemeinsamen Idee und Geschichte, ist die Hausgemeinschaft zusammengewachsen. Nachbarschaftliche Hilfe und Unterstützung sind hier eingebettet in das Beziehungsgeflecht untereinander.

Das Pantherhaus läßt sich nicht allein als Innovation im Altenbereich betrachten, sondern liegt darüber hinaus im Trend der Zeit: Andere Gruppen der Selbsthilfebewegung weisen vergleichbare Organisationsstrukturen auf und ihre alten und jungen Mitglieder streben nach einer Einbindung in neue soziale Zusammenhänge. Das Pantherhaus kann als eine Antwort auf Individualisierungs- und Pluralisierungsprozesse, als Teil der Suche nach neuen Lebensgemeinschaften verstanden werden (vgl. Beck 1986; Siebel 1989).

„(Das Pantherhaus) ist kein Paradies auf Erden, sondern Alltag, Leben, Dasein, selbstbestimmt (...)“ (vgl. Petersen 1992; 109); es ist ein Beispiel für eine frei gewählte Lebens- und Wohnalternative, die auch im Alter eine individuelle Lebensgestaltung ermöglicht.

Kontaktanschrift:
Graue Panther Hamburg e.V.
Lerchenstr. 37
22767 Hamburg
Tel.: 040/439 32 62

Literatur

Beck, U.: Risikogesellschaft - Auf dem Weg in eine andere Moderne, Frankfurt

Bundesministerium für Raumordnung, Bauwesen und Städtebau (BMRBuS) (Hg.): ExWoSt - Informationen zum Forschungsfeld 'Ältere Menschen und ihr Wohnquartier', Nr. 10 u. 11, Bonn 1993

Bura, J.; Kayser, B.: Miteinander Wohnen - Wohnprojekte für Jung und Alt, Darmstadt 1992

Graue Panther e.V. (Hg.): Kopfstand, Hamburg 1989

Graue Panther e.V. (Hg.): Grabe dort wo Du stehst. Doku-Montage über die Wohnprojekte der Grauen Panther, 1. Teil: Das Pantherhaus, Hamburg 1993

Graue Panther e.V. (Hg.): Graue Panther (Zeitungen der Grauen Panther), Juni 1992 - April 1994

Joosten, A.: Auch Else bringt sich ein, in: Die Zeit Nr. 13, 1993, S. 18

Kuratorium Deutsche Altenhilfe (KDA): „Neue Chancen. Gemeinschaftswohnprojekte von Jung und Alt". Eine Dokumentation des 'Forums für gemeinschaftliches Wohnen im Alter', Thema 72, Köln 1993

Otto, U.: Wohnsitz -Lebenslage - Ruhestand. Alternativen des Wohnens im Alter?, in: Schmidthals, O. (Hg.): Die Grauen kommen. Chancen eines anderen Alters, Bamberg 1990, S. 165-186

Petersen, U.: Das Prinzip Selbstbestimmung, in: Brasse, B.; Klingeisen, M.; Schirmer, K. (Hg.): Alt sein - aber nicht allein. Neue Wohnkultur für Jung und Alt, Hamburg 1992, S. 105 - 119

Petersen, U: Gruppenfindung und Gruppenprozesse, in: Kuratorium Deutsche Altenhilfe (KDA): „Neue Chancen. Gemeinschaftswohnprojekte von Jung und Alt". Eine Dokumentation des 'Forums für gemeinschaftliches Wohnen im Alter', Thema 72, Köln 1993, S. 8-50

Siebel, W: Wandlungen im Wohnverhalten, in: Brech, J. (Hg.): Neue Wohnformen in Europa - Berichte des 4. internationalen Wohnbundkongresses in Hamburg, Darmstadt 1989

Projektarbeit mit VorruheständlerInnen

Wolf-R. Klehm

ZWAR (Freizeitinitiativen zwischen Arbeit und Ruhestand)

Gruppennetzwerke als Antwort auf riskante Übergänge in den (Vor-)Ruhestand

1. Die Ausgangsproblematik

Von der Jahrhundertwende bis in die siebziger Jahre läßt sich für die westlichen Industriestaaten als durchgängiger Trend die Verkürzung der Lebensarbeitszeit feststellen. Dies ist bedingt durch ein spätes Eintrittsalter in den Beruf, veränderte Bedingungen beim Ausscheiden aus dem Erwerbsleben ebenso wie die durchschnittliche Verlängerung der Lebensdauer. Bei der Betrachtung der Erwerbsquoten im Zeitraum von 1970 bis 1988 konstatieren Jacobs/Kohli (1990) als gesicherte statistische Trends, daß „die weitere Verkürzung der Lebensarbeitszeit (offensichtlich) ein Schlüsselmechanismus zur Anpassung an die abnehmende Nachfrage nach bzw. das wachsende Angebot an Arbeitskräften (ist)“ (ebd., 502 f.).

Für Frauen stellen sie fest, daß die Erwerbstätigkeit jenseits des 65. Lebensjahres in den verglichenen Industriestaaten nie von weitreichender Bedeutung war. In Deutschland bildet das Alter von 60 Jahren eine deutliche Grenze der Erwerbsbeteiligung: „ (...) der Trend zum frühen Ruhestand (gilt) auch für Frauen. Der Prozeß des Ausscheidens beginnt für jede Geburtskohorte auf einem höheren Niveau als für die vorhergehende und verläuft anschließend schneller“ (ebd. 508).

Für die Männer gilt: „(...) je jünger die Kohorten, desto früher setzt der Rückgang (der Erwerbsquoten) ein und desto stärker fiel er aus“ (ebd.).

Als verursachend für den Trend zur Frühverrentung listen die Autoren folgende Gründe auf:

– Längerfristige wirtschaftliche Veränderungen (Übergang von der Vollbeschäftigung zu einem hohen Arbeitslosigkeitssockel);

– institutionelle Veränderungen innerhalb des Alterssicherungssystems;

– der verstärkte Rationalisierungsdruck seit den sechziger Jahren, der sich insbesondere auf die Lebenssituation der älteren ArbeitnehmerInnen ausgewirkt hat;

– der demographische Druck durch nachwachsende Kohorten ging zu Lasten der Beschäftigung der älteren ArbeitnehmerInnen;

– der säkulare Trend zu einer allgemeinen Verringerung der Arbeitszeit bei gleichzeitiger Höherbewertung der Freizeit (vgl. ebd., 504 f.).

Mit Blick auf die Rentendiskussion halten sie fest, daß es „nirgendwo (...) bisher gelungen (ist, W.-R. K.), den Trend zum frühen Ruhestand umzukehren" (ebd., 508). Dies scheint auch nur schwer möglich, da es gleichzeitig mehrere 'Pfade' zum Berufsaustritt gibt:

– Rentenversicherung

– Kranken-/Invaliditätsversicherung

– Arbeitslosenversicherung

– Vorruhestandsprogramme

Wo „ein Pfad blockiert wird, verstärkt sich der Andrang auf andere. Es ist nirgends gelungen (oder versucht worden), alle Pfade gleichzeitig zu blockieren" (ebd., 508).

Diese Befunde werden vielfältig bestätigt. So sprechen Bäcker/Naegele (1992) von einem seit über zwanzig Jahren bestehenden Trend zur fortgesetzten immer früheren 'Entberuflichung des Alters'. Insbesondere am Beispiel der neuen Bundesländer läßt sich dieser Trend eindringlich darstellen (vgl. Knopf in diesem Band).

2. Aspekte des epochalen Wandels

Die zuvor skizzierte Entwicklung steht vor dem Hintergrund gesellschaftstheoretischer und modernisierungstheoretischer Fragen, die unter den Stichworten Moderne, (Post-)moderne derzeit Furore machen. Laut Welsch (1993, 5), einem Theoretiker der Postmoderne, ist darunter „diejenige geschichtliche Phase (zu verstehen), in der radikale Pluralität als Grundverfassung der Gesellschaften real und anerkannt wird und in der daher plurale Sinn- und Aktionsmuster vordringlich, ja dominant und obligat werden." Der Soziologe Beck (1992, 195) unterscheidet in diesem Zusammenhang zwischen einfachen und reflexiven Modernisierungen. Modernisierung wurde bislang immer in Abgrenzung zur Tradition gedacht. Die reflexive Modernisierung meint dagegen einen Prozeß, bei dem die Industriegesellschaft selbst zur Tradition wird. Das neue Schlüsselthema der Industriezivilisation wird, „die Rationalisierung der Rationalisierung" (ebd., 185). Als 'Motor' dieser Entwicklung nach dem zweiten Weltkrieg erwiesen sich in der BRD mehrere Faktoren: Bildungsexpansion, Reallohnsteigerung, soziale und geographische Mobilität, zunehmende Frauenerwerbstätigkeit, steigende Scheidungsziffern, Flexibilisierung von Erwerbsarbeit (vgl. ebd., 186).

Die alte Industriegesellschaft fällt vor diesem Hintergrund zunehmend auseinander:

– Die Menschen werden aus den industriellen Sicherheiten und Standardlebensformen freigesetzt.

– Die Gesellschaft spaltet sich zum einen in Institutionen, deren Selbstbild die alten Sicherheiten und Normalitätsvorstellungen der Industriegesellschaft konservieren und zum anderen in eine Vielfalt lebensweltlicher Realitäten, mit der Folge, daß zunehmend die Institutionen 'zu Reitern ohne Pferde' werden.

– Daraus ergibt sich eine doppelte Problematik:
  a) Es fallen immer mehr Menschen durch die Normalitätsmaschen des sozialen Sicherungsnetzes und
  b) es entfallen die lebensweltlichen Grundlagen der Institutionen und die Konsensformen, die diese Menschen getragen haben (ebd.).

Der Preis, den die 'doppelt freigesetzten' Subjekte bezahlen, ist, daß sie zum einen das rissig gewordene 'Gehäuse der Hörigkeit' (Max Weber) verlassen, damit jedoch zum anderen der hiermit verbundenen traditionellen Lebensformen und der normativen Orientierungen verlustig gehen. Sie werden vom Betrieb freigesetzt und zugleich gesellschaftlich wie existentiell in die 'Rollenlosigkeit des Alters' entlassen. Das was auf das vereinzelte Subjekt zukommt, ist die Notwendigkeit der Sinngebung. „Sinn und Ziele sind als Ergebnisse von Beziehungen denkbar. Die Herausforderung besteht darin, nicht in uns selbst nach eigenen Werten zu forschen, sondern sie in produktiven und bereichernden Formen von Beziehungen zu anderen Menschen zu finden" (Gergen 1994, 38).

Aber genau das ist ein Problem des Übergangs in den Ruhestand. Ein wesentlicher Teil des „sozialen Atoms" (Moreno 1967) der Freigesetzten bricht mit der Freisetzung weg. Der/die Freigesetzte wird auf sich selbst (auf den/die EhepartnerIn) zurückgeworfen. Die Ziele, Wertvorstellungen und die Kontrolle über das eigene Leben, das Gefühl wertvoll und wichtig zu sein, sind durch die vielfältigen Beziehungen zur Arbeit verändert. Der Mensch, ohne dieses lebensweltliche Beziehungsgeflecht Arbeit mit seinen Vorgaben und Anforderungen, muß lernen, sich selbst zu verstehen, zu unterscheiden, was für ihn/sie wichtig und bedeutsam ist, was nicht und entsprechende Handlungspotentiale zu entwickeln.

Die Auswirkungen der skizzierten Entwicklung werden häufig nur marginal gesellschaftlich verarbeitet und in der Regel zur individuellen Problemlage verkürzt. Wird dies jedoch nicht als Herausforderung von dem vereinzelten Individuum angenommen, weil „die Mittel der Daseinsbewältigung nicht mehr ausreichen, um sich durch eine veränderte Einstellung oder ein verändertes Verhalten auf diese einzustellen“ (Kade 1994, 78), sondern über psychophysisches und psychosoziales Leiden ausagiert, dann wird die Phase des Übergangs als Krise erlebt. Bei dieser Verschiebung von Systemproblemen in Richtung persönlichen Versagens wird von einer neuen „Unmittelbarkeit von (System-)Krise und Krankheit“ gesprochen (vgl. Beck 1992, 195f.). Beck u. Beck-Gernsheim (1990) meinen, daß gesellschaftliche Krisen nicht mehr als solche von den Individuen wahrgenommen, sondern zunehmend als persönliche Unzulänglichkeit erlebt werden. Übergangsphasen im Alter müssen zwar nicht per se mit einer Krise verbunden sein, „doch enthalten die kritischen Übergänge diesseits und jenseits der Erwerbsarbeit (...), die mit dem Alterungsprozeß verbunden sind, Krisenpotentiale, die mit Funktionsverlusten und Rollenwechseln einhergehen und bisher Gewohntes in Frage stellen“ (Kade 1994, 78).

Die Chance zu einer selbstbestimmten Lebensplanung unter den „Bedingungen hochgradig differenter Wissensformen, Lebensentwürfe, Handlungsmuster“ (Welsch 1993, 5) zwingt RuheständlerInnen zu Dauerverhandlungen für lebbare Alltagsmuster. Dazu will aber der alte autoritätsgebundene, autoritäre Charakter, der durch jahrzehntelange Fremdbestimmung in den Institutionen der sekundären und tertiären Sozialisation verfestigt wurde, nicht passen. Kösel (1993, 73) spricht in diesem Zusammenhang, unter Rückgriff auf den französischen Soziologen Bourdieu, von inkorporierten Strukturen, die jenseits von Diskurs und Bewußtsein operieren. Nach dreißigjähriger Fremdbestimmung im Betrieb mit dessen vorgegebenen Rhythmen, Tätigkeiten und Kontakten, ist der selbstbestimmte Umgang mit der frei gewordenen Zeit und die Bindung an selbstgewählte Tätigkeiten eher eine Ausnahmeerscheinung. Die Situation der Betroffenen erschwert sich, weil für sie eine völlig neuartige Situation vorliegt, für die bisher keine vergleichbare Erfahrung zur Verfügung steht. Die selbstkontrollierte Zeitbindung, die Bindung an selbstgewählte Tätigkeiten ist nur wenigen Privilegierten möglich und für sie erforderlich. Opaschowski und Neubauer (1984) betonen, daß (Früh-) RentnerInnen und PensionärInnen nach eigener Einschätzung kaum eine Tätigkeit oder ein Verhalten in gewünschter Intensität ausüben.

Mit dem Übergang vom Arbeitsleben in den Ruhestand kann der Umgang mit der freien Zeit zum zentralen Problem für jeden einzelnen werden, wobei Wunschvorstellungen und tatsächliches Freizeitverhalten auseinanderklaffen können. Als Problem im Umgang mit freier Zeit stellt sich heraus, daß „der Erwerb zusätzlicher Freizeit an den Erwerb zusätzlicher Handlungsmuster und ihrer Realisationsbedingungen geknüpft ist. Dies gilt auch für den Umgang mit Zeit (...)“ (Tschiedel 1987, 28). Tschiedel stellt weiterhin fest, daß „der gegenwärtig beobachtete Trend der Nutzung gesellschaftlich freier Zeit jedoch eher in Richtung bloß passiver, konsumptiver Nutzung weist, was nicht im Sinne irgendeiner Moral als verwerflich gelten (soll), allerdings da bemerkenswert erscheint, wo die angestrebten Ziele der Entspannung, der Erholung, des Lustgewinns ob der mitkonsumierten Entfremdung gar nicht mehr erreichbar sind und wo die an sich für schöpferische und politische Gestaltung verfügbare Zeit 'totgeschlagen' wird" (ebd.).

Untersuchungen von Tews (1992) belegen, daß der Beteiligungsgrad von Älteren an (Weiter-)Bildungs-/Qualifizierungs- und Freizeitangeboten durch die Kontinuitätsthese bestimmt wird. Das bedeutet, daß Personen, die schon immer Bildungsangebote wahrgenommen haben, dies im Alter weiterhin tun werden. Das heißt aber auch, wer in der beruflichen Lebensphase keinen Zugang zu Bildungs- und Freizeitangeboten gefunden hat, diese dann auch im Alter nicht suchen bzw. nutzen wird (vgl. Klehm; Neumann; Pfaff, 1984, 33f.; DGF 1995).

Für die Zusammenhänge zwischen Arbeitstätigkeit, Freizeitverhalten und Ruhestandsplänen formulieren Abraham, Hoefelmayr und Hürtzeler (1980) die generelle Hypothese, daß unterschiedliche Arbeitstätigkeiten in unterschiedlicher Weise zur Generierung von Plänen insbesondere in der Zeit nach der Pensionierung führen können. Sie fassen die Ergebnisse ihrer Erkundungsstudie dahingehend zusammen, „daß der prozentuale Anteil von Personen ohne oder mit nur unspezifischen Plänen mit abnehmender Größe des Handlungsspielraums in der Arbeit zunimmt. Die Untersuchung ergab weiter, daß Personen, die ihre kognitive Handlungskompetenz in der Arbeit trainieren konnten, mehr Pläne mit kognitiven Inhalt bilden, als Personen mit kleinem kognitiven Handlungsspielraum in der Arbeit; analog verhält es sich mit der sozialen Handlungskompetenz in der Arbeit" (368).

Die skizzierten Tatbestände und Problembereiche des (Vor-) Ruhestandes können eine Reihe von psycho-sozialen Krisen nach sich ziehen. Eine der Besonderheiten gegenwärtiger Krisen auch im Alter ist, daß sie außerhalb der Leistungen von traditionellen Institutionen angesiedelt sind - was häufig zusätzlich zu Verunsicherung und Rückzug führt. Eine weit verbreitete Therapie gegen diese Art von Verunsicherung ist die Medikalisierung - oft als Antwort auf eine Sinnkrise.

Zur Entwicklung von Lebensentwürfen und Sinnstrukturen geht es aus der Weltsicht der Postmoderne:

> „nicht mehr um Anpassung an eine Welt, sondern um die Wahl der passenden Welt. In der Vielfalt der Möglichkeiten gilt es diejenigen zu finden, die zu einem passen und zu denen man paßt. Man muß auswählen im doppelten Sinn: Man hat auszusondern, was einem produktive Umwelt nicht zu sein vermag, und man soll erwählen, was Entfaltungsraum sein kann. Diesen zu finden, wird zu einer neuen Kunst. Das geschieht gegenwärtig unter Freiheit ebenso wie unter Druck" (Welsch 1993, 205).

Hilfreicher als die Medikalisierung scheint mir dabei eine zugehende, am Subjekt wie an der Lebenswelt orientierte Arbeit zu sein, die sich auf die Komplexität gegebener Lebenslagen, Biographien und Lebensentwürfe einläßt und lernt, eine notwendige kritische, subjektive Reflexivität zu vermitteln. Eine solche Arbeit hilft den Subjekten, die vorgenannte Selektivität zu leisten und sie eigenständig in Handlungsentwürfe zu übersetzen. Mit der Vorstellung des Arbeitskonzepts von 'ZWAR' möchte ich ein solches Konzept vorstellen, das auf Befähigung zur Selbsthilfe/-organisation zielt.

3. Zur Entstehung der ZWAR-Arbeit (Freizeitinitiativen Zwischen Arbeit und Ruhestand)

ZWAR entstand vor dem Hintergrund der damals wie heute aktuellen Strukturkrise des Ruhrgebiets, die zur massenhaften vorzeitigen Freisetzung von ArbeitnehmerInnen führte, die durch die unterschiedlichen Ruhestandsregelungen bereits häufig im Alter von 50 Jahren plötzlich zu den 'Alten' zählten. Es entstand eine historisch neue soziale Gruppe, die der 'jungen Alten'. Mit Blick auf diese neue Zielgruppe, die sich zunächst aus Stahl- und Bergarbeitern und deren Lebenspartnerinnen zusammensetzte, suchten wir insbesondere nach Lösungswegen, um auf die oben angesprochenen subjektiven Problemlagen und damit zugleich auf alte wie neue Ungleichheiten (vgl. Franz; Kruse; Rolff 1986) eine Antwort zu geben.

Erfahrungen als Lernende und Lehrende im Bereich der Altenakademie und des Seniorenstudiums an der Universität Dortmund mit vielfältigen Lernarrangements und Lernexperimenten sowie langjährigen Erfahrungen in unterschiedlichen Betrieben und Funktionen in der Arbeitswelt und der gewerkschaftlichen Arbeit bildeten die Grundlage für Überlegungen zu Interventionsmöglichkeiten im Bereich spezifischer Problem- und Bedarfslagen von (Vor-) RuheständlerInnen und ihren Angehörigen. Ab 1984 wurde ZWAR als Drittmittelprojekt an der Universität Dortmund durch das nordrhein-westfälische Ministerium für Stadtentwicklung und Verkehr, d.h. dem zuständigen Ministerium für Freizeitfragen, mit der Auflage der Konzeptentwicklung und -erprobung (unter Verzicht auf Forschung) gefördert. Im Januar 1991 hat sich ZWAR als gemeinnütziger Trägerverein konstituiert. Der ZWAR e.V. steht seither in der Trägerschaft von Wohlfahrtsverbänden, Kirchen, Gewerkschaften, der Stadt Dortmund sowie von zwei Einzelpersonen.

Seit 1994 wird das ZWAR-Projekt vom Ministerium für Arbeit, Gesundheit und Soziales des Landes Nordrhein-Westfalen (MAGS/NRW) finanziert. Ziel dieser Förderung ist es, daß ZWAR neben KISS (Kontakt- und Informationsstelle für Selbsthilfe), KOSCON (Koordination für Selbsthilfe-Kontaktstellen in NRW der Deutschen Arbeitsgemeinschaft Selbsthilfegruppen e.V.), NAKOS (Nationale Kontakt- und Informationsstelle zur Anregung und Unterstützung von Selbsthilfegruppen) und den SelbsthilfeberaterInnen bei den Trägern der freien Wohlfahrtspflege einen landesweiten Beitrag zur Selbsthilfe und Selbstorganisation der VorruheständlerInnen im Lande NRW leisten soll.

Die Zielgruppe von ZWAR sind primär Frauen und Männer sowie ihre LebenspartnerInnen im (Vor-)Ruhestandsalter und Menschen in der Berufsaustrittsphase, Langzeitarbeitslose ohne Chance der beruflichen Reintegration und, bedingt durch die veränderte stadtteilbezogenen Ansprachekonzeption von ZWAR, Frauen und Männer eines Stadtteils zwischen 50 und 65 Jahren (s. u.).

4. Die GruppenteilnehmerInnen

Die Ergebnisse von schriftlichen Befragungen, die in unregelmäßigen Abständen in allen ZWAR-Gruppen durchgeführt werden, zeigen, daß die GruppenteilnehmerInnen, solange die Ansprache primär über Gewerkschaften und Betriebe getätigt wurde, sich vor allem aus ehemaligen IndustriearbeiterInnen und deren Lebens- und EhepartnerInnen zusammensetzte, die über die verschiedenen betrieblichen Regelungen vorzeitig aus ihren Betrieben ausgeschieden waren. Für den Bereich der Stahlindustrie waren dies vor allem ältere ArbeitnehmerInnen ab 55 Jahre, des Bergbau bereits ab 50 Jahre. Bei einer Erhebung, die 1988 (N = 172 Frauen und 127 Männer) durchgeführt wurde, war der überwiegende Anteil der Männer (62 %) vorzeitig aus dem Erwerbsleben ausgeschieden; bei den Frauen waren es 8%. 71% der Frauen war durch Heirat oder wegen Kindererziehung bereits vor dem Zeitpunkt einer Frühverrentung aus dem ausserhäuslichen Arbeitsleben ausgeschieden oder waren nie erwerbstätig.

Bei einer 1993 durchgeführten Erhebung (N=232) zeigte sich ein verändertes Bild. 17% der TeilnehmerInnen der ZWAR-Gruppen waren als ArbeiterInnen/Angestellte in der Stahlindustrie tätig gewesen, 11% im Bergbau und ebenfalls 11% im Handwerk; der Rest hatte im öffentlichen Dienst, als Selbständige oder in 'anderen Bereichen' gearbeitet. 30% der Befragten gaben an, im Schichtdienst gearbeitet zu haben. 52% waren RentnerInnen. Voll erwerbstätig waren noch 2%. Im Vergleich zur Erhebung von 1988 hat die Zahl der VorruheständlerInnen abgenommen. Dieser Rückgang geht zum einen auf das erhöhte Alter der GruppenteilnehmerInnen zurück (die ersten Gruppengründungen liegen jetzt 15 Jahre zurück), zum anderen ist der Rückgang ein Resultat des bereits erwähnten gewandelten Ansprachemodus, der zu einer erhöhten Streuung bei der Branchenzugehörigkeit und zu einem Anwachsen des Frauenanteils (Frauen 54%; Männer 46%) geführt hat. Während die Altersspanne in den ZWAR-Gruppen 1988 zwischen 44 und 64 Jahre lag, lag sie 1993 zwischen 50 und 85 Jahre. Das Bildungsniveau ist relativ niedrig. 78% der 1993 Befragten hatte einen Volks- bzw. Hauptschulabschluß. 13% verfügte über die mittlere Reife. Bei der Frage nach dem Familienstand ergab sich, daß 63% der Beteiligten verheiratet waren, 28% waren verwitwet.

5. Zu den Arbeitsschwerpunkten des ZWAR-Projektes

VorruheständlerInnen und deren LebenspartnerInnen sind im Alter zwischen 50 und 65 Jahren zu jung, um Angebote der 'Altenstuben', die vornehmlich auf Betreuung und Versorgung ausgerichtet sind, anzunehmen, sofern diese Art von Angeboten für die derzeitige Alterskohorte überhaupt noch bedeutsam ist.

Das Projekt hat sich auf einen Such-, Findungs- und Lernprozeß gemeinsam mit den Betroffenen eingelassen und hat immer neu die Interessen, Bedürfnisse und Möglichkeiten der TeilnehmerInnen, der TeamerInnen und der Politik miteinander in Beziehung gesetzt und versucht zur Deckung zu bringen. Das Ergebnis dieses Prozesses hat sich in den Arbeitsschwerpunkten des Projekts niedergeschlagen. Diese Schwerpunkte sind:

a.) Als wichtigstes Ziel die Initiierung und Begleitung von stadtteilorientierten, autonomen Selbsthilfe-/Selbstorganisationsgruppen-Netzen, heute vorwiegend in anderen Trägerschaften

b.) Bildungs-/Qualifizierungsarbeit von primär Hauptamtlichen, die in der offenen Altenarbeit tätig sind und zum Teil mit ZWAR im Rahmen von unterschiedlichen Kooperationsvereinbarungen zusammenarbeiten

c.) Kommunale Politikberatung

d.) Information und Beratung von Einzelpersonen, Gruppen, Initiativen, Organisationen und Institutionen

Vorrangig melden sich:

a.) Einrichtungen in städtischer Trägerschaft, die in erster Linie Interesse an der Entwicklung geeigneter Strategien zur Umstrukturierung von Altentagesstätten haben

b.) Volkshochschulen, die erkunden wollen, wie die Zielgruppe der (Vor-) RuheständlerInnen erreicht werden kann bzw. wie sich Selbsthilfe und Bildungsarbeit mit dieser Zielgruppe vereinbaren läßt

c.) Trägerorganisationen der freien Wohlfahrtspflege mit dem Interesse an konzeptionellen Entwicklungen zur Übertragung von Selbsthilfe und Selbstorganisation in ihre je vorgegebenen Strukturen.

6. Das Konzept

Unsere Arbeitshypothese war und ist, daß informelle sekundäre Netzwerke im sozialen Nahraum bei der Verarbeitung von kritischen Lebensereignissen und für Prozesse der Sinngewinnung und -behauptung einen besonderen Stellenwert haben. Sie treten neben das primäre Netz der Familie und die tertiären der Anbieter im Bereich der öffentlichen Wohlfahrt und schaffen für die Verarbeitung von einschneidenden Lebensereignissen gute Voraussetzungen. Sie vermitteln zwischen den primären und tertiären Netzwerken, da sie mit ihren spezifischen Leistungen dazu beitragen, unterschiedliche Lücken im psycho-sozialen wie gesellschaftlichen Raum zu füllen. Insbesondere bei sozialen Unterschichten, unserer Zielgruppe, erhält dieser Aspekt seine besondere Bedeutung. Untersuchungen belegen, daß die informellen Hilfesysteme für sie begrenzt sind. Keupp (1987, 90f.) faßt einschlägige Befunde zusammen:

„Je höher der Bildungsstand einer Person ist, desto größer sind die Netzwerke, desto mehr sozialen Begleitschutz hat sie, desto vertrauter sind die Beziehungen und desto weiter ist die geographische Reichweite der Beziehungen. Mit dem Einkommen steigt die Zahl der vertrauten Personen, die nicht aus der Verwandtschaft stammen, und es wachsen außerdem die Qualität und die Sicherheit der von diesen Personen erwartbaren praktischen und gemeinschaftlichen Unterstützung. Die Ergebnisse stellen die romantischen Vorstellungen von der Gesellschaftlichkeit in Arbeiter- und Unterschichten gründlich in Frage. Den Armen fehlen nicht nur Freunde, sie haben außerdem weniger Verwandtschaftskontakte als Angehörige der Mittelschichten. Mit dem Alter werden die Netzwerke kleiner, die soziale Unterstützung wird weniger verläßlich, die sozialen Beziehungen sind räumlich stärker beschränkt. Für Männer ist diese Tendenz stärker als für Frauen. Alte Männer sind am meisten isoliert, und diese Tendenz wird durch den sozioökonomischen Status noch verstärkt."

6.1 Die Bedeutung des Gruppennetzwerkes

Bezogen auf die Konzeption der ZWAR-Arbeit heben wir mit unserem Gruppennetzwerk auf drei Funktionen von sozialen Netzwerken ab; wir geben damit zugleich eine Antwort auf die Ausdünnung des „sozialen Atoms" (Moreno 1967), durch den Verlust der Kontakte in der Arbeitswelt speziell und des Alters generell:

1. social support
2. companionship
3. social convoy

Der Haupteffekt des *'social support'*, der uns für unsere Arbeit interessiert, ist die soziale Integration der TeilnehmerInnen und die Sinnstiftung, im und durch das Gruppennetzwerk für andere bedeutsam zu sein.

Die zweite Funktion ist die der *sozialen Unterstützung* in sozialen Belastungssituationen (Puffereffekt). Sie reduziert Streß. Unter den Bedingungen von Gruppen mit Mitgliedern gleicher Betroffenheit, wie sie hier vorliegen, wirkt sich das im Regelfall so aus, daß im Sinne der equity-Theorie (Minnemann/Lehr 1994, 7ff.) Unterstützungsleistungen als gegenseitig und als emotional verbunden erlebt werden und damit als Verstärker in Richtung auf das, was die TeilnehmerInnen mit 'Freundschaft' bezeichnen, wirkt. Für die konzeptionelle Seite der Arbeit von ZWAR sind *social support* und *companionship* zwei Seiten der gleichen Medaille. Soziale Unterstützung ist ein wirksamer Schutz vor Destabilisierung durch kritische Lebensereignisse und Belastungen. *Companionship* verhindert Einsamkeitsgefühle und steigert das Wohlbefinden durch positive Impulse wie Entspannung, Humor und Zuneigung (vgl. ebd.).

Die dritte Funktion, die des 'social convoy', bezieht sich auf die Lebenslaufperspektive. Der Begriff ist der Anthropologie entlehnt und meint die Bezugsgruppe einer Person auf Zeit oder auf Dauer. „Der 'social convoy' (hilft) den Individuen bei der Anpassung und Entwicklung in der Lebensspanne und leistet somit einen wesentlichen Beitrag zur individuellen Entwicklung und zu individuellem Wohlbefinden" (ebd., 11).

6.2 Die Gewinnung der TeilnehmerInnen

Ursprünglich wurde die Zielgruppe (das waren zunächst Männer in Betrieben im Alter von 50 bis 64 Jahren) im Vorfeld des Ruhestands über die Personalabteilungen der jeweiligen Betriebe, im Regelfall mit direkter Beteiligung der jeweiligen Einzelgewerkschaft, angesprochen. Sie wurden mit ihren Lebensgefährtinnen/Ehefrauen gemeinsam zu einer Gruppengründung eingeladen, und zwar mit den Ziel, gemeinsam eine Rückschau über das Erwerbsleben zu halten sowie eine Bestandsaufnahme über die aktuelle Lebenssituation und eine Vorschau auf das Alter zu leisten. Dieses Vorgehen erwies sich als riskant, weil die Einladung häufig als Teil des betrieblichen Überleitungsverfahrens in den (vorgezogenen) Ruhestand mißverstanden wurde. Außerdem erwies sich die Betriebsnähe als hinderlich, weil z.B. für viele GruppenteilnehmerInnen das Ausscheiden aus dem Erwerbsleben generell oder aber wegen der Form, die häufig keine Rücksicht auf individuelle Lebensplanungen nahm, mit Kränkungen, Veränderungen in der Lebensführung, Status- und Rollenverlusten, Statusveränderungen in der Familie, Einbußen beim Einkommen etc. verbunden war. Aus diesen Erfahrungen entwickelten wir eine Ansprechstrategie, die mit geringen Abweichungen und Ergänzungen bis heute Bestand hat.

Die nachfolgende Darstellung ist am schematischen Ablauf einer typischen Gruppengründung in Kooperation mit einer Kommune orientiert. Grundlage eines sogenannten Konzepttransfers ist die schriftliche Kooperationsvereinbarung, die den Beschluß des Sozialausschusses bekräftigt, daß in einer Kommune ein ZWAR-Gruppennetz aufgebaut werden soll. Die Begründungen für eine solche Arbeit können aus den Befunden und Problemlagen der jeweiligen kommunalen Altenhilfeplanung abgeleitet sein. Die Arbeit beginnt mit einer Analyse der qualitativen wie quantitativen Bedingungen der Altenarbeit und ihren Rahmenbedingungen 'vor Ort', die möglichst schon eine MitarbeiterIn der jeweiligen AuftraggeberIn - unter fachlicher Anleitung eines/einer ZWAR-MitarbeiterIn - durchführt, der/die später auch die Gruppenarbeit trägt. Diese(r) MitarbeiterIn nimmt gleichzeitig praxisbegleitend, an der im Punkt 7 beschriebenen Fortbildungsmaßnahme und an der Supervision in der Zentralstelle von ZWAR teil. In den ersten 1 ½ Jahren wird er/sie fortlaufend von einer hauptamtlichen MitarbeiterIn von ZWAR fachlich angeleitet, begleitet und supervidiert. Als nächster Schritt wird ein Arbeitskreis gegründet, dem lokal bekannte und bedeutsame Personen des öffentlichen Lebens angehören: „VertreterInnen von Verwaltung und lokaler Politik, Betrieben, Gewerkschaften, Kirchen, Verbänden und Institutionen, die in der Altenarbeit vor Ort involviert sind" (vgl. Klehm u.a. 1993, 287f.). Diese stellen eine Art 'Türöffner' zu den potentiellen

GruppenteilnehmerInnen dar; zu einem späteren Zeitpunkt dienen sie als Verbindung zwischen den Gruppen und ihren eher informellen Ressourcensystemen und den formellen. Diese MultiplikatorInnen sollen die Verbindungen zu den formellen Strukturen und Angeboten in tertiären sozialen Netzwerken des sozialen Nahbereiches ermöglichen. Dieser Kreis trägt im Regelfall einen Teil der Vorbereitungen bis zur Gruppengründung im Stadtteil mit, ist zumeist bei der Gruppengründung zugegen und bleibt AnsprechpartnerIn für die TeilnehmerInnen. Die TeilnehmerInnen werden dann schriftlich von den jeweiligen Trägern der Maßnahme eingeladen. Mit der vollzogenen Gruppengründung wird dann nach dem ZWAR-Modell gearbeitet.

6.3 Die ZWAR-Gruppenarbeit

Die Gruppenarbeit selbst umfaßt vier Arbeitsebenen:

- die Stadtteil(basis)gruppe
- die Untergruppen
- die übergreifenden Gruppen oder die Gruppennetz-Ebene
- die von bzw. mit den Gruppen durchgeführten Seminare

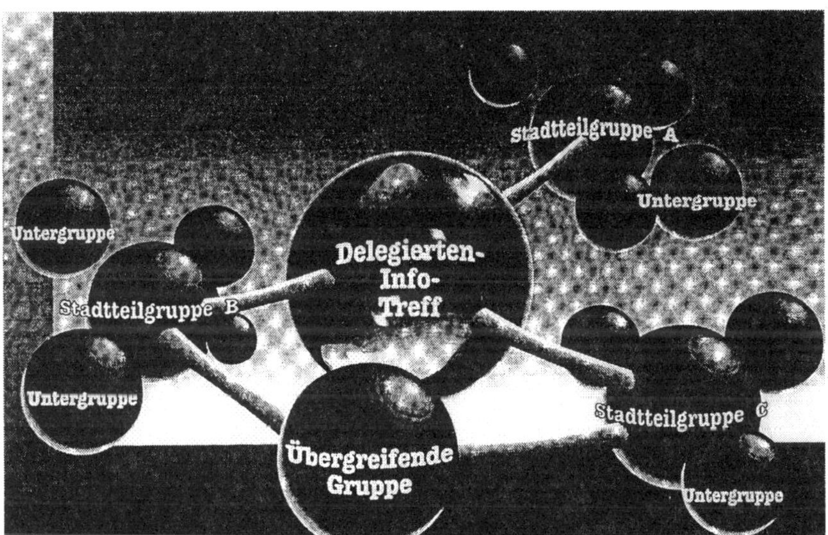

Graphik 1: Die Gruppenstruktur von ZWAR

Die Stadtteil(-basis)gruppen mit ihren Untergruppen

Die Stadtteilgruppen sind bewußt im sozialen Nahraum der TeilnehmerInnen angesiedelt. „Hier besteht die Möglichkeit, sich täglich zu begegnen, es gibt gemeinsame Bekannte, vielfältige 'kurze Wege' zu allen möglichen formellen wie informellen Strukturen, öffentlichen wie privaten Ressourcen. Dies erleichtert den Prozeß selbstbestimmten Lernens von Einzelnen und Gruppen, die oft mühsame Suche der Lernenden nach den Punkten ihrer Betroffenheit" (Hinte 1990, 136).

Mit den Stadtteilgruppen arbeitet ZWAR kontinuierlich über einen Zeitraum von etwa drei Jahren zusammen. Diese Zusammenarbeit bezieht sich auf die regelmäßigen Gruppentreffen und insbesondere die Wochenend- und Wochenseminare (s.u.). Die Dauer der Begleitung durch eine/n hauptamtliche/n MitarbeiterIn richtet sich nach den jeweiligen lokalen Gegebenheiten und wird mit den TeilnehmerInnen gleich zu Beginn im Zusammenhang der Erarbeitung der Gruppenziele ausgehandelt. Die Dauer von drei Jahren ist ein Erfahrungswert, der selten unter-, häufig aber überschritten wird. Die intensivste Arbeitsphase in und mit den Gruppen zu Beginn der Arbeit fällt hauptsächlich in die Zeit von etwa Oktober (Gruppengründung) bis Mai. An den Anfang bzw. das Ende dieser Zeit fallen auch die Wochen(end)seminare. Mit jedem Jahreszyklus und insbesondere mit der zunehmenden Anzahl von Seminaren nimmt die kommunikative Dichte unter den TeilnehmerInnen in der Stadtteilgruppe zu. Parallel dazu läßt sich meist eine Verfestigung des Zusammenhalts der Gruppe erkennen.

Die Funktion der Stadtteil(basis)gruppe läßt sich nach Moeller (1978, 329) mit drei Funktionen beschreiben:

- Identitätswerkstatt
- Gruppenselbstbehauptung(straining)
- Bürgerinitiative

Dabei durchdringen sich diese drei Funktionen ständig und erhalten fortlaufend andere, neue Inhalte und Formen. Was sich nach innen im Gruppenprozeß als Ringen um Identität darstellt, kann nach außen den Charakter einer politischen Kampagne haben, bei der es um die planerische Umgestaltung eines Stadtteils geht. Eine Gruppe, die außen aktiv auftritt, kann u.U. das Austragen eines internen Konfliktes vermeiden. Es ist die Aufgabe der GruppenbegleiterIn (TeamerIn), den 'Finger am Puls' einer Gruppe zu halten und das, was er/sie wahrnimmt, in die Gruppe zurückzuspiegeln. Dabei ist zu betonen, daß der/die TeamerIn den Gruppenprozeß lediglich moderiert, nicht aber steuert. Es geht darum, die TeilnehmerInnen bewußt und gewollt ihre eigenen Ziele und deren Realisierung ansteuern zu helfen, ohne in die Inhalte einzugreifen. Dies gilt für die gesamte Dauer der vereinbarten Zusammenarbeit.

Mitunter bei der Gruppengründung, spätestens bei dem ersten Wochen- bzw. Wochenendseminar, bei dem es um Interessen, Bedürfnisse, Betroffenheitsthemen, um Ziele des einzelnen wie der Gruppe geht, entstehen die spezifischen Untergruppen. Sie finden sich über gemeinsame Interessen, die in der Basisgruppe in einem Zielfindungsprozeß zuvor artikuliert wurden, zusammen. Hier wird beispielsweise getöpfert, ein Buch geschrieben, eine Zeitung gemacht. In diesen Kleingruppen entstehen diejenigen intimeren Kontakte, die bei der Bewältigung der jeweiligen Betroffenheitsthemen bedeutsam sind. Hier findet die 'Gruppenselbstbehandlung' unter der Folie anderer Aktivitäten statt. Hier werden die alltäglichen Dramen des Alltags ausgesprochen und bearbeitet. In diesen Untergruppen läuft beschleunigt der Prozeß ab, an dessen Ende die TeilnehmerInnen von sich sagen, daß sie zwar auch eine ZWAR-Gruppe, aber insbesondere Freunde seien. Damit kann 'die' Beziehung zu einer bestimmten Person gemeint sein, in der Regel geht es aber um die Art und Intensität der Beziehungen der Gruppe.

Es ist nicht (nur) der häufige Kontakt, der diesen Prozeß fördert, sondern vielmehr die Erfahrung, immer wieder angesprochen zu werden und zu merken, daß die Meinung des/r einzelnen, seine/ihre biographischen Erfahrungen, seine/ihre Fragen und Konflikte bedeutsam sind und nachgefragt werden. Sowohl die Moderation in der Basisgruppe als auch die Qualität der Begegnung in der Kleingruppe verstärken diesen Aspekt. Diese intimen Untergruppen haben von daher immer wieder den Charakter von - im weitesten Sinne - sozio-, psychotherapeutischen Gesprächsgruppen. Mit diesen Gruppen werden der/die jeweilige 'TeamerIn' im Regelfall jedoch nicht arbeiten. Etwaige Konflikte der Untergruppen werden in den Basisgruppen bearbeitet - nach Maßgabe der Möglichkeiten der TeilnehmerInnen, nicht des Teamers/der Teamerin. Deshalb kann es sein, daß in einer Gruppe Konflikte über Jahre unbearbeitet bleiben, bis für GruppenteilnehmerInnen ein für sie neuer Lösungsweg sichtbar wird, der gangbar erscheint.

Die übergreifende Gruppe oder die Gruppennetzebene

Zu den übergreifenden Gruppen zählen insbesondere der monatliche Delegierten-Treff und die Delegiertenseminare. Hier treffen die Delegierten (d.h. AnsprechpartnerInnen der Stadtteilgruppen) aller Basisgruppen eines Gruppennetzes zusammen. Sie dienen dem allgemeinen Informationsaustausch der Gruppen untereinander wie auch zwischen den Gruppen und den hauptamtlichen pädagogischen MitarbeiterInnen.

Die von bzw. mit den Gruppen durchgeführten Seminare

Die Wochen- und Wochenendseminare sind die zentralen Orte der Auseinandersetzung in und mit den Gruppen. Jede Basisgruppe fährt zweimal jährlich ins Seminar. Hier entstehen die Planungen für die (selbstgewählten und selbstverantworteten) Arbeitsthemen einer Gruppe, und hier werden die zurückliegenden Tätigkeiten, Aktivitäten, Kontakte evaluiert. Sie dienen als Grundlage für einen neuen Zielfindungs-, Entscheidungs-, Planungs-, Realisierungs- und Evaluierungszyklus. Hier werden auch Ziele, Rahmenbedingungen, Arbeitsweisen, Entscheidungen des ZWAR-Projekts dargestellt, diskutiert und transparent gemacht.

In den Delegierten-Seminaren wird bewußt auf die Verbindung zwischen den diversen Gruppen und Ebenen des jeweiligen Netzwerkes hingearbeitet. Hier werden bevorzugt z.B. die privaten Telefonnummern ausgetauscht, hier entstehen neue - übergreifende - Projekte, oder aber Menschen schließen sich bereits bestehenden an. Dies ist die Quelle vielfältiger informeller Kontakte, die deutlich über die Stadtteilebene hinausgehen. So existiert heute nach zwei Zeitungs (macherInnen)seminaren mit TeilnehmerInnen aus den alten und neuen Bundesländern ein reger BesucherInnenaustausch unter den Beteiligten.

Fragt man die TeilnehmerInnen, welche Bedeutung sie den Seminaren beimessen, wird sehr deutlich, daß diese weit mehr als nur in ihren Inhalten liegt. Äusserungen wie: 'gutes Kennenlernen über mehrere Tage', 'der Zusammenhalt', 'Freude über das Wiedersehen', 'keine Hierarchie aufgrund der Berufe', 'Leute kennenlernen', Informationsaustausch', 'Zusammenwachsen', 'bessere Gemeinschaft', 'Verständnis füreinander', 'Vertrauen zueinander wächst', 'mehr Zeit', 'mehr Nähe', 'kleiner Kurzurlaub', 'Erholung von Frau/Mann zu Hause', 'Selbstwertgefühl wächst', 'flexibel bleiben', 'gegenseitige Beantwortung offener Fragen', 'unseren Horizont erweitern', 'sich gegenüber anderen öffnen (privat)', 'freier werden' geben die vielfältigen Bedeutungsebenen wider.

6.4 Die pädagogische Dimension

Die Prozesse der Selbsthilfe/Selbstorganisation gehen von individuellen wie gruppenbezogenen Betroffenheitsthemen und Erfahrungen aus. Sie wenden sich dem Subjekt und seinen subjektiven Bedeutungssetzungen zu. Im Gegensatz zu funktionalen Bildungsprozessen geht es in dieser Art von personenorientierter Bildungsarbeit nur begrenzt um die Aneignung von Informationen. Es geht vielmehr um Relationalität, „um den Bezug des Lernenden zum Gegenstand (...). Die hier angesprochene Relationalität oder Bezogenheit (...) ist die Grundlage der 'subjektiven Form' (Whitehead), in der Umwelt erfaßt wird, bedeutender, wertender, zwecksetzender, sinnstiftender Elemente als integraler Bestandteil der Erfahrung. Aus dieser Relationalität ergeben sich letztlich alle Lernlust, jedes gerichtete Lerninteresse, jede 'intrinsische Motivation" (Gösken 1994, 156). Letztendlich handelt es sich um die Selbstgestaltung von Lebensbereiche der Betroffenen.

> „Menschen sind dann bereit an einer Sache zu arbeiten, wenn sie emotional davon betroffen sind. Wenn ich unter bestimmten Bedingungen leide, bin ich bereit, etwas dagegen zu unternehmen, (...) emotional entrüstet, neige ich dazu, Kraft in konstruktive Aktionen zu investieren. Die Ziele des Lernens betreffen das Individuum direkt, 'man hat etwas davon'. A. Gorz faßt zusammen: „Wo Lernen nicht auf eigene Ziele und Aktivitäten bezogen ist, kann der Wunsch zu lernen auch nicht entstehen. Umgekehrt entwickelt sich das Bedürfnis und die Fähigkeit zu lernen mit einer erstaunlichen Geschwindigkeit, sobald die Menschen von einer eigenen Aufgabe gefesselt sind. Wann immer sich Menschen in einer Fabrik, einem Büro oder in einer Nachbarschaft zusammenschließen (...) und anfangen, ihre Umwelt, ihre Arbeit und das Produktionsziel so zu gestalten, wie sie es für richtig halten, entwickeln sie einen unstillbaren Lerneifer" (Hinte 1990, 118).

Die GruppenbegleiterInnen sind in diesen Lernprozessen eher als LernhelferInnen gefragt, die helfen zu strukturieren, den Überblick zu bewahren. Sie achten darauf, daß jede TeilnehmerIn zu Wort kommen kann, wenn er/sie will. Sie schützten, wenn jemand im Eifer des Gefechts zu sehr bedrängt wird, helfen als ÜbersetzerInnen aus, wenn bei Betroffenheit verschiedene Sprachen gesprochen werden. Sie helfen, die vielfältigen Äußerungen als bedeutsame Signale zu verstehen, machen diese ggf. als prozeßrelevant sichtbar und sorgen für genügend Raum, der Auseinandersetzungen ermöglicht. Es ist der gelingende *existentielle Dialog* (vgl. Pagé 1974), der über die Qualität der Gruppenarbeit entscheidet. Alles andere ist sekundär. Beim existentiellen Dialog fokussieren wir in unserer Arbeit auf jene Konflikte, die unausweichlich Teil der menschlichen Existenz sind, wie z.B. Sinnlosigkeit, Isolation, Verzweiflung nach PartnerInverlust, Auseinandersetzung mit (dem eigenen) Sterben und Tod. Wir nutzen solche Grenzsituationen und die dadurch ausgelösten Such- und Lernprozesse als Ausgangspunkt zum Um- und Neulernen für ein Leben mit dauerhafter Nicht-Arbeit und freier Zeit. In Anlehnung an Yalom (1989, 32) „zielen wir bei unserer Arbeit nicht so sehr auf Grenzen und Kontingenz als (...) (auf die) Entwicklung des Potentials, weniger (auf) Akzeptanz als (auf) Bewußtheit, (...) weniger (auf) Sinn des Lebens als auf Selbstverwirklichung, (...) weniger (auf) Fremdsein und der grundlegenden Isolierung als (auf) Ich-Du und Begegnung.“

Die GruppenteilnehmerInnen gewinnen dadurch persönliche Kriterien für selbstbestimmtes und eigenverantwortliches Leben, das durch ein hohes Maß an faktischer, aktiver, politischer, sozialer und kultureller Teilhabe gekennzeichnet ist. Um diesen existentiellen Dialog führen zu können, bedarf es eines besonderen Trainings. Alle ZWAR-MitarbeiterInnen verfügen deshalb über minimal eine mehrjährige humanistische therapeutische Zusatzqualifikation, neben einem sozialwissenschaftlichen Studium und einschlägiger Berufserfahrung. Die ZWAR-Strategie zielt auf die Aktivierung von (existentiellen ggf. transpersonalen) Selbstheilungskräften, die den Weg ebnen zu einem für die TeilnehmerInnen neuen bedürfnis- wie situationsbezogenen subjektiven, sinnhaften Kosmos, dessen Zentrum sie, erlebensmäßig wie handelnd, sind. Teilhabe im Alter, wird dadurch von einem plakativ-apellhaften zu einem real erlebbaren Sachverhalt transformiert. Im Sinne von Kösel (1993) läßt sich die ZWAR-Arbeit als eine 'subjektive Didaktik' verstehen, mit dem Lernziel: 'Subjektivität'. Aus der Sicht der Gestaltpädagogik meint das:

– Die Entwicklung der Person als Ganzheit

– Die Entwicklung einer integrierten Persönlichkeit

– Die Entwicklung einer verantwortungsbewußten, wahrnehmenden Person, die sich im Hier und Jetzt zentrieren kann und andere nicht manipulieren muß (133).

Methodisch wird dieses Ziel durch die Moderation angestrebt. Bei dem Moderationsverfahren geht es darum, einen Prozeß zu stimulieren, der aus einem wiederkehrenden Zyklus von Ziel (er-)finden, entscheiden, planen, realisieren und evaluieren besteht. Dabei sollen die Teilschritte des Verfahrens für die TeilnehmerInnen gut gegeneinander abgegrenzt sein und möglichst mit Hilfe von diversen Visualisierungstechniken, wie schriftliche Diskussionen, Brainstorming, Phantasiereisen zur Förderung von Kreativität, Selbst- und Fremdwahrnehmungsübungen, Rollenspiele, Körpererleben/-bewegung, Wahrnehmungsübungen angereichert werden und den TeilnehmerInnen in allen Stadien durchsichtig und nachvollziehbar sein. Die Erfahrung zeigt, daß es damit möglich ist, daß sich die TeilnehmerInnen relativ rasch eigenverantwortlich als Dreh- und Angelpunkt ihrer persönlichen wie gruppenbezogenen Aktivitäten und Kontakte verstehen. Die Prinzipien, die diesen Moderationsprozeß regeln, sind der Gestaltpädagogik entliehen: Kontakt, Hier und Jetzt, Bewußtheit (awareness), Lernen durch Erfahrung, Selbstverantwortung, Selbstunterstützung, Freiwilligkeit, Prinzip der geschlossenen Gestalt, dialogisches Lernen, Integration, Synergie (vgl. Kösel 1993, 133).

7. Die praxisbegleitenden Qualifizierungsmaßnahmen der hauptamtlichen pädagogischen MitarbeiterInnen (HPM)

Die Qualifizierung der hauptamtlichen MitarbeiterInnen durch eine gesonderte Fortbildungsmaßnahme ist die jüngste Arbeitsebene des Projektes. Diese Qualifizierungsmaßnahme dauert zur Zeit 1½ Jahre (180 Std.) und steht PraktikerInnen verwandter Tätigkeitsfelder offen.

Ursprünglich wurden die MitarbeiterInnen eines anderen Trägers im Vollzug der Begleitung beim Aufbau eines Gruppennetzes von ZWAR beraten, supervidiert und ggf. fachlich wie praktisch unterstützt. Mit der steigenden Zahl von InteressentInnen war diese individuelle Begleitung sowohl aus Zeitgründen als auch aus Gründen der Lehr- und Lernökonomie nicht mehr vertretbar.

Der Fortbildungsmaßnahme liegt ein Curriculum zugrunde, das in sieben Themenblöcke gegliedert ist:

1. *Kommunale Altenplanung*
Auf dem Hintergrund gerontologischen Fachwissens werden sowohl Planungs- und Handlungsinstrumente wie typische kommunale Planungsverläufe und altenspezifische Erfordernisse vorgestellt. In einem selbsterfahrungsorientierten zweiten Teil werden fachliche Gesichtspunkte und Betroffenheit aufeinander bezogen und erlebbar gemacht. Ziel dieses Fortbildungsblocks ist es, neben der Vermittlung von Fachwissen und Handlungsstrategien, die TeilnehmerInnen generell für Betroffenheitsthematiken zu sensibilisieren und sie zum Umgang mit der eigenen Betroffenheit dahinzuführen, daß diese erlebbar und handhabbar wird.

2. *Selfmanagement in der Arbeit mit Selbsthilfegruppen*
In diesem Ausbildungsblock werden persönliche Ordnungsmuster und die ihnen zugrunde liegenden Ziele und Werthaltungen analysiert und in ihrer Konsequenz für die Arbeit in und mit Gruppen erfahrbar gemacht.

3. *Initiierung und Begleitung von Selbsthilfegruppennetzwerken*
Hier werden die Modalitäten der Initiierung von Selbsthilfegruppen und der Moderation von Gruppenprozessen vermittelt. Im Fokus der Selbsterfahrung steht dabei insbesondere das Selbst- und Menschenbild der ModeratorIn.

4. *Altenbilder*
Die TeilnehmerInnen werden mit den gängigen Altenselbst- und -fremdbildern aus Wissenschaft, Literatur und Kunst, öffentlicher Meinung und Werbung vertraut gemacht und auf der Selbsterfahrungsebene mit den eigenen Erwartungen an das Alter konfrontiert.

5. *Psychosoziale Aspekte der Frühpensionierung und Langzeitarbeitslosigkeit*
Hier geht es neben einschlägigen fachwissenschaftlichen Befunden um Fragen nach Krisen und Brüchen im Lebenslauf und deren Bewältigungsstrategien. Aus der Konfrontation von Fach- und Sachinformation mit persönlichen Betroffenheitsthemen der TeilnehmerInnen wird die Orientierung für die Moderation dieser Themen in und von Gruppen erzeugt.

6. *Management einer Kulturwerkstatt*
Inhalt dieses Themenblockes sind Prozesse und Strukturen von Selbstausdrucksarbeit, ausgehend von Betroffenheitsthemen der TeilnehmerInnen. Thematisch kann es dabei um eine Schreibwerkstatt, ein Theaterprojekt oder die Entwicklung einer Konzeption z.B. einer Holzwerkstatt oder den Betrieb eines Segelschiffes durch eine Gruppe bzw. ein Gruppennetzwerk gehen. Je nach Schwerpunkten schließt dies Fragen des Sponserings, des Unfallschutzes, der Versicherung von Gruppen, die nicht als Verein organisiert sind, zollrechtliche Aspekte und damit verbundene Arbeitstechniken ein. Im Zentrum steht aber die Entwicklung von Handlungsstrategien ausgehend von den persönlichen Bedürfnissen der TeilnehmerInnen.

7. *Vorbereitung und Durchführung einer Zukunftswerkstatt*
Hier geht es um das Erlernen von Evaluationsmöglichkeiten, im Sinne von: was war, was ist jetzt und was soll sein. Am Beispiel der Fortbildung wird eine Teilschritt- und eine Gesamtevaluation durchgeführt. Vor diesem Hintergrund wird dann per Moderation erhoben, was die FortbildungsteilnehmerInnen im Kontext der Fortbildung sowohl hinsichtlich ihrer persönlichen als auch ihrer beruflichen Praxis wünschen und benötigen. Die Befunde von 'was war' und 'was ist jetzt' werden dann transformiert in Zukunftsbilder, Visionen und konkrete Handlungspläne ('was soll sein').

8. Schlußbemerkung

Vor 15 Jahren beschränkte sich die öffentliche Wahrnehmung der Gruppe der FrührentnerInnen im wesentlichen auf ihre materielle Absicherung. Heute wird diese Gruppe allerorts als Nothelfer für alle denkbaren Formen des sozialen Engagements und als KonsumentInnen gepriesen.

Selbsthilfe/-organisationen zu fördern und zu fordern entspringt vor diesem Hintergrund sicherlich nicht immer den lautersten Motiven. Aber hier entstehen Ansätze zu einer Eigenständigkeitskultur in der Polarität von Kostendruck und Selbstbefreiung. Diese Arbeitsstrategie, ursprünglich noch ein sehr additives Konglomerat von Techniken, verbunden durch Theoreme, die aus der Aktionsforschungsdiskussion stammten, fristete in Praxisprojekten außerhalb der Hochschule lange Zeit ein Schattendasein. Heute bewegt sie sich unter dem Stichwort 'Ganzheitlichkeit' und enthält, wenn auch zögerlich, Elemente von Erwachsenenbildung und Selbsterfahrung. Pädagogische Arbeit verliert dadurch den Geruch des bloß Funktionalen, bloß Sozialen und gewinnt die Dimension des existentiellen sowie des politischen Handelns zurück, indem es Menschen befähigt und bestärkt, sich für eigene Interessen und Bedürfnisse mit ihren Fähig- und Fertigkeiten einzusetzen.

Heute sind die TeilnehmerInnen der ersten Gruppen zwischen 65 und 80 Jahren alt. Die Begegnung mit Sterbenden, mit Menschen vor, während und nach dem PartnerInverlust konfrontiert mich zunehmend mit transpersonalen Fragen. Die Arbeit wird dadurch immer weniger durch Techniken geprägt, sondern mehr durch Gewahrsein im Hier und Jetzt. Meine bisherigen Erfahrungen und mein 'Gespür' sagen mir, daß dies Zukunftsaufgaben von ZWAR sein werden - im Kontext der tradierten Aufgaben.

Kontaktanschrift:
ZWAR
Steinhammerstr. 3
44379 Dortmund
Tel.: 0231/61 70 66

Literatur

Abraham, E.; Hoefelmayr, K.; Hürzeler, E.: Zusammenhänge zwischen Arbeitstätigkeit und Ruhestandsplänen, in: Zeitschrift für Sozial- und Präventivmedizin, 25 (1980), S. 365-369

Bäcker, G.; Naegele, G.: Geht die Entberuflichung des Alters zu Ende? - Perspektiven einer Neuorganisation der Alterserwerbsarbeit, in: Naegele, G.; Tews, H.-P. (Hg.): Lebenslagen im Srukturwandel des Alters. Alternde Gesellschaft - Folgen für die Politik, Opladen 1992, S. 135-157

Beck, U.: Der Konflikt der zwei Modernen. Vom ökologischen und sozialen Umbau der Risikogesellschaft, in: Rauschenbach, Th.; Gängler, H. (Hg.):

Soziale Arbeit und Erziehung in der Risikogesellschaft, Neuwied 1992, S. 185-202
Beck, U.; Beck-Gernsheim, E.: Das ganz normale Chaos der Liebe, Frankfurt a.M. 1990
Bogai, D.; Hess, D.; Schröder, H.; Smied, M.: Binnenstruktur der Langzeitarbeitslosigkeit älterer Männer und Frauen, in: Mitt. AB 2/94, S. 73 - 93
Deutscher Bundestag, Referat für Öffentlichkeitsarbeit (Hg.:): Zwischenbericht der Enquete Kommission 'demographischer Wandel' - Herausforderungen unsere älter werdenden Gesellschaft, Bonn 1994
Deutsche Gesellschaft für Freizeit (DGF) (Hg.): DGF-Freizeit-Daten, Sammelordner 6. Nachlieferung, Erkrath 1995
Dieck, M.; Naegele, G.; Schmidt, R. (Hg.): Freigesetzte Arbeitnehmer im 6. Lebensjahrzehnt, Berlin 1985
Franz, H.-W.; Kruse, W.; Rolff, H.-G. (Hg.): Alte Neue Ungleichheiten-Bericht zur sozialen Lage der Bundesrepublik, Opladen 1986
Gergen, K.: Sinn ist nur als Ergebnis von Beziehungen denkbar?, in: Psychologie Heute 10/1994, S. 34-38
Gösken, E.: Das Werden von Erfahrung im Lernprozeß. Ein Beitrag zur Diskussion um erfahrungsbezogne Bildungsarbeit mit älteren Menschen, in: Veelken, L.; Gösken, E.; Pfaff,K. (Hg.); Dortmunder Beiträge zur angewandten Gerontologie, Bd. 2; Gerontologische Bildungsarbeit - Neue Ansätze und Modelle; Hannover 1994, S. 151-165
Hinte, W.: Non-direktive Pädagogik. Eine Einführung in Grundlagen und Praxis des selbstbestimmten Lernens, Wiesbaden 1990
Jacobs, K.; Kohli, M.: Der Trend zum frühen Ruhestand. Die Entwicklung der Erwerbsbeteiligung Älterer im internationalen Vergleich, in: WSI Mitteilungen, August 1990, S. 498-508
Kade, S.: Altersbildung - Lebenssituation und Lernbedarf, Bd. 1, Frankfurt/ Main 1994
Keupp, H.; Röhrle, B. (Hg.): Soziale Netzwerke, Frankfurt a.M., 1987
Klehm, W.; Neumann, L.; Pfaff, K.: Konsequenzen von Arbeitslosigkeit für Freizeitverhalten, in: Institut für Landes- und Stadtentwicklungsforschung des Landes Nordrhein-Westfalen (Hg.): Handlungsfeld Freizeit. Ausschnitte aus der freizeitpolitischen Problemlandschaft, Dortmund 1984, S. 91-106
Klehm, W.; Naumann, S.; Sendes, C.; Ziebach, P.: Betoffenenbeteiligung in der kommunalen Altenplanung und -hilfe am Beispiel des ZWAR e.V. Dortmund, in: Kühnert, S.; Naegele, G. (Hg.): Perspektiven moderner Altenpolitik und Altenarbeit, Dortmunder Beiträge zur angewandten Gerontologie, Bd. 1, Hannover 1993, S. 277-298
Kösel, E.: Die Modellierung von Lernwelten. Ein Handbuch zur subjektiven Didaktik, Elztal-Dallau 1993
Minnemann, E.; Lehr, U.: Der ältere Mensch in Familie und Gesellschaft, in: Olbrich, E.; Sames, K.; Schramm, A. (Hg.): Kompendium der Gerontologie: Interdisziplinäres Handbuch für Forschung, Klinik und Praxis, Landsberg/ Lech 1994, S. 1-28
Moeller, M. L.: Selbsthilfegruppen, Reinbeck bei Hamburg 1978
Moreno, J. L.: Die Grundlagen der Soziometrie, Opladen 1967 (2. Auflage)
Naegele, G.; Tews, H.-P. (Hg.): Lebenslagen im Strukturwandel des Alters, Alternde Gesellschaft - Folgen für die Politik, Opladen 1993

Opaschowski, H.W.; Neubauer, U.: Freizeit im Ruhestand, Schriftenreihe zur Freizeitforschung des B.A.T.-Freizeitforschungsinstituts, Bd. 5, Hamburg 1984
Tews, H.-P.: „Neue Alte"? Veränderung des Altersbildes und des Altersverhaltens, in: Universitas 9/87, S. 868 - 879
Tews, H.-P.: Bildung im Strukturwandel des Alters, in: Schlutz, E.; Tews, H.-P. u.a. (Hg.): Perspektiven zu Bildung Älterer, Frankfurt a.M. 1992, S. 29-43
Tews, H.-P.: Neue und alte Aspekte des Alters, in: Naegele, G.; Tews, H.-P. (Hg.): Lebenslagen im Strukturwandel des Alters. Alternde Gesellschaft - Folgen für die Politik, Opladen 1993, S. 15-42
Tschiedel, R.: Sich Zeit nehmen, Eigen-Zeit, ILS-Schriften, Dortmund 1987
Welsch, W.: Unsere postmoderne Moderne, Akademie Verlag, Berlin 1993 (4. Auflage)
Yalom, J.: Existentielle Psychotherapie, Köln 1989
ZWAR (Hg.): Das pädagogische Konzept, Bunte Schriftenreihe, Dortmund 1989

Detlef Knopf

Pioniere wider Willen

Projektarbeit mit Vorruheständler(inne)n in den neuen Bundesländern

1. Vorruhestand in den neuen Bundesländern

Eine Folgewirkung der massenhaften 'Freisetzung' älterer ArbeiternehmerInnen in den neuen Bundesländern könnte sein, daß das Thema 'Vorruhestand' erneut und diesmal vielleicht dauerhaft einen Platz im Aufgabenspektrum der Sozial- und Bildungsarbeit finden wird. Die Betroffenen selbst haben allerdings bislang kaum durch eine bestimmt artikulierte Nachfrage dazu beigetragen, daß ihrer Situation (fach)öffentliche Aufmerksamkeit zuteil wird. Zwei Jahre nach der 'Wende' konstatierte Naegele - allerdings ohne ausdrücklichen Bezug auf die Besonderheiten der ostdeutschen Situation - im Rahmen des „organisierten Angebotsbereichs (...) noch immer ein erhebliches Informationsdefizit und (einen) Nachholbedarf, aber auch eine spürbare Nachholbereitschaft. Die Gründe dürften wesentlich in der eigentlich nicht gegebenen Zuständigkeit der klassischen Altenhilfe sowie darin liegen, daß der überwiegende Teil der Betroffenen eigene Bewältigungsformen entwickelt hat und praktiziert, d.h. keinen Bedarf anmeldet" (Naegele 1992, 139f.). Daß VorruheständlerInnen in Ostdeutschland zwischenzeitlich stärker und vernehmlicher auf sich und ihre Bedürfnisse aufmerksam machen, kann keineswegs festgestellt werden. Dabei ist das Ausmaß des durch den gesellschaftlichen Transformationsprozeß bedingten Vorruhestandes in Ostdeutschland beträchtlich: Von den zwischen 1931 und 1937 geborenen Frauen und den zwischen 1926 und 1937 geborenen Männern wurde die Mehrzahl - 80% der über 51-60jährigen Frauen bzw. bis 65jährigen Männer - durch Frühberentung oder Arbeitslosigkeit aus dem Erwerbsleben ausgeschlossen (vgl. Kuhlmey 1995; Naegele 1994a; Priller 1994; Wolf 1994).

Als altersspezifische Maßnahmen haben die im Februar 1990 noch unter der Modrow-Regierung eingeführte Vorruhestandsregelung - die erste arbeitsmarktpolitische Verordnung der DDR zur *Reduzierung* des Arbeitskräftepotentials - und ihre im Zuge des Einigungsvertrages im Oktober 1990 erfolgte Substitution durch die Altersübergangsgeld-Regelung zu einem in dieser Form wohl nicht erwarteten Entlastungseffekt auf dem Arbeitsmarkt geführt. Anders als Entlassungen in die Arbeitslosigkeit, die ja bekanntlich ältere ArbeitnehmerInnen stets überproportional treffen, haben die genannten altersspezifischen Maßnahmen auch eine Reduzierung des Potentials an Erwerbspersonen bewirkt und somit diese Gruppe zugleich aus dem Kreis der AnwärterInnen auf Arbeitsbeschaffungs- und Qualifizierungsinitiativen ausgeschlossen. Die quantitativen Dimensionen jenes arbeitsmarktpolitischen Kraftaktes überschreiten bei weitem diejenigen der gesetzlichen Vorruhestandsregelung und der sogenannten 59er-Regelung in der alten Bundesrepublik, die zwischen 1984 und 1988 zur beruflichen Ausgliederung von ca. 360 000 ArbeitnehmerInnen führten (Wolf 1992, 141f.). In einem viel kürzeren Zeitraum sind auf dem Gebiet der ehemaligen DDR über eine Million ältere Menschen - darunter die knapp 280.000 AltersrentnerInnen, die zu DDR-Zeiten noch weiter arbeiteten, aber als erste ihren Arbeitsplatz verloren - aus dem Erwerbsleben freigesetzt worden (vgl. Wolf 1991). Die 'Entberuflichung' - ein wesentliches Merkmal des Strukturwandels des Alters in modernen (westlichen) Gesellschaften (vgl. Naegele; Tews 1993) - ist in den neuen Bundesländern in Rekordgeschwindigkeit vollzogen worden. Auch wenn sich, nachdem die auf Ostdeutschland beschränkte Vorruhestands- und Altersübergangsgeld-Regelung Ende 1992 ausgelaufen ist, die Zahl der im streng rechtlichen Sinn definierten VorruheständlerInnen nach und nach reduziert, weil in Ostdeutschland ältere ArbeitnehmerInnen den Arbeitsmarkt ohnehin bereits verlassen mußten, spricht doch viel dafür, daß der Begriff als Signum eines vorzeitigen, zumeist unfreiwilligen Ausscheidens aus der Erwerbsarbeit in Gebrauch bleiben und möglicherweise auch in Zukunft eine Adressatengruppe der sozialen Arbeit bezeichnen wird.

Zögerlich zunächst, aber inzwischen durchaus eindeutig, wird seitens der Politik im Hinblick auf die Vorruhestandsproblematik 'Handlungsbedarf' konstatiert. Die Enquete-Kommission 'Demographischer Wandel' des Deutschen Bundestages zum Beispiel geht davon aus,

> „daß Frühverrentungen zumindest bis zum Jahr 2010 auch künftig an der Tagesordnung bleiben werden. Nicht zu vergessen sind aber auch diejenigen Frührentner, die schon in den Jahren zuvor 'freigesetzt' worden sind. Ein besonderer Handlungsbedarf besteht in dieser Hinsicht in den neuen Bundesländern, wo Frühverrentung, vorzeitige Freisetzung und Langzeitarbeitslosigkeit vorher weitgehend unbekannt waren und in keiner Weise zur Normalitätserwartung der Arbeitnehmer gezählt haben. Zu den zentralen 'Problemgruppen' zählen vor allem sehr früh und/oder gegen den erklärten Willen vorzeitig Freigesetzte" (Deutscher Bundestag 1994, 190).

Viel weniger deutlich bleibt, *wie* dem selbsterklärten Handlungsbedarf praktisch entsprochen werden soll.

2. Vorruhestand und staatliche Reaktionen

In Ostdeutschland hat sich der Primat des Arbeitsmarktes - entgegen der politisch intendierten Trendwende in Richtung auf eine durchschnittlich länger dauernde Lebensarbeitszeit - mit dem Ergebnis durchgesetzt, daß der vorzeitige Eintritt in das nachberufliche Leben personen-, branchen- und qualifikationsunabhängig de facto zur starr geltenden Altersnorm geworden ist (vgl. Schmidt 1994, 60; vgl. auch Ernst 1993a und Ernst 1993b), die politisch vielleicht nicht gewollt, aber doch anerkannt werden muß. Darauf reagiert die Politik in den neuen Bundesländern uneinheitlich; allgemein scheint Unsicherheit vorzuherrschen, welche ministeriellen Zuständigkeiten bestehen und/oder erklärt werden sollen. Der uneindeutigen Situation der VorruheständlerInnen zwischen Erwerbsarbeit und Renteneintritt entsprechen die Situations- und Aufgabenbeschreibungen administrativ Verantwortlicher. Die Stellungnahme einer Mitarbeiterin des Landesarbeitsamtes des Freistaates Sachsen bringt eine nicht untypische Position zum Ausdruck:

> „Das althergebrachte Bild von den Lebensweisen Älterer ist vergilbt und überholt. Senioren-Verbände und -Vereine wurden gegründet und kümmern sich um ältere Menschen. Insbesondere um die Arbeitslosen, die noch vor drei Jahren, das heißt vor der Wende, Arbeit hatten, nicht an den Ruhestand dachten und sich nicht darauf vorbereiten konnten. Die Arbeit dieser Vereine hängt natürlich von Fördermitteln ab. Arbeitsbeschaffungsmaßnahmen, Maßnahmen nach 249h Arbeitsförderungsgesetz, Landes- oder Bundesmittel oder Fördermittel aus dem Europäischen Sozialfond sind gefragt“ (Hoffmann, zit. nach BMBW 1994, 11).

Das Panorama der Vorruhestands-Projekte ist mit den gewählten Etikettierungen und den benannten finanziellen Ressourcen - zumindest in relevanten Ausschnitten - gut charakterisiert: Senioren-Verbände, die - AFG-finanziert - sich um Arbeitslose, VorruheständlerInnen, Ältere kümmern. Auf den Verlust der Erwerbsarbeit reagieren die Landesregierungen Brandenburgs und Sachsens u.a. mit Förderprogrammen, die - ‘55 Aufwärts’ oder ‘Aktion 55’ benannt - VorruheständlerInnen, BezieherInnen von Altersübergangsgeld und Arbeitslosen steuerfreie Aufwandsentschädigungen zukommen lassen, wenn sie in anerkannten gemeinnützigen Projekten ehrenamtlich arbeiten; Beispiele für solche Tätigkeiten könnten sein:

> „a) Übungsleiter, Ausbilder, Trainer, Chorleiter, Dirigent; b) die Lehr- und Vortragstätigkeit im Rahmen der allgemeinen Bildung und Ausbildung wie Kurse und Vorträge an Schulen und Volkshochschulen oder Erste-Hilfe-Kurse; c) die Pflege alter, kranker oder behinderter Menschen wie Hilfsdienste bei der häuslichen Betreuung, Altenhilfe oder die Tätigkeit als Rettungssanitäter oder Ersthelfer (...) Den ehrenamtlich Tätigen wird eine Aufwandsentschädigung von bis zu monatlich 200,00 DM steuerfrei gewährt. Zuwendungsempfänger können in Brandenburg wirkende Verbände der frei-

en Wohlfahrtspflege, Familienverbände, Selbsthilfegruppen u.a. sein, soweit sie als gemeinnützig nach der Abgabenordnung anerkannt sind" (Gehrmann 1994, 6f.).

Inzwischen ist in Brandenburg - u.a. nach einer Intervention des Landesseniorenbeirates - die obere Altersbegrenzung aufgehoben worden. Ehrenamtliche, gemeinnützige Tätigkeit nach der Erwerbsarbeit soll also bei denen, die dieses wünschen, die Lücke füllen, die durch den Verlust des Arbeitsplatzes entstanden ist. So erfüllt sich eine zehn Jahre alte Prognose Böhles: Es entwickelt sich, „neben monetären sowie Sach- und Dienstleistungen, ein dritter Ast der Sozialpolitik: (...) sozialpolitisch gestützte Beschäftigungsverhältnisse werden an die Organisation normaler Erwerbsarbeit angeglichen und an diesem Vorbild orientiert" (Böhle 1985, zit. nach v. Kondratowitz 1985, 287f.).

Es ist nicht immer deutlich, ob diese arbeits- bzw. tätigkeitszentrierte Generallinie aus bewußter sozialpolitischer Prioritätensetzung im Umgang mit der Vorruhestandsproblematik resultiert oder in erster Linie der (jeweiligen) Zugänglichkeit von Finanzmitteln zu verdanken ist. Rentenrechtliche und beschäftigungspolitische Veränderungen der Rahmenbedingungen und - damit verbunden - das Vorhandensein oder Fehlen von Arbeits- und Beschäftigungsförderungsmitteln überdeterminieren jedenfalls bislang das in den neuen Bundesländern entstandene Spektrum der Initiativen von und für VorruheständlerInnen total. Diese Strukturvorgaben schlagen auch dort auf die alltägliche Praxis der Projekte und Initiativen durch, wo sie konzeptionell auf Selbsthilfe oder -organisation setzen.

Bislang ist bei einschlägigen Tagungen, Seminaren etc. nicht auch nur einmal davon berichtet worden, daß irgendwo und irgendwem die Einrichtung einer Dauerstelle für die Arbeit mit VorruheständlerInnen gelungen ist. Allenthalben dominieren - sowohl auf der verbandlichen, der kommunalen, aber auch auf der Ebene freier Initiativen und Vereine - AFG-geförderte Maßnahmen in teilweise kunstvoll konstruierten Trägerformen. Landesregierungen haben es bislang - über die Beteiligung an der Finanzierung von Bundesmodellen und die (fehlbedarfsfinanzierte) Projektförderung hinaus - nicht zu verdeutlichen vermocht, ob und ggf. worin sie dauerhafte Lösungen sehen.

Angesichts der auch in den alten Bundesländern zu konstatierenden Aufgaben- und Kostensteigerungen im *kommunalen* Sozialbereich, ist es nicht verwunderlich, daß die kommunale Sozialpolitik in Ostdeutschland bislang kaum Zeit und Kraft gefunden hat, sich der Vorruhestandsproblematik in befriedigender Weise anzunehmen. Aber auch mangelnde fachliche Qualifikation der Verantwortlichen trägt dazu bei, daß mancherorts der Vorruhestand umstandslos und unreflektiert der ebenfalls im Umbau befindlichen Alten- bzw. Seniorenhilfe zugeschlagen wird. Das Angebot für diesen Personenkreis erschöpft sich sehr oft darin, daß man in den Kommunen in alter oder neuer Trägerschaft betriebene ehemalige 'Klubs' der 'Volkssolidarität' antreffen kann, die sich für VorruheständlerInnen oder allgemein die 'jungen Alten' öffnen und ihr Angebotsspektrum zusätzlich auf diesen Personenkreis ausrichten. Auch um Arbeitsbeschaffungsmittel ausschöpfen zu können, tendieren manche Träger dazu, die Klubs von vollzeitbeschäftigten Kräften leiten zu lassen und - neben den auch im Westen üblichen geselligen Veranstaltungen - weitere Leistungen wie Beratung und stationäre Mittagstische anzubieten. Die Zukunft dieser Tagesstätten und Klubs, die bisher als leiterInnenzentriert, angebotsorientiert und weitgehend monokulturell charakterisiert werden müssen, ist angesichts der Kürzungen von ABM-Mitteln ungewiß. Solche häufig noch von einem Hilfebedürftigkeit unterstellenden und Betreuung anbietenden Gestus getragene, fachlich also durchaus nicht unproblematische Angebotsformen können weder qualitativ noch quantitativ als Antwort auf die Vorruhestandsproblematik überzeugen.

3. Eine Selbsthilfeorganisation Betroffener: 'Jahresringe e.V. - Verband für Vorruhestand und aktives Alter'

Wenn sich in den Jahren nach 1990 einigermaßen vielfältige Ansätze zu einer sozialen Arbeit mit VorruheständlerInnen entwickelt haben, ist dafür durchweg - sieht man von dem mit Bundesmitteln geförderten Modellprojekt 'Engagiertes Leben im Vorruhestand' des Frankfurter Instituts für Sozialarbeit und Sozialpädagogik (ISS) mit den Projektstandorten Brandenburg a.d. Havel und Halberstadt ab - die Initiative einzelner Betroffener oder Professioneller verantwortlich zu machen.

Bereits im Oktober 1990 wurde der 'Verband für Vorruhestand und aktives Alter - Jahresringe e.V.' gegründet, der sich als Selbsthilfeorganisation von Betroffenen für Betroffene versteht. Von Beginn an wurde eine möglichst großräumige Organisation mit Gesamtverband und Landesverbänden - jeweils als e.V. organisiert - angestrebt. Der Vorsitzende des Gesamtverbandes gab im Oktober 1993 an, daß der Verband über 1.600 Mitglieder in Berlin, Brandenburg, Sachsen, Thüringen und Mecklenburg-Vorpommern habe (Ruppelt, zit. nach Becker; Rudolph 1994, 128f.). Stärker als die von Professionellen initiierten Projekte verstand und versteht sich der Verband als Interessenvertreter der VorruheständlerInnen und AltersübergangsgeldempfängerInnen und versucht(e) durch politische und öffentliche Aktivitäten auf Probleme und von vielen Betroffenen empfundene Ungerechtigkeiten in der Folge des deutschen Einigungsprozesses aufmerksam zu machen. Als Beispiel für die Dramatik der Auseinandersetzungen mag die verständlicherweise emotionalisierte Diskussion über den Artikel 3 des Rentenüberleitungsgesetzes (RüG) stehen, der von vielen als 'eine Art politisches Strafrecht in der Rentenversicherung' angesehen wird, mit dem „'staats- und systemnahe' Personen, vor allem höhere/leitende Funktionäre getroffen werden sollen. Da nach dem Willen des Gesetzgebers eine Funktion als leitend gilt, wenn das Arbeitseinkommen das 1,4fache des jeweiligen Durchschnittseinkommens übersteigt, sind davon aber auch jene Angehörigen der Intelligenz betroffen, die der SED und dem Regime ablehnend und kritisch gegenüberstanden“ (Schwitzer 1993, 285).

In einer nicht nur aus der Außenperspektive als bedeutsam wahrnehmbaren Weise scheint es ‘Jahresringe’ zu gelingen, ihren Mitgliedern Zusammengehörigkeitsgefühle dadurch zu vermitteln, daß an Mentalitäten und Befindlichkeiten der von der ‘Wende’ in besonderem Maße negativ betroffenen Generation angeknüpft wird. Dabei ist in Erinnerung zu halten, daß für die älteren ‘Freigesetzten’ in den neuen Bundesländern der Vorruhestand sehr oft den Charakter einer Entwertung der Lebensleistung annehmen mußte, da der Beginn ihres Erwerbslebens mit der Gründung der DDR zusammenfiel und der Zusammenbruch dieses Systems mithin seine Parallele in einem Scheitern der Erwerbs-, vielleicht auch der politischen Biographie fände (vgl. Wolf 1991; Bansemir/ Kuhlmey 1992). Der Vorsitzende der ‘Jahresringe’ bringt diesen Zusammenhang pointiert zum Ausdruck:

> „Mit dem Verlust des Arbeitsplatzes, der in der DDR einen höheren sozialen Rang hatte als in den westlichen Ländern, brach im Rollenverständnis der Betroffenen ein Grundpfeiler ihres Ichs zusammen. Die eigene Bedeutsamkeit, das zwischenmenschliche Sozialverhalten, die kommunikativen Partnerbeziehungen u.a.m. gingen verloren. Damit einher ging und geht ein Verlust eigener Identität, der seine Auswirkungen bis in die Familie, den Freundes-, Kollegen- und Bekanntenkreis hatte und hat. Dabei setzte ein ziemlich abrupter Wertewandel ein, der bisher wichtige Lebensinhalte unbedeutend machte und andere an deren Stelle schob, die man aber nicht immer positiv bewerten konnte. Im Zusammenhang mit diesem Lernprozeß traten insbesondere soziale und kulturelle Werteverluste auf. Diese langanhaltenden und prinzipiellen Prozesse bringen als Folgeerscheinung Resignation, Vereinsamung, Isolation, psychosomatische Störungen, physische und psychische Krankheiten hervor“ (Ruppelt, zit. nach Becker; Rudolph 1994, 129f.).

Ob diese Aussagen wirklich ein realistisches und zu verallgemeinerndes Bild von den Freisetzungsfolgen zeichnen, muß in Zweifel gezogen werden, denn es gibt Hinweise darauf, daß „eine frühe Berufsaufgabe auch im Osten Deutschlands zumindest für relevante Teilgruppen Älterer durchaus auch positive Effekte zur Folge haben“ kann und die „einen gewichtigen Anteil an unproblematisch verlaufender Anpassung an die frühe Berufsaufgabe“ (Naegele 1994a, 49f.) belegen. Dennoch enthalten diese Aussagen aber sehr wohl für bestimmte Gruppen der Betroffenen nachvollziehbare und Identifikation ermöglichende (Selbst-) Deutungselemente, die tauglich sind zur Entwicklung und Stützung einer kollektiven Identität. Man hat in der Verschränkung von aus der abrupten Abschiebung in den Quasi-Ruhestand resultierenden Verletzungserfahrungen, zu denen eben auch die retrospektive Entwertung der Leistungsbilanz der Erwerbsbiographie zählt, und den als allgemein wahrgenommenen Benachteiligungen der Ostdeutschen im Transformationsprozeß gerade in der VorruheständlerInnen-Generation Momente einer '*Insulation* als Überwinterungsstrategie' (Prengel/Schmidt 1994, 108) gesehen:

> „Die Gemeinschaften können zwar ungeliebte Anteile des Systemwechsels nicht wie in einem Schonraum vergessen machen, sie bieten aber den Rahmen, in dem man sich - neben allen Aktivitäten und Unternehmungen - gegenseitig seiner Grundüberzeugungen, Transformationswahrnehmung und Lebensklage auf stabilem 'Ossi-Terrain' versichern kann. (...) Eine Variante dieser letztlich reaktiven Gruppenfindung wird dort praktiziert, wo 'Freigesetzte' sich in neu gegründeten Vereinigungen zusammenschließen, die dann vor allem in der Öffentlichkeit den Eindruck zu verbreiten suchen, sie seien bereits eine - wie auch immer legitimierte - Interessenvertretung dieses Personenkreises. Der infolge der Erwerbsaufgabe erzwungene Verlust an Einflußchancen und Macht, ein Motiv gerade qualifizierter und höherer Positionsinhaber, wird hier teilweise kompensiert durch das Gehör, das ihre Appelle bei staatlichen und privaten Stellen finden, doch der besonderen Problematik der 'Freigesetzten' per Zuwendung und im Sinne der Hilfe zur Selbsthilfe zu begegnen. Es geht um die Ermöglichung einer Infrastruktur, die es solchen Vereinigungen erlaubt, eine soziale Praxis für die reklamierte Zielgruppe zu entfalten und zugleich an Reputation zuzulegen. Man kann das durchaus als *Selbsthilfestrategie* definieren, wobei allerdings abzuwarten bleibt, ob die Forderung nach Partizipationschancen und Gestaltungsräumen nicht von sehr präsenten Eigeninteressen der derzeitigen Leitungsstäbe motiviert ist..." (Prengel/Schmidt 1994, 108f.).

Für skeptische Einschätzungen wie diese lassen sich durchaus Gründe finden. Sicherlich muß aber auch bedacht werden, daß Leitungspersonen von Betroffenenverbänden vor schwierigen Balancierungsproblemen zwischen der beabsichtigten Binnenwirkung (Stiftung 'östlichen' Wir-Gefühls durch eine deutliche Akzentuierung der Unabhängigkeit von Konzepten und Politikmustern westdeutscher Provenienz) und erfolgreicher Außenwirkung auf politischer Ebene stehen. Gegenüber Einflüssen aus dem Westen allgemein und sozialpädagogisch-professionellen im besonderen wird man bei ostdeutschen VertreterInnen der vom Vorruhestand Betroffenen sehr häufig kritische bis ablehnende Haltungen finden. Sie sind nicht nur psychologisch verständlich. Oft haben sie - manchmal als Ergebnis 'ost'entativen Selbstbewußtseins - ihren Organisationen den Zutritt zu den Repräsentationsebenen und -foren gesamtdeutscher Altenpolitik erst verschafft: Die 'Insulation' mit ihrer gewollten Binnenwirkung hat also gerade eine durchweg beachtliche Außenwirkung ermöglicht, die ausschließlich kleinräumig tätige Initiativen nicht erzielt haben würden. Zum Teil mag dies auch daran liegen, daß sich ein demonstrativ auf Selbstvertretung und -organisation ausgerichtetes Altersbewußtsein der Ostdeutschen, in das allemal der Widerstand gegen die Entwertung der Lebensleistung eingeht, als durchaus anschlußfähig an die anderen Traditionen entstammenden Altenselbsthilfe-Kulturen des westlichen Deutschlands erwiesen hat (vgl. z.B. Neckel, der in seiner Analyse des 'altenpolitischen Aktivismus' von der „'expressiven Politik' moralischer Minderheiten“ spricht, „die sich mit starker Außenorientierung bei gleichzeitiger innerer Schließung paart“ (Neckel 1993, 558)). Im Gegensatz zur Situation im Westen fehlt den Selbstorganisationen in den neuen Ländern allerdings weithin jenes für die Verortung der Selbsthilfe charakteristische und *notwendige* (vgl. Reis 1985, 32) Gegenüber einer professionellen Dienstleistungskultur, von der sie sich kritisierend, Alternativen postulierend und praktizierend absetzen könnten.

Dem durch den Verband ‘Jahresringe’ und eine Reihe weiterer Vereine und Initiativen entfalteten Spektrum von Aktivitäten und Projekten ist bei oberflächlicher Betrachtung ‘Ostspezifisches’ nicht anzumerken - hierin mag man vielleicht auch Auswirkungen der im Alltag eben doch nicht allzu konsequent abzuschwächenden (konzeptionellen) Einflüsse ‘westlicher’ - was ja auch heißen kann: niederländischer, österreichischer etc. - Provenienz erkennen.

Bei den Aktivitätsangeboten handelt es sich um

– Beratungsangebote (u.a. Rechtsauskünfte, die insbesondere in den ersten Jahren nach der ‘Wende’ von überragender Bedeutung waren);

– Betätigungsangebote (Handwerkermobile, die lohnkostenfreie Dienstleistungen für sozial Schwache erbringen; ‘Heinzelmännchen’, die Kinderspielzeug reparieren; ‘Soziale Nothelferinnen’, die alte, pflegebedürftige und behinderte Menschen betreuen, u.a.);

– Soziale Kontakte (sozio-kulturelle Freizeit- und Begegnungsstätten, Interessenbörsen, Weitergabe von Erfahrungswissen u.a.);

– Bildungsangebote (eigene Bildungsveranstaltungen, Sprachkurse, kulturelle Veranstaltungen u.a.);

– Reisen, Fahrten, Wanderungen;

– Politische Beteiligung (Öffentlichkeitsarbeit, Lobbyarbeit u.a.).

Vergleicht man diese schriftlichen (KDA 1992) und mündlichen Selbstdarstellungen und den Materialien in Becker/Rudolph (1994, 129f.) entnommenen Informationen mit den im Hinblick auf die westliche Situation erarbeiteten Bestandsaufnahmen über Vorruhestandsinitiativen und *Angebotskategorien* für diese Personengruppe, läßt sich eine nahezu vollständige Übereinstimmung feststellen (vgl. insbesondere Naegele 1987a, 1992).

Allerdings: Von den Vorruhestandsprojekten im Westen unterscheiden sich ‘Jahresringe’ und mehrere andere Vereine insbesondere durch die extensive Nutzung von Förderungsmöglichkeiten durch die Arbeitsämter (ABM, 249h AFG), die zur Schaffung von - durch die Förderbestimmungen in jeder Hinsicht geprägten - Arbeitsplätzen ausgeschöpft werden. Die einzelnen Projekte werden zu einem sehr großen Teil realisiert durch - bei ‘Jahresringe’ etwa hundert - hauptamtliche Mitarbeiter(innen), die, den Vorgaben der Ämter folgend, ‘soziale Betreuungsaufgaben’ übernehmen. Mit einiger Berechtigung könnte man also davon sprechen, daß diese Vereine - verdienstvollerweise - als Träger Arbeit für ältere Arbeitslose organisieren, die, zumeist im sechsten Lebensjahrzehnt stehend, vom SeniorInnen- oder RentnerInnenstatus noch weit entfernt sein können. Der überaus hohe Anteil hauptamtlich Beschäftigter darf nicht übersehen werden, wenn Vergleiche mit anderen VorruheständlerInnen- oder Altenselbsthilfeorganisationen angestellt werden. Die Identität von Hilfe Gebenden und Empfangenden, wie sie Selbsthilfegruppen für sich in Anspruch nehmen, aber auch 'Jahresringe' zu ihrem Motto erkoren hat ('Wer anderen hilft, hilft sich selbst'), muß im Kontext passagerer Beschäftigungsverhältnisse anders erlebt und bewertet werden als im Rahmen eines ehrenamtlichen oder nachberuflichen Engagements (vgl. dazu Kohli u.a. 1993, Langehennig 1987, Langehennig; Kohli 1989).

Derartige Unterscheidungen und Trennlinien, aber auch jene zu beruflicher sozialer Arbeit mit Älteren verwischen sich unter sozio-ökonomischen Bedingungen, die - vor dem Hintergrund der miserablen Beschäftigungschancen für ältere Erwachsene (vgl. Ernst 1993b) - in nahezu jedem Entscheidungsfall ein Votum zugunsten der Schaffung von Arbeitsplätzen und - wenn auch niedrig bezahlten und zeitlich befristeten - Betätigungsmöglichkeiten geradezu erzwingen. Eben diese Logik kann aber, wie bereits die Situation auf dem Fort- und Weiterbildungsmarkt in den Jahren nach der 'Wende' gezeigt hat, zu einem besorgniserregenden Verlust qualitativer Standards führen. Von den dazu fachlich nicht qualifizierten Arbeitsverwaltungen, die die Fördermaßnahmen für die 'sozialen Betreuungsaufgaben' bewilligen, ist eine Qualitätssicherung der Arbeit mit 'KlientInnen' nicht zu leisten; andere Evaluierungsformen sind bislang nicht entwickelt worden. Nach Lage der Dinge ist zu befürchten, daß die damit verbundenen Risiken von den 'AbnehmerInnen' der angebotenen Dienstleistungen zu tragen sind. Die Sorge, daß die Nachfrage nach durch VorruheständlerInnen erbrachten Diensten teilweise auch künstlich verstärkt werden muß, ist empirisch bislang nicht zu entkräften. Es fällt nämlich auf, daß überwiegend 'AbnehmerInnen' gefunden werden, deren Marktmacht ohnehin eingeschränkt ist und deren Unterstützungsbedürftigkeit durch fahrlässige und an allerschlechteste Traditionen und Betreuungsmentalitäten bruchlos anknüpfende Zuschreibungen von Defizit und Bedarf in aller Eile konstruiert werden (vgl. dazu ausführlicher Knopf 1994a, 1994b).

Zu den Besonderheiten der Situation in den neuen Ländern ist gezählt worden, daß es im Hinblick auf das höhere Erwachsenenalter zu „Vergesellschaftungslücken" (Wolf 1991) und zur „Auflösung sozialer Netze" (Winkler 1994, 82 f.) gekommen sei. Nach dem Wegfall betrieblicher Seniorenbetreuung fehle 'soziale Kommunikation', das „Gefühl des Eingebundenseins, (...) In den Denkstrukturen älterer Bürger ist nicht der Vereinsgedanke vordergründig entwickelt. Eine 'rundum versorgte Generation' hat es (bei allen Mängeln dieser Betreuung) schwer - auf sich selbst gestellt -, umzudenken und sich selbst zu organisieren; hinzu kommt abnehmende Flexibilität im Alter. Hilfe und Unterstützung sollten deshalb hierbei ein anderes Ausmaß als bei Jüngeren annehmen" (ebd., 83).

4. Projekte zur Förderung neuer Handlungsperspektiven

Solchen Appellen ostdeutscher ExpertInnen folgen in den neuen Ländern - sofern engagierte Einzelpersonen, Gruppen und Institutionen die notwendigen Ressourcen mobilisieren können - auch Bildungsanbieter wie Volkshochschulen, Akademien u.ä. in einem zunehmend relevanten Ausmaß, ohne dabei die im Westen durchaus bekannten Berührungsängste mit dem Sozial- oder gar Betreuungsbereich zu zeigen. Allerdings wirken auch hier gelegentlich Mentalitäten nach, die eine 'Überforderung' der Betroffenen bei der Verarbeitung der 'Freisetzungs'erfahrung allzu pauschal vermuten und lindern wollen. So mag man denn gegenüber manchen Bemühungen berechtigterweise den Verdacht hegen, daß oft konfluente, eigene Verunsicherungserfahrungen unreflektiert auf die 'KlientInnen' projezierende Handlungsmuster am Werk seien: Im Ergebnis tragen diese Bemühungen aber trotzdem dazu bei, daß es zu wechselseitigen Verstärkungen und Überlappungen von Aktivitäten im Bildungsbereich und in der sozialen Arbeit mit VorruheständlerInnen kommt. Bildungsanbieter und Sozialprojekte gewinnen TeilnehmerInnen aus gleichen Populationen vor allem dort, wo sozialräumliche Nähe gegeben ist oder gesucht wird.

Ein überzeugendes Beispiel bietet die Tätigkeit der 'Akademie 2. Lebenshälfte', die in drei Brandenburger Städten für arbeitslose Menschen zwischen 45 (!) und 60 Jahren allgemeinbildende und - vor dem Hintergrund der neuen Situation nach der 'Wende' - orientierende Bildungsveranstaltungen durchführt, in denen gemeinsames Lernen in Seminar- und Gruppenarbeit mit dem Ziel der Entwicklung und Schaffung neuer 'altersgerechter' Arbeits- und Betätigungsfelder durch Projektentwicklung und -umsetzung verbunden wird. Die TeilnehmerInnen können aus mehreren 'Bausteinen', die u.a. das 'Grundgesetz der Bundesrepublik Deutschland', eine 'Einführung in die Marktwirtschaft', 'Regionalgeschichte', 'Trends in Wissenschaft und Technik' oder 'Globale Entwicklungstrends' zum Gegenstand haben, individuell ihr Bildungsprogramm zusammenstellen. Auf Wunsch der TeilnehmerInnen sind auch Themen wie 'Naturheilkunde', 'Bilanzierung und Kostenrechnung', 'Maschinenschreiben' oder 'Englisch für AnfängerInnen' hinzugekommen. Die Bildungsarbeit wird an zwei Tagen pro Woche jeweils sechs Stunden lang realisiert. Neben der Seminar- und Gruppenarbeit findet eine begleitende und beratende Betreuung der einzelnen TeilnehmerInnen statt, die auch Unterstützung bei der Kontaktaufnahme zu Arbeitsämtern, Kommunen, Arbeitslosenzentren, Industrie- und Handelskammern, der Politik u.ä. einschließt. Wenn mindestens 80 % der Stundenzahl des jeweiligen Kurses besucht worden ist, wird ein Zertifikat ausgestellt. Die Teilnahme ist kostenlos. Das Projekt wird durch den Europäischen Sozialfonds und die Landesregierung Brandenburg gefördert. In der Pilotphase des Projektes haben - so ist Berichten des Projekts zu entnehmen - fast 400 Personen (2/3 Frauen), darunter eine sehr große Zahl von Hochschul- und FachschulabsolventInnen, teilgenommen.

Implizit wird in allen Veranstaltungen - unter de facto sozialpädagogisch abgestützten Bedingungen - die ja keineswegs durch (Nach-) Qualifizierung wesentlich zu vergrößernde Chance auf eine erneute Erwerbsbeteilung einer - in der Gruppe besser zu verkraftenden - Realitätsprüfung unterzogen. Indem die Perspektive der Endgültigkeit des Ausscheidens aus der Erwerbsarbeit und somit auch die Frage, ob es sich bei der Bildungsmaßnahme im Ergebnis um eine Qualifizierung für eine erneute Berufstätigkeit oder eine Vorbereitung auf ein vorzeitiges, jetzt aber potentiell mit anderen gemeinsam aktiv zu gestaltendes nachberufliches Leben handeln würde, offengehalten werden konnte, taten sich für die TeilnehmerInnen reichhaltige Möglichkeiten zur individuellen Bearbeitung der ihnen gesellschaftlich aufgegebenen biografischen Schwierigkeiten auf. Die 'Akademie' erwies sich als eine 'soziale Kontaktbörse', von der in der Gruppe der älteren TeilnehmerInnen zwar mehrheitlich nicht mehr erwartet wird, daß sie die Arbeitsmarktprobleme lösen kann, die aber zur Mitwirkung in Vereinen, Selbsthilfegruppen, Bildungsinitiativen u.ä. aktiviert, also Handlungsperspektiven jenseits der Erwerbszentrierung eröffnet hat: Werkstätten zur Selbstbetätigung im Holz- und Metallbereich, Arbeitsgruppen für Öffentlichkeitsarbeit sind entstanden.

Die hier praktizierte *Verbindung* von Gruppenarbeit, Fortbildung, Projektentwurf und (individueller oder gemeinschaftlicher) Erprobung von Handlungsmöglichkeiten findet sich in ähnlicher Weise auch in dem seit Beginn der neunziger Jahre im von 'Freisetzung' ganz besonders betroffenen Raum Halle/ Merseburg/Leuna in Sachsen-Anhalt tätigen Verein 'Vorruhestand der Chemieregion' (vgl. Wetzel o.J, 1994) wieder. Dieses Projekt orientiert sich zudem ausdrücklich an den im Westen im Bereich der Vorruhestandsarbeit gemachten Erfahrungen, z.B. am Ansatz des Dortmunder Projektes 'ZWAR' (vgl. Klehm in diesem Band).

Dem Berliner Verein 'Selbst-Hilfe im Vor-Ruhestand', der von Professionellen, Betroffenen und politisch-administrativ Verantwortlichen ebenfalls unmittelbar nach der 'Wende' als Ost-West-Projekt aufgebaut wurde und bislang nach wie vor auf finanziell prekärem Fundament operieren muß, ist es seit 1991 gelungen, die Gruppenaufbau-Strategie fremdinitiierter Selbsthilfe des Dortmunder Projekts unter den sehr schwierigen Bedingungen des industriellen Zusammenbruchs in der ehemaligen DDR-Hauptstadt zu realisieren. Als Ausdruck der inhaltlich-programmatischen Selbstbestimmung der stadtteilbezogen realisierten VorruheständlerInnengruppen - unter Rückgriff auf die bei 'ZWAR' entwickelten Moderationsmethoden der sogenannten 'Zielfindungsseminare', die von Ost- *und* West-Berlin stammenden TeamerInnen gestützt wurden - entfaltet sich eine große thematische Vielfalt von Interessen und Aktivitäten, die (bislang jedenfalls) aber nicht in ehrenamtliches Engagement, für das ja in anderen Projekten durch die Gestaltung von entsprechenden Rahmenbedingungen und durch Appelle an das Bedürfnis, wieder 'gebraucht zu werden', explizit geworben wird, einmünden.

Die beachtlichen Erfolge dieses an 'ZWAR' orientierten Projektansatzes, der von Beginn an auf die Erschließung und Stärkung sozialer Ressourcen des Nahraumes durch die VorruheständlerInnen setzte und dabei intensiv die gruppenpädagogischen Möglichkeiten einer (professionellen) Aktivierung von Selbsthilfepotentialen nutzte, bestätigen Vermutungen, daß - auch jenseits der Betriebsorientierung - an DDR-Traditionen nicht-organisierter nachbarschaftlicher und mitmenschlicher Hilfe, die von vielen Ostdeutschen im Rückblick sehr positiv als Ausdruck einer nicht verordneten Alltagssolidarität erinnert wird, angeknüpft werden kann (vgl. Kuhlmey 1995), wenn die Monotonie des sonst häufig anzutreffenden 'Angebotsgestus' durchbrochen wird. Hier ist es vor allem das zu DDR-Zeiten entwickelte Talent, 'Gelegenheiten' auch angesichts knapper Mittel zu 'organisieren', das in den Gruppen gestärkt und wieder nutzbar gemacht wird, um zum Beispiel gesellige oder kulturelle Bedürfnisse gemeinsam zu befriedigen.

Jene sozialpolitische Grundorientierung vieler Projekte, die stets auf 'sinnvolles' und womöglich 'gesellschaftlich bedeutsames' Aktivwerden drängt, erfährt hierdurch eine relevante Korrektur. Vor allem aber beeindruckt, daß es 'Selbst-Hilfe im Vor-Ruhestand' gelungen ist, TeilnehmerInnen aus der Majorität ehemals 'einfacher ArbeiterInnen' zu gewinnen, die in ostdeutschen Vorruhestandsprojekten - im Gegensatz zu Angehörigen der 'Intelligenz' - überdeutlich unterrepräsentiert sind oder für die - in den hierarchisch organisierten unter ihnen - Positionen unterhalb der 'Leitungsebenen' bereitgehalten werden.

Fragt man nach den Gründen, die es ermöglichen, diese Populationen anzusprechen, scheinen die o.g. vielfältigen nicht organisierten Traditionen von Alltagssolidarität und mitmenschlicher Hilfe, die auch in der Arbeitswelt und vor allem auf der Ebene der Betriebe vielfältig vertreten waren, Erklärungsansätze zu liefern. Möglicherweise wirken bei diesen Projekten also Prägungen der 'Arbeitsgesellschaft' der DDR nach, die bei der Entwicklung und Ausgestaltung von Projekten mit VorruheständlerInnen eine größere Aufmerksamkeit verdienen. Gerade in Kreisen Betroffener wird nämlich stets auf die zentrale Bedeutung von Arbeit und Betrieb in der DDR für die Identität und die Einbindung in soziale Bezüge, die über die Zeit der Berufstätigkeit hinaus wirkten, verwiesen.

> „Die Betriebsbindung blieb in DDR-Zeiten auch unter den Älteren wesentlich stärker als im Westen erhalten. Eine zentrale Einrichtung hierfür waren die 'Veteranenorganisationen' des FDGB (...), die Leistungen wie den Besuch spezieller Veranstaltungen, die Vergabe von Ferienheimplätzen, verbilligtes oder kostenloses Werkküchenessen, aber auch medizinische Betreuung und Hilfen bei Beschaffung und Renovierung von Wohnraum anboten. Diese betrieblich zentrierte Form der Vergesellschaftung der Älteren war einerseits ein Kontrollinstrument, das die Verteilung knapper Ressourcen monopolisierte und damit vom Wohlverhalten abhängig gemacht hat, sie hatte aber andererseits auch wichtige Integrationsfunktionen“ (Wolf 1994, 33).

Durch den Wegfall der Erwerbsbeteiligung und der über sie zugänglichen Sozialleistungen bricht zugleich für die VorruheständlerInnen der dominante „Modus der sozialen Integration und der gesellschaftlichen Partizipation“ (ebd.) ein - wenngleich es hier und da auch nach der ‘Wende’ unter neuen Eigentumsverhältnissen durchaus Betriebe gibt, die durch Spenden und andere Zuwendungen dazu beitragen wollen, daß die Frühverrenteten Kontakte zu ihren ehemaligen ArbeitskollegInnen aufrechterhalten können. Der Betrieb wird im Rückblick oft als ein „Hort emotional-sozialer Geborgenheit bei der Arbeit“ (Geißler 1992, 151) erinnert; die informellen Austausch- und Unterstützungsprozesse innerhalb der Arbeitskollektive, die als ‘sozialer Kitt’ fungierten, werden von vielen schmerzlich vermißt (zum ‘Normalarbeitsverhältnis’ unter DDR-Bedingungen vgl. v. Kondratowitz 1994a, 6ff.). An die Erinnerung *dieser* sozialen Erfahrungsqualität appellieren - sozusagen im Sinne einer ‘rückwärtsgewandten Utopie’ - Projekte häufig unterschwellig, wenn sie VorruheständlerInnen tätigkeitsbezogene Offerten machen - so als wäre Gemeinschaftserlebnis noch stets an gemeinsame Arbeit gebunden.

Der Befund, daß die DDR in einem ganz anderen Sinne ‘Arbeitsgesellschaft’ war als das westliche Deutschland, in der es in den letzten Jahrzehnten auch im Hinblick auf künftige Ruhestandsgenerationen sozialisatorisch prägende Prozesse der Dezentrierung der Arbeitssphäre gegenüber anderen Lebensbereichen - mit Konsequenzen wie diskontinuierliche und unstete Arbeitsbiographien, Relativierung der Arbeit als zentraler Orientierungspunkt für den Aufbau von personalen und sozialen Identitäten, Verbindlichkeitsverlust traditioneller Arbeitsmoral - gegeben hatte, ist weitgehend unstrittig. Es ist aber wenig überzeugend, wenn - wie es häufig geschieht - pauschal eine höhere Identifikation Ostdeutscher mit Arbeit angenommen wird, die man dann als Begründung für die programmatische Engführung von VorruheständlerInnen-Initiativen auf arbeits- und tätigkeitsfixierte Handlungsformen heranzieht. In diesen Fällen wird darauf verzichtet zu überprüfen, welche konkrete Bedeutung die verlorene Tätigkeit für die betroffenen Personen hatte und wie maßgeblich es für sie war, den Wert der eigenen Person durch Arbeitsleistungen bestätigen zu müssen oder zu können. Denn im Vorruhestand wird nicht nur die Suche nach Alternativen zur Sozialintegration qua Teilhabe an der Arbeitswelt dringlich und möglich, sondern auch die Frage nach der *Qualität* der jeweiligen Tätigkeit für die Menschen identitätsbedeutsam.

5. Der ‘Handwerkerdienst’: Arbeitsorientierung als Sicherung biographischer Kontinuität?

5.1 Grundrisse des Projektes

Den Konsequenzen für die Gestaltung der sozialen Arbeit mit VorruheständlerInnen kann nunmehr - zumindest ansatzweise - unter Rückgriff auf die Empirie der diversen Projekte nachgegangen werden. Im Sinne unserer kritischen Frage nach dem Stellenwert der der Arbeitswelt nachgebildeten Handlungsformen in Vorruhestandsprojekten ist eine eingehendere Betrachtung der Situation eines Berliner Projekts instruktiv, das mit der Änderung und Erweiterung von Nutzerpopulationen und deren Aspirationen im Zuge der Vereinigung Berlins sehr konkret und nachhaltig konfrontiert war. Es geht um den Handwerkerdienst, der dem 1987 gegründeten und dem Projektverbund 'Erfahrungswissen älterer Menschen nutzen' (vgl. Müller in diesem Band) zugehörigen Werkhaus-Antirost angegliedert ist (das Werkhaus-Antirost wird in dem Beitrag von Schmidt - in diesem Band - ausführlich beschrieben). Es richtet sich vor allem an Menschen, die in ihrem Berufsleben handwerklich-praktische Fähigkeiten erworben haben, sich für das Erlernen solcher Fähigkeiten interessieren, sie an andere, z.B. Jüngere, weitergeben oder für soziale Zwecke einsetzen wollen.

Nach der 'Wende' eröffnete das Werkhaus in Berlin-Köpenick in einem 'Haus der Begegnung' eine Zweigstelle, in der sich eine Schneiderei, eine Tischlerei und eine Werkstatt für Bootsbau befinden. In letzterer sind - zeitweise im Rahmen von AB-Maßnahmen - ehemalige Mitarbeiter der Yacht-Werft-Köpenick tätig, die u.a. an einem behindertengerechten Freizeitboot arbeiten. Als weiteres Domizil sind in Berlin-Mitte Räume für den 'Handwerkerdienst' des Werkhauses angemietet worden. In ihm sind zwischen 30 und 40 ältere Handwerker aus unterschiedlichen Berufen tätig; überwiegend handelt es sich bei ihnen um Vorruheständler aus den östlichen Bezirken. Sie übernehmen kleinere Reparaturen im Haushalt und in sozialen und caritativen Einrichtungen. Der heutige 'Handwerkerdienst' des 'Werkhaus Anti-Rost' wurde zunächst als eigenständiges Projekt im Rahmen des Programmes 'Erfahrungs-wissen' von der späteren Programmkoordinatorin als 'Reparaturdienst von Älteren für Ältere' aufgebaut (vgl. Perbandt-Brun 1993) und ist - nachdem die Idee der Gründung eines eigenständigen Vereins, der die Organisation der handwerklichen Arbeitseinsätze administrativ übernommen hätte, von den 'Handwerkern' verworfen wurde - noch vor der 'Wende' in die Trägerschaft des 'Werkhauses' übergegangen. Zu diesem Zeitpunkt hatten bereits gründliche und im Ergebnis positive Absprachen mit der Berliner Handwerkskammer, die das Vorhaben als eine Form der 'Nachbarschaftshilfe' akzeptierte, stattgefunden (vgl. Perbandt-Brun 1993, 184; Becker; Rudolph 1994, 207f.). Diesen Absprachen gemäß wird der Handwerkerdienst nur für sozial Bedürftige, vor allem alte Menschen, tätig, die sich die Inanspruchnahme kommerzieller Handwerksbetriebe nicht leisten könnten. Zu den Kleinstreparaturen

> „gehören die Befestigung wackelnder Tischbeine, das Anleimen von Furnieren, das Aufhängen von Bildern, das Aufhängen von Regalen an der Wand und das Auswechseln von Steckern oder Schaltern an elektrischen Geräten. Die Notwendigkeit solcher Reparaturen bringt alleinstehende Ältere in große Schwierigkeiten, wenn Familienangehörige oder Nachbarn nicht vorhanden sind, Handwerksbetriebe die Ausführung ablehnen oder eine Bezahlung dafür nehmen müssen, die in keinem Verhältnis zum Aufwand und bisweilen

auch zum Wert des reparierten Gegenstandes steht. Gerade für ältere Menschen sind mit den sie umgebenden Möbeln wertvolle Erinnerungen verbunden; darum ist es für sie wichtig, auf diese Gegenstände nicht wegen einer kleinen Reparatur verzichten zu müssen" (Perbandt-Brun 1993, 183).

Über den Kreis der oft alleinlebenden älteren Menschen, die im Rahmen kontinuierlicher Zusammenarbeit von Sozialämtern, Diakoniestationen u.ä. als prospektive 'KlientInnen' benannt werden, hinaus zählen auch gemeinnützige Vereine, SozialhilfeempfängerInnen und Selbsthilfegruppen zu den KundInnen; gelegentlich fallen deshalb auch komplexere Aufgaben, wie z.B. Renovierungen und Instandsetzungen, an.

Nachdem deutlich geworden war, daß die Handwerker von der recht komplizierten Regiearbeit entlastet werden wollten - was aber die Bereitschaft zur Beteiligung an der Öffentlichkeitsarbeit nicht ausschloß - wurde im 'Werkhaus' für diese Aufgabe eine hauptamtliche Stelle geschaffen. Die Inanspruchnahme eines Handwerkers wird dem Auftraggeber mit 13.- DM pro Stunde berechnet; von diesem 'Aufwandsentgelt', das bei Bedürftigen vom Sozialamt übernommen werden kann, führt das Werkhaus 2.- DM an das Finanzamt ab und behält jeweils 1.- DM für die Regie- und Verwaltungskosten ein. Aus der verbleibenden Summe, die der Handwerker erhält, muß dieser seine Fahrtkosten, das Werkzeug und weitere Auslagen selbst tragen. Er ist auch dafür verantwortlich, daß dadurch die je nach seinem rechtlichen Status gegebenen Zuverdienstgrenzen nicht überschritten werden.

In der Regel führen die Handwerker die von ihnen übernommenen Aufgaben allein in den Wohnungen der 'KundInnen' aus; nur vereinzelt kommen Gruppenarbeiten vor, wenn zum Beispiel in sozialen Einrichtungen Renovierungen vorgenommen werden. Das Gemeinschaftserlebnis, das zum Beispiel von den MitarbeiterInnen anderer Initiativen wie 'Rentnerblitz' oder der 'Kompanie des guten Willens' bei deren längerfristigen Arbeitseinsätzen als besonders befriedigend beschrieben wird, beschränkt sich hier - wenn nicht private Kontakte entstanden sind - auf Arbeitsgruppenbesprechungen und monatliche Vollversammlungen.

5.2 Soziale Funktionen der Arbeitsorientierung im Vorruhestand

Die zeitweilig starke Resonanz, die der Handwerkerdienst nach der 'Wende' bei VorruheständlerInnen aus den östlichen Bezirken Berlins fand, wird von BeobachterInnen oft mit der oben skizzierten 'Arbeitsorientierung' ehemaliger DDR-BürgerInnen in Verbindung gebracht. Fühlten sie sich angesprochen von den - in Selbstdarstellungen des Werkhauses beschriebenen - 'Möglichkeiten (...), in einem selbstbestimmten Rahmen tätig zu werden und unsere Arbeits- und Lebenserfahrungen auch weiterhin sinnvoll und produktiv einzusetzen'? Hatten sie eigene Problemstellungen wiedergefunden in der Frage: 'Wie führt man ein Leben ohne Betätigung, ohne die Arbeitskollegen, ohne Anerkennung für eigene Arbeitsleistung?' Wollten sie sich auch nicht 'in die Rentnerecke' abschieben lassen, 'weiter mit(mischen) im gesellschaftlichen Leben' und 'unsere Arbeits- und Lebenserfahrungen nicht brachliegen' lassen? Erkannten sie sich wieder in der in einer Selbstdarstellungsbroschüre des Werkhauses abgedruckten Aussage eines 'Anti-Rostlers': 'Da macht man die Erfahrung, daß man ohne Arbeit nicht leben kann. Egal, wat is, ob man was dafür kriegt oder nicht'?

Ohne Zweifel sind in den genannten Punkten Facetten eines Motivbündels berührt, in denen Verarbeitungs- und Gestaltungswünsche im Hinblick auf die 'Freisetzungs'-Erfahrung zusammenfallen. Nimmt man das Interesse hinzu, die zumeist alles andere als günstige Einkommenssituation der VorruheständlerInnen durch einen bescheidenen Dazuverdienst zu verbessern, scheint die Programmatik des Werkhauses zentrale Interessen der Betroffenen zu berühren. Dies belegen auch die Ergebnisse einer Gruppendiskussion, die der Verfasser - nach eingehenden Gesprächen mit den Projektverantwortlichen - mit ostberliner Mitgliedern des Handwerkerdienstes im Spätherbst 1994 durchführte und dokumentierte. Dennoch bleibt die Frage, inwieweit die Programmatik des Anbieters durch die 'Nachfrage'-Praktiken der VorruheständlerInnen eingelöst wird. Könnte es nicht sein, daß, wie bei vielen der sozialpolitisch alimentierten Aktivitätsprogramme in Ostdeutschland, 'Beschäftigung' und 'Produktivität' in stillschweigender oder beredt beschworener gemeinsamer Anstrengung von Projektbetreibern und Nutzern *simuliert* werden und eine Art Schwanengesang der 'Werktätigen', das trotzige 'letzte Gefecht' von Verlierern der 'Wendezeit', ein Requiem auf die Leistungskraft einer sozialistischen Industrienation ist? Es wäre falsch, solche unfreundlichen Verdächtigungen zu schnell, womöglich aus Gründen moralischer Rücksichtnahme, abzuweisen. Denn überindividuelle Entwicklungen gerade auch im Westen haben den Ruhestand seiner Legitimation als Zeit des verdienten Rückzugs beraubt: „Viele Anzeichen sprechen dafür, daß die Legitimation des Ruhestandes heute vorwiegend über einen - dem Arbeitsethos nachgebildeten - Aktivitätscode erfolgt, eine 'Ethik der Geschäftigkeit' (Ekerdt 1986), die auch für das Alter ernsthafte und angestrengte Tätigkeit verlangt" (Kohli 1988, 50f.). Ostdeutsche 'Handwerker' im Vorruhestand könnten somit versuchen - nachdem ihnen die Möglichkeit, unter den Bedingungen der kapitalistischen Leistungsgesellschaft 'ihren Mann zu stehen', systematisch verwehrt wurde - ihre Leistungsbereitschaft und -fähigkeit, mithin ihre Zugehörigkeit zu den 'kompetenten' Älteren, die den 'Westlern' in puncto 'ernsthaftes Engagement' nicht nachstehen, unter Beweis stellen.

5.3 Die Sicherung biographischer Kontinuität

Die oben erwähnte Gruppendiskussion, deren Verlauf nach einer einleitenden Frage des Verfassers durch die zehn Teilnehmer selbst bestimmt wurde, erbrachte eine Fülle von Hinweisen, daß solche Annahmen durchaus eine gewisse Plausibilität besitzen. An der Diskussion beteiligten sich überwiegend 'Handwerker', die zu DDR-Zeiten nach eigener Aussage in führenden Positionen gearbeitet hatten und - wie betont wurde - schon damals bereit gewesen waren, Verantwortung zu übernehmen. Durch diese Verantwortungs- und Leistungsbereitschaft habe man sich schon vor der 'Wende' von der Mehrzahl der Arbeitenden unterschieden, die - quod erat demonstrandum - heute bei der Bewältigung der 'Freisetzungs'- und Transformationserfahrungen folgerichtig auch viel größere Schwierigkeiten hätten. Ihre auch schon in früheren Lebensabschnitten erwiesene Lern- und Anpassungsfähigkeit, z.B. im Umgang mit wissenschaftlich-technischen Entwicklungen, ermögliche ihnen unter heutigen Bedingungen, auf die schmerzhaften und ungerechten Entwertungen der Lebensleistung nicht nur depressiv zu reagieren. Das im Umfeld des Werkhauses gepflegte Idiom, deren Kern die Zurückweisung von Randständigkeitsbedrohungen durch 'produktives Tun' ist, wird von den 'Mitarbeitern' - wie sie sich selbst nennen - des Handwerkerdienstes in durchaus distanzierender Absicht gegenüber dem 'Beschäftigungsgefimmel' und den 'bloßen' Hobbyaktivitäten anderer NutzerInnen des Werkhauses argumentativ ins Feld geführt. Es ist nicht allein die riskante Nähe zu den im Werkhaus mit seinen heute auch von betagteren BesucherInnen mitgeprägten Sozialmilieus, die solche Distanzierungen veranlaßt. Daß die Tätigkeit der Handwerker eben nicht nur dem Selbstzweck dient, sondern *nachweislich* auch anderen, nämlich den 'KundInnen', zugute kommt, unterscheidet sie in ihren Augen markant vom Rest der 'Anti-Rostler'.

Identitätsverbürgend und biografische Kontinuität sichernd ist auch die Erfahrung der 'Handwerker', daß sie sich durch ihr teilweise viel handwerkliches Geschick und Erfindungsreichtum erforderndes Arbeiten in dieser Hinsicht erheblich von den 'heute' üblichen 'schlampigen' Arbeitsleistungen kommerzieller Handwerksbetriebe unterscheiden. Wo 'heutzutage' - bei überteuerten Preisen - in ihrer Sicht bei den Kommerziellen 'Weg-werf-Mentalitäten' dominieren und die Mitarbeiter eine beklagenswerte 'Jobeinstellung' an den Tag legen, repräsentieren die Handwerker klassische Arbeitstugenden, deren Ergebnisse deshalb so befriedigen können, weil die Arbeit noch 'Freude' macht und aus innerem Antrieb erfolgt. In diese Kritik - die bekanntlich ja auch von anderen RuheständlerInnen (oft mit einiger Berechtigung!) gegenüber der modernen Arbeitswelt vorgebracht wird - mischt sich unüberhörbar der Stolz engagierter Werktätiger, deren Improvisationstalent und Kreativität unter den schwierigen Bedingungen der 'sozialistischen Mangelwirtschaft' sich durchaus nachhaltiger entwickeln mußte und konnte als bei ihren KollegInnen im Westen. Daß die DDR unter den Industrienationen der Welt eine herausragende Stellung eingenommen habe - so einer der 'Handwerker' - sei eben auch das Ergebnis erfolgreicher Anstrengungen insbesonders ihrer technischen Intelligenz gewesen. Mit Hilfe von Fotografien vermochten die Handwerker dem Interviewer zu verdeutlichen, daß ihre Arbeitsleistungen für die KundInnen des Handwerkerdienstes nicht nur ihr Geld wert sind, sondern jedem Vergleich mit denen kommerzieller Anbieter allemal standhalten können. Solch berechtigter 'Werkstolz' kommt aber auch im Hinblick auf die soziale, helfende Seite ihres handwerklichen Engagements zum Ausdruck. Dazu muß man sich vor Augen halten, daß die Handwerker gerade auch in ihren kommunikativen und mitmenschlichen Fähigkeiten während der 'Einsätze' bei den nicht selten sehr schwierigen, manchmal auch psychisch veränderten 'KundInnen' herausgefordert sind. Zudem hat die Beobachtung tiefen Eindruck hinterlassen, daß auch im Westen Berlins in so großer Zahl alte und behinderte Menschen in ärmlichen und teilweise entwürdigenden Verhältnissen angetroffen wurden. Im Umgang mit diesen Personen Einfühlsamkeit, Hilfsbereitschaft und Verständnis zeigen zu können und dafür herzliche Dankbarkeit zu erfahren, gehört nach Aussage der Handwerker zu den berührenden und befriedigenden Erfahrungen des nachberuflichen Engagements. Diese Erlebnisqualität führen sie aber auch - ebenfalls im Sinne biografischer Kontinuität - auf die unter den Bedingungen der DDR-Arbeitswelt erworbene Fähigkeit zurück, Zupacken-zu-Können und kollegiale, solidarische Hilfsbereitschaft miteinander zu verbinden.

Das 'In-Gebrauch-Nehmen' des Handwerkerdienstes *durch* die Handwerker - das wollte diese empirische Skizze exemplarisch zeigen - erfolgt in einer Weise, die sich die programmatischen Deutungsangebote des Werkhauses zunutze macht, ihnen aber im Dienste der Sicherung und Stabilisierung biografischer Kontinuität in tiefgreifenden Umbruchzeiten 'ostspezifische' Stempel aufdrückt. Nicht nur dient das Engagement unter dem Dach eines unter westdeutschen Bedingungen entstandenen Vorruhestands- und RentnerInnenprojekts der Erhaltung und Neuknüpfung befriedigender sozialer Beziehungen und erlaubt nachberufliches Tätigbleiben, sondern es hilft auch, durch den Systemwandel massiv bedrohte Grundbestimmungen des Selbstwertgefühls und der sozialen Identität offensiv zu verteidigen. Daß dies gelingt, scheint insbesondere auch damit zusammenzuhängen, daß die Beteiligten eine Identifikation mit einem möglicherweise durch das Projekt zugeschriebenen sozialpädagogischen Klientenstatus ablehnen, zurückweisen und aktiv Widerstand dagegen leisten. D.h. die 'Handwerker' ignorieren weitgehend die Tatsache der sozialpädagogisch organisierten und inszenierten Rahmenbedingungen ihres Tuns und entwickeln dadurch Möglichkeiten, in der nachberuflichen 'Arbeit' eine Gewähr für „autonomes" (Schmidt 1994) Altwerden zu finden - und erfüllen so paradoxerweise das ihnen pädagogisch angesonnene Ziel. Unter sozialpädagogischen Gesichtspunkten ist hierbei von großem Interesse, daß jeder *weitergehende* Versuch, solche Autonomisierungsprozesse *direkt* und interventionsorientiert *herzustellen*, zum Scheitern verurteilt sein müßte. Es bedarf sozusagen der sozialpädagogischen Inszenierung von 'Arbeitsverhältnissen', damit sie ignoriert werden kann. Ein 'taoistisches', der Selbstregulierung - unter stabilen institutionellen Bedingungen - Raum und Gelegenheit sicherndes 'Aus-dem-Weg-gehen' erscheint hier oft als die angemessenere Reaktion. Insoweit hatte Langehennig mit seiner schon zur Gründungszeit des 'Werkhauses' vorgebrachten Warnung vor einer 'sozialpädagogischen Vereinnahmung' des frühen Ruhestandes durch eine platte Arbeitsorientierung in gewissem Sinne recht, *obwohl* sich in unserem Fall die Betroffenen die von ihm an den tätigkeitsorientierten 'Erfahrungswissen'-Projekten kritisierte 'unsinnige Polarisierung von Arbeit und Freizeit', von 'sinnvoller gesellschaftlicher Betätigung' und 'bloßer Freizeitbeschäftigung', mit der sie sich von älteren Konzepten von Seniorenfreizeitprogrammen abzusetzen versuchten (Langehennig 1987, 212f.), zu eigen machen und gleichzeitig sozialpädagogische Einmischung abweisen. Durchaus wird hier nämlich 'richtiges' Arbeiten im Sinne der Dienstleistungserbringung für sozial Schwache zwar nicht rhetorisch, aber de facto mit den 'suspensiven' Funktionen eines Arbeitsverhaltens in der Freizeit verbunden, das „von (der) mit der Berufstätigkeit verbundenen Fremdbestimmung, Abstraktheit und Unverhältnismäßigkeit suspendiert" (Habermas 1956, zit. nach Langehennig 1987, 214). Denn unter keinen Bedingungen wären die Handwerker bereit, ihre 'Zeitsouveränität' aufzugeben und sich (wieder) aus der Arbeitswelt bekannten Zwängen zu unterwerfen (vgl. Becker/Rudolph 1994, 78). In *dieser* Hinsicht haben sie mit dem Arbeitsleben abgeschlossen. Das eröffnet, behält man den dynamischen, prozessualen Charakter der Projektentwicklung vor Augen und 'baut' Reflexionsangebote in unterschiedlichster Form (z.B. 'Zielfindungsseminare') institutionell fest 'ein', durchaus Chancen dafür, auch eine geschlechtsspezifische 'Zementierung traditioneller Rollenklischees' (ebd., 209), die fast regelmäßig dort stattfindet, wo an berufliche Verhaltensmuster angeknüpft wird, mittelfristig aufzuweichen.

6. Tätigkeitsorientierte Projekte als subjektive Handlungschance

Tätigkeitsorientierte Projekte können also - gerade in einer sozialpädagogisch kompetent gestalteten Verknüpfung mit adressatenorientierten Bildungs*gelegenheiten* und selbstgestalteten Gruppenerfahrungen - einen wichtigen Beitrag dazu leisten, die Dominanz angebotsfixierter und dem Betreuungsgestus verhafteter Beschäftigungsprogramme für ältere Menschen in den neuen Ländern zu konterkarieren und den - durch die Gewaltförmigkeit der 'Freisetzungswellen' geradezu erstickten - subjektiven Handlungschancen der Betroffenen überhaupt erst Geltung zu verschaffen. Dazu dienen kurzschlüssige Konzepte, die auf Arbeitsplatzverlust nur mit den Mitteln der Arbeitssimulation antworten können, gerade nicht. In einem erfreulichen Maße zeigen sich die Betroffenen in den neuen Ländern in der Lage, unter durchweg sehr schwierigen Bedingungen 'Balance-Arbeit' zu leisten, neue Gewichtungen vorzunehmen zwischen Verpflichtungen, Erwartungen und 'Gelegenheiten' (Amann 1988, 118ff.). Gegenüber den seit einiger Zeit offensiv vorgetragenen Aufforderungen zu einer neuerlichen 'Verpflichtung' des Alters (u.a. Tews 1994, vgl. auch die abwägende Position von Naegele 1994b) ist im Blick auf den Osten Deutschlands unbedingt die Schaffung von 'Gelegenheitsstrukturen' für die nachberufliche Lebensphase zu fordern, die Lernen und Tätigsein nicht gegeneinander ausspielen. Dabei wäre es mehr als angemessen, den unfreiwilligen Pionierstatus der ostdeutschen VorruheständlerInnen anzuerkennen, die genötigt werden, im 'arbeitsfähigen' Alter Lebensperspektiven unter den Bedingungen des Ausschlusses aus der (Erwerbs-) Arbeitswelt zu entwickeln und sich damit vor Probleme gestellt sehen, die eine Gesellschaft, der man die Sicherung von Vollbeschäftigung nicht mehr zutrauen mag (Offe 1994), wohl auch in Zukunft einer großen Zahl ihrer Mitglieder bereiten wird.

Literatur

Amann, A.: Pensionierung: Hoffnung auf ein paar schöne Jahre?, in: Rosenmayr, L.; Kolland, F. (Hg.): Arbeit - Freizeit - Lebenszeit, Opladen 1988, S. 111-130

Bansemir, G.; Kuhlmey, A.: Zur Situation älterer Arbeitnehmer und die Aufgabe der Berufstätigkeit: Vorruhestand, in: Schütz, R.-M.; Kuhlmey, A.; Tews, H.-P.: Altern in Deutschland, Berlin 1992, S. 144-150

Becker, S.; Rudolph, W.: Handlungsorientierte Seniorenbildung. Modellprojekte: Konzeptionelle Überlegungen - praktische Beispiele, Opladen 1994

Bundesministerium für Bildung und Wissenschaft (Hg.): Unfreiwillig in den vorzeitigen Ruhestand - kann Weiterbildung helfen? Werkstattgespräch mit Betroffenen und Projektträgern am 9. und 10. Juni 1993 in: Ludwigsfelde (Konzertierte Aktion Weiterbildung), Bonn 1994

Deutscher Bundestag/Referat Öffentlichkeitsarbeit (Hg.): Zwischenbericht der Enquete-Kommission „Demographischer Wandel" - Herausforderung unserer älter werdenden Gesellschaft an den Einzelnen und die Politik, Bonn 1994

Ekerdt, D.: The busy ethic: Moral continuity from work to retirement, in: The Gerontologist 26 (1986), S. 239-244

Ernst, J.: Der vorzeitige Ruhestand in Ostdeutschland und einige Aspekte der sozialen Lage der Frührentner in den neuen Ländern, in: Sozialer Fortschritt 42(1993)9, S. 211-217 (1993a)

Ernst, J.: Alterserwerbsarbeit und Frühverrentung in den neuen Bundesländern und einige sozialpolitische Konsequenzen, in: Kühnert, S.; Naegele, G. (Hg.): Perspektiven moderner Altenpolitik und Altenarbeit, Hannover 1993, S. 27-51 (1993b)

Gehrmann, G.: '55 Aufwärts in Brandenburg', in: Eurag-Information, 7 (1994), S. 6-7

Geißler, R.: Die Sozialstruktur Deutschlands. Ein Studienbuch zur Entwicklung im geteilten und vereinten Deutschland, Opladen 1992

Knopf, D.: Die soziale Relevanz des Alters - Fiktion oder reale Utopie? (unveröffentlichtes Vortragsmanuskript), Potsdam 1994a

Knopf, D.: Vorruhestand und Weiterbildung. Einführungsreferat anläßlich einer niederländisch-deutschen Fachtagung am 21./22.6.1994, veranstaltet von der Kath. Bundesarbeitgemeinschaft für Erwachsenenbildung und dem Bundesministerium für Bildung und Wissenschaft, (unveröffentl. Ms), Potsdam 1994b

Kohle, M.: Die gesellschaftliche und individuelle Bedeutung der Altersgrenze, in: SCHMÄHL, W. (Hg.): Verkürzung oder Verlängerung der Erwerbsphase?, Tübingen 1988, S. 36-53

Kohli, M.; Freter, H.-J.; Langenhennig, M.; Roth, S.; Simoneit, G.; Tregel, S.: Engagement im Ruhestand. Rentner zwischen Erwerb, Ehrenamt und Hobby, Opladen 1993

v. Kondratowitz, H.-J.: Jenseits der Erwerbszentrierung? Probleme der soziologischen und sozialpolitischen Standortbestimmung von Projekten nachberuflicher Arbeit, in: Dieck, M.; Naegele, M.; Schmidt, R. (Hg.): 'Freigesetzte Arbeitnehmer im 6. Lebensjahrzehnt - eine neue Ruhestandsgeneration?', Berlin 1985, S. 270-288

v. Kondratowitz, H.-J. (1994a): Die zukünftige Dominanz prekärer 'Normalitäten'. Zur gesellschaftlichen Gestaltbarkeit von Lebens- und Altersverläufen, in: v. Kondratowitz, H.-J. (Hg.): Die gesellschaftliche Gestaltbarkeit von Altersverläufen, Berlin 1994, S. 1-15

Kuhlmey, A.: Die Zeit danach - freiwilliges Engagement und Frühverrentung, (Ms.), erscheint in: Fooken, I. (Hg.): Alter(n) aus Frauensicht, Essen 1995

Kuratorium Deutsche Altershilfe: Selbsthilfe? Vorruheständler in den neuen Bundesländern brauchen Beachtung und Unterstützung, in: KDA-Presse- und Informationsdiens 6 (1992), S. 7-10

Langehenning, M.: Der lange Abschied von der Arbeitswelt - Zur falschen Alternative von Freizeit- und Arbeitsorientierung in den sozialen Hilfsangeboten, in: Backes, G.; Clemens, W. (Hg.): Ausrangiert!?, Bielefeld 1987, S. 204-224

Langehennig, M.; Kohli, M.: Nachberufliche Tätigkeitsfelder - Empirie und Perspektiven, in: Knopf, D.; Schäffter, O.; Schmidt, R. (Hg.): Produktivität des Alters, Berlin 1989, S. 208-222

Naegele, G. (Hg.): Maßnahmen zur Bewältigung der Frühverrentung, (Kuratorium Deutsche Altershilfe), Köln 1987

Naegele, G.: Bildungs- und Freizeitmodelle für Frührentner, in: Karl, F.; Tokarski, W. (Hg.): Bildung und Freizeit im Alter, Bern, Göttingen, Toronto 1992, S. 139-154

Naegele, G.: Frühverrentete zwischen 'neuen Alten' (West) und 'neuen Armen' (Ost)? Überlegungen zu gerontologischen Distinktionskriterien, in: v. Kondratowitz, H.-J. (Hg.): Die gesellschaftliche Gestaltbarkeit von Altersverläufen, Berlin 1994a, S. 43-52

Naegele, G..: Zur Forderung nach mehr Beteiligung älterer Menschen am öffentlichen und politischen Leben - zwischen Fiktion und Realität, in: Sozialer Fortschritt 10/1994, S. 232-238

Naegele, G.; Tews, H.-P. (Hg.): Lebenslagen im Strukturwandel des Alters. Alternde Gesellschaft - Folgen für die Politik, Opladen 1993

Neckel, S.: Altenpolitischer Aktivismus. Entstehung und Variation eines Politikmusters, in: Leviathan Dezember 1993, Heft 4/1993, S. 540-563

Offe, C.: Vollbeschäftigung? Zur Kritik einer falsch gestellten Frage, in: Gewerkschaftliche Monatshefte, 45 Jg., 12(1994)796-806

Perbandt-Brun, H.: Erfahrungswissen angewandt - Der Reparaturdienst von Älteren für Ältere, in: Bechtler, H. (Hg.): Gruppenarbeit mit älteren Menschen, Freiburg i.B. 1993 (2. Aufl.), S. 182-193

Prengel, G.; Schmidt, R.: Einige Hinweise auf Deutungsmuster und Bewältigungsstrategien 'freigesetzter' Älterer im Prozeß der gesellschaftlichen Transformation, in: v. Kondratowitz, H.-J. (Hg.): Die gesellschaftliche Gestaltbarkeit von Altersverläufen, Berlin 1994, S. 87-116

Priller, E.: Vorzeitiger Ausstieg aus dem Erwerbsleben in den neuen Bundesländern - Gesellschaftliche Dimensionen und subjektive Auswirkungen, in: v. Kondratowitz, H.-J. (Hg.): Die gesellschaftliche Gestaltbarkeit von Altersverläufen, Berlin 1994, S. 53-72

Reis, C.: Was heißt "Selbsthilfe"?, in: Reis, C.; Dorenburg, H. (Bearbeiter): Selbsthilfe. Ausdruck sozialen Wandels. Sozialpolitisches Programm. Herausforderungen für die soziale Arbeit, Frankfurt/M. 1985, S. 22-37

Schmidt, R.: Rentnerarbeit im frühen Ruhestand. Begründungsaspekte, Systematik und Darstellung von Projekten, die Arbeit jenseits der Erwerbsarbeit organisieren, in: Dieck, M.; Naegele, G.; Schmidt, R. (Hg.): „Freigesetzte" Arbeitnehmer im 6. Lebensjahrzehnt - eine neue Ruhestandsgeneration?, Berlin 1985, S. 213-269

Schmidt, R.: Altern zwischen Individualisierung und Abhängigkeit, in: KADE, S. (Hg.): Individualisierung und Älterwerden, Bad Heilbrunn 1994, S. 59-71

Schwitzer, K.-P.: Theorie und Praxis des Alters und Alterns in Ostdeutschland, in: Naegele, G.; Tews, H.-P. (Hg.): Lebenslagen im Strukturwandel des Alters, Opladen 1993, S. 273-285 (1993b)

Tews, H.-P.: Alter zwischen Entpflichtung, Belastung und Verpflichtung, in: Verheugen, G. (Hg.): 60 plus. Die wachsende Macht der Älteren, Köln 1994, 51-60

Wetzel, P.: Vorruhestand der Chemieregion. Ein Verein und seine Projekte, (Zwischenbericht), Merseburg o.J.

Wetzel, P.: Von der Chemiemetropole zur Vorruhestandsregion: Der Industriestandort Leuna/Merseburg im Umbruch, in: v.Kondratowitz, H.-J. (Hg.): Die gesellschaftliche Gestaltbarkeit von Altersverläufen, Berlin 1994, S. 73-85

Winckler, G.: Das andere deutsche Alter. Lebenslagen und Lebensweisen älterer Menschen in den neuen Bundesländern, in: Verheugen, G. (Hg.): 60 plus. Die wachsende Macht der Älteren, Köln 1994, S. 75-88

Wolf, J.: Die Vergesellschaftungslücke. Der Vorruhestand in den neuen Bundesländern, in: Zeitschrift für Sozialreform 37 (1991) 11/12, S. 723-735

Wolf, J.: Ältere Arbeitnehmer und der Übergang in den Ruhestand, in: Schütz, R.-M.; Kuhlmey, A.; Tews, H.-P. (Hg.): Altern in Deutschland, Berlin 1992, S. 137-143

Wolf, J.: Die 'soziale Logik' von Entberuflichungsstrategien im Vergleich der alten und neuen Bundesländer, in: v. Kondratowitz, H.-J. (Hg.): Die gesellschaftliche Gestaltbarkeit von Altersverläufen. Berlin 1994, S. 19-41

Neue Wege in der Beratung von älteren Menschen

Johannes Boettner

Chancenorientiert und intermediär

Perspektiven beratender Altenarbeit im Stadtteil

1. Ausgangspunkt: Die Unübersichtlichkeit der Altenarbeit

Die soziale Altenarbeit wächst und differenziert sich aus. In Teilbereichen nimmt sie dabei den Charakter eines Marktes an, dem es bisher jedoch entschieden an 'Markttransparenz' fehlt. Nicht selten irren die Betroffenen von 'Pontius zu Pilatus', außerstande, sich in dem Gewirr von Zuständigkeiten und Kostenträgern, Angeboten und Diensten zurechtzufinden. Auch die professionellen MitarbeiterInnen kennen oftmals nur einen kleinen Ausschnitt des örtlichen Angebotsspektrums und sind nicht immer geneigt, KlientInnen über Trägergrenzen weiterzuverweisen.

Auf diesem Hintergrund sind beratende und vermittelnde Instanzen gefragt, die das bestehende Angebotsspektrum älteren Menschen in einem überschaubaren, kleinräumigen Rahmen erschließen und so auch zu einer effizienteren Ausnutzung der vorhandenen Ressourcen beitragen.

Das nordrhein-westfälische Ministerium für Arbeit, Gesundheit und Soziales trägt dem Rechnung, indem es im 2. Landesaltenplan die „modellhafte Erprobung stadtteil- bzw. gemeindenaher Beratungs- und Vermittlungsstellen für ältere Menschen und deren Angehörige (vorsieht, J.B.)“ (Ministerium für Arbeit, Gesundheit und Soziales des Landes NRW 1991, 79f.)[1].

Der folgende Beitrag wendet sich zwei der im Rahmen dieses Modellprojektes geförderten Projekten in Duisburg zu. Sie wurden im Juni 1992 unter dem Namen 'Großenbaumer Altenbüro' bzw. 'Rheinhauser Altenbüro' ins Leben gerufen. Großenbaum ist ein leicht überalterter Stadtteil in Stadtrandlage, dessen Sozialstruktur durch einen deutlich über dem gesamtstädtischen Durchschnitt

[1] In anderen Bundesländern laufen ähnliche Programme, so etwa in Baden-Württemberg, wo für die Einrichtung von 'Informations-, Anlauf- und Vermittlungsstellen in überschaubaren Versorgungsbereichen' Landesmittel bereitgestellt werden (vgl. Kohler 1992).

liegenden Anteil an Angestellten und BeamtInnen gekennzeichnet ist. Rheinhausen ist dagegen ein Stadtteil, dessen Entwicklung stark durch die einstige Blüte und den seit den siebziger Jahren anhaltenden Niedergang der Stahlindustrie beeinflußt worden ist. Kennzeichnend ist ein hoher Anteil an IndustriearbeiterInnen und eine dramatische Umschichtung der Altersstruktur zugunsten älterer Menschen in den letzten 15 Jahren. Träger der beiden Altenbüros sind in Duisburg-Großenbaum der evangelische Wohlfahrtsverband 'Theodor Fliedner Werk' und in Duisburg-Rheinhausen die Diakonie Duisburg-West. Beide Projekte verfügen über eigene Räumlichkeiten, sind aber personell und von ihrer konzeptionellen Ausrichtung her in bestehende Einrichtungen der offenen Altenhilfe integriert. 'Manteleinrichtung' des Rheinhauser Altenbüros ist das Bürgerhaus Hütte, ein Stadtteilzentrum, das auch, aber nicht ausschließlich, von älteren Menschen genutzt wird. Das Großenbaumer Altenbüro gehört zu einem Servicezentrum, das hauptsächlich aus einer Begegnungsstätte für ältere Menschen besteht und seinerseits einem Altenheim angegliedert ist. Für die unter dem Titel Altenbüro zusammengefaßten Aktivitäten steht jeweils eine Personalstelle zur Verfügung, die sich in Großenbaum zwei Mitarbeiterinnen mit halber Stundenzahl teilen.

2. Die Leitprinzipien der Duisburger Altenbüros

Den Altenbüros liegt eine offene Konzeption zugrunde. In ihrer grundsätzlichen Zielsetzung wollen sie die Ausdifferenzierung der Altenarbeit durch *Vernetzung, Vermittlung, Beratung und Herstellung von Transparenz* komplettieren. Die allgemeine Ausrichtung der Arbeit kann man mit folgenden drei Handlungsgrundsätzen zusammenfassen:

1. *Von der betreuenden zur beratenden Haltung*: Beratung ist zwar nicht die einzige, aber die zentrale Arbeitsform. Auch über die unmittelbare Beratungspraxis hinaus ist der Umgang mit den NutzerInnen von einer beratenden Haltung geprägt, d.h. von einer Haltung, die alte Menschen als selbständige, handlungs- und entscheidungsfähige Individuen akzeptiert, bestätigt und gegebenenfalls auch fordert. Beratung wird als eine Hilfe zur Selbsthilfe in der Form eines 'problemzentrierten Interaktionsprozesses' begriffen. Die Altenbüros basieren ihre Beratungstätigkeit auf der Prämisse, daß nur die Betroffenen selbst entscheiden, ob tatsächlich ein Problem vorliegt, worin es besteht, welche Bedeutung es für sie hat und wieviel Zeit, Energie und Geld sie für die Lösung zu investieren bereit sind.

2. *Von der Risiko- zur Chancenorientierung*: Die Altenbüros sind einem Altersbild verpflichtet, das die Belastungen und Risiken des Alters nicht leugnet, deren Bewältigung aber nicht von der Verwirklichung positiver Ambitionen im Alter trennt. Sie wenden sich damit gegen eine Einstellung, die Probleme und damit auch problembezogene Beratung ausschließlich unter dem Gesichtspunkt von Risiken und Belastungen wahrnimmt. Probleme entstehen aber nicht nur,

wenn eine Verschlechterung der Lebenssituation abgewehrt oder bewältigt werden muß; Probleme entstehen auch dann, wenn Menschen ihre Lage verbessern wollen, neue Bedürfnisse entwickeln und zu realisieren versuchen, wenn lang gehegte Wünsche und Ambitionen verwirklicht werden sollen - kurzum: wenn sie das Leben nicht nur *bewältigen*, sondern *gestalten* wollen. Das Beratungsangebot der Altenbüros ist offen für beide Möglichkeiten. Ob und wie professionelle Beratung bei der Suche nach positiven Lebensinhalten jenseits von Familie und Beruf eine wirksame Hilfe ist, erkunden die Altenbüros im praktischen Versuch: Sie verknüpfen Beratung mit Formen sozialer Kulturarbeit und Gemeinwesenarbeit, schaffen niedrigschwellige Zugangswege zu ihren Angeboten und bemühen sich um eine chancenorientierte Ansprache älterer Menschen.

3. *Von der Ressort- und Trägerborniertheit zur nutzerorientierten, intermediären Kooperation*: Die Altenbüros vernetzen ihre Arbeit träger- und ressortübergreifend mit Gruppen und Einrichtungen im Stadtteil, die für die Lebensgestaltung und -bewältigung älterer Menschen nützlich und an einer Zusammenarbeit interessiert sind. Die Vernetzung ist nicht Selbstzweck, sondern soll die Erreichbarkeit der Angebote für die NutzerInnen verbessern und gemeinsame Aktionen ermöglichen. Die Institutionen versuchen, ein Feld persönlicher Kontakte zu schaffen, kurze Informationswege zu fördern und unbürokratische Formen trägerübergreifender Kooperation zu entwickeln. Dabei soll der Einzugsbereich einerseits weitläufig genug sein, um ein vielfältiges Spektrum von Einrichtungen zu umfassen; es soll aber andererseits auch gewährleistet sein, daß die vernetzten Angebote und Dienste sich in einer für die KlientInnen noch erreichbaren Nähe befinden.

Aus diesen Arbeitsgrundsätzen wurde im Laufe der Zeit folgendes Aktivitätenprofil entwickelt.

3. Beratung und Vermittlung

In beiden Altenbüros wurden feste Sprechzeiten eingerichtet, an denen die MitarbeiterInnen für individuelle Beratungen zur Verfügung stehen. Beratende Gespräche finden darüber hinaus am Rande von Gruppentreffen, öffentlichen Veranstaltungen oder bei den vielen informellen Gelegenheiten 'zwischen Tür und Angel' statt. Das Hauptkontingent der Beratung stellt die Gruppe der 60-75jährigen. Die Männer sind in beiden Projekten mit rund einem Viertel der Ratsuchenden noch erheblich schwächer vertreten, als es ihrem Bevölkerungsanteil entspricht.

Die von den Altenbüros geleisteten Beratungen umfassen eine Vielfalt von Themen und Themenbereichen: Gesundheit, Beschäftigungsmöglichkeiten, Freizeit, Bildung, Einsamkeit, Kontaktsuche, Tod, PartnerInverlust, Beziehungsprobleme, Wohnprobleme, Einkommensprobleme, pflegerische Versorgung, Umgang mit Ämtern u.v.m. Auf seiten der Beraterinnen erfordert die Beratungsarbeit eine hohe Gesprächsführungskompetenz ebenso wie ein ressortübergreifendes Grundwissen und ein Netz an kollegialen Beziehungen.

Beratung ist nur möglich, wenn den potentiellen NutznießerInnen selbst etwas zum Problem wird und sie bereit sind, sich mit den Beraterinnen über dieses Problem auseinanderzusetzen. Um diese Hilfe wirksam leisten zu können, ist es notwendig, sich zu verdeutlichen, daß es eigentlich keine 'objektiven' Probleme gibt, sondern bestimmte Situationen, Gegebenheiten oder Entwicklungen für eine Person erst durch subjektive Deutungen zum Problem werden. Die Tatsache, daß jemand in seiner/ihrer Wohnung verwahrlost, kann folglich nur dann Anlaß für eine Beratung sein, wenn die betreffende Person die Wohnsituation auch selbst als problematisch deutet und bereit und fähig ist, gemeinsam mit einer Altenberaterin nach einer Lösung zu suchen. In die Wohnung eines alten Menschen, der/die sich in seiner/ihrer Wohnung verbarrikadiert hat und auf Beratung erkennbar keinen Wert legt, mit Überredungskunst und allerlei Tricks einzudringen, ist nicht Aufgabe von Altenberatung. Ein solcher Eingriff kann im Einzelfall zwar sinnvoll und notwendig sein, sollte aber bezeichnet werden als das, was er ist: als Betreuung, als Instruktion, als Zwangsmaßnahme oder als ein Versuch, den/die Betreffende(n) über den Ernst der Lage aufzuklären.

Im Grundsatz ist Beratung eine Auftragsarbeit. Die Frage ist nur, ob die BeraterInnen den Auftrag auch tatsächlich annehmen. Denn es kann z.B. sein, daß nicht die betreffende Person selbst, wohl aber deren NachbarInnen oder Verwandten mit einer sogenannten Verwahrlosung - um im Beispiel zu bleiben - ein Problem haben. Hier ist eine Beratung selbstverständlich möglich - allerdings, eine Beratung der NachbarInnen bzw. Verwandten. Dazu ein Beispiel: Mit den Worten 'Sie müssen mir helfen' kam ein älterer Herr in das Rheinhauser Altenbüro und stellte sich der Beraterin als Verwalter eines benachbarten Mehrfamilienwohnhauses vor. Auf x Ämtern sei er schon gewesen und habe die Leute darüber informiert, daß in seinem Haus eine alte Frau lebe, die total verwirrt und verwahrlost sei und umgehend ins Heim müsse. Alles umsonst. Nichts sei bisher geschehen, obwohl die Verhältnisse im Haus immer unzumutbarer würden. Die Frau geistere nachts in ihrer Wohnung und im Treppenhaus herum, renne nackt auf die Straße und habe sogar schon 'in den Hausflur geschissen'. Daraufhin hätten die anderen MieterInnen ein Protestschreiben aufgesetzt und eine Unterschriftensammlung durchgeführt. Das ganze Haus bringe die Alte in Aufruhr...

Niemand wird bestreiten können, daß hier die formalen Bedingungen für eine Beratung erfüllt waren. Der Ratsuchende verfolgte ein klar umrissenes Ziel: Entfernung der alten Frau aus der Hausgemeinschaft - und zwar sofort. Er traf dabei auf Widerstände: Untätigkeit der Behörden. Darüber war er empört und wollte sein Ziel trotzdem erreichen, wußte aber nicht wie. Offensichtlich glaubte er, die Mitarbeiterin des Altenbüros besitze dieses Wissen. Es lag also ein klar umrissener Beratungsauftrag vor, den die Beraterin aber so, wie er von dem Klienten unmißverständlich formuliert worden war, nicht einfach akzeptieren und annehmen wollte; immerhin ging es hier um das Schicksal eines anderen, allem Anschein nach sehr hilfebedürftigen alten Menschen.

In diesem wie in jedem anderen Fall ist Beratung nur möglich, wenn es gelingt, eine für beide Seiten akzeptable Definition des Problems zu finden. Diese Definition kann durchaus vorläufig sein und sich im Zuge der Beratung wieder verändern. Sie muß aber stets die Interessen und Bedürfnisse der KlientInnen ins Zentrum stellen. Andernfalls ist die Beratung für die KlientInnen nutzlos, da die vorgeschlagenen Problemlösungen sich nicht auf *ihre* Probleme beziehen.

Nun liegt die Intention, mit der KlientInnen eine Beratung in Anspruch nehmen, nicht immer so klar auf der Hand wie im eben beschriebenen Fall. In anderen Fällen bleiben die Intentionen für die BeraterInnen unklar - sei es, weil die Ratsuchenden selbst nicht so genau wissen, was sie eigentlich wollen, sei es, weil sie mit ihren wahren Motiven hinter dem Berg halten.

Gerade Angehörige lassen ihre Intentionen und Sollvorstellungen, soweit sie denen eines hilfebedürftigen alten Menschen zuwiderlaufen, in der Regel nur sehr zaghaft durchblicken und werden von dem klerikalen, hochmoralischen Milieu, in dem Altenberatung größtenteils stattfindet, nicht unbedingt zur Deutlichkeit ermutigt. Auch hierfür ein Beispiel: Eine Klientin wandte sich an das Altenbüro, und aus ihren verschwommenen Ausführungen ließ sich eine Frage heraushören, die ihr offensichtlich sehr unangenehm war, nämlich: „Wie kann ich meinen Schwiegervater, der seit sechs Jahren mit mir und meiner Familie in einer Wohnung lebt und von mir versorgt wird, dazu bringen, daß er seinen Widerstand gegen eine Heimunterbringung endlich aufgibt?“ Statt diese Frage klar und deutlich zu formulieren, suchte sie von der Altenbüro-Mitarbeiterin Bestätigung für folgenden, konstruierten Sachzwang: Sie müsse mit ihrer Familie in absehbarer Zeit nach Süddeutschland übersiedeln. Es stehe zwar noch nicht fest, wann und wohin genau, sicher sei aber, daß eine Fortsetzung der häuslichen Versorgung in der neuen Umgebung nicht mehr möglich sein werde. Trotzdem wolle sie den Vater auch künftig in ihrer Nähe haben, und da sei es doch sicher vorteilhaft, wenn er schon jetzt - d.h. noch in Duisburg - in ein Heim ginge, um dann später von diesem in ein süddeutsches Heim zu wechseln. Sie glaubte, ein Wechsel von Heim zu Heim wäre einfacher, als sich zur gegebenen Zeit direkt in Süddeutschland um einen Heimplatz zu bemühen.

Was ist davon zu halten? Eines ist offensichtlich: Eine Beratung, die sich darauf beschränkt, den vermeintlichen Sachzwang aufzulösen, verfehlt ihren Zweck. Denn was hat die Frau schon davon, wenn sie erfährt, daß ein Heimplatzwechsel nicht wie ein Studienplatzwechsel abläuft? Ein Argument, das ihren Schwiegervater vielleicht überzeugt hätte, wird ihr genommen, das ist alles.

Beide Fälle sind für die Beratungspraxis der Altenbüros nicht untypisch. Beratung wird oft von Personen nachgefragt, deren Altenproblem zunächst einmal darin besteht, daß sie ein Problem *mit* einem hilfsbedürftigen alten Menschen haben - zumeist, weil sie für diesen Menschen aufgrund familiärer Bindungen verantwortlich sind bzw. sich verantwortlich fühlen. Da die Betreffenden auch selbst schon oftmals im Rentenalter sind oder kurz davor stehen, wird ihnen dieses 'Altenproblem' unweigerlich zu einem Problem mit der eigenen Ruhestandsgestaltung. Die Beratungsarbeit begibt sich hier auf ein schwieriges Terrain, weil häufig Bedürfnisse und Interessen aufeinandertreffen, die nur schwer miteinander zu vereinen sind. Die Angehörigen schwanken zwischen Opferbereitschaft, einer oft hinter objektiven Zwängen (berufliche Verpflichtungen, räumliche Distanz etc.) versteckten Distanzierung und eigenen Lebensansprüchen; diejenigen, die sich in der Rolle der (akut oder potentiell) Hilfebedürftigen sehen, schwanken zwischen der Befürchtung, abgeschoben zu werden, und dem Wunsch, den Angehörigen nicht zur Last zu fallen. Wo genau liegt die Grenze des Zumutbaren? Und was ist, wenn Außenstehende diese Grenze anders beurteilen als die Betroffenen selbst? Oft ist es ein schwieriger Aushandlungsprozeß, um z.B. durch die Bereitstellung von Sachinformationen (etwa über die Hilfeleistungen von Sozialstationen) alternative Hilfeperspektiven aufzuzeigen und Gegenmodelle zu den meist auf die Wahl zwischen Heimeinweisung und Aufopferung durch häusliche Pflege reduzierten Lösungsstrategien zu entwerfen. Nicht selten kommen aber diese Hinweise zu spät, weil die Angehörigen sich erst an eine Beratungsstelle wenden, wenn eine Entscheidung im Sinne der Extremalternative unaufschiebbar geworden ist oder sogar schon zugunsten einer Heimunterbringung getroffen wurde.

4. Neue Zugangswege zur Beratung

Wer sich mit einer Beratungsstelle in Verbindung setzen will, hat neben den mehr oder minder drängenden Problemen, die ihn oder sie zu diesem Entschluß veranlassen, zunächst und vor allem noch ein anderes Problem: Eine Schwelle muß überwunden und eine ziemlich ungewohnte Situation - die Beratungssituation - bewältigt werden. Im entscheidenden Augenblick kann dieses Problem alle anderen derart in den Schatten stellen, daß die Betreffenden ihr Vorhaben dann doch lieber auf morgen verschieben oder ganz fallen lassen. Welche Möglichkeiten gibt es, den Zugang zu einer Beratungsstelle zu erleichtern? Wie können Hemmschwellen abgebaut werden? Als Antwort auf diese Frage wurde von den MitarbeiterInnen der Altenbüros eine Reihe von Arbeitsformen und Angeboten erprobt, die zwar im strengen Sinn nicht Beratung sind, das Beratungsangebot aber einbinden und unterstützen, indem sie

– jenen Menschen, die trotz eines akuten Beratungsbedarfs Einzelfallberatung nicht in Anspruch nehmen wollen, andere, weniger intime, niedrigschwellige 'beratungsnahe' Formen der Informationsbeschaffung anbieten;

– den Erstkontakt zwischen BeraterInnen und KlientInnen in einen Rahmen verlegen, der die Situation nicht als Beratung definiert;

– dem individuellen Beratungsbedarf quasi vorauseilend, älteren Menschen konkrete Handlungsmöglichkeiten erschließen und durch intensive Öffentlichkeitsarbeit bekannt machen, so daß diese Angebote zum Anlaß eines Erstkontaktes nach dem Motto 'Ich habe gehört, es gibt...' werden können. Was hiermit gemeint ist, wird auf folgendem Hintergrund deutlich: Bei Beratungstätigkeiten stoßen wir auf ein allgemeines Problem. Die Vorstellung, die potentiellen KlientInnen würden ein Problem zunächst einmal wahrnehmen und dann - eventuell mit Unterstützung einer Beratungsstelle - nach einer Lösung suchen, vernachlässigt die gegenläufige Tendenz, Probleme erst dann zu thematisieren, wenn und insofern sie zu vorstellbaren Lösungsmöglichkeiten passen, sprich: prinzipiell lösbar erscheinen. Dementsprechend präsentieren viele KlientInnen zunächst weniger ein Problem, als eine bestimmte Lösungsperspektive ('Ich habe gehört, es gibt...') und reduzieren das Problem, das Gegenstand der Beratung ist, auf ein reines Informations- bzw. Umsetzungsproblem. D.h. ein Problem wird genau in dem Maße bewußt, wie sich für die Betreffenden eine Lösungsperspektive zumindest vage abzeichnet. Und: Die sich abzeichnende Lösungsperspektive beeinflußt auch inhaltlich die Wahrnehmung des Problems. Problem und Lösung konkretisieren sich im wechselseitigen Bezug. Erst im weiteren Gesprächsverlauf oder bei einem Folgegespräch kommen dann bisweilen auch Probleme zur Sprache, die in der favorisierten Lösungsperspektive nicht aufgehen.

Um diesen Leitlinien gerecht zu werden, haben die Duisburger Altenbüros sowohl unterschiedliche Formen von Informationsangeboten als auch verschiedene soziale und kulturelle Angebote und Initiativen entwickelt.

4.1 Quasi-Beratung durch Informationsveranstaltungen und schriftliche Materialien

In regelmäßigen Abständen werden *öffentliche Informationsveranstaltungen* (in der Regel Vorträge mit anschließender Diskussion) organisiert, die von FachreferentInnen durchgeführt werden. Die Themen sind weit gefächert: 'Müssen Kinder ihren Eltern Unterhalt zahlen?', 'Älter werden in der eigenen Wohnung', 'Vorsicht bei Haustürengeschäften - Die Verbraucherberatung informiert', 'Ernährung im Alter', 'Bewegung und Sport im Alter' etc.

Ebenfalls wurden *schriftliche Materialien* erstellt:

– ein *Ratgeber für pflegende Angehörige*, der neben praktischen Pflegetips und Hinweisen auf Pflegehilfsmittel auch Informationen zu den Leistungen der Krankenkassen und des Sozialamtes beinhaltet (Rheinhauser Altenbüro);

– ein halbjährlich erscheinender *Angebotskalender*, der trägerübergreifend über die Hilfs-, Freizeit- und Bildungsangebote für ältere Menschen in Rheinhausen informiert (Rheinhauser Altenbüro);

– ein einmalig erscheinendes *„Handbuch für die Altenarbeit in Großenbaum-Rahm"* mit Informationen über alle für ältere Menschen wichtigen Einrichtungen, Gruppen und Institutionen im Stadtteil und - soweit von allgemeiner Bedeutung - auch darüber hinaus (Großenbaumer Altenbüro);

– kurze Info-Blätter zu einzelnen, in der Beratung besonders häufig nachgefragten Themenkomplexen, etwa 'Unterhaltszahlungen', 'Pflegegeld' etc. (Großenbaumer Altenbüro).

Diese Materialien werden, außer von den beiden Altenbüros, inzwischen auch von zahlreichen anderen Institutionen verbreitet.

Die öffentlichen Vorträge und schriftlichen Materialien erfüllen die Funktion einer 'Quasi-Beratung', wie man sie in Anlehnung an den kommunikationswissenschaftlichen Begriff der 'Quasi-Situation' bezeichnen könnte. Von einer 'Quasi-Situation' spricht die Kommunikationswissenschaft, wenn zwischen einem Menschen, der etwas vermittelt, und jenen, denen etwas mitgeteilt wird, kein direktes Feedback möglich ist. Ein Merkmal der Quasi-Situation besteht darin, daß die ZuhörerIn oder LeserIn - kurz: RezipientIn - sich auf das, was er oder sie hört oder liest, seinen oder ihren eigenen Reim macht und die RednerIn oder SchreiberIn - kurz: die KommunikatorIn - mehr oder weniger zutreffende Spekulationen darüber im Kopf hat, was das für ein Reim sein mag. Die Quasi-Situation wird zu einer Quasi-Beratungssituation, wenn über Probleme und Problemlösungen kommuniziert wird. Die KommunikatorIn bezieht sich auf die (vermuteten) Probleme der RezipientInnen und diese deuten das Informationsangebot im Kontext ihrer persönlichen Problemsicht und Lösungsversuche. Verglichen mit einer 'Sprechzimmerberatung' sind die Hemmschwellen ungemein niedriger. Die Ratsuchenden brauchen persönlich nicht in Erscheinung zu treten; die Veröffentlichung ihres Privatlebens bleibt ihnen erspart.

Allerdings entfällt mit dem Zwang, individuelle Probleme zu thematisieren, auch die in einer echten Beratungssituation gegebene Chance, daß im Zuge dieser Thematisierung das Problem für die Ratsuchenden selbst klarer und faßbarer wird. Statt dessen müssen die RezipientInnen die angebotenen Informationen selbständig auf ihre persönliche Problemlage anwenden, wobei Mißverständnisse und unrealistische Schlußfolgerungen auftauchen können. Besonders groß ist die Gefahr von Fehlinterpretationen, wenn den Informationen eine Problemanalyse zugrunde liegt, die der subjektiven Problemlage der RezipientInnen in sachlicher oder intentionaler Hinsicht nicht entspricht, was bei schriftlichen Materialien niemals auszuschließen ist.

Gleiches gilt im Grundsatz für öffentliche Informationsveranstaltungen. Allerdings stellt die Publikumsbeteiligung hier ein mögliches Korrektiv dar, von dem auch diejenigen u.U. profitieren, die sich nicht an der öffentlichen Aussprache beteiligen, in den aufgeworfenen Fragen aber ihre eigenen Probleme wiedererkennen. Allerdings sei daran erinnert, daß die Fähigkeit, sich öffentlich zu äussern, Probleme darzustellen und gezielt Informationen zu erfragen, stark nach Bildungsstand, beruflichem Erfahrungshintergrund und der Geschlechtszugehörigkeit differiert. Die Probleme der ohnehin sozial Benachteiligten kommen deshalb in solchen Aussprachen nicht selten zu kurz.

4.2 Agenturfunktion: Zwischen Beratung und öffentlicher Kommunikation

Die Problemlösungen, die die Öffentlichkeit mit dem Begriff Altenhilfe in Verbindung bringt, haben unmittelbar Einfluß auf das Spektrum von Problemen, mit denen AltenberaterInnen überhaupt konfrontiert werden. Erfahrungsgemäß sind das Probleme, die man als Defensiv-Probleme bezeichnen kann, weil sie durch eine Verschlechterung, z.B. des Gesundheitszustands, aufgeworfen werden. Daraus ergibt sich ein Teufelskreis: Das Image der Altenhilfe prägt den Beratungsbedarf und der Beratungsbedarf bestätigt und zementiert das Image der Altenhilfe. Entgegen ihres Vorsatzes, die einseitige Risikoorientierung in der Altenarbeit in Richtung Chancenorientierung zu überwinden, gerieten auch die Altenbüros rasch in diesen Teufelskreis. Als sie mit der Bekanntgabe ihres Beratungsangebots in der lokalen Presse sowie mit Plakaten und Handzetteln erstmalig öffentlich in Erscheinung traten, vergaßen sie zwar nicht, ihren 'chancenorientierten Arbeitsansatz' deutlich herauszustellen, trotzdem dominierte aber bei der nun - zögerlich - einsetzenden Beratungsnachfrage eindeutig das klassische Negativ-Klischee von Altersproblemen. Die Frage, wie der Ruhestand positiv ausgestaltet und die 'späte Freiheit' offensiv genutzt werden kann, führte in den ersten Wochen und Monaten nur sehr wenig ältere Menschen ins Altenbüro. Statt dessen ging es in den Beratungen durchweg um die Bewältigung von besonderen Belastungen und Risiken, insbesondere gesundheitlicher Art.

Das änderte sich erst, als die Chancenorientierung nicht mehr nur allgemein deklamiert, sondern durch entsprechende Angebote konkretisiert wurde. Nun zeigte sich, daß ein Bedarf nach chancenorientierter Beratung durchaus vorhanden war. Er mußte aber durch gezielte Einzelangebote, die älteren Menschen Handlungs- und Beschäftigungsmöglichkeiten erschließen, geweckt werden. Diese Angebote wurden durch eine massive Öffentlichkeitsarbeit publik gemacht und konnten so zum Anlaß für einen Erstkontakt nach dem Prinzip 'Ich habe gehört, es gibt...' werden. Die Altenbüros erfüllen so eine Art 'Agenturfunktion' - und dies nicht nur im Sinne einer Vermittlungsinstanz, sondern vor allem auch als Träger einer werbenden und das Altenhilfeimage durchbrechenden Öffentlichkeitsarbeit.

Konkret wurden folgende soziale und kulturelle Angebote und Initiativen entwickelt:

Nachbarschaftsdienst „Hand in Hand"
Dieser Dienst wurde in Rheinhausen und in Großenbaum im Dezember 1992 bzw. Januar 1993 eingerichtet und wendet sich an RentnerInnen, die Spaß an handwerklichen Tätigkeiten haben und sich für andere Menschen nützlich machen wollen - dies jedoch nur in einem begrenzten Rahmen, d.h. ohne dadurch in eine intime, die eigenen Handlungsspielräume 'auffressende' HelferInnenbeziehung zu einer einzelnen Person hineingezogen zu werden. Wer sich am

Nachbarschaftsdienst beteiligt, erklärt lediglich seine Bereitschaft, alten Menschen ab und zu - wenn 'Not am Mann' ist - mit kleineren Reparaturen (eine kaputte Glühbirne auswechseln, eine klemmende Tür richten etc.) unter die Arme zu greifen. Der Dienst hat nicht den Anspruch, eine über handwerkliche Leistungen hinausgehende, umfassende Hilfe zu erbringen. Vielmehr orientiert er sich an den Interessen und Kompetenzen der HelferInnen, denen die Möglichkeit angeboten wird, einem eventuellen 'biographischen Vakuum', das im Ruhestand entstanden ist, durch ein ehrenamtliches Engagement entgegenzuwirken, ohne daß dabei aus der 'späten Freiheit' des nachberuflichen Lebens eine 'späte Unfreiheit' wird.

Paten-Oma/Opa-Vermittlung
Hiermit hat das Rheinhauser Altenbüro im Herbst 1992 einen weiteren Agenturdienst ins Leben gerufen. Älteren Menschen wird die Möglichkeit gegeben, in einer Familie ihrer näheren Umgebung gelegentlich die Oma- bzw. Opa-Rolle zu übernehmen. Das bedeutet für die Eltern zwar auch eine handfeste Entlastung; das Angebot ist jedoch nicht als Ersatz für einen professionellen Tagesmutter- oder Babysitter-Dienst gedacht. Es richtet sich an Eltern, die Wert darauf legen, daß ihre Kindern auch mit älteren Menschen Umgang haben; und es richtet sich an ältere Menschen, die den Kontakt zu Kindern suchen und diesen Wunsch in ihrer eigenen Familie nicht realisieren können.

Redaktionsgruppe
Seit August 1992 trifft sich ein- bis zweimal wöchentlich die '*Redaktionsgruppe*' des Rheinhauser Altenbüros, um eine 'Seniorenseite' für die gemeinsame Lokalbeilage der Neuen Rhein Zeitung (NRZ) und der Westdeutschen Allgemeinen Zeitung (WAZ) zu gestalten. Die Gruppe besteht zur Zeit aus acht älteren Rheinhausener BürgerInnen, einem Mitarbeiter der NRZ und der Mitarbeiterin des Altenbüros.

Erzählgruppe
Als ein Angebot, das sich an jene 'Ratsuchenden' richtet, die in der Beratung hauptsächlich eine Möglichkeit sehen, den Beraterinnen nicht ein bestimmtes Problem, sondern sich und ihre Vergangenheit zu präsentieren, hat das Großenbaumer Altenbüro im Herbst 1992 eine '*Erzählgruppe*' eingerichtet, die sich 14tägig trifft und den TeilnehmerInnen die Möglichkeit gibt, ausgehend von einem vorher vereinbarten Thema ('Waschtag', 'Schlachtfest', 'Weihnachten früher und heute' etc.) aus ihrem Leben zu erzählen. An den Treffen nehmen durchschnittlich sieben bis zehn alte Menschen teil, in der Mehrzahl AltenheimbewohnerInnen.

Altenkulturwoche
Die im Herbst 1993 als ein gemeinsames Projekt des Rheinhauser Altenbüros, der VHS, der Bezirksbibliothek und der katholischen Familienbildung durchgeführte *„Rheinhauser Altenkulturwoche"* gab älteren Menschen, die in ihrem Ruhestand einem künstlerischen oder kunsthandwerklichen Hobby nachgehen, die Möglichkeit, mit den Ergebnissen ihrer Arbeit an die Öffentlichkeit zu tre-

ten. Es wurde ihnen eine geeignete Ausstellungsfläche zur Verfügung gestellt, und es fanden Workshops statt, bei denen die BesucherInnen die verschiedenen Gestaltungsmöglichkeiten unter Anleitung der Ausstellenden auch einmal selbst ausprobieren konnten. Zum Programm gehörten außerdem Vortragsveranstaltungen wie Kabarett, Theater, Puppenspiel usw. Insgesamt beteiligten sich an der Altenkulturwoche 64 ältere Menschen als AusstellerInnen oder VortragskünstlerInnen. Altenkulturwochen sollen in gewissen Zeiträumen wieder veranstaltet werden.

Ausstellung
Ebenfalls mit dem Ziel, kreative ältere Menschen aus dem Schattendasein herauszuholen, das sie in unserer nach wie vor stark 'jugendfixierten' Kultur häufig fristen, wurde vom Großenbaumer Altenbüro eine Reihe kleinerer Gemälde- und eine kunsthandwerkliche Ausstellung organisiert.

Ähnlich wie bei den schriftlichen Informationsangeboten und den Informationsveranstaltungen ist der Ausgangspunkt bei diesen sozialen und kulturellen Angeboten und Initiativen nicht das individuelle Problem einer bestimmten Person, für das gemeinsam mit den Mitarbeiterinnen der Altenbüros nach einer realisierbaren Lösung gesucht wird, sondern die Reihenfolge ist genau umgekehrt. Die Mitarbeiterinnen machen einen realisierbaren Vorschlag in der mehr oder weniger berechtigten Erwartung, daß die AdressatInnen darin für sich eine mögliche Problemlösung sehen. Zwar haben die Mitarbeiterinnen bestimmte Vorstellungen darüber, welche Probleme das sein könnten, aber das sind nur Vermutungen, und auch wenn ein Vorschlag Anklang findet, beweist das nicht die Richtigkeit dieser Vermutungen. Die Angebote sind Lösungen für Probleme, die die Anbieter (noch) nicht kennen. Dabei können Menschen in einem Angebot oder Vorschlag die Lösung ganz unterschiedlicher Probleme erblikken, darunter auch solche, die niemand vorausgesehen hat. Nur im persönlichen Gespräch kann geklärt werden,

– was die InteressentInnen sich von einem bestimmten Angebot genau versprechen,

– inwieweit die Erwartungen realistisch sind bzw. ob es andere Möglichkeiten gibt, die den Erwartungen gerechter werden,

– welche Schwierigkeiten (z.B. geringe Mobilität) der Realisierung des Angebotes entgegenstehen und wie sie zu beheben sind.

Über die Klärung dieser Fragen nimmt der Kontakt fast unweigerlich den Charakter eines Beratungsgesprächs an - mit der Besonderheit, daß hier eine vorgeschlagene Lösung der Anlaß ist, um über individuelle Probleme zu reden.

Die Altenbüros verknüpfen durch die Bereitstellung der o.b. Angebote individuelle Beratung mit öffentlicher Kommunikation im Sinne einer Dauerpräsenz in der lokalen Öffentlichkeit: in den lokalen Massenmedien, den Anzeigenblättern und natürlich auch auf der informellen Ebene. Es geht hier um Angebote, die kaum jemand mit Altenarbeit in Verbindung bringt. Sobald man aufhört, die 'Trommel zu rühren', setzt sich folglich der Teufelskreis, von dem oben die Rede war, wieder durch.[2]

5. Aufbau kleinräumiger Kooperations- und Kommunikationsstrukturen

In der Anlaufphase des Projektes bestand eine Haupttätigkeit der Projektmitarbeiterinnen darin, über Ressort- und Trägergrenzen hinweg Kontakte zu den im Stadtteil tätigen haupt- und ehrenamtlichen AltenarbeiterInnen zu knüpfen. Ziel war es, die Projekte und ihre Mitarbeiterinnen bekannt zu machen, einen realistischen Überblick über die im Stadtteil vorhandenen Angebote, Einrichtungen und Akteure zu gewinnen und bereits konkrete Kooperationsmöglichkeiten auszuloten. Darüber hinaus stellten die Mitarbeiterinnen sich und das Projekt im Rahmen von öffentlichen Veranstaltungen der Kirchengemeinden, Parteien und Vereinen vor.

Erste Kooperationsbemühungen waren nicht immer einfach. Es stellte sich nämlich heraus, daß einige der potentiellen KooperationspartnerInnen Vorstellungen über den Sinn und Zweck einer Beratungsstelle hatten, die mit dem Beratungsverständnis der Altenbüros nicht ohne weiteres in Übereinstimmung zu bringen waren. So erblickten einige KollegInnen in den Altenbüros zunächst und vor allem die Chance, jene 'ledigen Fälle' loszuwerden, mit denen sie zwar laufend konfrontiert werden, für die sie ihrem Selbstverständnis nach aber nicht zuständig sind. Krankenhaussozialdienste und Jugend- und Familienhilfe wissen nicht, wohin sie alte Menschen weitervermitteln können, bei denen eine Heimunterbringung eigentlich überflüssig ist, vorausgesetzt, es würde sich jemand kontinuierlich um die Betreffenden kümmern. Und auch die MitarbeiterInnen des Sozialpsychiatrischen Dienstes klagen über die steigende Zahl von KlientInnen, die nicht in ihren Zuständigkeitsbereich fallen, da sie nicht psychisch verändert, sondern 'lediglich' alt, einsam und mit der Haushaltsführung überfordert sind. Tatsächlich gibt es hier eine Versorgungslücke für alte Menschen, die sich quasi auf der Schwelle zum Altenheim befinden, so daß die MitarbeiterInnen der genannten Dienste hofften, die Beratungsstelle würde diese Lücke schließen - sprich: ihnen diese Fälle abnehmen.

Nun setzt Beratung aber Entscheidungsfähigkeit, Problembewußtsein und den Beratungswunsch seitens der KlientInnen voraus, wovon man bei dem beschriebenen KlientInnenkreis nicht immer ausgehen kann. Die Mitarbeiterinnen der Altenbüros gerieten damit zugleich zu Beginn ihrer 'Vernetzungsstrategie' in die schwierige Lage, an sie gerichtete Erwartungen zurückweisen zu müssen. Sie mußten sich klarmachen, daß - erstens - der Beratungsauftrag nur von den

---

[2] Zu den spezifischen Risiken dieser Öffentlichkeitsarbeit vgl. Institut für Sozial- und Kulturforschung (1994, 36ff.).

KlientInnen selbst kommen kann und Beratung - zweitens - eine Hilfe zur Selbsthilfe ist, die ein Minimum an kommunikativer Kompetenz und an Befähigung zur Selbsthilfe immer voraussetzt.

Ebensowenig konnte der Erwartung, die von Kirchengemeinden an die Altenbüros herangetragen wurde, nämlich ehrenamtliche HelferInnen zu rekrutieren, entsprochen werden. Auf dem Hintergrund einer ständigen Abnahme ehrenamtlicher HelferInnen in den Kirchengemeinden, wurde das Ziel der Altenbüros, ältere Menschen nicht nur bei der Bewältigung von Belastungen, sondern auch bei der sinnvollen Ausgestaltung ihres Ruhestandes zu beraten, von den MitarbeiterInnen der Kirchengemeinden hauptsächlich unter Rekrutierungsgesichtspunkten begrüßt. Auch diese Erwartungen mußten von den Mitarbeiterinnen der Altenbüros gedämpft werden. Es ist zwar durchaus möglich, daß sie bestimmten KlientInnen vorschlagen, sich ehrenamtlich zu engagieren; entscheidend ist für die Beraterinnen aber nicht der Bedarf an ehrenamtlichen HelferInnen, sondern die Einschätzung, daß das Engagement eine angemessene Lösung für die Probleme der KlientInnen sein könnte.

Obwohl die Verständigung über die angestrebte Kooperation anfangs nicht ganz einfach war, stießen die MitarbeiterInnen bei den einzelnen Institutionen durchaus auf eine Gesprächsbereitschaft. Der Dialog wurde weitergeführt und mündete in der Einrichtung von Stadtteilkonferenzen 'Runder Tisch/Alte', die einen losen, dem Prinzip des 'runden Tisches' folgenden Zusammenschlusses aller im Stadtteil tätigen AltenarbeiterInnen darstellen. Dieses Forum trifft sich etwa vierteljährlich. Ihre Inhalte sind breit gefächert und in beiden Altenbüros unterschiedlich: Sie haben Kooperationsvereinbarungen, die Diskussion gemeinsamer Probleme, die Feststellung von Versorgungslücken, die Erörterung fachspezifischer Themenbereiche, Fragen der Vernetzung, die Organisation gemeinsamer Aktivitäten etc. zum Inhalt. Insbesondere die Planung und Durchführung gemeinsamer Maßnahmen und Projekte sind generell wichtige Funktionen der Stadtteilkonferenzen. Zum Beispiel wurden aus Anlaß des o.b. Problems des mangelnden ehrenamtlichen Nachwuchses in den Kirchengemeinden die Möglichkeiten und Grenzen ehrenamtlicher Altenhilfe ein zentrales Gesprächsthema, das praktische Konsequenzen hatte: Mit dem beschriebenen Nachbarschaftsdienst 'Hand in Hand' wurde der Versuch gestartet, die Mobilisierung ehrenamtlicher Altenhilfe in einer stärker an den Interessen der HelferInnen orientierten Weise zu betreiben. Ebenso wurde eine Fortbildungsreihe für pflegende Angehörige und ehrenamtliche AltenhelferInnen im Rahmen der Rheinhauser Stadtteilkonferenz initiiert und durch die trägerübergreifende Bündelung von fachlichen und materiellen Ressourcen realisiert. In den relativ überschaubaren Grenzen des Stadtteils lassen sich solche gemeinsamen Aktivitäten vergleichsweise unbürokratisch durchführen. Persönliche Bekanntschaften und ein gemeinsames 'Ortsbewußtsein' senken die Hemmschwellen, die es auch zwischen professionellen AltenarbeiterInnen unterschiedlicher Einrichtungen und Träger gibt. Die Stadtteilkonferenz muß daher auch als eine soziale Situation gesehen und gewürdigt werden, die es den TeilnehmerInnen ermöglicht, sich gegenseitig zu ‘beschnuppern’ und näher kennenzulernen, Besuche zu verabreden, Neuigkeiten auszutauschen etc.

Die vielfältigen Funktionen der Stadtteilkonferenzen können plakativ durch folgende Funktionen (K-Werte) beschrieben werden:

- Kontaktaufnahme/Kennenlernen
- Kommunikation
- Koordination
- Kooperation
- Konkretion
- Konkurrenzabbau
- Konsensbildung
- Konfliktaustragung
- Kräftebündelung
- Konzeptdiskussion
- Kontrolle
- Klatsch und Tratsch

Die Stadtteilkonferenzen können als Scharnier zwischen den unterschiedlichen Lebenswelten der BewohnerInnen, den durchaus eigensinnigen Strukturen der Wohlfahrtsverbände und der städtischen Verwaltung gesehen werden.

Zuständigkeitsgrenzen, eingeschliffene Routinen, Professionalisierung und Spezialisierung spielen in der Altenarbeit inzwischen eine wichtige Rolle und prägen die Problemwahrnehmung durch die einzelnen Institutionen bzw. deren MitarbeiterInnen. Auch diese neigen nämlich dazu, die Probleme alter Menschen immer so wahrzunehmen, daß sie zu dem ihnen verfügbaren Lösungspotential passen. So sehen die einen in erster Linie ein Pflegeproblem, wo andere vor allem ein Rechts- oder Verwaltungsproblem und wieder andere ein soziales Problem sehen. Die Konfrontation der spezialisierten Berufsperspektiven unter Beteiligung der SeniorInnen, die auf den Stadtteilkonferenzen vertreten sind, kann hier irritierend und dadurch oft als wünschenswertes Korrektiv wirken.

Die Stadtteilkonferenzen haben natürlich auch Schattenseiten. Dort werden nämlich zuweilen auch bestimmte Entwicklungen oder Tatbestände bestimmter Einrichtungen und Träger thematisiert, die nicht immer erfreulich sind. So nutzten zum Beispiel die MieterInnen einer Großbaumer Wohnanlage die Stadtteilkonferenz, um folgenden Sachverhalt zur Sprache zu bringen: Sie hatten im Rahmen ihres Mietverhältnisses mit einem Duisburger Wohlfahrtsverband einen Vertrag über betreutes Wohnen abgeschlossen, für ihr Geld aber bislang keine erkennbaren Gegenleistungen erhalten. Den zuständigen KollegInnen blieb nun keine andere Wahl, als ihren ‘KlientInnen’ vor einem kompetenten Fachpublikum Rede und Antwort zu stehen - eine zweifellos unangenehme Situation, die seitens des angegriffenen Wohlfahrtverbandes anschließend zum Anlaß genommen wurde, die weitere Mitarbeit an der Stadtteilkonferenz in Frage zu stellen. Das Beispiel zeigt, wie behutsam die VeranstalterInnen mit der Funktion 'Kontrolle' umgehen müssen, wollen sie verhindern, daß die 'Kontrollierten' sich gekränkt in ihre Trägerwelt zurückziehen.

Kontaktanschriften:

Großenbaumer Altenbüro
Service-Centrum-Großenbaum
Zu den Wiesen 50
47269 Duisburg
Tel.: 0203/975 99 34

Rheinhauser Altenbüro
Bürgerhaus 'Hütte'
Friedrich-Alfred-Straße 21
47226 Duisburg
Tel.: 02965/90 87 16

Literatur

Institut für Sozial- und Kulturforschung (Hg.): Zwischen Beratung und öffentlicher Kommunikation. Eine Zwischenbilanz der Duisburger Altenbüros, isk-Schriftenreihe Bd. 3, Duisburg 1994

Kohler, W.: Neuordnung der ambulanten Dienste in Baden-Württemberg. Ein Prozeßbericht, in: Asam, W. (Hg.): Neue Altenpolitik. Sicherung der Pflege durch Sozialplanung, Freiburg i.B. 1992, S. 80-92

Ministerium für Arbeit, Gesundheit und Soziales des Landes Nordrhein-Westfalen (Hg.): Politik für ältere Menschen. 2. Landesplan für Nordrhein-Westfalen, Düsseldorf 1991

Teil III:
Ausblick

Cornelia Schweppe

'Biographie' als Grundkategorie der Theorie und Praxis sozialer Altenarbeit

Ausgangspunkt dieses Buches war die Beschreibung von Alter als Lebensphase, die im Hinblick auf Lebensverläufe, -stile und -entwürfe an Selbstverständlichkeiten verloren hat und welche zu einer Lebensphase geworden ist, die aufgrund der Verbesserung von materiellen und sozialen Ressourcen einerseits durch neue Gestaltungs*möglichkeiten* und andererseits aufgrund fehlender Alternativen zu verloren gegangenen Sicherheiten durch Gestaltungs*zwänge* gekennzeichnet ist. Die Gestaltung von Lebensentwürfen ist auch für diese Lebensphase ein zentrales Charakteristikum geworden.

Schaut man sich demgegenüber die in diesem Buch dargestellten Projekte an, könnte man meinen, sie seien eine Aneinanderreihung unterschiedlicher Ansätze, die auf irgendeine Weise auf diese Veränderungen der Altersphase reagieren. Bei genauerer Betrachtung treten jedoch Gemeinsamkeiten auf[1]:

1) Im Gegensatz zu starren Programmen, in denen die Inhalte, Zielsetzungen und Aktivitäten festgelegt sind, bieten die hier diskutierten Projekte einen eher offenen Rahmen mit einer eher „allgemein gehaltenen Programmatik" (Schmidt 1993, 12) an. Dies gilt sowohl für Projektverbunde bzw. staatliche Förderungsprogramme ebenso wie für einzelne Projekte. So läßt das 'Erfahrungswissen älterer Menschen nutzen' in Berlin einen breiten Spielraum, welches Erfahrungswissen wie und von wem eingesetzt wird, genauso wie das Modellprojekt der Seniorengenossenschaften in Baden-Württemberg offenläßt, unter welcher Organisationsform und zu welchen Tätigkeiten sich Menschen zusammenschließen. Als Beispiel für die Offenheit eines einzelnen Projektes sei auf das Pantherhaus verwiesen, in dem lediglich die Idee des generationsübergreifenden Wohnens als Rahmen gegeben war, die im Laufe der Zeit von den Beteiligten entwickelt und ausgedeutet wurde.

2) Die offenen Programmstrukturen und die flexiblen Vorgaben ermöglichen und erfordern, daß sie von den Beteiligten handelnd interpretiert (vgl. Schmidt 1993, 12) und ausgestaltet werden. Sie benötigen Übersetzungsleistungen der Beteiligten und lassen genügend Deutungsspielräume, die Vorgaben mit der eigenen Biographie und Lebenswelt in Einklang bringen bzw. daran ausrichten zu

[1] Die folgenden Gedankengänge wurden durch Schmidt (1993) angeregt.

können. Dieser lebensweltlich-biographische Bezug schützt davor, daß die Projekte keine vom Alltag der Beteiligten losgelöste Inseln werden, sondern Rückwirkungsmöglichkeiten auf ihn einschließen.

3) Der offene Rahmen der Projekte und die notwendigen subjektiven bzw. biographischen Aneignungs- und Umsetzungsprozesse enthalten Möglichkeiten für neue Lernerfahrungen (vgl. ebd., 14). Es geht in den Projekten zwar auch um die Anwendung bereits vorhandener und ausgebildeter Fähigkeiten und Fertigkeiten, ihre Nutzung findet aber unter veränderten Bedingungen statt, was einen Perspektivenwechsel erfordert (ebd.) und Lernprozesse in Gang setzt. Die Projekte ermöglichen dadurch Kontinuität einerseits und Entwicklung andererseits (vgl. Schmidt in diesem Band), was auch die Entwicklung von Zukunft einschließt.

4) Damit im Zusammenhang stehend, nehmen die Projekte in mehrfacher Hinsicht den Charakter von Werkstätten zur Entwicklung von Lebensentwürfen[2] an. Angesichts der Pluralisierung und Flexibilisierung von Lebensläufen im Alter, die die Durchsetzung oder implizite Vermittlung von standardisierten Normalitätsentwürfen verbieten, ist die Offenheit der Projekte dafür ein Korrektiv. Sie bietet Raum für Erprobungen und Entwicklungen von Tätigkeiten, Lebensstilen und Sinnstrukturen und erlaubt „Aushandlungsprozesse zur Gewährleistung eigenverantwortlicher Identitäten und Lebensentwürfe" (Böllert 1992, 162).

Werkstätten für Lebensentwürfe sind sie auch insofern, als daß sie die Entwicklung von Lebensentwürfen zulassen, die von solchen abweichen, die sich an traditionellen Altersbildern orientieren. Sie bieten alten Menschen Chancen und Möglichkeiten, sich auch im Prozeß des Älterwerdens neu zu positionieren und zu definieren (vgl. Schmidt 1993) und Alternativen zum Rückgriff auf konventionelle Altersstile zu entwickeln, ohne dies wiederum zur Norm werden zu lassen. Angesichts der mangelnden gesellschaftlichen und institutionellen Verankerung von Lebensentwürfen im Alter, die traditionellen Altersbiographien nicht entsprechen, kommen ihnen dadurch z.T. gesellschaftliche Signalfunktionen zu.

5) Bei den in den Projekten nötigen Übersetzungsleistungen der weitgefaßten Vorgaben auf die eigene Biographie bzw. Lebenswelt ist das Subjekt gefragt und gefordert. Es muß auswählen zwischen Alternativen, Entscheidungen treffen, gestalten, sich mit den anderen Beteiligten auseinandersetzen, aushandeln, flexibel sein, Beziehungen knüpfen etc. Diese Eigenschaften wurden als wesentlich zur Bewältigung einer individualisierten Altersphase herausgearbeitet (vgl. Schweppe: Alter(n) im Strukturwandel der Moderne, in diesem Band). Repräsentieren die Projekte u.U. im Kleinen vielfältige Züge und Charakteristiken eines Alltags, in dem älterwerdende Menschen auch genau diesen Anforde-

[2] In Anlehnung an Karl (1995) und Knopf (1989).

rungen ausgesetzt sind? Werden hier vielleicht im Kleinen Verhaltens- und Handlungsmuster geprobt, begünstigt, unterstützt, die zur Bewältigung der Aufgaben einer modernen Altersphase notwendig sind? Werden also in diesen Projekten nicht nur Sinnstrukturen, Tätigkeitsfelder und die Entwicklung von Lebensentwürfen gefördert, sondern damit einhergend, quasi auf einer sekundären Ebene, ein für die Altersphase notwendiges Verhaltensrepertoire?

6) Die Programmstrukturen sind prozeßorientiert. Sie ermöglichen es, auf eine sich verändernde Zielgruppe bzw. sich verändernde Bedürfnisse, Interessen und Ressourcen der Beteiligten zu reagieren. Besonders deutlich wird dies am Werkhaus Anti-Rost, das es sowohl geschafft hat, neue Populationen, z.B. Frührentner aus den neuen Bundesländern und jüngere TeilnehmerInnen, ebenso wie die sich verändernden Bedürfnisse der ursprünglichen TeilnehmerInnen zu integrieren.

Wenn auf der einen Seite die Gestaltbarkeit und die Gestaltungsnotwendigkeit wesentliche Charakteristiken der Altersphase sind und auf der anderen Seite die Zur-Verfügungstellung eines Rahmens zur Erprobung, Entwicklung und Unterstützung dieser Gestaltungsaufgabe ein zentrales Element sozialer Altenarbeit ist, rückt die Bedeutung der Kategorie 'Biographie' in den Vordergrund. Denn angesichts der abnehmenden Verbindlichkeit und Auflösung traditioneller Lebensmuster im Alter und die damit verbundene Erweiterung und Verfügbarkeit von Entscheidungs-, Gestaltungs-, Orientierungs- und Handlungsalternativen werden Selbstthematisierungen, -beschreibungen, -steuerungen und -vergewisserungen in bezug auf die Lebensgestaltung notwendig. Die gewonnenen Jahre werden biographisiert, d.h. biographisch relevante Ereignisse und Situationen werden selbstreferenziell behandelt und thematisiert. Der Biographie kommt als regulativer Mechanismus eine wachsende Bedeutung zu (vgl. Brose; Hildenbrand 1988, 12).

Mader (1994) geht sogar soweit, daß er die Biographie als die wichtigste Ressource für die Lebensbewältigung und -gestaltung im Alter bezeichnet (98). Er begründet dies folgendermaßen: Im Zusammenhang der Pluralisierung und Flexibilisierung von Lebensverläufen einerseits und der Notwendigkeit einer individuell entworfenen und verantworteten Biographie andererseits geht er hinsichtlich der Gruppe alter Menschen davon aus, daß ihr soziales Beziehungsgefüge nicht nur ausdünnt, sondern ihre 'Umgebungsmilieus' (95), die um sie herum bestehen bzw. wachsen, selten neue Zugehörigkeiten bieten können. Diese wohl schon immer zutreffenden Bedingungen des Alterns würden gegenwärtig dadurch verschärft, daß es einen, etwa Jugendkulturen vergleichbaren kulturellen Kontext, der Orientierung und Struktur bieten könnte, für alte Menschen kaum existiere. Ebensowenig gebe es soziale Milieus, aus denen alte Menschen Lebensentwürfe, Gesellungsformen, Sinngebungen etc. gewinnen könnten. Dabei verweist er auf neuere Arbeiten zu sozialen Milieus, die für alte Menschen einen hohen Prozentsatz ungesicherter und desintegrativer Standards von Gesellungsformen und Beziehungsnetzen konstatieren (Vester u.a. 1992,

171, zit. nach Mader 1994, 96f.). Durch diese mangelnden Rückgriffsmöglichkeiten seien alte Menschen zur Erhaltung, Eröffnung und Gestaltung sozialer Räume und identitätsstiftender Lebensentwürfe hochgradig auf die Ressourcen, die in ihrer Biographie verankert sind, angewiesen und Biographisierungsprozessen verstärkter ausgesetzt als andere. Er kommt zu dem Schluß, daß *„es (...) die Biographie (ist), die zusammenhält und verbindet* - und mit zunehmendem Lebensalter sonst nichts mehr" (ebd. 97, Hervorhebung im Original).

Es sollen im folgenden zwei Aspekte aufgegriffen werden, die zentral für die theoretische und methodische Weiterentwicklung der in diesem Band dargestellten und hier zusammengefaßten Perspektiven von sozialer Altenarbeit sind: die Verankerung der Biographieforschung in der Altersforschung und die Biographieorientierung in der Praxis der sozialen Altenarbeit.

1. Die Verankerung der Biographieforschung in der Altersforschung

Während in der Jugendforschung kaum noch ein Zweifel besteht, daß Individualisierungsprozesse eine entscheidende Bedeutung für diese Altersphase haben, sind Individualisierung und durch sie in den Vordergrund gerückte Bedeutung der Biographie für die Altersphase bisher weitgehend ausgeklammerte Kategorien, die mit dieser Altersphase kaum in Verbindung gebracht werden. Die Gründe hierfür mögen vielfältig sein. Nittel (1991) ist jedoch zuzustimmen, wenn er vermutet, daß dies auch mit dem einseitigen Übergewicht verteilungstheoretischer Studien in der Altersforschung zusammenhänge (38). Einkommens- und Gesundheitsentwicklung, strukturelle Aspekte des Wohnens, Familienstrukturen etc. sind immer wieder Schwerpunkte der Altersforschung.

Ist die Biographie für die Bewältigung und Gestaltung der Altersphase von zentraler Bedeutung und die individualisierte Altersphase Ausgangspunkt sozialer Altenarbeit, ergibt sich ein großer Forschungsbedarf zur Erfassung dieser Kategorien. Die Verankerung der Biographieforschung in die Altersforschung könnte hierzu einen Beitrag leisten, da sie Individualisierungsprozesse als auch die widersprüchlichen Folgen auf der Ebene der Biographie präzise erheben kann (vgl. Nittel 1994, 154). Im Rahmen der hier diskutierten Fragestellungen ist ein biographischer Forschungszugang im Hinblick auf mehrere Themenkomplexe zentral.

Zum einen bedarf es der empirischen Überprüfung, inwieweit Individualisierungsprozesse tatsächlich konstitutiv für Biographien im Alter sind. Inwieweit korrespondieren die auf einer gesellschaftsstrukturellen Ebene festzustellenden Prozesse der Individualisierung mit den Lebensentwürfen und Handlungsmustern alter Menschen, inwieweit sind sie konträr zueinander? Inwieweit wird an überkommenen Lebensentwürfen festgehalten? Mit welchen Konsequenzen?

Ein zweiter Fragenkomplex bezieht sich auf die Widersprüchlichkeiten von Individualisierungsprozessen im Alter, d.h. auf ihre 'Sonnen'- und 'Schattenseiten'. Unter welchen Bedingungen wird die Biographisierung des Alters „im Sinne einer zunehmenden Gestaltung des eigenen Lebens im Sinne einer selbstverantworteten Lebensführung (...) und den hiermit verbundenen Erweiterungen von Optionsspielräumen" (Heitmeyer/Olk 1990, 23) möglich; unter welchen kehren sich Individualisierungsprozesse ins Gegenteil um, machen alte Menschen gar handlungsunfähig? Welche Risiken, Problemlagen, Krisen entstehen? Welche individuellen, sozialen und gesellschaftlichen Bedingungen und Faktoren ermöglichen die Nutzung der Gestaltungsräume, welche begrenzen und behindern sie mit welchen Folgen?

Ein dritter Themenkomplex beinhaltet mögliche neue Ungleichheitsrelationen im Alter bedingt durch Individualisierungsprozesse, die Ungleichheitsverhältnisse keineswegs aufgehoben, sondern lediglich verändert bzw. differenziert haben. Neben den bekannten Dimensionen von Ungleichheit, wie Geld, Macht, Bildung, Stellung im Beruf, kommen neue, wie Arbeits-, Freizeit-, Wohnbedingungen, Partizipationschancen, Verfügbarkeit von sozialen Netzwerken oder alltägliche Formen der Marginalisierung und Diskriminierung (vgl. Heitmeyer; Olk 1990, 24) hinzu. Die neuen Ungleichheitsrelationen haben dazu geführt, daß auch auf der individuellen Ebene ein Nebeneinander von Bevorzugungen und Benachteiligungen (ebd.) existieren können. Studien zur Erfassung von (neuen) Ungleichheitsrelationen im Alter fehlen weitgehend. Und obwohl die Rekonstruktion dieser Prozesse sich eher auf sozialstruktureller Ebene ansiedeln und anderer Methoden als die der Biographieforschung bedürfen, sind biographische Zugänge notwendig, um die subjektive Verarbeitung, das oft komplexe Nebeneinander von Bevorzugungen und Benachteiligungen innerhalb einer Biographie und seine Bedeutung zur Gestaltung und Bewältigung der Alterssituation zu erfassen. Zu fragen wäre in diesem Zusammenhang auch, inwieweit über Individualisierungsprozesse neue Ungleichheitsrelationen zwischen den Generationen eingeführt werden. Könnte es vielleicht sein, daß die einzelnen Generationen über ungleich verteilte und durch unterschiedliche Sozialisationshintergründe bedingte unterschiedliche 'Innenausstattungen', d.h. über ungleich verteilte individuelle Fähigkeiten zur Bewältigung der Anforderungen von Individualisierung verfügen? Hat Jugend bessere Startchancen als die Altengeneration?

Bei allen genannten Ebenen ist - viertens - die Kategorie 'Geschlecht' zu berücksichtigen. Obwohl mittlerweile hinreichend dokumentiert wurde, daß mit zunehmendem Alter der Anteil der Frauen wächst, Frauen in fast allen Alterssegmenten überwiegen und auch vielfältige Angebote der Altersarbeit und -hilfe im wesentlichen von Frauen in Anspruch genommen werden, gibt sich die Altenforschung und Altenarbeit in bemerkenswerter Weise geschlechtsneutral (vgl. Niederfranke 1992). Die unterschiedliche Bedeutung und anderen Bedingungen von Individualisierung für Männer und Frauen sind zur differenzierten Erfassung von Alter als Grundlage sozialer Altenarbeit, die es bisher kaum geschafft hat, frauen- bzw. geschlechtsspezifische Komponenten einzuführen, erforderlich.

2. Biographieorientierung in der sozialen Altenarbeit

Biographische Annäherungen werden aber nicht nur zur Weiterentwicklung der Theorie und Forschung, sondern auch der Praxis der sozialen Altenarbeit notwendig.

Neuere Ansätze der sozialen Arbeit weisen auf die Bedeutung der Grundprämissen der Biographieforschung für den beruflichen Alltag der sozialen Arbeit hin (vgl. z. B. Nittel 1994, Nittel/Völzke 1993, Schumann 1994). Obwohl weitgehend ungeklärt ist, wie ein aus der Forschungslogik entnommenes methodisches Vorgehen auf professionelles Handeln übertragen werden kann (z.B. werden sich die in der Biographieforschung zeitaufwendigen und personenintensiven Auswertungsverfahren nicht ohne weiteres in der Praxis einführen lassen), geben erste Überlegungen hinsichtlich eines biographieorientierten professionellen Handelns fruchtbare Gedankenanstöße zur Weiterentwicklung der sozialen Altenarbeit.

Wenn soziale Altenarbeit sich als Lebens*begleitung* (vgl. Otto; Schweppe in diesem Band) und als Rahmen versteht, der zur Gestaltung der Altersphase biographisch auszudeuten ist, ist eine wesentliche Voraussetzung für das Gelingen eines solchen konzeptionellen Verständnisses, Zugang zu dem von älteren Menschen individuell erzeugten Lebenssinn, ihren Deutungs- und Handlungsmustern, ihrem Eigensinn zu finden, will sie nicht normativ sein und Biographien und die Lebensumwelt älterer Menschen vorschnellen pädagogischen Sichtweisen und Deutungen unterordnen (vgl. Schumann 1994) oder autobiographisches Erzählen „auf ihre jeweils institutionsspezifischen Zwecke der Sachverhaltsrekonstruktion ausrichten" (Nittel 1994, 156). Es erfordert die Abkehr subsumtionslogischen Denkens und Handelns, d.h. die Unterordnung von Verhaltens-, Handlungs- und Deutungsmustern unter (Stereo-)Typisierungen, vorgefaßte Verallgemeinerungen oder Kategorien. Gerade die soziale Altenarbeit scheint aufgrund der oft so unverständlichen und fremden Logik alter Menschen einer solchen Gefahr zu unterliegen. Allzu schnell werden bestimmte Verhaltensweisen, Probleme, Wünsche oder Äußerungen als Senilität, Demenz oder altersbedingte Eigenwilligkeit kategorisiert. Ein gutes Beispiel ist etwa das Phänomen des Wiederholens im Alter (vgl. Mader 1994, 105ff.). Das Verharren in Gewohnheiten, das Bestehen auf bestimmte Zeitrhythmen, das Festhalten an Bewährtem, die Probleme, die mit plötzlichen Veränderungen entstehen können etc. sind Charakteristiken, die immer wieder mit Alter in Verbindung gebracht, oft als lästig empfunden, nicht selten als erste Anzeichen von Senilität interpretiert werden. Würde ein biographischer Zugang zu dieser Thematik gefunden, könnten andere Interpretationen erschlossen werden. Könnten Wiederholungen durch das immer wieder Kehrende nicht auch als Sicherheit, Orientierung und Strukturierung eines immer unsicherer werdenden und an Selbstverständlichkeiten verlierenden Alltags gedeutet werden? Oder repräsentieren sie vielleicht

„ein nie ermüdendes Bedürfnis, für sein Leben die innere Gestalt zu bewahren, die man kennt und in der man sich wiedererkennt und in der man sich wohl fühlt, (so daß) (...) alte Menschen (...) in Gewohnheiten leben und nach ihnen schauen“ (Mader 1994, 107)? Ähnlich ist es mit auf den ersten Blick nicht immer nachvollziehbaren Sauberkeitsvorstellungen von alten Menschen. Mader (1994, 108) erwähnt ein Beispiel eines alten Mannes aus einer ländlichen Region, der stark darunter leidet, daß am Samstag der Weg vor seiner Haustür nicht sauber gefegt ist. Er selbst ist dazu nicht mehr in der Lage, seine Kinder halten dies für unnötig. Könnte dieser alte Mann schnell als Sauberkeitsfanatiker oder als schwierig abgestempelt werden, so findet man beim genauen Hinhören jedoch etwas anderes heraus. Jahrelang wurde der saubere Weg von den DorfbewohnerInnen zum Gang in die Kirche registriert. Der saubere Weg war (und ist wohl immer noch) ein Zeichen, sich in die dörfliche Wertegemeinschaft zu integrieren und für die Zugehörigkeit zu einer Gemeinschaft. Und genau hieraus scheint die Bedrohung des unsauberen Weges zu resultieren. Er symbolisiert für den alten Mann eine Bedrohung für die Zugehörigkeit zur (Dorf)Gemeinschaft.

Biographieorientierung in der sozialen Altenarbeit bedeutet, Sinnstrukturen und Deutungsmuster verstehen zu lernen, die Überwindung von Fremdheit, Zugang zu einer fremden Welt zu erhalten (vgl. Baacke 1993), sich von „‘pseudokonkreten’ Gewißheiten (Thiersch) (zu) lösen und Momente der Selbsttäuschung auf(zu)spüren.“ (Döbler 1993, 80). Es bedeutet letztendlich, alte Menschen authentisch zu Wort kommen zu lassen (vgl. Schumann 1994).

Eine wesentliche Voraussetzung für ein solches methodisches Vorgehen - nämlich lebensgeschichtliche Selbstthematisierungen - ist der sozialen Altenarbeit, wie fast allen Arbeitsfeldern und -bereichen der sozialen Arbeit, immanent. Lebensgeschichtliche Selbstthematisierungen sind Teil des Alltags der sozialen Altenarbeit. Manchmal finden sie zufällig zwischen ‘Tür und Angel’ statt, manchmal werden sie freiwillig durch die AdressatInnen initiiert, manchmal werden sie gezielt durch die MitarbeiterInnen nachgefragt (vgl. Nittel 1994, 158). Biographieanalytisches Denken und Handeln in der Praxis der sozialen Altenarbeit setzt also nicht unbedingt stets an bewußt initiierte, in didaktische Strategien eingebundene Artikulationsformen an, sondern auch an routinisierte Praktiken der biographischen Selbst- und Fremdthematisierung, die in den Nischen des beruflichen Alltags vorkommen (vgl. Nittel/Völzke 1993, 125). Obwohl die Erzählung wahrscheinlich die am meisten beachtete und am meisten erforschte (Re)Präsentationsform lebensgeschichtlicher Selbstthematisierungen ist (vgl. Mader 1994, 99), sollte dies nicht den Blick auf andere Formen verschließen. Schriftstücke, in denen alte Menschen Erinnerungen oder Geschichten aufgezeichnet haben oder in denen bestimmte Personen beschrieben werden[3] als auch Verhaltensrituale, wie die oben erwähnten Wiederholungen oder

[3] In einem von mir zur Zeit durchgeführten biographisch angelegten Forschungsprojekt über alte Menschen im ländlichen Raum begegnete ich einer Fülle von Schriftstücken, die von den interviewten alten Menschen verfaßt waren (Gedichte, Beschreibungen von lebensgeschichtlichen Ereignissen, Darstellungen von für ihren Lebenszu-

das Festhalten an überkommenen Ordnungen und Normen (vgl. ebd., 107) können einen ebenso guten Zugang zur Biographie von alten Menschen eröffnen.

Diesen Selbstthematisierungen wird in der bisherigen sozialen Arbeit und der sozialen Altenarbeit wenig Aufmerksamkeit geschenkt; manchmal werden sie gar nicht wahrgenommen, ihr Erkenntniswert wird unterschätzt, manchmal negiert; sie werden als Zeitverschwendung, höchstens als nette Episoden am Rande des beruflichen Alltags bewertet. Ein systematischer Einbezug in das professionelle Handeln geschieht kaum. Teilweise werden sie sogar durch „stereotypisierende Kategorisierungen und oberflächlich-schematische Abkürzungsstrategien negativ wirksam" (Schütze 1993, 197).

Eine biographische Orientierung wird nicht durch das naive 'Sich-hineinversetzen in den/die andere(n)' zu realisieren sein. Notwendig ist die - in der gegenwärtigen sozialen Altenarbeit in weiten Teilen nicht vorhandene - Kompetenz zum methodisch-kontrollierten Fremdverstehen, durch die die laienhafte, oft naive Form des Umgangs mit biographischen Inhalten überwunden wird und die Fehlertendenzen im professionellen Handeln reduziert werden kann. Biographieorientierung in der sozialen Altenarbeit erfordert ein wissenschaftliches Fundament, um den reflexiven Umgang mit lebensgeschichtlichen Selbstthematisierungen zu ermöglichen (vgl. Nittel 1994, 158).

Dazu ist es notwendig, das hierzu erforderliche biographieanalytische Wissen und Können systematisch in der Ausbildung[4] zu vermitteln (vgl. Schütze 1994, S. 265ff.). Dies bedarf sowohl der Vermittlung bzw. Aneignung von theoretischen und methodischen Grundlagen als auch sozialer Arrangements (vgl. Schütze 1993, 205ff.) für die Einsozialisierung der Studierenden in biographieanalytische Verfahren, die, um mit Nittel (1994, 164) zu sprechen, sich nicht nur aus Fachbüchern aneignen lassen, sondern einen Übungsraum brauchen, „in dem der Student (und die Studentin, C.S.) sukzessiv und kontrolliert sich den üblichen Standards nähert" (Nittel ebd.). Neben der Durchführung spezieller Seminare zur Vermittlung biographieanalytischen Fachwissens stellen die an der Gesamthochschule Kassel durchgeführten Forschungswerkstätten eine gelungene Form dieses notwendigen Übungsraumes dar.

Zentrales Element ist dabei die Einbeziehung von Studierenden in die Forschungs- und Praxisarbeit, die von HochschullehrerInnen „als 'Meister der Forschung und professionellen Handlungspraxis" (Schütze 1993, 206) angeleitet werden. Gegenstand der Forschungswerkstätten sind Fälle der Studierenden, die ihnen aus Praxisprojekten oder ihren Praktika bekannt werden oder Projekte, die sie im Rahmen schriftlicher Arbeiten (z.B. Seminar- bzw. Diplomarbeiten oder Dissertationen) durchführen. D.h. die in den Forschungswerkstätten dis-

---

sammenhang wichtigen Personen (z.B. Eltern), Geschichten, Überlegungen zu bestimmten Themen etc.).

4 In diesem Zusammenhang ist vor allem an Studiengänge der Diplom-Pädagogik und der Sozialpädagogik/Sozialarbeit an Fachhochschulen gedacht.

kutierten Fälle bzw. Projekte werden sowohl dem Praxisfeld als auch Forschungsprojekten entnommen. Zur Falluntersuchung bzw. -bearbeitung präsentiert der/die Studierende den erhobenen und einer ersten Analyse unterzogenen Fall und stellt das empirische Datenmaterial des Projektes bzw. des Falles (bzw. Auszüge davon) meist in Transkriptionsform zur Verfügung. Danach beginnt die gemeinsame Forschungsarbeit, durch die die Prozeßstrukturen des Falles rekonstruiert und, wenn erforderlich, die Bearbeitungsmöglichkeiten offengelegt werden.

Die Bearbeitung der Fälle oder Projekte orientiert sich an den Schritten der Biographieforschung, im wesentlichen basierend auf den Arbeiten von Schütze. Es ist der Anspruch, daß die Forschungswerkstatt die Prinzipien und Arbeitsschritte der projekt- bzw. fallbezogenen professionsinternen Fachforschung bewältigt, d.h. „ (...) sie muß aus den singulären Abläufen der (individuellen oder kollektiven) Einzelfälle (fallübergreifend) allgemeine und (fallumfassend) durchlaufende fallspezifische Merkmale abstrahieren, die abstrahierten Merkmale unterschiedlicher Fälle je für sich gesondert, aber auch in ihren typischen Kombinationen in Gesamtabläufen (‘Gesamtformungen’) vergleichen, aus den Vergleichen der Merkmale und ihrer falltypischen Kombinationsprofile in Ansehung der aufscheinenden Ablaufslogiken für Fallentfaltungen theoretische Modelle und praktische Bearbeitungsstrategien generieren sowie die abstrakten Theorie- und Bearbeitungserkenntnisse auf neue singuläre - und u.U. auch auf die alten noch nicht abgeschlossenen - Fälle je nach Problem- und Handlungskontext situativ applizieren“ (Schütze 1993, 207).

Durch die Erhebung, Untersuchung und Bearbeitung konkreter Fälle oder Situationen ermöglicht das Arrangement der Forschungswerkstatt, daß die Studierenden mit den Verfahren biographieanalytischer Fallbearbeitung durch die konkrete Durchführung vertraut gemacht werden und sie einüben können. Dabei sind „die Aktivitäten des buchstäblichen Vormachens und Nachmachens im Rahmen des Meister-Schüler-Verhältnisses sowie der kommunikativen Kritik und Gegenkritik in der jeweiligen Verrichtung ganz zentral“ (ebd.).

Ein ähnliches Arrangement wie die Forschungswerkstatt könnte auch bei der wissenschaftlichen Begleitung der von den Studierenden der Diplom-Pädagogik-Studiengänge und der Studiengänge der Sozialpädagogik/Sozialarbeit an Fachhochschulen durchzuführenden Praktika organisiert werden, wie es Schütze zur Aneignung und Einübung von ethnographischen Methoden vorschlägt (vergl. Schütze 1994, 265ff.). Anhand der Bearbeitung bestimmter Praxissituationen oder Fälle könnten ähnlich wie in den beschriebenen Forschungswerkstätten Kompetenzen zum methodisch kontrollierten Fremdverstehen eingeübt werden.

Biographieorientierung in der Praxis der sozialen Altenarbeit bedarf jedoch nicht nur eines wissenschaftlichen Fundaments, sondern geht mit einer bestimmten Haltung einher (vgl. Nittel 1989, 45). Sie setzt Neugier und Interesse an den Lebensgeschichten alter Menschen voraus. Sie benötigt die Einsicht, daß das genaue Hinschauen auf Einzelfälle wichtig ist ebenso wie die Bereitschaft zur tentativen Annäherung an übergeordnete Phänomene und zum Loslassen von vorschnellen Kategorisierungen (ebd.). Sie bedarf einer kontinuierlichen Aufmerksamkeit gegenüber Geschichten und Erinnerungen (vgl. Blimlinger; Ertl; Koch-Straube 1994, 77) und der Kultivierung biographischer Präsentationen im beruflichen Alltag, welche das Nachfragen und Mehr-wissen-wollen einschließt und auch die 'unhöflichen Fragen', die auf die Widersprüche und schwierigen Seiten des Lebens zielen, nicht vermeidet (ebd. 80).

Biographieanalytisches Wissen und Können wird sich nicht von heute auf morgen in den beruflichen Alltag der sozialen Altenarbeit umsetzen lassen, sondern bedarf weiterer theoretischer und methodischer Überlegungen, wie die Kompetenzen methodisch-kontrollierten Fremdverstehens „situationsflexibel-abgekürzt" (Schütze 1993, 207) hier ihre Anwendung finden. Solche Überlegungen scheinen mir sinnvoll und notwendig zu sein, weil hierdurch Perspektiven der Unterstützung eigenverantwortlicher und selbstbestimmter Lebensentwürfe im Alter eröffnet werden - samt ihren fremden und eigenwilligen Lebenslösungen.

Literatur

Baacke, D.: Biographie: Soziale Handlung. Textstruktur und Geschichten über Identität, in: Baacke, D.; Schulze, Th.: Aus Geschichten lernen, Weinheim und München 1993 (2. Auflage), S. 41-84

Blimlinger, E.; Ertl, A.; Koch-Straube, U.; Wappelshammer, E.: Lebensgeschichten. Biographiearbeit mit alten Menschen, Hannover 1994

Böllert, K.: Prävention statt Intervention, in: Otto, H.-U.; Hirschauer, P.; Thiersch, H.: Zeit-Zeichen sozialer Arbeit. Entwürfe einer neuen Praxis, Neuwied 1992, S. 155-164

Brose, H.-G; Hildenbrand, B.: Biographisierung von Erleben und Handeln, in: Brose, H.-G.; Hildenbrand, B. (Hg.): Vom Ende des Individuums zur Individualität ohne Ende, Opladen 1988, S. 11-30

Döbler, J.: „Lebenserinnerungen im Alter". Das biographische Gespräch als Methode, in: standpunkt: sozial 1/93, S. 78-82

Heitmeyer, W.; Olk, Th. (Hg.): Individualisierung von Jugend. Gesellschaftliche Prozesse, subjektive Verarbeitungsformen, jugendpolitische Konsequenzen, Weinheim und München 1990

Karl, F.: 'Seniorengenossenschaften' und 'Seniorenbüros' - Lernwerkstätten der Sozialpolitik?, in: Zeitschrift für Sozialreform, 41 (1995) 1, S. 18-36

Knopf, D.: 'Erfahrungswissen älterer Menschen nutzen' - Gerontologische Implikationen einer sozialpolitischen Programmatik, in: Knopf, D.; Schäffter, O.; Schmidt, R. (Hg.): Produktivität des Alters, Berlin 1989, S. 223-231

Mader, W.: Emotionalität und Individualität im Alter - Biographische Aspekte des Alterns, in: Kade, S. (Hg.): Individualisierung und Älterwerden, Bad Heilbrunn 1994, S. 95-114

Niederfranke, A.: Bedeutung der Biographie für den Alternsprozeß. Impulse und Perspektiven für eine Bildungsarbeit mit Älteren, in: GdWZ 3(1992)6, S. 323-325

Nittel, D.: Report: Alternsforschung. Pädagogische Arbeitsstelle Deutscher Volkshochschul-Verband, Bonn 1989

Nittel, D.: Report: Biographieforschung, Pädagogische Arbeitsstelle des Deutschen Volkshochschulverbandes e.V., Bonn 1991

Nittel, D.: Biographische Forschung - ihre historische Entwicklung und praktische Relevanz in der Sozialen Arbeit, in: Groddeck, M.; Schumann, M. (Hg.): Modernisierung Sozialer Arbeit durch Methodenentwicklung und -reflexion, Freiburg i.B. 1994, S. 147-188

Nittel, D.; Völzke, R.: Professionell angeleitete Kommunikation - ein Konzept pädagogischen Fremdverstehens, in: Derichs-Kaufmann, K.; Schiersmann, Chr.; Tippelt, R. (Hg.): Die Fremde - das Fremde - der Fremde. Dokumentation der Jahrestagung der DGfE, Frankfurt/M. 1993, S. 123-135

Schmidt, R.: Impulse zur Innovation von Lebenswelten, in: Socialmanagement 3(1993)4, S. 12-15

Schumann, M.: Sozialräumliche und biographische Perspektiven in der Jugendarbeit. Versuch einer pädagogischen Standortbestimmung, in: Neue Praxis 24 (1994) 6, S. 459-474

Schütze, F.: Die Fallanalyse. Zur wissenschaftlichen Fundierung einer klassischen Methode der Sozialen Arbeit, in: Rauschenbach, Th.; Ortmann, F.; Karsten, M. E. (Hg.): Der sozialpädagogische Blick, Weinheim und München 1993, S. 191-221

Schütze, F.: Ethnographie und sozialwissenschaftliche Methoden der Feldforschung. Eine mögliche methodische Orientierung in der Ausbildung und Praxis der Sozialen Arbeit, in: Groddeck, M.; Schumann, M. (Hg.): Modernisierung Sozialer Arbeit durch Methodenentwicklung und -reflexion, Freiburg i.B. 1994, S. 189-297

Die Autorinnen und Autoren

Boettner, Johannes, Dr. pol., Dipl. Soz.wiss., wissenschaftlicher Mitarbeiter an der Hochschule für Architektur und Bauwesen - Universität Weimar, Arbeitsschwerpunkte: Stadtkultur, Armut, Alter, öffentliche Kommunikation.

Gieschler, Sabine, Dipl.-Päd., geb. 1945, Gründerin, Organisatorin und Moderatorin des Erzähl-Cafés in Berlin (seit 1987), Arbeitsschwerpunkt: Kulturarbeit.

Klehm, Wolf-R., geb. 1942, Dr. phil., Dipl. Päd., Akademischer Oberrat im Fach Soziologie der Universität Dortmund, wissenschaftlicher Leiter und Gründer des ZWAR-Projektes, Lehrtherapeut und Supervisor am Gestaltinstitut Dortmund, Arbeitsschwerpunkte: Soziale Gerontologie, Freizeit- und Kulturarbeit.

Klünder, Torsten, geb. 1967, Dipl. Päd., Arbeitsschwerpunkte: Gemeinschaftliches Wohnen, Mitarbeit in der ambulanten Altenhilfe.

Knopf, Detlef, geb. 1951, Prof. Dr. phil., Dipl.-Päd., Soziologe, Professor an der Fachhochschule Potsdam, Fachbereich Sozialwesen, Arbeitsschwerpunkte: Soziale Gerontologie, Bildungsarbeit mit Älteren, Neue Formen des Sozialengagements, Gestaltpädagogik.

Müller, C. Wolfgang, geb. 1928, Prof. Dr. phil., Professor für Erziehungswissenschaft (Sozialpädagogik) an der Technischen Universität Berlin.

Otto, Ulrich, geb. 1961, Dr. rer. soc., Dipl. Päd., wissenschaftlicher Assistent am Institut für Erziehungswissenschaft I der Universität Tübingen, Abteilung Sozialpädagogik, Arbeitsschwerpunkte: Sozialpolitik, soziale Gerontologie, Selbsthilfe, freiwillige soziale Tätigkeiten, Durchführung der wissenschaftlichen Begleitung der ersten Projektphase des Modellprojektes 'Seniorengenossenschaften' in Baden-Württemberg.

Schmidt, Roland, geb. 1951, Dr. phil., M.A., Mitarbeiter am Deutschen Zentrum für Altersfragen e.V. Berlin, Arbeitsschwerpunkte: Handlungsfelder für ältere Menschen, Versorgungsforschung, Personalentwicklung in der Altenarbeit.

Schweppe, Cornelia, geb. 1955, Dr. phil., Dipl. Päd., Master of Arts, wissenschaftliche Assistentin am Institut für Erziehungswissenschaft der Philipps-Universität Marburg, Arbeitsschwerpunkte: Soziale Arbeit mit älteren Menschen, qualitative Sozialforschung, Regionalisierung sozialpädagogischer Hilfen, Dritte-Welt Pädagogik, Alternativen zum Jugendstrafvollzug.

Sinclair, Karen, geb. 1966, Dipl.-Päd., Arbeitsschwerpunkte: Generationsübergreifende Wohnprojekte, Sozialrecht, Sozialadministration, Beratung.

Zeman, Peter, geb. 1944, Dipl. Soz., wissenschaftlicher Mitarbeiter am Deutschen Zentrum für Altersfragen e.V. Berlin, Arbeitsschwerpunkte: Orientierungen, Selbstbilder und -definitionen älterer Menschen ('Gerontologie der Betroffenen'), Altenselbsthilfe, Seniorenkulturarbeit, Helferkultur von informellen und formellen HelferInnen in der häuslichen Pflege älterer Menschen.